# LA CHRONIQUE

D'ENGUERRAN

# DE MONSTRELET

TYPOGRAPHIE DE CH. LAHURE
Imprimeur du Sénat et de la Cour de Cassation
rue de Vaugirard, 9

# LA CHRONIQUE

## D'ENGUERRAN

# DE MONSTRELET

EN DEUX LIVRES

AVEC PIÈCES JUSTIFICATIVES

1400 — 1444

PUBLIÉE

POUR LA SOCIÉTÉ DE L'HISTOIRE DE FRANCE

**PAR L. DOUËT-D'ARCQ**

TOME PREMIER

A PARIS

CHEZ M<sup>me</sup> V<sup>e</sup> JULES RENOUARD

LIBRAIRE DE LA SOCIÉTÉ DE L'HISTOIRE DE FRANCE

RUE DE TOURNON, N° 6

—

M DCCC LVII

EXTRAIT DU RÈGLEMENT.

ART. 14. Le Conseil désigne les ouvrages à publier, et choisit les personnes les plus capables d'en préparer et d'en suivre la publication.

Il nomme, pour chaque ouvrage à publier, un Commissaire responsable, chargé d'en surveiller l'exécution.

Le nom de l'Éditeur sera placé à la tête de chaque volume.

Aucun volume ne pourra paraître sous le nom de la Société sans l'autorisation du Conseil, et s'il n'est accompagné d'une déclaration du Commissaire responsable, portant que le travail lui a paru mériter d'être publié.

---

*Le Commissaire responsable soussigné déclare que l'Édition de la* Chronique d'Enguerran de Monstrelet, *préparée par M.* Douët-d'Arcq, *lui a paru digne d'être publiée par la* Société de l'Histoire de France.

*Fait à Paris, le 20 octobre 1857.*

*Signé* L. BELLAGUET.

*Certifié,*

Le Secrétaire de la Société de l'Histoire de France,

J. DESNOYERS.

# PRÉFACE.

Dans cette suite de nos anciennes chroniques françaises, qui s'ouvre à Villehardouin et s'arréte à Philippe de Commines, Monstrelet tiendra toujours une place importante. Si inférieur pour la composition à Froissart, dont il a voulu être et dont il est par le fait le continuateur, il rachète à quelques égards cette infériorité par des mérites qui lui sont propres. Il est exact et consciencieux. De plus, il a eu soin de recueillir et nous a conservé dans sa chronique une foule de pièces très-instructives, en sorte que, somme toute, son récit, malgré l'ennui que nous cause sa forme, est encore pour le fond le guide le plus sûr pour pénétrer dans le détail si complexe des faits qui ont signalé la première moitié du xv$^e$ siècle.

L'académicien Dacier, qui avait fait une étude particulière de nos anciennes chroniques, nous a laissé comme fruit de ses travaux en ce genre deux mémoires, l'un sur Froissart et l'autre sur Monstrelet. Dans son mémoire sur Monstrelet il a réuni tout ce qu'il avait pu recueillir sur ce chroniqueur. Malheureusement cela se réduit à bien peu de chose. En effet, il se borne à nous dire que Monstrelet fut pourvu de l'office de lieutenant du gavenier [1] de Cambrai en 1436; que, le 20 juin de la même année, il prêta serment en qualité de bailli du chapitre de l'église de Cambrai, charge qu'il exerça jusqu'en 1440; que le 9 novembre 1444 il prêta serment comme prévôt de la ville de Cambrai, et que le 12 mars suivant il fut nommé bailli de Walincourt. Il ajoute qu'il conserva ces deux dernières charges jusqu'à sa mort, arrivée vers la mi-juillet 1453. Sur quoi nous relèverons ici en passant une petite erreur. Jean le Carpentier, dans son *Histoire du Cambrésis*, nous donne une liste des prévôts de Cambrai, que tout doit nous faire supposer exacte, et dans laquelle Monstrelet figure sous l'année 1444, entre Jacques le Fuzelier, prévôt en 1441, et Pierre de Wingles, qui le fut dès l'an 1446. Donc Monstrelet ne conserva pas la charge de prévôt de Cambrai jusqu'à sa mort, comme nous le dit Dacier. Il est encore à remarquer que Carpentier, qui donne une liste assez longue des gaveniers et de leurs lieutenants, ne dit pas un mot de Monstrelet.

Monstrelet, aujourd'hui Montrelet, est un village de Picardie situé à peu près à quatre lieues de Doullens. D'après Carpentier, la terre de Montrelet aurait eu pour seigneur, dès l'an 1125, un Enguerrand de Monstrelet, d'où serait, selon lui, descendu notre chroniqueur. Comme le livre de Carpentier n'est pas dans toutes les mains, et que d'ailleurs le passage où il parle de Mon-

---

[1]. On appelait gavenier celui qui percevait la gave, sorte de redevance que les églises de Flandre payaient au comte pour sa protection.

strelet est important, nous croyons utile de le reproduire ici. « Monstrelet portoit *d'or au sautoir de vair.* La terre de Monstrelet est située au comté de Ponthieu ; qui eut pour seigneur dès l'an 1125, un Enguerrand de Monstrelet, qui, selon Franchomme, espousa la fille du sieur de Hardicourt, gentilhomme aussi de Ponthieu, qui portoit *de gueules à trois paus de vair.* De cet Enguerrand est vraysemblablement descendu nostre Enguerrand de Monstrelet, ce fameux historien, créé grand prévost de Cambray et bailli de Wallincourt, l'an 1444. Il choisit sa sépulture aux Cordeliers de Cambray, où il fut inhumé l'an 1453, ayant laissé de sa femme, Jeanne de Valbuon ou Valhuon, une fille nommée Bonne de Monstrelet, alliée avec Martin de Beaulaincourt, surnommé le Hardy, escuyer, fils de Martin et de Marie de Wancquelin, tous inhumés à Cambray, selon les épitaphes qu'en rapporta Rosel, etc.[1]. »

L'auteur de l'article MONSTRELET, dans la *Biographie universelle*, rapporte un passage des mémoriaux de Jean le Robert, abbé de Saint-Aubert de Cambrai et contemporain de ce dernier, dans lequel on lit : « Le xx° jour de juillet, l'an XIIII. c. LIII, honorable hons et noble, Engherans de Monstrelet, escuyers, prévost de Cambray et bailli de Walincourt, trépassa et élisit sa sépulture aux cordeliers de Cambray... Il fu né de bas, et fu uns biens honnestes homs et paisibles, et cro-

---

[1]. *Hist. gén. de la noblesse des Pays-Bas, ou Hist. de Cambray et du Cambrésis*, par Jean le Carpentier. Leyde, 1668, 2 vol. in-4, t. II, p. 804.

niqua de son temps des gherres de France, d'Artois, de Picardie et de Engleterre, et de Fland. de ceuls de Gand contre Mons. le ducs Phelippe, et trespassa xv ou xvi jours avant que la paix fust faicte, qui se fist en le fin de jullet l'an xiiii. c. liii. Loes en soit Dieux et bénis. » L'auteur de l'article biographique entre ensuite dans une discussion sur les mots *né de bas*, si contraires à ceux dont se sert Monstrelet quand il dit, de lui-même : « Je Enguerran de Monstrelet, *issu de noble généracion*, etc., » et il donne une conjecture qui semble très-acceptable. « M. Farez, dit-il, secrétaire perpétuel de la Société d'émulation de Cambrai, dans un rapport fait à cette société en 1808, insinua qu'au lieu de *né de bas lieu*, il devait y avoir *né de Ponthieu*, contrée où se trouve la terre de Monstrelet. »

Voyons maintenant s'il ne serait pas possible d'ajouter au peu que l'on sait de la vie de Monstrelet, par un seul fait, il est vrai, mais qui aurait son importance.

M. Ravenel a publié, il y a quelques années, dans le *Bulletin de la Société de l'Histoire de France*, une pièce curieuse [1]. C'est une lettre de grâce accordée, en 1424, par Henri IV, roi d'Angleterre, alors maître de la France, à un Enguerran de Monstrelet, coupable de l'un de ces faits de détroussement sur les grandes routes, si fréquents à cette époque. Comme cette pièce se trouve dans les registres originaux du Trésor des chartes, elle a une authenticité inattaquable. Aussi toute la diffi-

---

1. Nous la donnons en appendice à la fin du volume.

culté est-elle de savoir si c'est bien à notre chroniqueur qu'elle s'applique, ou à tout autre personnage portant le même nom et vivant dans le même temps. Avant tout, voyons ce qu'elle dit : Il a été exposé au roi, de la partie de Enguerran de Monstrelet, capitaine du château de Frévench (Frévent), pour le comte de Saint-Pol, que vers le mois de février de l'an 1422, alors que les villes du Crotoy, de Noielle, de Rue et de Maisons, en Ponthieu, tenaient le parti d'Armagnac, et que leurs garnisons faisaient de fréquentes excursions à Guise et aux environs, un nommé Jean le Sergent, parent de cet Enguerran, était venu le trouver au château de Frévent, en compagnie d'un Jean de Molliens, « qui long temps a suy les guerres de Nous et de nostre très cher et très amé cousin le duc de Bourgongne. » Ces deux individus passent la nuit au château, et le lendemain matin, ce Jean de Molliens dit à Enguerran de Monstrelet : « Enguerran, se vous voulez estre prest, vous troisième quant vous manderay, je vous feray gaigner bon bustin et de bonne prise. Car j'ay aucuns qui sont mes féables, qui m'ont promis de moy livrer Armignaz, portant grans finances d'or et d'argent. » Enguerran accepte la proposition et promet de se tenir prêt pour le jour qui lui sera indiqué. Six ou huit jours après, retour de Molliens, qui dit à Enguerran qu'il a parlé à l'homme dont il a été question entre eux, nommé Colinet de Grandchamp, dit l'Eschopier; qu'il leur faudra se mettre en route dans deux jours, et qu'une fois arrivés à Lille, ils y auront des nouvelles certaines. Sur quoi Enguerran, son frère, nommé Guilbin de Croix, et son varlet Jacob de Croisectes, avec Molliens et un autre, se rendent à Lille, où ils trouvent Colinet de Grandchamp, qui leur donne l'itinéraire des gens qu'ils guettent. Ces gens doivent venir de Guise à Tournay, de Tournay au Pont à Vendin et de là au Crotoy. On convient que Colinet ira les trouver et que, resté dans leur compagnie, il attendra ses complices au Pont à Vendin. Quand les gens qu'on voulait attaquer passèrent par Pont à Vendin avec ce Colinet, celui-ci fit à ses complices le signal convenu, et aussitôt Molliens, Enguerran et leurs gens se mettent à leur poursuite, les atteignent à une demi-lieue de la ville, les détroussent de quatre à cinq cents écus qu'ils portaient, et les laissent là, après avoir coupé les sangles et les brides des chevaux. Le coup fait, Enguerran et Molliens se dirigent sur la ville de Saint-Pol et, à quatre ou cinq lieues avant d'y arriver, se partagent leur butin. Puis Enguerran s'en retourne au château de Frévent, où, huit jours après, un Colart Janglet, qui avait épousé la sœur dudit Colinet l'Eschopier, vint le trouver et lui dire que ce Colinet avait fait détrousser Jean le Vasseur son beau-frère, et avec lui trois ou quatre marchands d'Abbeville, ajoutant que le bruit courait que lui Enguerran avait été complice du fait. Enguerran avoue, s'excusant sur ce que Molliens et Colinet lui avaient donné à entendre que le coup serait fait contre les ennemis, mais que s'ils l'avaient trompé il était prêt à faire restitution. Là-dessus un premier rendez-vous à Arras avec les parties lésées, puis un second à Abbeville, où, par l'entremise de Jean de Maillefeu, autre parent d'Enguerran, les marchands s'accordent avec ce dernier et se déclarent satisfaits. Cependant la justice ayant commencé des informations, Enguerran s'adresse à la clémence royale et en obtient sa grâce, « en considéracion des bons et agréables services faiz à Nous et à nostredit cousin le duc de Bourgongne par ledit Enguerran, en noz guerres et autrement. »

Tel est en substance le récit de cette longue pièce, récit dont toutes les circonstances semblent s'appliquer fort bien à notre chroniqueur. D'abord c'est le même nom : Enguerran de Monstrelet. Il est capitaine d'un château situé en Ponthieu, et notez bien, pour le comte de Saint-Pol. C'était alors Philippe de Bourgogne, second fils d'Antoine duc de Brabant et de Jeanne de Luxembourg, fille de Waleran de Luxembourg, comte de Saint-Pol. Il devint comte de Saint-Pol à la mort de son beau-père, en 1415. Or Monstrelet passe pour avoir écrit son histoire pour la maison de Luxembourg. D'un autre côté, si l'on accepte la date de 1390, donnée par la plupart des biographes pour celle de sa naissance, le fait dont nous parlons étant de l'année 1422, il aurait eu alors trente-deux ans, âge où il est encore permis jusqu'à un certain point de faire des sottises. Qui sait même si celle-là, un peu forte nous voulons bien l'avouer, mais qui après tout n'était pas de celles qu'on ne pardonnait pas, surtout au xv<sup>e</sup> siècle, ne l'aurait pas amené à faire un sage retour sur lui-même et à embrasser un genre de vie tout autre. A ce point de vue, cette date de 1422 serait une époque bien importante dans la vie de Monstrelet, puisque ce serait le point de départ de la conversion de son esprit vers les sages idées qu'on lui voit plus tard; c'eût été là pour lui, racheter bien utilement et bien moralement les fautes de sa jeunesse. Quoi que l'on pense au reste de nos conjectures, nous n'en insistons pas moins sur tous les caractères qui permettent d'appliquer la lettre de rémission de 1424 au chroniqueur Monstrelet. Car la petite difficulté de détail qui s'y trouve, en ce que le frère de l'Enguerran de Monstrelet de la lettre, lequel y est nommé deux fois, s'appelle Guilbin de Croix et non pas Guilbin de Monstrelet comme il semblerait tout naturel, n'en est pas une au fond, puisqu'il y a mille exemples, au xv$^e$ siècle, de frères ayant porté des noms différents. Une difficulté beaucoup plus grave, ce serait le silence de tous les contemporains de Monstrelet sur un fait de cette nature. Mais sans compter qu'il a bien pu se perdre dans mille autres semblables qui se passaient alors, on a vu que ce que l'on savait de certain sur Monstrelet, d'après les témoignages de son temps, se réduisait presque à rien.

L'éveil nous étant une fois donné par la lettre de rémission de 1422, nous n'avons rien négligé pour sonder le terrain à l'entour du point indiqué. Mais toutes nos recherches n'ont abouti qu'à bien peu de chose. Tout ce que nous avons trouvé, c'est, dans les registres du parlement deux arrêts de l'année 1398, où il est question d'un Enguerrand de Monstrelet, tué dans une querelle privée en 1396, et qui nous paraît être le père de l'Enguerran de la lettre de rémission de 1422. Le premier de ces arrêts est du 18 janvier 1398 (v. s.). Il est rendu dans un procès entre le procureur général et Enguerrand de Fieffes, chambellan du roi et seigneur de Bonneville, chevalier, demandeurs, d'une part, et Thomas de Rosière dit Froissart, écuyer, seigneur de Raimbercourt et de Courcelles, défendeur, d'autre part. On y voit, qu'un Enguerrand de Monstrelet, était allé avec une suite, visiter chez lui cet Enguerrand de Fieffes, dont il avait été bien reçu. Mais pendant la visite il y eut un vol de commis, pour lequel quelques-uns des gens de Monstrelet furent arrêtés. De là la haine de ce Monstrelet contre ce de Fieffes. Un jour du mois de décembre 1395, Monstrelet et ses gens attaquent à main armée cet Enguerrand de Fieffes, lequel n'a que le temps de se sauver au plus vite. Nouvelle attaque au mois de janvier suivant. Surpris dans les champs, de Fieffes se sauve à la ville de Monstrelet dans la maison d'un Jean de Havernas. Il y est assiégé par Monstrelet et les siens qui démolissent le toit, tentent d'y mettre le feu, et finissent par se retirer, après avoir tué trois chevaux appartenant à de Fieffes, de la valeur d'environ quatre cents francs d'or. Thomas de Rosière est impliqué dans l'affaire, mais il invoque un alibi et est absous[1]. Quant à Enguerrand de Monstrelet, il obtient des lettres de rémission[2]. Le second arrêt est du 1ᵉʳ février 1398 (v. s.). Il

---

1. Reg. 14 du Conseil, fol. 267 v°.
2. Elles se trouvent dans le registre du Trésor des chartes,

est rendu entre les mêmes parties, mais les rôles sont intervertis ; c'est Thomas de Rosière qui est le demandeur contre Enguerrand de Fieffes, défendeur, lequel est condamné à cinq cents livres parisis d'amende envers Thomas de Rosière [1]. C'est dans ce second arrêt qu'il est question de la mort de cet Enguerrand de Monstrelet, lequel, si nos conjectures étaient fondées, pourrait être le père du chroniqueur. Mais cette longue digression sur la lettre de 1422 nous a déjà entraîné trop loin. Il est temps de revenir à notre sujet.

Les éditions de Monstrelet sont nombreuses. Il y a d'abord les éditions gothiques au nombre de trois : celle de Vérard (sans date), celle de Jean Petit et Michel Lenoir, 1512, et celle de 1518. Viennent ensuite les éditions de Chaudière et Luillier, 1572, de Pierre Mestayer, 1595, et d'Orry en 1603, qui est la dernière avant celle de Buchon. Enfin Th. Johnes a traduit Monstrelet en anglais, comme il avait déjà traduit Froissart. De toutes ces éditions celle de Vérard (sans date) et celle de 1572 ont toujours été les plus estimées.

Quant aux manuscrits de Monstrelet, on peut les ranger tous sous trois classes : ceux qui ne contiennent

---

coté 148, pièce 79. Elles sont datées de Paris, du mois d'août 1395. L'Enguerrand de Monstrelet qu'elles concernent y est qualifié d'écuyer.

1. Reg. 14 du Conseil, f. 273. Dans ce même registre, f. 67, se trouve un ajournement du 5 août 1395 dans le procès d'Enguerrand de Fieffes contre Enguerrand de Monstrelet.

que le premier livre de la chronique, ceux qui comprennent les deux premiers livres, enfin ceux qui comprennent les trois livres tels qu'ils se trouvent dans les premières éditions gothiques. On peut encore former une quatrième catégorie, celle des manuscrits qui ne sont que des abrégés de Monstrelet. Enfin il faut distinguer les uns et les autres en manuscrits français et en manuscrits picards.

Nous avons trouvé à la Bibliothèque impériale sept manuscrits de Monstrelet, et deux à la bibliothèque de l'Arsenal. Nous allons les examiner dans l'ordre qui vient d'être indiqué.

Les manuscrits de la première classe, c'est-à-dire ceux qui ne contiennent que le premier livre de Monstrelet, sont au nombre de deux, tous deux appartenant à la Bibliothèque impériale. Le premier porte le numéro 8347-5.5., *olim* Colbert 3186. C'est un beau manuscrit grand in-folio vélin, relié en veau bleu, de 227 feuillets, y compris la table qui est à la fin, et incomplète, car elle s'arrête au 243ᵉ chapitre, tandis qu'elle devrait aller jusqu'au 258ᵉ chapitre, qui est le nombre donné par le texte. Aussi, après le 227ᵉ feuillet trouve-t-on la trace d'un autre qui a été coupé et qui suffisait évidemment à contenir le reste de la table. Il est écrit à longues lignes avec les titres des chapitres en rouge et les initiales ornées; celles qui commencent les années sont plus travaillées et de plus, dorées. Le premier feuillet a un encadrement colorié et disposé, en chevrons des deux côtés, en losanges dans le haut et en girons au bas. Sur cette dernière partie de l'encadrement ou frontispice on voit un arbre, enlevé sur fond blanc, qui surmontait peut-être un blason. Ce qu'il y a de certain, c'est que sur le travail primitif effacé, on voit, très-grossièrement dessiné à l'encre, un écu penché, portant une face chargée de trois croisettes, accompagnée en chef d'un croissant, et en pointe d'un lion issant, avec la devise : *Cœur qui désire n'a repos.* Au-dessous de l'encadrement se lit en lettres noires sur une banderole à fond d'or, la devise : *Fax mentis honeste gloria.* Enfin, pour ne rien omettre de ce qui concerne ce premier feuillet ou frontispice, il faut ajouter qu'on lit à côté de la banderole dont on vient de parler le nom de *Bourthevin*, et sur la marge de droite celui de *A Bonelles*. Quant au corps du manuscrit, il est écrit d'un bout à l'autre de la même main, et de cette petite cursive, basse, très-nette et carrée qui appartient à la première moitié du xv° siècle. Certainement ce n'est pas là l'original de la chronique de Monstrelet, original que personne, que nous sachions, n'a connu, mais c'en est, du moins à notre avis, l'une des premières et des meilleures copies. Nous avons été frappé, à première vue, du caractère contemporain qu'il présentait, et rien depuis, dans l'examen attentif que nous avons fait des autres manuscrits, ne nous a fait revenir sur l'idée favorable que nous avions conçue de celui-ci. En conséquence, c'est lui que nous avons choisi pour notre édition.

Le second des deux manuscrits de la première classe, c'est-à-dire de ceux qui ne comprennent que le premier livre de Monstrelet, appartient aussi à la Bibliothèque impériale, sous la cote *Suppl. Fr.* 93. C'est un volume in-fol., pap. de 343 feuillets écrits à deux colonnes. Il commence brusquement et sans aucun titre par les mots : *Selon ce que dist Saluste, etc.*, qui sont les premiers mots du prologue. Vient ensuite, au fol. 2, la table des chapitres qui va jusqu'au fol. 10, lequel est suivi de deux feuillets blancs. C'est au folio 13 que commencent les chapitres, qui sont au nombre de 268. Ce manuscrit porte la date de 1459 sur le verso du dernier feuillet, où on lit : « Je Olivet du Quesne, natif de Lille lez Flandres, accomplis de coppier ce présent livre, le XII° jour de may, l'an mil III°LIX. *Scriptor qui scripsit cum Christo vivere possit.* » C'est un fort bon manuscrit, dont le texte est pour le fond tout aussi sûr que celui du n° 8347. Cependant, sans être précisément en dialecte picard, il en a quelques formes, et par exemple le *ch* pour le *c*, comme *commenchement*, pour *commencement; bachinès*, pour *bacinès*, etc. Ce manuscrit présente une particularité assez remarquable et que nous n'avons rencontrée que là. Il donne en entier un assez grand nombre de pièces officielles dont le n° 8347 ne donne que la substance. Le cas a lieu principalement pour les années 1413 et 1414. Quant à la chose en elle-même, il est assez facile, ce nous semble, de se l'expliquer. Il est évident qu'il y a entre le livre et le manuscrit une différence capitale. Le livre, par sa nature même, est immuable. Le manuscrit, au contraire, est susceptible de toutes sortes de variations et de différences, car celui qui faisait exécuter un manuscrit avait toujours la faculté de le faire accommoder à son usage. La preuve en est bien dans la question qui nous occupe. Quand on copiait un Monstrelet pour l'Ile-de-France, par exemple, on le copiait avec les formes grammaticales de l'Ile-de-France ; quand c'était pour la Picardie, avec des formes picardes. De là des différences très-notables de style dans les divers manuscrits d'un même ouvrage. Mais ce n'étaient pas seulement les formes grammaticales qui pouvaient changer, c'était encore, quand on le voulait, le fond, auquel on pouvait toujours ajouter ou retrancher à son gré. Et ici encore nous citerons ce qui nous arrive pour Monstrelet. Nous parlerons tout à l'heure d'un manuscrit de Monstrelet qui a appartenu à Charles IX. C'est un de ces manuscrits abrégés que nous avons signalés. Ici par exemple, le récit interminable du défi de l'écuyer arragonais est résumé en deux mots, tandis qu'au contraire les défis réciproques du duc d'Orléans et du roi d'Angleterre, qui sont aussi fort longs, se trouvent tout entiers dans le manuscrit en question. C'est que le royal possesseur du manuscrit prenait tout naturellement grand intérêt à l'un des récits, et non pas à l'autre.

Passons maintenant à la seconde classe des manuscrits de Monstrelet, ceux qui contiennent les livres I et II. Nous n'en avons qu'un de ce genre à signaler. Il se trouve à la Bibliothèque impériale. Il est en deux volumes, cotés 8345 et 8346, in-fol. pap. à deux colonnes et à rubriques, reliés en maroquin rouge, aux armes de France sur les plats. Le premier, ou le n° 8345, a 395 feuillets écrits, plus 6 restés en blanc,

2 au commencement et 4 à la fin. Il est à remarquer qu'il a un intitulé, tandis que les deux manuscrits que nous venons de décrire n'en ont pas. Le voici : « Chi commenche le premier livre de Engherant de Monstrelet, parlant espécialement des fais et advenues des royaumes de France et d'Engleterre, et entredeux, d'autres matères. Et commenche au roy Charles de France, VI° de che nom, lequel est dit Charles le Bel et Charles le Bien Amé. » On lit au dernier feuillet : « Explicit le premier volume de Engherand de Monstrelet. » C'est une version picarde, comme on a pu s'en apercevoir, rien qu'à l'intitulé que nous venons de transcrire. Mais en dehors des formes grammaticales, il est pour le fond du texte et pour la distribution entièrement semblable au n° 8347. Comme lui, il a seulement 258 chapitres, tandis que tous les autres manuscrits et tous les imprimés en comptent 268. Différence, au reste, qui ne porte que sur la coupure du texte, lequel reste le même au fond, dans les uns et les autres. Le second volume, c'est-à-dire le n° 8346, a 261 feuillets numérotés. Au haut du premier feuillet se lit l'invocation : *In nomine Patris et Filii et Spiritus sancti. Amen.* Puis au-dessous la rubrique : « Chest chi le second volume des histoires Engherant de Monstrelet. » Au verso du feuillet se trouve la petite pièce connue sous le nom du Recouvrement de la duché de Normandie et de Guienne, par le hérault Berry.

Nous voici arrivé à la troisième classe de nos manuscrits, ceux qui contiennent les trois livres. Ces derniers, inférieurs aux précédents par rapport au texte, leur sont infiniment supérieurs par l'exécution. La Bibliothèque impériale en possède deux. L'un, sous les n⁰ˢ 8299-5 et 8299-6, anciennement Colbert 19 et 20, est formé de deux magnifiques volumes grand in-fol. vél., dorés sur tranche, et reliés en maroquin fauve au chiffre du roi Louis-Philippe. Le premier volume a d'abord onze feuillets préliminaires, qui sont numérotés. On lit en tête du premier de ces onze feuillets : « Le premier volume de Enguerran de Monstrellet, ensuyvant Froissart, des cronicques de France, d'Angleterre, d'Escoce, d'Espaigne, de Bretaigne, de Gascongne, de Flandres et lieux circonvoisins. » Vient ensuite le prologue, puis la table des chapitres, au nombre de 268. Au commencement du texte la pagination recommence de 1 à 389, ce qui donne pour le tout 400 feuillets. Ce volume contient vingt-deux miniatures, de grande proportion et fort bien exécutées. Le second volume est comme le premier, un très-bel in-folio de 471 feuillets. Le premier commence par ces mots : « Ung très noble philosophe nommé Végèce, » qui sont ceux du prologue du second livre. Vient ensuite la table qui s'arrête au bas du recto du folio 10, dont le verso est en blanc. Au folio 11 s'ouvre, par une magnifique miniature à double sujet, la suite des chapitres au nombre de 280, puis on lit au recto du folio 287 : « Cy finist le second volume des croniques de messire Enguerrand de Monstrelet. *Pour monseigneur le Légat.* » La table du troisième livre se trouve au folio 288, et au folio 296, le texte. Là il reste un blanc qui attend encore sa miniature. Au dernier feuillet on lit : « Cy finist le tiers volume d'Anguerran de Monstrellet, des cronicques de France et d'Angleterre et de Bourgoingne et autres pays circonvoisins, etc. » Ce livre a 140 chapitres. Le volume a cinquante-deux miniatures. A l'indication de la fin du second livre, on a remarqué les mots : *Pour monseigneur le Légat.* Si, comme il nous semble, ils s'appliquent au cardinal d'Amboise, légat en France en 1499 et mort en 1516, c'est entre ces années qu'il faut chercher la date de ce beau manuscrit.

Le second des deux manuscrits de Monstrelet contenant les trois livres, appartient encore à la Bibliothèque impériale, où il est conservé sous la cote *La Vallière* 32. C'est un fort beau manuscrit en trois volumes in-folio, répondant chacun à l'un des trois livres de la chronique. Au dernier feuillet du troisième volume on lit : « Cy finist le tiers volume d'Anguerran de Monstrelet, des croniques de France, d'Angleterre, de Bourgongne et autres pays circonvoisins, suyvant celles de Froissart. Escriptes par moy Anthoine Bardin, serviteur de monseigneur messire Françoys de Rochechouart, chevalier, seigneur de Champdenier, seneschal de Tholouze, gouverneur et lieutenant général à Gennes pour le roy Loys, douziesme de ce nom, son conseiller et chambellan ordinaire. Et fut achevé au palays dudit Gennes, la vigile de Nostre Dame d'aoust, l'an mil cinq cens et dix. » Ce manuscrit contient un très-grand nombre de dessins à la plume exécutés en façon de camaïeux et dont la plupart sont enrichis d'or et de vives couleurs. Comme ces dessins sont dus très-vraisemblablement à des artistes italiens, le manuscrit en est d'autant plus curieux à étudier sous le rapport de l'art. On y rencontre à chaque page l'écu des Rochechouart (*fascé ondé d'argent et de gueules de six pièces*).

Nous avons parlé de manuscrits où la chronique de Monstrelet se trouve plus ou moins abrégée. La Bibliothèque impériale en possède deux. L'un, portant le n° 8344, est un beau volume in-folio, vélin, relié en maroquin rouge. Il est écrit à deux colonnes et contient 407 feuillets, y compris la table des chapitres qui est en tête. Il est orné de petites miniatures assez bien traitées, l'une surtout (folio 52) qui représente le meurtre du duc d'Orléans; avec les détails de la main coupée et du page allemand couché sur son maître. Il commence : « Premièrement, dit Enguerran de Monstrelet pour donner congnoissance aux lisans dont vindrent les haynes et divisions qui furent en France durant le regne d'icelluy roy Charles VI, dont sy grans maulx vindrent en son royaume que c'est pitié du recorder. » Il s'arrête à la descente du comte de Salisbury en France, l'an 1428. L'écriture nous paraît être de la fin du xv° siècle.

L'autre Monstrelet abrégé est un volume in-4, dont le papier est au filigrane d'un écu de France, et relié aux armes et au chiffre de Charles IX. Il a 387 feuillets numérotés à l'encre rouge, non compris 14 autres non numérotés, en tête, contenant la table des chapitres. Au premier feuillet on lit la rubrique : « Cy commence le premier livre de la cronique que fist Enguerran de

Monstrelet, qui traicte des guerres et divisions de France et d'Angleterre, depuis l'an mil quatre cens jusques à l'an mil cinq cens vingt deux, c'est à sçavoir jusques au trespas du roy Charles de France. » puis les mots : « Prohème dudit livre. » Et enfin le texte commence par ces mots : « Extrait des histoires et croniques faites et compilées par noble homme Enguerran de Monstrelet demourant à Cambray. Commençans icelles croniques; etc. » Au verso du folio 384 on lit la rubrique : « Cy fine le premier livre que fist en son temps Enguerran de Monstrelet. » Le folio 385 est en blanc, le folio 386 manque. Enfin au folio 387 et dernier, on lit, d'une main de la fin du XVI° siècle :

« Ce présant livre appartient à moy Crestophe Hesselin demourant en la rue des Bourdonnoys à Paris. Qui le trouvera, si luy rende, et il paira voluntiers le vin à la St.-Martin.

> Qui me trouvera, soit gueux ou mille,
> Je luy supplie de cuer enclin
> Me rendre à une belle fille,
> Son nom Marguerite Hesselin.

Nous n'avons reproduit ceci que pour montrer la bizarre destinée de ce livre, qui, des mains de Charles IX tombe dans celles d'un bourgeois de la rue des Bourdonnais. Ce manuscrit n'est, comme on le voit, qu'un abrégé de Monstrelet, et encore du premier livre seulement.

Quant aux deux manuscrits de la Bibliothèque de l'Arsenal, nous n'en dirons que peu de chose, leur importance disparaissant tout à fait devant la plupart de ceux dont il vient d'être question. Le premier, qui porte la cote *Hist.* 147, est un volume in-folio, papier à deux colonnes et à rubriques, de 387 feuillets. C'est un abrégé des deux premiers livres de la chronique de Monstrelet. L'écriture peut remonter au temps de Henri II. Il a appartenu à la famille de Saint-Gelais, comme le prouve la mention de la naissance de plusieurs personnes de cette famille, qui se trouve au dernier feuillet. L'autre manuscrit de l'Arsenal, *Hist.* 146, est encore un abrégé, mais qui n'embrasse pas même tout le premier volume, puisqu'il s'arrête au traité de Pouilly-le-Fort du 18 juillet 1419. C'est un in-folio, papier à deux colonnes et à rubriques, d'une écriture de la fin du xve siècle.

Toutes les éditions de Monstrelet, à l'exception de la dernière, celle de Buchon, s'accordent à donner trois livres à la chronique de Monstrelet. On a vu que les manuscrits complets donnaient également ces trois livres. Cependant Ducange[1], et après lui Dacier, avaient conçu des doutes sur l'authenticité de ce troisième livre. Comme il s'étend de l'année 1444, où finit le second, jusqu'à l'année 1467, il y avait, rien que dans cette dernière date, une objection invincible, Monstrelet étant mort en 1453. Aussi Buchon, lorsqu'il donna son édition de Monstrelet en 1826, prit, par d'excellentes raisons, assez mal présentées au reste dans

---

1. Notes et observations sur Monstrelet. C'est une plaquette de 10 p. conservée à la Bibl. imp. Ms. Ducange 1218. Nous la citons sous la rubrique *Notes de Ducange*.

sa première préface, le parti de n'admettre comme appartenant en propre à notre chroniqueur que les deux premiers des trois qui avaient jusqu'alors passé sous son nom, restituant ce troisième livre à Mathieu de Coucy. Et, en effet, ce dernier dit positivement qu'il commence sa chronique là où finit celle de Monstrelet, c'est-à-dire en 1444. Aussi la difficulté n'est-elle pas de savoir s'il faut, oui ou non, retrancher de la véritable et authentique chronique de Monstrelet ce troisième livre, mais bien d'expliquer comment toutes les éditions et tous les manuscrits complets l'y ont fait entrer. Voici, suivant nous, comment on pourra expliquer le fait. Les manuscrits de Monstrelet, qui contiennent seulement les deux livres, arrêtent le récit par ces mots : « Comme il sera dit dans mon tiers livre, » phrase qui, à la vérité, démontre bien le projet qu'avait Monstrelet de donner un troisième livre, mais qui n'implique pas nécessairement qu'il ait écrit ce troisième livre, ni surtout qu'il l'ait publié. Un autre argument dont Buchon ne s'est pas servi, et qui pourtant nous semble assez fort, c'est que dans toutes les éditions et dans tous les manuscrits, chacun des deux premiers livres est précédé d'une préface, tandis que le troisième n'en a pas. On ne voit pas bien pourquoi Monstrelet aurait ainsi abandonné une méthode bonne en soi, et que d'ailleurs il semblait affectionner. Disons donc qu'il n'a vraiment fait, ou du moins mis au jour, que ses deux premiers livres. Quant au troisième, voici, selon nos conjectures, ce qui a pu arriver. Les premiers éditeurs se seront servis de manuscrits n'ayant que les deux premiers livres, et ils auront mis, au lieu du troisième qu'ils y trouvaient annoncé et qu'ils n'avaient pas, le premier manuscrit traitant des mêmes matières et pouvant servir de continuation, qu'ils auront eu sous la main. Si l'on nous objecte l'existence des manuscrits aux trois livres, nous répondrons qu'on bien pu faire là ce qu'on avait fait pour les imprimés, et qu'en copiant un manuscrit à deux livres ayant le renvoi au troisième, on aura suppléé, de la même manière que pour les imprimés, à l'absence de ce troisième livre. En résumé, nous ne regardons comme parfaitement authentiques que les deux premiers livres de Monstrelet, c'est-à-dire celui qui commence à 1400 et qui finit à 1422, et celui qui, reprenant à l'avénement de Charles VII, s'arrête assez brusquement à l'année 1444. Ce sont donc ces deux livres seuls que comprendra notre édition, comme celle de Buchon.

Pour le premier livre, qui s'étend de 1400 à 1422, notre texte est la reproduction littérale du manuscrit 8347. Nous n'y avons absolument rien changé, si ce n'est que nous écrivons les chiffres en toutes lettres, et aussi que nous avons cru nécessaire de suivre dans le numérotage des chapitres l'ordre des imprimés, qui en donnent 268 pour ce premier livre, tandis que notre manuscrit n'en donne que 258. Comme nous l'avons déjà dit, c'est toujours la même quantité de texte, seulement différemment coupé. A ce texte de notre manuscrit 8347 nous joindrons, à leur place voulue, à la fin de chaque volume, les additions fournies par le manuscrit *Suppl. fr.* 93, dont il a déjà été parlé.

Quant au second livre, qui s'étend de l'an 1422 à l'an 1444, nous n'avions plus là, comme dans le premier cas, un excellent manuscrit à suivre en toute confiance. Il est vrai que le manuscrit 8346 est fort bon, mais, si l'on veut bien se le rappeler, c'est une version picarde, laquelle aurait trop juré avec notre texte du premier livre. Après tout, c'est encore l'édition Vérard (sans date) qui s'en rapproche le plus. Aussi, après mûr examen, est-ce ce texte-là que nous adopterons pour le second livre, mais en le revoyant soigneusement, pour le fond, sur le n° 8346.

Notre texte ainsi établi se suivra sans interruption de volume en volume jusqu'à complète terminaison. Après le texte de la chronique viendront les pièces justificatives, puis des notes et des éclaircissements, et enfin des tables étendues.

# TABLEAU CHRONOLOGIQUE

DES

# FAITS COMPRIS DANS CE VOLUME.

### ANNÉE 1400 [1].

(Du 18 avril 1400 au 3 avril 1401.)

| | |
|---|---|
| Défi de l'écuyer d'Aragon.................... Pages | 11 |
| Jubilé à Rome............................................ | 31 |

### ANNÉE 1401.

(Du 3 avril 1401 au 26 mars 1402.)

| | |
|---|---|
| Mort de Jean de Montfort, duc de Bretagne.............. | 32 |
| Départ de l'empereur de Constantinople de Paris.......... | 32 |
| Retour en France de la reine Isabelle, veuve de Richard II. | 32 |
| Voyage de Philippe le Hardi, duc de Bourgogne, en Bretagne, pour mettre le jeune duc en possession de son duché.... | 34 |
| Prise de possession du duché de Luxembourg par Louis, duc d'Orléans................................................ | 35 |
| Clément (*lis.* Robert), duc de Bavière, élu roi des Romains. | 36 |
| Expédition de Henri IV, roi d'Angleterre, contre les partisans de Thomas Percy................................... | 38 |
| Envoi d'une armée anglaise contre les Gallois............. | 39 |

1. Afin qu'on ne perde pas de vue que toutes ces années, étant celles de la chronique, sont du vieux style, nous avons mis la concordance du nouveau style à côté de chacune d'elles.

## ANNÉE 1402.

### ( Du 26 mars 1402 au 15 avril 1403.)

| | |
|---|---|
| Tournoi du sénéchal de Hainaut................ Pages | 39 |
| Défi de Louis, duc d'Orléans, à Henri IV, roi d'Angleterre............................................. | 43 |
| Réponse du roi d'Angleterre........................... | 46 |
| Copie du traité de 1396 (*lis.* 1399)................. | 49 |
| Seconde lettre du duc d'Orléans au roi d'Angleterre....... | 52 |
| Réponse du roi d'Angleterre........................... | 57 |
| Défi du comte de Saint-Pol au roi d'Angleterre........... | 67 |
| Le comte de Saint-Pol fait exécuter en effigie, dans son palais de Bohain, le comte de Rutland..................... | 68 |
| Expédition de Jacques de Bourbon, comte de La Marche, dans le pays de Galles............................. | 69 |
| Mariage d'Antoine de Bourgogne, comte de Rethel, avec Jeanne de Luxembourg, fille de Waleran, comte de Saint-Pol.................................................. | 70 |

## ANNÉE 1403.

### ( Du 15 avril 1403 au 30 mars 1404.)

| | |
|---|---|
| Victoire navale remportée par les Bretons sur les Anglais... | 71 |
| Un écuyer du comté de Guines, nommé Gilbert Frétin, fait des courses en mer contre les Anglais................... | 72 |
| Démêlé de Charles de Savoisy avec l'Université (en juillet 1404)............................................... | 73 |
| Semblable démêlé du prévôt de Paris, Guillaume de Tignonville (en 1407)....................................... | 75 |
| Joute du sénéchal de Hainaut en présence du roi d'Aragon.. | 76 |
| Défaite des Bretons sur les côtes d'Angleterre............ | 80 |
| Le maréchal de France et le Maître des arbalétriers envoyés au secours des Gallois............................... | 81 |
| Bataille d'Ancyre (30 juin 1402) où Bajazet I$^{er}$ est fait prisonnier par Tamerlan..................................... | 84 |
| Charles III, roi de Navarre, obtient le duché de Nemours.................................................. | 86 |
| Mort de la duchesse de Bar, sœur du duc de Bourgogne.... | 86 |

## ANNÉE 1404.

### (Du 30 mars 1404 au 19 avril 1405.)

| | |
|---|---|
| Mort de Philippe le Hardi, duc de Bourgogne, à Halle en Hainaut (27 avril).................... Pages | 87 |
| Renonciation de douaire faite par la duchesse Marguerite... | 89 |
| Descente de Waleran, comte de Saint-Pol, dans l'île de Wight.................................. | 91 |
| Le duc d'Orléans va trouver le pape à Marseille.......... | 93 |
| Expédition de Jean de Bourbon, comte de Clermont, en Gascogne................................ | 94 |
| Siége du château de Calefrin par le connétable Charles d'Albret, et Harpedane......................... | 94 |
| Mort d'Albert, comte de Hainaut................... | 95 |
| Mort de Marguerite, duchesse douairière de Bourgogne (20 mars 1405).............................. | 95 |
| Imposition d'une taille générale, à laquelle s'oppose le duc de Bourgogne (Jean sans Peur).................. | 97 |

## ANNÉE 1405.

### (Du 19 avril 1405 au 11 avril 1406.)

| | |
|---|---|
| Jean, duc de Bourgogne, prend possession de son comté de Flandre....................................... | 97 |
| Décime imposée sur le clergé par Benoît XIII............ | 98 |
| Champ mortel tenu en la ville du Quesnoy en présence de Guillaume, comte de Hainaut..................... | 99 |
| Le comte de Saint-Pol battu par les Anglais devant le château de Merck................................ | 100 |
| Siége de l'Écluse par les Anglais, où le comte de Pembroke est blessé à mort.............................. | 107 |
| Ambassade envoyée par le duc de Bourgogne à Paris pour son expédition de Calais......................... | 107 |
| Arrivée du duc de Bourgogne à Paris. Il y ramène le Dauphin qu'on menait à Melun......................... | 108 |
| L'Université vient saluer le duc de Bourgogne............ | 112 |
| Le duc de Bourgogne se fortifie dans son hôtel d'Artois.... | 113 |
| Il fait rendre aux Parisiens les chaînes de la ville.......... | 113 |

Requête qu'il présente au Roi, en son nom et au nom de ses frères.................................................. Pages 114
Hommages faits au Roi pour les comtés de Flandre, de Rethel et de Nevers.......................................... 119
L'évêque de Liége et le comte de Clèves amènent sous les murs de Paris une armée de six mille Bourguignons..... 120
Le duc d'Orléans concentre ses forces sur Melun.......... 120
Le duc d'Anjou travaille à la paix avec les ducs de Berri et de Bourbon................................................ 121
Le duc d'Orléans envoie ses lettres aux villes de France et à l'Université.......................................... 121
Députation de l'Université au duc d'Orléans étant à Melun.. 121
La Reine et le duc d'Orléans s'avancent sur Paris......... 122
Préparatifs des Parisiens pour leur en défendre l'entrée.... 123
Les princes moyennent un accord entre le duc d'Orléans et le duc de Bourgogne................................. 124
Entrée de la Reine et du duc d'Orléans à Paris........... 124
Départ des troupes........................................ 125
Le duc de Bourgogne retourne en Flandre................. 125

## ANNÉE 1406.

(Du 11 avril 1406 au 27 mars 1407.)

Le gouvernement de Picardie donné au duc de Bourgogne.. 125
Ambassade d'Angleterre.................................. 126
Clugnet de Brabant, fait amiral de France, épouse la comtesse douairière de Blois............................. 127
Le duc de Berri, capitaine de Paris, fait rendre aux Parisiens leurs armes saisies du temps des Maillotins........... 127
Guerre entre le duc de Bar et le duc de Lorraine......... 128
Fêtes de Compiègne pour le double mariage du duc de Touraine avec Jaqueline de Bavière, et de Charles d'Orléans avec la reine Isabelle............................... 129
Guerre sur les frontières du Boulonnois................. 130
Négociation du comte de Northumberland et Thomas Percy, sans résultat....................................... 130
La guerre recommence entre le duc de Bar et le duc de Lorraine............................................. 131
Fêtes d'Arras pour le mariage d'Adolfe IV, comte de Clèves

avec Marie de Bourgogne, et du comte de Penthièvre avec
   Jeanne de Bourgogne, filles du duc Jean sans Peur.. Pages 131
Voyage de Guillaume IV, comte de Hainaut, à Paris........ 132
Le parlement défend de payer les décimes............... 132
Expédition du duc d'Orléans en Guienne................. 132
Siéges de Blaye et de Bourg sur Mer.................... 133
Rencontre sur mer de l'amiral Clugnet de Brabant avec les
   Anglais, sans résultat............................. 133
Mauvais succès de l'expédition de Guienne.............. 134
Grands préparatifs du duc de Bourgogne pour le siége de Calais. 135
Travaux faits dans la forêt de Baulef................... 135
Interrompus par ordre du Roi........................ 136
Guillaume de Vienne, seigneur de Saint-George, se démet
   entre les mains du duc de Bourgogne de sa charge de ca-
   pitaine de Picardie................................ 137
Mort de la duchesse de Brabant....................... 137
Le duc de Bourgogne vient à Paris se plaindre du duc
   d'Orléans....................................... 138
Concile de Paris qui décrète la soustraction de la France à
   l'obédience de Benoît XIII (ouvert le 11 novembre)...... 139
Révolte des Liégeois contre leur évêque Jean de Bavière... 141
Antoine, duc de Limbourg, prend possession du duché de
   Brabant. — Maëstricht lui résiste.................... 144
Bulle du pape Grégoire XII (à Saint-Pierre, 11 décembre).. 146

## ANNÉE 1407.

### ( Du 27 mars 1407 au 15 avril 1408.)

Le duc d'Orléans obtient le duché d'Aquitaine............ 151
Trêves avec l'Angleterre.............................. 152
Ambassade anglaise à Paris.— Demande de la main de Marie
   de France, religieuse à Poissy, pour le prince de Galles... 152
Expédition du prince de Galles en Écosse (vers la Toussaint). 153
Assassinat de Louis, duc d'Orléans (23 novembre)....... 154
Année du grand hiver............................... 165
Arrivée de la duchesse d'Orléans à Paris pour demander
   justice de la mort de son mari...................... 167
Retour à la couronne d'une portion de l'apanage d'Orléans. 168
Conseil tenu par le duc de Bourgogne dans sa ville de Lille. 171

## TABLEAU CHRONOLOGIQUE

Mesures prises par le duc de Bourgogne pour contenir Paris.................................................. Pages 177
Discours de M° Jean Petit pour la justification du duc de Bourgogne................................................. 177
Seconde partie du discours............................... 223
La Reine et le duc d'Aquitaine, sous la conduite de Louis de Bavière, sortent de Paris et se réfugient à Melun....... 243
Ambassade envoyée à Benoît XIII........................ 244
Qui lance sa bulle d'excommunication.................... 250

### ANNÉE 1408.

(Du 15 avril 1408 au 7 avril 1409.)

Propositions de l'Université contre Benoît XIII, présentées par Jean Courteheuse (Jean Courtecuisse)............... 255
Lacération des bulles de Benoît XIII..................... 258
Départ de Louis d'Anjou pour la Provence................ 258
Court voyage du Roi à Melun............................ 259
Secours envoyé aux Gallois............................. 259
Départ du duc de Bourgogne de Paris (5 juillet).......... 259
Ses préparatifs de guerre contre les Liégeois............ 259
Guerre des Espagnols contre les Sarrasins de Grenade..... 261
Lettre du roi de Hongrie à l'Université de Paris sur l'affaire du Schisme (11 juin)..................................... 261
Concile de Paris sur l'affaire du Schisme................. 263
Entrée de la Reine et du Dauphin à Paris (26 août)....... 267
Entrée de la duchesse douairière d'Orléans en appareil de deuil (27 août)........................................ 267
Arrivée de Charles duc d'Orléans à Paris................. 268
Plainte de la duchesse d'Orléans et de ses enfants sur la mort de Louis, duc d'Orléans.............................. 269
Conclusions prises contre le duc de Bourgogne........... 336
Hommage de Charles, duc d'Orléans, au Roi............. 348
Appel de l'archevêque de Reims, des conclusions prises par l'Université de Paris.................................. 348
Défaite des Liégeois par le duc de Bourgogne (bataille de Tongres)............................................. 350
La sentence de Liége................................... 374
L'assemblée tenue à Paris pour procéder contre le duc de

Bourgogne est paralysée par les nouvelles de la bataille de Liége............................................ Pages 387
Grands préparatifs de défense du duc de Bourgogne....... 389
Le Roi quitte Paris et se retire à Tours................... 390
Mort de la duchesse douairière d'Orléans (Valentine de Milan)................................................ 393
Traité de Chartres...................................... 395
Mort de la reine d'Espagne (Catherine, fille du duc de Lancastre, femme de Henri III, roi de Castille), sœur du roi d'Angleterre (Henri IV de Lancastre)................. 402
Convocation du concile de Pise......................... 402
Mariage de Henri, roi de Dace (Eric IX, roi de Danemark), avec la fille du roi d'Angleterre (Philippe, fille de Henri IV)............................................. 403

# CHRONIQUE

## D'ENGUERRAN

# DE MONSTRELET.

## LIVRE PREMIER.

### 1400-1422.

### PROLOGUE.

Cy commence le premier livre de Enguerran de Monstrelet, parlant espécialement des fais et advenues des royaumes de France et d'Angleterre, et, entre-deux, d'aucunes autres matières. Et commence au roy Charles de France, VI° de ce nom, lequel est dit Charles le Bel, ou Charles le Bien-Aymé. Et fait, ledit Enguerran, son prologue en ceste manière [1].

Selon ce que dit Saluste, au commencement d'un sien livre nommé Cathilinaire, où il raconte aucuns merveilleux fais, tant des Rommains, comme de leurs adversaires, tout homme doit fouir oiseuse et soy exerciter en bonnes œuvres, afin qu'il ne soit pareil aux

---

1. Ce titre ne se trouve pas dans l'édition Vérard.

bestes, qui ne sont utiles qu'à elles seulement se à autres choses ne sont contraintes et induites.

Comme donques, assez soit convenable et digne ocupacion que les très dignes et haulx fais d'armes, les inestimables et aventureux engins et subtilitez de guerre dont les vaillans hommes ont usé, tant ceulx qui de noble maison sont yssus, comme du moien et bas estat, et qui sont advenus au très chrestien Roy de France[1], et en plusieurs autres contrées de la chrestienté et des marches et pays d'autre loy, feussent et soient mis et récitez par escript en manière de croniques ou histoires, à l'advertissement et introduction de ceulx qui, à juste cause, se vouldroient en armes honnorablement exerciter; aussi à la gloire et louenge de ceulx qui par force de courage et puissance de corps vaillamment s'i sont portez, tant en rencontres ou assaulx souspris et soudains, comme en journées entreprinses et assignées, corps contre corps, plusieurs contre autres, ou puissance contre autre, et en toutes les manières que vaillant homme se peut avoir, lesquelles, le lisant ou oïant, doit ententivement comprendre, incorporer et considérer; or est-il, que pour principalement ramener à mémoire les dessusdiz haulx fais d'armes, et autres matières dignes de recordacion, et mesmement des proesses et vaillances ou temps dont ceste présente histoire fait mencion; aussi des discors, guerres et contens, esmeuz et par long temps continuez, entre les princes et grans seigneurs dudit royaume de France, des pays voisins et autres marches loingtaines, à quelque occasion que lesdictes guerres

---

[1]. Royaulme de France (éd. Vér.)

aient prins sourse ou naissance, je, Enguerran de Monstrelet, yssu de noble géneracion, résident, ou temps de la compilacion de ce présent livre, en la noble cité de Cambray, ville séant en l'empire d'Alemaigne, me suis entremis et ocupé d'en faire et composer ung livre ou histoire, en prose, jà soit ce que la matière requière plus hault et subtil engin que le mien, pour ce que plusieurs choses qui y sont recitées font à peser, si comme les royales majestez, haultesses et puissances des princes d'excellence et noblesse en armes, dont icellui sera composé; mesmement aussi, que pour enquérir et savoir comment les besongnes ont esté faictes, et icelles comprendre par lois continuees, en aiant considéracion à ce que maintes fois ay apperceu, que aucuns d'un mesmes parti ou de plusieurs, faisoient de icelles besongnes où ilz avoient tous ensemble esté présens, divers rapors et difficiles; Et me suis par maintes fois en moy-mesmes apensé comment ce se povoit faire, et se de la diversité de leurs rapors y povoit avoir autre cause ou raison que faveur aux parties, et peut estre que oyl; consideré que ceulx qui sont aucunes fois à ung bout d'un assault, ou d'une bataille, ou escarmouche, ont assez à penser à eulx vaillamment conduire et garder leur corps et honneur, et ne pevent lors bonnement veoir ce qui advient d'une autre partie. Néantmoins, pour ce que dès ma jeunesse et que je me suis congneu, ay esté enclin à veoir et oyr telles et semblables ystoires, et y prins voulentiers peine et labeur en continuant à ce faire selon mon petit entendement jusques au temps de mon plus meur aage, pour la verité d'icelles enquérir par mainte diligence, dont je me suis informé des premiers poins d'icellui livre jusques aux derreniers, tant aux nobles gens, qui pour honneur de gentilesse ne doivent ou vouldroient dire pour eulx, ne contre eulx, que verité, comme aussi aux plus véritables que j'ay sceu dignes et renommez de foy, de toutes les parties, et par espécial des guerres du royaume de France, et pareillement aux roys-d'armes, héraulx et poursuivans de plusieurs seigneurs et pays, qui de leur droit et office doivent de ce estre justes et diligens enquéreurs, bien instruis et vrais relateurs; sur la récitation et relacion desquelz, à diverses foiz recitées, en mectant arrière tous rapors que je ay doubté ou esperé estre non prouvables par continuacion, pour jamais actaindre le cas; après que sur eulx ay eu plusieurs considéracions et grans dilacions de moy informer comme dessus, ay prins mon arrest en la déclaracion et raport des plus venérables, et l'ay fait grosser au bout d'un an, et non devant. Je me suis determiné et conclud de poursuivre ma dessusdicte matière depuis le commencement de mon livre jusques en fin d'icellui, et ainsi l'ay fait, sans favoriser à quelque partie, ains, à mon povoir, ay voulu, comme raison donne, rendre à chascune partie vraie déclaracion de son fait, selon ma congnoissance. Car, autrement faire, seroit embler et taire l'onneur et proesse que les vaillans hommes et prudens auroient acquis à la peine, travail et péril de leur corps, dont la gloire et louenge doit estre rendue et perpétuellement denoncée à l'exaltacion de leurs nobles fais. Et pour ce que celle besongne est de soy dangereuse et ne se peut mectre du tout au plaisir de chascun en particulière affection ou autrement, et par aventure vouldroient aucuns maintenir, aucune chose y déclairée non estre telle et ainsi advenue, je prie et requiers très instamment à toutes nobles personnes de quelque estat qu'ilz soient, qui ce présent livre liront ou oront, qu'il leur plaise me tenir pour excusé s'ilz y treuvent aucune chose qui à leur entendement ne soit agréable, puis que je me suis délibéré d'escripre vérité selon la relacion qui faicte m'en a esté. Car, se faulte y estoit trouvée ou autrement entendue, dont je me suis à mon povoir gardé, icelle doit estre et retourner sur ceulx qui du propos dont elle feroit mencion, m'en auroient fait les rapors et rendu certain. Et s'ilz y treuvent aussi aucune chose vertueuse, digne de mémoire et recordacion, en quoy on se puist et doive déliter et y prendre bon exemple ou introduction, la grace et mérite en soit sur ceulx dont ce procède, en perpétuelle mémoire, et non pas à moy, qui ne suis en ceste partie que simple expositeur.

Et commencera ceste présente cronique au jour de pasques communiaulx, l'an de grace mil quatre cens, auquel an, fine le derrenier volume de ce que fist et composa en son temps ce prudent et très renommé historien, maistre Jehan Froissart, natif de Valenciennes en Haynnau; duquel, par ses nobles œuvres, la renommée durra par long temps. Et finera cestui premier livre, au trespas du roy de France de très bonne mémoire, Charles le Bien-Aymé, VI° de ce nom, lequel expira sa vie en son hostel de Saint-Pol à Paris, le xxii° jour d'octobre[1], l'an de grace mil quatre cens

---

1. Le Religieux de Saint-Denis dit le 21. (*Chron. de Ch. VI*, publiée par M. Bellaguet, t. VI, p. 498.)

vingt et deux. Et afin que on voie aucunement les causes pour quoy les divisions, discordes et guerres s'esmurent entre la très noble, très excellente et très renommée seigneurie de France, dont à cause de ce tant de maulx et inconvéniens sont venus ou grant dommage et désolacion dudit royaume, que piteuse chose sera du recorder, je toucheray ung petit au commencement de mon livre, de l'estat et gouvernement, maintien et conduite du dessusdit roy Charles, ou temps de sa jeunesse.

## DE L'AN MCCCC.

[Du 18 avril 1400 au 3 avril 1401.]

## CHAPITRE PREMIER.

Comment le roy Charles le Bien-Aymé régna en France, après qu'il eust esté sacré à Reims, l'an mil trois cens quatre vingts; et des grans inconvéniens qui lui survindrent [1].

Pour ce que au commencement de mon livre ay aucunement touché que je parleray subsécutivement de l'estat et gouvernement du roy de France, Charles le Bien-Aymé, VIe du nom, et afin que plus pleinement soient sceues les causes et raisons pour quoy les seigneurs du sang royal furent, durant son règne et depuis, en division, en feray en ce présent chapitre aucune mencion.

1. Ce dernier membre de phrase manque dans l'édit. Vérard.

Vérité est que le dessusdit Charles le Bien-Aymé, fils du Roy Charles le Quint [1], commença à régner et fut sacré à Reims le dimanche avant la feste de Tous Sains, l'an de grace mil trois cens quatre vingts [2], comme plus à plain est déclairé ou livre de maistre Jehan Froissart; et n'avoit lors que quatorze ans d'aage. Et depuis là en avant, gouverna moult grandement son royaume et par très noble conseil; fist en son commencement de beaulx voiages, où il se porta et conduit, selon sa jeunesse, assez prudentement et vaillamment, tant en Flandres, où il gaigna la bataille de Rosebecque [3] et réduit les Flameus en son obéissance, comme depuis en la valée de Cassel et ès mètes du pays à l'environ, et aussi contre le duc de Gueldres. Et depuis aussi fut-il à l'Ecluse, pour passer oultre en Angleterre. Pour lesquelles entreprinses fut fort redoubté par toutes les parties du monde où on avoit de lui congnoissance. Mais fortune, qui souvent tourne sa face aussi bien contre ceulx du plus haut estat comme du mendre, lui monstra de ses tours. Car, l'an mil trois cens quatre vingts douze, le dessusdit Roy eut voulenté et conseil d'aler, à puissance, en la ville du Mans, et de là passer en Bretaigne pour subjuguer et mectre en son obéissance le duc de Bretaigne, pour ce qu'il avoit favorisé messire Pierre de Craon qui avoit vilainement navré et injurié dedens Paris, à sa grant desplaisance, messire Olivier de Cliçon, son con-

---

1. Charles le Riche, dans l'édit. Vérard.
2. Le 28 octobre 1380.
3. Le 27 novembre 1382. Au lieu de *gaigna*, l'édit. Vérard met *conquist*.

nestable. Ouquel voiage lui advint une piteuse aventure, dont son royaume eut depuis moult à souffrir, laquelle sera cy aucunement déclairée, jà soit que ce ne fut pas du temps, ne de la date de cette histoire.

Or est-il ainsi que le Roy dessusdit, chevauchant de ladicte ville du Mans à aler audit pays de Bretaigne, ses princes et sa chevalerie estant assez près de lui, lui print assez soudainement une maladie, de laquelle il devint ainsi comme hors de sa bonne mémoire. Et incontinent tolly ung espieu de guerre à ung de ses gens, et en féry le varlet du bastard de Lengres, tellement qu'il l'occist, et après occist ledit bastard de Lengres [1]. Et si féry telement le duc d'Orléans, son frère, que, nonobstant qu'il feust armé, si le navra-il ou bras. Et de rechef navra le seigneur de Sempy [2], et l'eust mis à mort, à ce qu'il monstroit, se Dieu ne l'eust garandi. Mais en ce faisant, se laissa cheoir à terre, et par la diligence du seigneur de Coucy et autres ses féaulx serviteurs, fut prins, et lui ostèrent à moult grant peine ledit espieu. Et de là fut ramené en ladicte ville du Mans, en son hostel, où il fut visité par notables médecins; néantmoins on y espéroit plus la mort que la vie. Mais par la grace de Dieu, il fut depuis en meilleur estat, et revint assez en sa bonne mémoire ; non pas telle que paravant il avoit eue. Et depuis ce jour, toute sa vie du-

---

1. Guillaume de Poitiers fils naturel de Guillaume, évêque de Langres. (*Note de Ducange.*) Le Religieux de Saint-Denis dit que le roi tua quatre hommes, et entre autres le bâtard de Polignac. (*Chron. de Ch. VI*, t. II, p. 20.)

2. L'édit. Vérard donne la mauvaise leçon, *Sainct Py*, et plus bas *Conchy*, pour Coucy, qui est dans notre manuscrit.

rant, eut par plusieurs fois de telles ocupacions comme la dessusdicte, pour quoy il faloit tousjours avoir le regard sur lui et le garder. Et pour ceste doloreuse maladie perdi, toute sa vie durant, grant partie de sa bonne mémoire; qui fut la principale racine de la désolacion de tout son royaume. Et depuis ce temps commencèrent les envies et tribulacions entre les seigneurs de son sang, pour ce que chascun d'eulx contendoit à avoir le plus grant gouvernement de son royaume, voyans assez clèrement qu'il estoit assez content de faire et accorder ce que par iceulx lui estoit requis; lesquelz se trouvoient vers lui les ungs après les autres, et à cautelle en l'absence l'un de l'autre, le induisoient à faire leur singulière voulenté et plaisir, sans avoir égard, tous ensemble par une mesme delibéracion, au bien publique de son royaume et dominacion. Toutesfois aucuns en y eut qui assez loyaument s'en acquitèrent, dont grandement après leur mort en furent recommandez. Lequel Roy, en son temps eut plusieurs enfants, filz et filles : dont, de ceulx qui vesquirent jusques à aage compétent, les noms s'ensuivent :

Premierement, Loys, duc d'Acquitaine, qui eut espouse la fille premier née du duc Jehan de Bourgongne; qui mourut avant le roy son père, sans avoir généracion. Le second eut nom Jehan, duc de Touraine, qui espousa la seule fille du duc Guillaume de Bavière, conte de Haynau; qui pareillement mourut avant le roy son père, sans avoir généracion. Le tiers eut nom Charles, qui espousa la fille de Loys, roy de Cécile, et en eut généracion, de laquelle sera cy-après faicte aucune déclaracion; lequel Charles

succéda au royaume de France après le trespas du roy
Charles son père. La première fille ot nom Ysabel, et
fut mariée la première fois au roy Richard d'Angleterre, et depuis au duc Charles d'Orléans, duquel elle
délaissa une seule fille. La seconde fut nommée Jehanne, et fut mariée à Jehan, duc de Bretaigne, duquel elle eut plusieurs enfans. La tierce eut nom Michele, et eut à mary le duc Philippe de Bourgongne,
de laquelle ne demoura nulz enfans. La quatrieme
fut nommée Marie, qui fut religieuse à Poissy. La
quinte eut nom Katherine, et eut espouse le roy d'Angleterre, duquel elle eut un filz nommé Henry, qui
après le trespas du roy son père, fut roy dudit
royaume d'Angleterre. Lequel roy, Charles VI°, eut
tous les enfans dessusdis, de la royne Isabel, son
espouse, fille du duc Estienne de Bavière[1].

1. Il n'est pas inutile de compléter ici cette descendance généa-
logique de Charles VI donnée par Monstrelet, en ramenant les
dates au N. S.
   Charles VI naquit à Paris le 3 décembre 1368, et y mourut,
à l'hôtel Saint-Pol, le 21 octobre 1422. Il avait épousé, le
17 juillet 1385, Isabeau de Bavière, dont il eut :
i. Charles de France, né le 25 septembre 1386, et mort le 28 décembre suivant.
ii. Jeanne de France, née le 14 juin 1388; morte en 1390.
iii. Isabelle de France, née le 9 novembre 1389, morte, en couches, à Blois, le 13 septembre 1409.
iv. Jeanne de France, née le 24 janvier 1391, morte le 27 septembre 1433.
v. Charles de France, dauphin, né le 6 février 1392, mort le 11 janvier 1401.
vi. Marie de France, née le 22 août 1393, morte le 19 août 1438.
vii. Michelle de France, née le 11 janvier 1395, morte en 1422.
viii. Louis de France, duc de Guienne, né le 22 janvier 1397, mort le 18 décembre 1415.

## CHAPITRE II.

**Comment un escuier d'Arragon, nommé Michel d'Oris, envoia en Angleterre lectres pour faire armes, et la response qu'il eut d'un chevalier dudit pays d'Angleterre.**

Au commencement de cest an mil quatre cens, furent envoiées ou royaume d'Angleterre unes lectres par ung escuier du royaume d'Arragon, nommé Michel d'Oris, desquelles la teneur s'ensuit :

« Ou nom de Dieu, et de la benoiste vierge Marie, de saint Michel et de saint Georges, je, Michel d'Oris, pour mon nom exaulcer, sachant certainement la renommée des proesses de la chevalerie d'Angleterre, ay, au jour de la date de ces présentes, prins ung tronçon de grève[1] à porter à ma jambe jusques à tant qu'un chevalier dudit royaume d'Angleterre m'en aura délivré, à faire les armes qui s'ensuivent : premièrement, d'entrer en place à pié, et d'estre armé chascun ainsi que bon lui semblera, et d'avoir chascun sa dague et son espée sur son corps, en quelque lieu qu'il lui plaira, aiant chascun une hache, dont je bailleray la longueur : et sera le nombre des cops de

ix. Jean de France, né le 31 août 1398, mort le 4 ou 5 avril 1416.
x. Catherine de France, née le 27 octobre 1401, morte en 1438.
xi. Charles de France (Charles VII), né le 23 février 1402, mort le 22 juillet 1461.
xii. Philippe de France, né le 11 novembre 1407, mort le même jour.

1. On désignait par le mot *grève*, la pièce d'armure défensive destinée à protéger le gras de la jambe.

tous les bastons ensuivans[1] : c'est assavoir, de la hache, dix cops sans reprendre, et quant ces dix cops seront parfais, et que le juge dira : Ho ! nous ferrons dix cops d'espée sans reprendre ne partir l'un de l'autre, et sans changer harnois. Et quant le juge aura dit : Ho ! d'espées, nous venrons aux dagues et en ferrons dix cops sur main. Et se aucun de nous perdoit, ou laissoit cheoir aucun de ses bastons, l'autre peut faire son plaisir du baston, qu'il tendra jusques à ce que le juge ait dit Ho ! Et les armes à pié accomplies, nous maintendrons à cheval; et sera chascun armé du corps, ainsi qu'il lui plaira. Et y aura deux chapeaulx de fer paraulx, que je livreray ; et choisira, mondit compaignon, lequel des deux chapeaulx qu'il lui plaira, et aura chascun tel gorgerin qu'il lui plaira. Et avecques ce, je bailleray deux selles, dont mondit compaignon aura le choix. Et oultreplus, aurons deux lances d'une longueur, desquelles lances nous ferrons vingt cops sans reprendre, à cheval, sur main, et pourrons férir par devant et par derrière, depuis le faulx du corps, en amont. Et icelles armes de lances faictes et acomplies, ferons les armes qui s'ensuivent : c'est assavoir, s'il advenoit que l'un ou l'autre ne feust blecié, nous serons tenus après, en icelle journée mesme et ou second jour après, férir de cop de lance, à course de chevaulx, à trois rens, tant que l'un ou l'autre cherra

1. On voit ici qu'on entendait par là toutes sortes d'armes blanches, haches, épées, dagues, etc. De là cette expression qui revient si fréquemment dans les anciens textes, de gens armés et *embastonnés*. Au reste l'édit. Vérard est ici plus claire ; elle met : de tous les bastons *combatans* ensuyvant.

à terre, ou soit blecié si qu'il n'en puist plus faire. Et que chascun s'arme à sa voulenté, le corps et la teste, et les targes soient de nerfz, ou de corne[1], sans ce qu'elles soient de fer, ne d'acier, ne qu'il y ait aucune maistrise. Et courrons lesdictes lances, à tout les selles que les chevaulx auront, faisans lesdictes armes à cheval. Et chascun liera et mectra ses estriers à sa voulenté, sans faire nulle maistrise. Et pour y adjouster plus grant foy et fermeté, je, Michel d'Oris, ay scellé ceste lectre du séel de mes armes, laquelle lectre fut faicte et escripte à Paris, le venredi xx<sup>e</sup> jour d'avril, l'an mil quatre cens. »

Lequel poursuivant, nommé Aly, s'adreça, à tous ses lectres, en la ville de Calais, et là, furent icelles veues par ung chevalier d'Angleterre, nommé messire Jehan de Prendegrest, lequel accepta de faire lesdictes armes ou cas qu'il plairoit au Roy d'Angleterre, sou souverain seigneur. Et sur ce, rescripvi ses lectres à l'escuier d'Arragon dessus nommé : desquelles la teneur s'ensuit :

« A noble homme et honnorable personne, Michel d'Orix, je, Jehan de Prendegrest, chevalier et familier de très hault et puissant seigneur monseigneur le conte de Sombreseil[2], honneur et plaisance. Plaise vous savoir que j'ay, ores, personnellement, veues unes lectres

---

1. *Et que les targes soient de nerfz ou de corne*, que les boucliers soient de cuir ou de bois dur.
2. L'édit. Vérard et celle de 1572 donnent : *le conte de Sommerset*. Sur quoi Ducange fait la note suivante : « Jean de Beaufort, filz de Jean de Gand, duc de Lancastre et de Catherine Swinfort sa 2<sup>e</sup> femme. Il succéda au gouvernement de Calais, à Jean Holland, comte de Huntington. »

par deçà envoiées par Aly le poursuivant, par lesquelles je entens la vaillance et courageux désir d'armes qui sont en vous, et aussi que vous avez fait veu de porter une certaine chose, laquelle, comme vos dictes lectres contiennent, vous fait grant mal à la jambe, et que vous le porterez jusques à certain temps que vous serez délivré d'aucun chevalier anglois d'avoir fait certaines armes, composées en vosdictes lectres. Moy, désirant honneur et plaisance, comme gentil homme, de tout mon povoir, ay, ou nom de Dieu et de la doulce vierge Marie, de monseigneur sainct George, et de saint Anthoine, acceptée et accepte vostre requeste, telle et en la meilleure manière que vosdictes lectres contiennent, tant pour vous aléger de la peine et du mal que vous souffrez, comme aussi pour ce que j'ay longuement désiré d'avoir acointance avec aucun noble et vaillant homme de la partie de France, afin d'apprendre aucune chose appartenant à honneur d'armes, pourveu qu'il plaise à mon sire le Roy, de sa grace espéciale me donner congé de le faire, soit devant lui et sa personne royale, en Angleterre, ou autrement, à Calais, par devant mondit très hault et puissant seigneur, le conte de Sombreseil. Et en oultre, pour tant que vos dictes lectres font mencion que vous apporterez chapeaulx, desquelz vostre compaignon choisira celui qu'il lui plaira, et aura chascun tel gorgerin qu'il lui plaira, vous plaise savoir, que pour ce que ne vouldroie que par aucune subtilité de ma partie, d'une piece de harnois ne d'autre, le fait par bon vouloir entreprins, peust aucunement estre destourbé ou délaissé, je vueil, s'il vous plaist, que vous apportez deux gorgerins d'une façon, dont vous aurez semblablement le choix. Et vous prometz en bonne foy que loyaument je mectray et feray diligence à mon povoir devers messeigneurs mes amis et de moy-mesme, de impétrer ledit congié; en quoy j'espère en Dieu que je ne fauldray pas. Et avecques ce, du jour et lieu où lesdictes armes se feront, se c'est le plaisir du Roy nostre sire, comme dit est, je escripray au capitaine de Boulongne dedens le jour de la Tiphaine prouchain venant au plus tost que faire se pourra, à fin que de mon entente et voulenté puissiez hastivement estre certifié, et de la plaine voulenté de mon cuer en ceste partie. Noble, honnorable et vaillant seigneur, je prie à cellui qui est faiseur et créateur de tous biens, qu'il vous octroit joye, honneur et plaisance, avecques tous biens que vous vouldriez de vostre dame, à laquelle je vous prie que ces présentes me puissent recommander. Escriptz soubz mon seel, à Calais, le onzieme jour de juing, l'an dessusdit. »

Depuis lesquelles lectres dessusdictes envoiées audit escuier d'Arragon, pour ce que icellui chevalier n'avoit pas assez briève response, et que la besongne fut par longtemps délaiée, lui rescripvi de rechef autres lectres, dont la teneur s'ensuit :

<small>S'ensuit la seconde lectre du chevalier anglois, envoiée à l'escuier d'Arragon.</small>

« A honnorable homme, Michel d'Oris, je, Jehan de Prendegrest, chevalier, salut. Comme pour vous aisier et aléger de la peine que vous avez soufferte, je vous ay octroié à délivrer les armes que vous avez vouées, desquelles mencion est faicte ès lectres seellées du seel de vos armes; sur ce que j'ay tant fait, qu'à ma poursuite, avec l'aide de monseigneur et de mon lignage, que le Roy, mon souverain et lige seigneur, le m'a octroié, et sur ce ordonné excellent et puissant seigneur, monseigneur de Sombreseil, son frère, capitaine de Calais, à estre nostre juge, si comme escript vous ay par Aly le poursuivant, par mes lectres portans date de l'xi° jour de juing derrenièrement passé, lesquelles vous povez bien avoir veues en digne et souffisant temps, si comme peut apparoir par les lectres de noble et puissant homme, le seigneur de Gaucourt, chambellan du Roy de France, datées du xx° jour du mois de janvier, lesquelles contiennent que à vous-mesmes il a lesdictes lectres envoiées, pour haste de venir par deçà; pourquoy povez bien entendre que le jour de l'acomplissement de nos dictes armes sera le premier lundi du mois de may prouchainement venant, car ainsi fut-il appoincté et ordonné par le Roy, nostre sire, sur la poursuite de ma dicte impétracion, et ainsi il le me convient tenir. Sur quoy, pour ce qu'il a pleu à icellui monseigneur le Roy, pour autres plus haultes causes et matières touchans et regardans le fait de sa royale excellence, avoir ordonné monseigneur son frère en autres parties estre, audit jour, il lui a pleu avoir tant fait à l'umble supplicacion de moy, et pour contemplacion de mesdiz seigneur et amis de lignage, pour tenir ladicte journée et estre nostre juge, il a commis et député son cousin et mon très honoré seigneur Hue Lutilier, lieutenant de mondit seigneur de Sombreseil audit lieu de Calais;

et pour ce, suis venu, prest pour acomplir lesdictes armes au plaisir de Dieu, de saint George et de saint Anthoine, espérant que de vostre partie pour l'alégement de vostre dicte peine, vous y serez aussi présent. Et en celle entente, je vous envoie sauf-conduit pour soixante personnes et autant de chevaulx. Autre chose de présent ne vous sçay que rescripre, car vous sçavez assez qu'il appartient à vostre honneur. Si prie au Dieu d'amours que, ainsi que vous désirez l'amour de vostre dame, vous avancez vostre venue. Escript audit lieu de Calais, soubz le seel de mes armes, le second jour de janvier, l'an mil quatre cens. »

S'ensuit la tierce lectre du chevalier anglois, envoiée audit escuier d'Arragon.

« Honnorable homme, Michel d'Orix, je, Jehan de Prendegrest, chevalier, salut. Il vous plaise bien avoir en remembrance que de par vous furent envoiées par deçà, par Aly le poursuivant, unes lectres générales et universelles adrécans à tous chevaliers anglois, escriptes à Paris, le venredi vingtième jour d'avril, l'an mil quatre cens, seellées du seel de voz armes, et aussi vous ne devez pas oublier la response que je feis ausdictes lectres, comme scet le chevalier d'Angleterre à qui elles vindrent premièrement. De laquelle responce et de ce qui depuis s'en est ensuy, je vous ay escript la substance par mes lectres seellées de mes armes, de la date du onzième jour de juing derrenier passé. Et aussi vous envoyai sauf-conduit bon et soufisant, pour venir par deçà acomplir l'entente de vos dictes lectres universelles, si comme ès dictes miennes derrenières lectres est pleinement contenu, où s'ensuit : « A honnorable homme, Michel d'Oris. » Sur quoy, vueillez savoir que j'ay grant merveille, car, actendu la substance et teneur d'icelles lectres, je n'ay eu de vous autres nouvelles, soit de venir au jour qui assigné estoit, ou autrement de deue excusacion pour essoine de vostre corps. Néantmoins, je ne scay se le Dieu d'amours qui vous exorta et mit en courage de vos dictes lectres générales envoier, ait en aucunes choses esté si despleu, par quoy il ait changié les condicions anciennes qui souloient estre telles, que pour resveiller armes et pour chascun acroistre il tenoit les nobles de sa court en si réale gouvernance que pour acroissement de leur honneur, après ce qu'ils avoient empris aucun fait d'armes, ils [ne] se absentoient du pays où ils avoient fait leur dicte entreprinse jusques à tant que fin en feust faicte ; ne aussi faisoient leurs compaignons, fraier, traveiller, ne despendre leurs biens en vain. Non pourquant je ne vouldroie pas qu'il trouvast ceste défaulte en moy, si qu'il eust cause de me bannir de sa court. Pour tant je vueil encore demourer par deçà jusques au huitième jour de ce présent mois de may, prest, à l'aide de Dieu, de saint George et de saint Anthoine, de vous délivrer, si que, ma dame et la vostre puissent savoir que pour la révérence d'icelles j'ay voulenté de vous aisier de vostre grève qui par si long temps vous a mésaisié, comme vos dictes lectres contiennent, pour quoy aussi vous avez cause de désirer vostre alégence. Après lequel temps, se venir ne voulez, je pense, au plaisir de Dieu, retourner en Angleterre par devers nos dames, ausquelles, j'ay espoir en Dieu, qu'il sera tesmoigné par chevaliers et escuiers, que je n'ay en riens mesprins envers le Dieu d'amours, lequel vueille avoir lesdictes, ma dame et la vostre, pour recommandées, sans avoir desplaisir envers elles pour quelque cause qui soit advenue. Escript à Calais, soubz le seel de mes armes, le second jour de juing, l'an mil quatre cens et ung. »

S'ensuit la teneur des lectres que l'escuier d'Arragon escripvi au chevalier d'Angleterre sur lesdictes lectres prouchaines précédentes.

« A très noble personne, messire Jehan de Prendegrest, chevalier, je, Michel d'Oris, escuier, natif du royaume d'Arragon, faiz assavoir, que pour l'ardant désir et courageux vouloir que j'ay tousjours eu et auray tant que Dieu me fera vivre, d'emploier et user mon temps en armes ainsi que à ung chascun gentil homme appartient, sachant que ou royaume d'Angleterre soient plusieurs chevaliers anglois pleins de grant chevalerie, lesquelz longuement à mon advis estoient demourez endormis, pour les resveiller à démonstrer leur hardiesse et pour avoir de eulx aucune compaignie et congnoissance, l'an mil quatre cens, prins ung tronçon de grève à porter à ma jambe jusques à ce que je seroie délivré des armes contenues en mes lectres, dont la teneur s'ensuit : « Ou nom de Dieu, etc. » Lesquelles lectres portées par Aly le poursuivant, si comme voz lectres données à Calais le onzième jour de juing le tesmoingnent, desquelles, afin que ma response à icelles puist mieulx convenir, la teneur s'ensuit : « A noble homme et honnorable personne Michel d'Oris, etc. » Du contenu ou commencement des dictes lectres, je vous remercie de ma part tant comme je puis, de ce que vous me voulez délivrer de la peine en quoy je suis, ainsi qu'en voz gracieuses lectres maintenez que vous avez long temps désiré avoir acointance avec aucun noble et vaillant homme de la partie de France, comme se vous vouliez ignorer dont je suis. Pour ce, vous ay cy-dessus fait assavoir que je suis nez du royaume d'Arragon, non pour quant que je, et chascun plus grant que moy, peut justement dire avoir bon titre quant il est natif du royaume de France, car il n'est nul qui puist dire avoir trouvé sur françois, vilain reprouche en chose que chascun preudomme ou gentil homme peut faire, qui la vérité en vouldroit dire, mais pour tant que nul preudomme ne doit denyer son pays, et pour vous faire assavoir et monstrer la voulenté que j'ay eue, et ay, et auray tant que soient acomplies les armes déclairées en mes premières lectres, il est vray que je, demourant oudit royaume d'Arragon, emprins les armes dessusdictes. Mais voyant que j'estoie trop loing des parties d'Angleterre, pour plus tost la chose acomplir me parti d'ilec et m'en vins à Paris, où je demouray actendant voz nouvelles long temps depuis que je avoie envoiées mesdictes premières lectres. Et depuis, pour certaines causes neccessaires touchant mon souverain seigneur le roy d'Arragon, me parti de France et m'en retournay en mon pays, très mélencolieux et esbahy de ce que je trouvay délay en tant de nobles chevaliers, de si petit esbatement comme j'avoye devisé, dont n'avoie eu nulle response. Si y demouray par l'espace de deux ans, pour cause de guerre qui estoit entre mes amis. Puis, prins congié à mondit seigneur, et m'en retournay à Paris pour savoir nouvelles pour moy acquiter dudict fait. Et lors, je trouvay à l'ostel de monseigneur de Gaucourt, à Paris, ès mains de Jehan d'Olivedo, escuier dudit seigneur, vos dictes lectres dont cy-dessus est faicte mencion, lesquelles y avoient esté apportées après ce que je m'en estoie ralé oudit royaume d'Arragon. Pour quelle occasion elles furent après mondit département envoiées, je n'en dy plus. Mais ung chascun y pourra penser selon la teneur du fait, ce que bon lui semblera. De laquelle lectre je suis moult esmerveillé, et aussi sont plusieurs autres chevaliers et escuiers qui la teneur en ont oye, considérans le bon rapport de vostre chevalerie, que tant avez observé le droit des armes et maintenant les voulez changer, et sans nul autre traictié ne advis de partie, par vous mesmes avez voulu estre juge et placé à vostre plaisir et advantage. Laquelle chose, comme chascun peut savoir, n'est pas chose convenable. Or, quant aux autres lectres dessus escriptes en l'ostel de mondit seigneur de Gaucourt à Paris, pour y mieulx respondre, j'ay cy fait enarrer la teneur comme il s'ensuit.

Quant au premier point contenu ès dictes lectres où avez voulu dire que autres lectres m'avez envoiées avec sauf-conduit pour acomplir les armes là et au jour où il vous avoit pleu à vostre avantage et plaisir, sachez certainement et sur ma foy, qu'onques autres lectres ne vy de vous fors cestes cy qui me furent baillées le douziesme jour de mars, ne cellui sauf-conduit onques ne vy, car sans doute se je l'eusse eu avecq vosdictes lectres, vous eussiez assez tost eu nouvelles de moy et response à icelles. Car c'est la chose que je désire plus estre acomplie que chose qui soit. Et bien povez savoir que le grant désir et vouloir que j'ay à délivrer lesdictes armes m'a fait par deux foiz venir et eslongner de mon pays, par deux cens et cinquante lieues, à grans frais et despens, comme chascun peut savoir. Et pour ce que autre fois et plus à plain èsdictes lectres que feistes savoir que vous aviez esleu place à Calais par devant noble et puissant prince le conte de Sombreseil, et après, pour tant qu'il estoit ocupé autre part, ainsi que vosdictes lectres veulent dire, messire Hue de Lucrelles, lieutenant à Calais dudit seigneur de Sombreseil, fut commis pour tenir la place par très hault et puissant prince le roy d'Angleterre vostre souverain seigneur, à vostre voulenté et poursuite, sans mon vouloir, sceu ne congié, dont je suis moult esmerveillé et à bon droit, que sans moy estes tant alé avant comme d'eslire juge et place, et mesmement à vostre souhait. Et me semble que de vostre pays ne vouldriez pour riens perdre la veue. Et toutesfoiz nos devanciers et les nobles chevaliers anciens qui tant nous ont laissé de beaulx exemples, ne quirent onques de grands honneurs en leur propre pays, ne onques furent coustumiers de requerre choses desconvenables; car ce n'est que pour eslongner les bonnes entreprinses. Si suis bien certain que en ce cas vous n'ignorez pas que le devis du juge, du jour et de la place, doit estre esleu du commun assentement des parties. Et se je eusse eu voz lectres à temps, je le vous eusse fait savoir.

De ce que vous dictes que vous ne savez se le Dieu d'amours m'a de soy banny, pour ce que je me suis eslongné du pays de France où mes premières lectres furent escriptes, ne se il m'a fait changer mon propos, je vous fais assavoir tout acertes sans nulle faintise, qu'onques puis que je euz ceste chose encommencée ne changay mon propos, ne feray, tant que Dieu me garde de meschef, ne en mon lignage ne eut onques homme qui ne ait tousjours fait ce que preudomme et gentil doit faire. Et quant ce viendra à la journée, laquelle à l'aide de Dieu sera briefment se par vous ne demeure, je croy qu'il vous sera besoing d'avoir meilleur cuer que d'avoir à faire à homme retrait de son propos. Pour quoy je vous prie que laissons telles paroles qui ne povent porter fruit. Car ce n'est pas fait de chevalerie, ne de gentillesse; mais pensez au fait, ainsi que m'en avez donné espérance. Si vous fais assavoir que on m'a raporté que vous avez, à Calais, entré en place tout seulet contre moy qui estoie du fait tout non sachant, comme cy-dessus est dit, et loing de vous pour lors bien de trois cens lieues. Et se j'eusse fait semblables armes contre vous, là où pour le temps de lors estoie, ce que Dieu ne veuille, je crois que les haubergons n'en feussent jà froissez ne les lances brisées, aussi peu comme les vostres furent. Si eustes vous lors, de vous mesmes le pris sans contredit. Et en verité je pense que vostredicte entreprinse et journée ne fu onques à meure delibéracion de vos amis conclute, ne par autres qui en ont oy parler ne sera jà loée. Mais non por quant je ne vouldroie pas que par semblables fictions colorées, ce qui a esté dit, prononcié et promis par vous, on deist que vous l'avez baillé par paroles sans nul effect. Je vous prie tant chèrement et si acertes comme je puis, que vous me vueillez acomplir mesdictes armes ainsi qu'elles sont en mesdictes lectres devisées, et que je en ay grant désir et espoir. Et ne veuillés autrement le temps tenir en paroles. Car je ne doubte point qu'en Angleterre n'ait plusieurs chevaliers qui pieçà me eussent delivré de ma peine si la chose n'eust esté par vous emprinse. Et sur ce, ne vous excusez plus par voz lectres que vous dictes avoir à moy envoiées, car j'en suis tout sans coulpe, comme cy-dessus est dit. Si suis prest, sachez de vray, de soustenir et garder mon honneur et qu'il n'y a nulle chose cy-dessus escripte de ma part contre verité, qui du contraire me vouldroit charger. Et pour ce que je ne vouldroye point estre si oportun que je deusse le lieu et là place eslire sans vous le faire savoir, je offre, se voulez, aler devant très hault et puissant prince et mon souverain lige seigneur le Roy d'Arragon, ou devant les rois d'Espaigne, de Portugal ou de Navarre. Et, se nulz de ces princes ne voulez eslire, pour plus estre près de vostre repaire et pour non eslongner de vos marches et de Madame la vostre, à laquelle de mon povoir je vouldroye complaire, je suis prest d'aler à Boulongne, et que vous venez à Calais. Et là où le capitaine de Calais de vostre part, et le capitaine de Boulongne de ma part, et au jour que ces deux vouldront eslire, je suis prest et appareillé de y aler et vous acomplir lesdictes armes, ainsi qu'elles sont en mesdictes lectres comprinses, à l'aide de Dieu, de Nostre Dame, de monseigneur saint Michel et de monseigneur saint George. Et non obstant que je suis si loingtain de mon pays, je actendray vostre response jusques à la fin du moys d'aoust prouchain venant, et tandis, pour l'amour de vous, je ne porteray pas le tronçon de grève, combien que plusieurs me aient exorté du contraire. Lequel terme passé, se je n'ay de vous oy nouvelles, je porteray ledit tronson de grève et feray aler poursuivre mesdictes lectres premières par vostre royaume par tout où bon me semblera, tant que j'aye trouvé qui me délivre de ma peine. Et afin que vous adjoustez plus grant foy aux choses dessusdictes, j'ai mis à ces présentes lectres le seel de mes armes et icelles signées de mon seing manuel, et parties par A B C. Lesquelles furent faictes et escriptes à Paris, le quatriesme jour de septembre, l'an mil quatre cents et ung. »

### S'ensuit la tierce lectre de l'escuier d'Arragon envoiée au chevalier anglois.

« Ou nom de la saincte Trinité, de la benoiste vierge Marie, de monseigneur saint Michel l'Ange, et de Mgr. saint George, qui me gecte à mon honneur, je, Michel d'Oris, escuier, natif du royaume d'Arragon, fay assavoir à tous chevaliers anglois, que pour exaulcer mon honneur et quérir à faire armes, j'ay sceu certainement qu'il y a noble chevalerie partie d'Angleterre, et je, désirant avoir votre acointance et d'aprendre de vous les tours et fais d'armes, vous requiers pour l'ordre de chevalerie et pour la riens que plus aymez[1] que vous me vueillez délivrer des armes qui cy s'ensuivent. Premièrement, d'entrer en la place à pié, etc. Et tout ainsi qu'il est contenu ès premières lectres universelles, excepté qu'il avoit escript en la fin ainsi : Et me offre pour abréger mon fait et pour mieulx monstrer ma bonne voulenté et souveraine diligence, d'estre par devant vostre juge à Calais, dedens deux mois après ce que je auray reçeue vostre

1. *Pour la riens*, c'est-à-dire pour la chose. Ici, la dame.

response seellée du seel de voz armes, se Dieu me garde d'essoine[1]. Et dedens iceulx deux mois je vous envoieray lesdiz deux chapeaulx et deux selles, et la mesure de tous les bastons dessus diz. Et je prie à cellui qui par sa bonne bonté me vouldra délivrer, que brief je aie sa bonne et honnorable response, si comme j'ay espoir d'avoir des nobles dessusdiz. Toutefois, envoiez moy sauf-conduit, bon et seur, pour toutes choses qui contre moy et ma compaignie pourroient venir, jusques au nombre de trente cinq chevaulx, et que je aye response par Longueville, porteur de ceste. Et pour y adjouster plus grant fermeté, j'ay signé ces lectres de mon seing manuel et seellées du seel de mes armes. Lesquelles furent faictes à Paris, le premier jour de janvier, l'an mil quatre cent et deux. »

S'ensuit la quatriesme lectre envoiée par ledit escuier d'Arragon au chevalier anglois.

« En l'onneur de Dieu, père de toutes choses, et de la benoiste vierge Marie sa mère, qui me soit en aide et me vueille par sa grace adrécer et conforter de venir à vraie conclusion de ceste œuvre que j'ay emprise à tous chevaliers anglois, je, Michel d'Oris, natif du royaume d'Arragon, faiz assavoir que naguères, c'est assavoir l'an mil et quatre cens, comme cellui qui pour lors vouloie estre séparé et abstrait de toutes autres cures, aiant en remembrance les très-singulières gloires que nos devanciers du temps

1. *Essoine*, empêchement, obstacle, embarras. Ce mot a signifié aussi *excuse*.

de jadis receurent par les très-excellentes proesses qu'ilz firent et monstrèrent en exercices d'armes; lesquelz considérans de cuer acquérir aucune nouvelle loenge et mérite, et pour moy habiliter en aucune chose digne et vertueuse, disposay en mon cuer aucunes armes faire avec aucun chevalier anglois qui délivrer m'en vouldroit par sa proesse. Lesquelles armes accepta, noble et honnorable homme, messire Jehan de Prendegrest, chevalier d'Angleterre, ainsi qu'il peut apparoir par ses lectres cy-après déclairées. Et afin que je puisse venir à conclusion au propos que je tens, j'ay fait incorporer après mes lectres derrenières, audit messire Jehan de Prendegrest naguères envoiées, esquelles toutes les lectres sur ce faictes d'une part et d'autre sont comprinses, desquelles la teneur s'ensuit : « A très-noble personne, etc. » Et, puis toutes les lectres jusques à la tierce lectre dudit escuier. Lesquelles lectres je fis envoier à Calais par Berry, roy d'armes, pour bailler audit messire Prendegrest. Et pour ce que ledit hérault, en revenant dudit lieu, raporta lui avoir esté dit de par très puissant prince le conte de Sombreseil, capitaine de Calais, que dedens le mois d'aoust auroit renvoié response desdictes lectres à Boulongne, combien qu'il n'aist pas esté acomply, toutes fois, pour l'onneur dudit seigneur et capitaine de Calais, qui par son humilité s'estoit chargé de renvoier la response à Boulongne, ainsi qu'il fut dit et raporté par Faulcon, roy d'armes d'Angleterre, et aussi pour l'onneur de chevalerie, et afin que par nulle occasion indeue ne soit dit ou temps avenir que j'ay fait mes poursuites trop importunément, j'ay actendu, passé ledit terme que la response me devoit estre envoiée, par l'espace d'un mois après. Et en après, afin qu'il soit apparant et chose notable à chascun de ma grace et bonne voulenté et de mes lectres à vous envoiées, et aussi à qui la faulte et coulpe de ceste matière peut toucher, j'ay fait après insérer mes derrenières lectres à vous envoiées, desquelles la teneur s'ensuit : « Ou nom de la saincte Trinité. » Et la tierce lectre de l'escuier [porte] : Par telle condicion que se vous ne me délivrez à ceste foiz, je n'entens plus à rescripre sur ceste matière en Angleterre, quant à présent. Car je vous sçais si mal courtois et si mal gracieux, quant tant de foiz avez oy ma requeste et ma bonne voulenté, tant par lectres que Aly le poursuivant, à présent appellé Longueville le hérault, vous a présentées par Graville, par moy, ou royaume d'Angleterre, en l'an mil quatre cent et ung, comme de mes autres lectres à vous présentées par Graville le poursuivant, faisant mencion de mes premières lectres générales, faites en l'ostel de monseigneur de Gaucourt à Paris; et comme par unes autres lectres à vous envoiées de par moy par Berry, roy d'armes, lesquelles a reçeues très-puissant seigneur, monseigneur de Sombreseil, capitaine de Calais, et aussi par mes autres lectres escriptes à Paris, le douziesme jour de juing l'an mil quatre cens et trois, lesquelles sont cy-dessus transcriptes; et furent icelles présentées par Longueville le hérault, à très-puissant prince monseigneur de Sombreseil, capitaine de Calais. A toutes lesquelles lectres je n'ay trouvé nul chevalier qui m'ait envoié son seelle selon le contenu d'icelles. Et pour tant, communement pourray bien dire que nulle amitié, ne bonne compaignie, je n'ay trouvé en tant de noble chevalerie comme il a ou royaume d'Angleterre, veu que je suis venu de si loingtain pays en approuchant vostre pays, poursuivant en ceste peine par deux ans ou environ. Et m'en fauldra aler ou royaume dont je suis, sans avoir acointance de vous, comme j'ay eu et ay très-grant désir, ainsi qu'il vous peut apparoir et appert par mes dictes lectres générales. Et se ainsi me pars de vous sans nul effect, je vous auray peu à remercier, considéré la poine où je suis et ay esté moult longuement. Et veu vostre response, quinze jours après la date de ces présentes, j'ay entencion, au plaisir de Dieu, de Nostre-Dame, de monseigneur saint Michel et de monseigneur saint George, de m'en retourner à la court de mon très-redoubté seigneur le roy d'Arragon. Et se dedens iceulx quinze jours me voulez aucune chose escripre, vous me trouverez en l'ostel monseigneur le Prévost de Paris. Autre chose ne vous scay que escripre, fors que je vous prie qu'il vous souviengne de moy et de la peine où je suis. Et pour adjouster plus grant foy et fermeté à ces présentes lectres, je les ay signées de mon seing manuel et seellées du seel de mes armes. Si les ay fait escripre doubles, et parties par A, B, C; desquelles lectres j'ai retenu l'une par devers moy. Escript à Paris, le douziesme jour de may, l'an mil quatre cens et trois. »

Depuis lesquelles lectres, Perrin de Loherenc, sergent d'armes du roy d'Angleterre, soy disant procureur en ceste partie dudit chevalier anglois, envoia unes lectres par manière de response à l'escuier d'Arragon, dont la teneur s'ensuit :

« A très-noble escuier Michel d'Oris. Je vous signifie

de par monseigneur Jehan de Prendegrest, que se voulez présentement paier en sa main les coustz et despens qu'il fist pour vous délivrer des armes contenues en vos lectres, lesquelles il maintient que par vostre défault sont encore non faictes, il vous en délivrera très-voulentiers, et autrement, sachez qu'il ne vous en délivrera en riens[1]. Et aussi ne souffrera aucun autre chevalier ne escuier de pardeça, vous en délivrer, ne à ce donner response. Et pour ce, se vous lui voulez envoier cinq cens mars d'esterlins pour les despens dessusdis, lesquelz il dit avoir tant cousté, je tieng que vous n'atendrez point longuement à estre délivré desdictes armes. Si vous conseille par voie de gentillesse, que ou cas que lesdiz despens vous ne vouldriez prestement envoier par deçà, comme dit est, vous vous gardez d'aucune chose si légèrement parler de la chevalerie d'Angleterre comme en disant que vous n'y avez trouvé nul chevalier qui vous ait envoyé son seelle selon le contenu de vos dictes lectres, comme vous touchez en vostre dernière escripture. Car, pour certain, s'il convient que plus avant en soit parlé, je vous fais bien à savoir de par messire de Jehan de Prendegrest, chevalier, qu'il sera trouvé prest à maintenir le contraire, en défense de son honneur que vous touchez en ce trop asprement, si comme il semble à nos seigneurs qui de ce scevent la vérité. Car il en a fait ce que preudomme et gentil doit faire. Et de ces choses m'envoiez la response et

---

1. On trouve ici un assez bizarre mélange, mais du reste très-commun à cette époque, des idées chevaleresques et des intérêts positifs. Ici, l'Anglais consent à faire fait' de chevalier, mais sous caution préalable.

vostre voulenté par Chalon le hérault, porteur de ces présentes; lesquelles, pour y adjouster plus grant foy, j'ay seellées et signées à Paris, l'an mil quatre cent et quatre. »

Lesquelles lectres, ainsi envoiées de l'une partie à l'autre, finalement, quant au fait, rien n'en fut exécuté, ne mis à effect.

## CHAPITRE III [1].

#### Comment les grans pardons furent à Romme.

En cest an, cest assavoir l'an mil quatre cens, furent les grans pardons à Romme, ausquelz alèrent pour acquérir le salut de leurs âmes, infinies personnes de toutes les parties de chrestienté. Et durant lequel temps régna très-grant mortalité universelle, dont, entre les autres, moururent plusieurs légions de pèlerins alans audit lieu de Romme [2].

1. L'intitulé de ce chapitre ne se trouve ni dans notre manuscrit, ni dans celui qui porte le n° 8345. Mais il existe, tel qu'on le donne ici, dans le ms. *Suppl. fr.* 93, et dans tous les imprimés.
2. Godefroi a donné dans son *Charles VI* (p. 599), une ordonnance de l'an 1400, qui défend ce pèlerinage de Rome. Au reste la peste ne fut pas le seul fléau qui atteignit les pèlerins. Ils furent dépouillés de tout par les bandes qui parcouraient la campagne de Rome. (Voy. Raynaldi, *Ann. Eccl.*, t. VIII, p. 65.)

## DE L'AN MCCCCI.

[Du 3 avril 1401 au 26 mars 1402.]

## CHAPITRE IV.

Comment Jehan de Montfort, duc de Bretaigne, mourut; et du partement de l'empereur de Constantinoble de Paris; et le retour de la royne d'Angleterre.

Au commencement de cest an[1] mourut Jehan de Montfort, duc de Bretaigne, auquel succéda Jehan, son filz, qui avoit espousé la fille du roy de France, et avoit plusieurs frères et seurs. Ouquel temps l'empereur de Constantinoble, qui avoit esté grant espace de temps en la cité de Paris, aux despens du roy de France, se parti, à tous ses gens, et s'en ala en Angleterre, où il fut moult honnorablement receu du roy Henry et de tous ses princes, et de là s'en retourna en son pays[2].

Et adonc plusieurs notables ambaxadeurs, par diverses fois, furent envoiez de France en Angleterre et

1. *Au commencement de cest an*, c'est-à-dire 1401. Cette date n'est pas exacte. Jean IV, duc de Bretagne, fils de Jean de Montfort, et de Jeanne de Flandre, mourut le 1ᵉʳ novembre 1399. Jean V, son fils aîné, avait épousé Jeanne de France, fille de Charles VI. Il avait pour frères, Artur, comte de Richemont, qui fut duc de Bretagne, en 1457, et Gilles de Bretagne, mort en 1412. Ses sœurs étaient: Marie, femme de Jean, comte d'Alençon, Marguerite et Blanche.

2. Manuel Paléologue avait fait sa première entrée dans Paris, le 3 juin 1400, de là il était passé en Angleterre, en septembre, même année, puis était revenu à Paris le 28 février 1401.

d'Angleterre en France, pour traicter principalement que le roy d'Angleterre voulsist renvoyer la royne Ysabel, fille du roy de France, jadis femme du roy Richard[1], et avecques ce qu'il la laissast joyr et posséder du douaire qui enconvenancé lui avoit esté au traictié du mariage. Lesquelz ambaxadeurs, après plusieurs traictiez[2] en fin vindrent à conclusion[3], et fut celle royne ramenée en France par messire Thomas de Persi, connestable d'Angleterre, qui avoit en sa compaignie plusieurs chevaliers et escuiers, dames et damoiselles, pour icelle acompaigner. Et fut conduicte jusques à un lieu nommé Lelinguen[4], entre Calais et Boulongne, et là, fut délivrée et baillée à Waleran, conte de Saint-Pol, capitaine et gouverneur de Picardie[5], avec lequel estoient l'évesque de Chartres et le seigneur de Longueville pour la recevoir; et si y estoient la damoiselle de Montpensier, seur au conte de La Marche, et la damoiselle de Luxembourg, seur au conte de Saint-Pol, et autres dames et damoiselles, envoiées de par la royne de France. Lesquelz

---

1. Le traité de mariage d'Isabelle, fille de Charles VI, avec Richard II, roi d'Angleterre, fut conclu à Paris, le 9 mars 1395 (V. S.). Ainsi la petite princesse n'avait pas sept ans révolus, étant née le 9 novembre 1389.

2. En effet, on peut lire dans Rymer les pièces très-nombreuses de cette négociation.

3. L'acte définitif de la restitution est du 3 août 1401.

4. Lelinghen, entre Boulogne et Calais. C'était le lieu habituel des conférences tenues entre les plénipotentiaires français et les plénipotentiaires anglais au sujet de ces trêves si souvent jurées et si souvent rompues.

5. Valeran de Luxembourg, fils aîné de Gui de Luxembourg, comte de Ligny, et de Mahaut de Châtillon, comtesse de Saint-Pol.

tous ensemble, après qu'ils eurent prins congié aux seigneurs et dames d'Angleterre, se partirent de là et amenèrent ladicte dame aux ducs de Bourgongne [1] et de Bourbon [2], qui à grant compaignie l'atendoient sur une montaigne assez près de là. Si fut d'eulx reçeue et bienveignée très honnorablement. Et ce fait, la menèrent à Boulongne et de là à Abbeville, où ledit duc de Bourgongne, pour sa venue, fist un très honorable disner. Et après, icellui duc print congé d'elle et retourna en Artois. Et ledit duc de Bourbon, et les autres qui estoient à ce commis, la menèrent à Paris, devers le Roy, son père, et la Royne, sa mère, desquelz elle fut reçeue et bienveignée très bénignement [3]. Néantmoins, combien qu'elle feust honnorablement renvoiée, comme dit est, si ne lui fut assignée aucune rente, ne revenue, pour son dit douaire. Dont plusieurs princes de France ne furent pas bien contens dudit roy d'Angleterre, et désiroient moult que le Roy se disposast à leur faire guerre.

## CHAPITRE V.

Comment le duc Phelippe de Bourgongne, oncle du roy de France, ala en Bretaigne, et le duc d'Orléans, frère du Roy, à Luxembourg; et du discord qu'ilz eurent ensemble.

En ce mesme an s'en ala en Bretaigne le duc Phelippe de Bourgongne prendre la possession, de par le

---

1. Philippe le Hardi, fils du roi Jean.
2. Louis II, dit le Bon.
3. On lit dans une chronique universelle qui finit à l'an 1431 : « Et fu commune renommée que elle n'eubt oncques parfaicte joie depuis son retour d'Angleterre. » (Bibl. imp., f. *Cord.* 16, fol. 328.)

roy de France, de la duchié, pour le jeune duc. Lequel pays lui fist tantost obéissance. Et s'en ala à Nantes, veoir la duchesse vesve, qui estoit seur au roy de Navarre et avoit promis d'espouser tost après le roy d'Angleterre[1]. Et pour tant, ledit duc de Bourgongne, qui estoit son oncle, traicta tant avec elle qu'elle quicta son douaire à ses enfans, par condicion qu'elle devoit avoir par chascun an en récompense d'icellui, certaine somme d'argent. Après lesquelz traictiez, et que icellui duc eut mis garnisons de par le Roy en aucuns lieux et des plus fortes places du pays, il s'en retourna à Paris, menant avecques lui le dessusdit jeune duc et ses deux frères[2], lesquelz furent honnorablement receuz du Roy et de la Royne.

Et lors, Loys, duc d'Orléans et frère du Roy, ala prendre la possession du gouvernement de la duchié de Luxembourg, par le consentement du roy de Boesme, à qui elle appartenoit, avec lequel il avoit eu espéciales convenances. Si mist garnison de ses gens en plusieurs villes et forteresses d'icelle duché, et après s'en retourna en France[3].

Et peu de temps après, sourdi grande discencion entre ledit duc d'Orléans et son oncle le duc de Bour-

---

1. Le duc de Bourgogne fit son entrée à Nantes le 1ᵉʳ octobre 1402. Le mariage de Jeanne de Navarre, veuve de Jean IV, duc de Bretagne, avec Henri IV, roi d'Angleterre, se fit le 23 avril 1402 (V. S.).
2. Jean V, Artur et Gilles de Bretagne.
3. Ce n'est pas le roi de Bohême, mais Josse, marquis de Moravie, fils de Jean de Luxembourg, frère de l'empereur Charles IV, qui céda à Louis, duc d'Orléans, le duché de Luxembourg, et cela, non pas en 1401, comme le dit Monstrelet, mais en 1402. Il le reprit en 1407, à la mort du duc d'Orléans.

gongne, et tant, que chascun d'eulx assembla grant nombre de gens d'armes entour Paris. Mais en fin, par le moien de la Royne, et des ducs de Berry et de Bourbon, fut la paix faicte. Et par ainsi se retrahirent toutes manières de gens d'armes ès lieux dont ils estoient venus.

## CHAPITRE VI.

Comment Clément, duc en Bavière, fut par les électeurs d'Alemaigne esleu à estre Empereur, et comment il fut à grant puissance mené à Franquefort.

En l'an dessusdit, Clément, duc en Bavière[1], fut par les électeurs d'Alemaigne esleu empereur de Romme, après ce que fut réprouvé et déposé le roy de Boesme, jadis empereur de Romme. Si fut mené par iceulx à Francquefort, et avoit adonc en sa compaignie bien quarante deux mil hommes de guerre, si mist le siége devant ladicte ville, qui estoit à lui rebelle, là où il fut environ quarante jours, durant lequel temps se commença entre ses gens une grant mortalité d'épidémie, dont bien moururent quinze mil de ses gens. En la fin desquelz quarante jours ung traictié se fist, et fut mise celle ville de Francquefort en l'obéissance dudit empereur. Et pareillement se y mirent Coulongne[2], Aiz et plusieurs autres

1. C'est la leçon fautive de tous les manuscrits et des imprimés. Il faut lire Robert au lieu de Clément. Robert, duc de Bavière, fut élu empereur le 22 août 1400, deux jours après la déposition de Wenceslas, roi de Bohême. (Voy. *Raynaldi*, t. VIII, p. 77.)

2. C'est à Cologne que l'empereur Robert fut couronné, le 6 janvier 1401 (N. S.).

villes, et lui baillèrent leurs lectres recognoissans que son élection avoit esté bien et deuement faicte. Et après, fut couronné en ycelle ville par l'évesque de Mayence, de laquelle coronation plusieurs princes et grans seigneurs du pays firent grant feste. Si y furent faictes nobles joustes et grans esbatemens. Laquelle feste passée, ledit empereur envoia Estienne, duc en Bavière, son cousin germain, lequel estoit père de la royne de France, à Paris, pour confermer la paix entre ledit empereur et le roy de France. Lequel duc Estienne, venu audit lieu de Paris, fut reçeu à grant joie, tant de sa fille, la Royne, comme des princes et seigneurs du sang royal, car le Roy estoit pour lors malade. Et après qu'il eust faicte sa requeste en un certain jour, lui fut faicte response par les dessusdiz seigneurs, que bonnement saulve l'onneur du Roy et leur serement, ne povoient faire paix au préjudice de leur beau cousin le roy de Boesme ; qui autrefois avois esté esleu et couronné à roy d'Alemaigne. Après laquelle responponse, icellui duc s'en retourna en Alemaigne devers le nouvel empereur, auquel il racompta et dist ce qu'il avoit trouvé et besongné en France. Si n'en fut pas bien content; mais autre chose n'en peut avoir. Et après, icellui empereur avoit proposé d'aler personnellement en Lombardie à puissance de gens d'armes. Et pour conquerre des passages envoia une partie de ses gens devant, mais les gens d'armes du duc de Milan vinrent à main armée contre eulx et en occirent et prindrent plusieurs. Entre lesquelz fut prins messire Gérard, chevalier, seigneur de Harancourt, mareschal du duc d'Austeriche, et plusieurs autres. Et par ainsi fut rompu le voyage dudit empereur.

## CHAPITRE VII.

*Comment le roy Henry d'Angleterre combati ceulx de Persiaque et de Gales, qui estoient entrez en son pays.*

Environ le mois de mars de cest an, se meut grant dissencion entre le roy Henry d'Angleterre et ceulx de Persiaque et de Gales[1], avec lesquelz estoient plusieurs Escoçoys. Si entrèrent à grant puissance ou pays de Northombelande, et là les trouva le dessusdit roy Henry, qui pour les combattre avoit fait grant assemblée. Mais, de première venue, desconfirent et ruèrent jus son avangarde, et pour ce, sa seconde bataille n'osa aler contre eulx. Et adonc le Roy, qui menoit l'arrière garde, espris de grant voulenté, voyant aussi ses gens doubtablement assembler à ses adversaires, se mist et plongea vigoureusement dedans la bataille de ses ennemis, en laquelle il se conduisi et porta si chevalereusement, comme il fut sceu et relaté par plusieurs nobles des deux parties, que ce jour il occist et mist à mort de sa propre main plus trente six hommes d'armes, jà soit ce que par trois foiz il fut abatu de cops de lance du conte de Gales, d'Escoce[2];

1. C'est-à-dire les partisans de Henri de Percy, comte de Northumberland, et les Gallois soulevés par Owen Glendower. Les premiers soulèvements des Galles datent de l'an 1400. (Voy. Walsingham, *Brev. hist.*, p. 405.)

2. Vérard et l'édit. de 1572 donnent *de Glas*. C'est Douglas, comme au reste notre texte lui-même le porte quelques lignes plus bas.

si eust esté prins et occis dudit conte, se ses gens ne l'eussent défendu et rescoux. Là fut occis Henri de Persiaque et Thomas de Persiaque, son oncle [1]. Si y fut prins le conte de Douglas, d'Escoce, et plusieurs autres. Après laquelle besongne, icellui roy Henry se partit du camp, joyeux de sa victoire, et envoia en Gales plusieurs de ses gens d'armes pour assiéger une ville en laquelle estoient aucuns favorables aux dessusdiz Persiaques.

## DE L'AN MCCCCII.

[Du 26 mars 1402 au 15 avril 1403.]

## CHAPITRE VIII.

**Comment Jehan de Verchin, séneschal de Haynnau, envoya ses lectres en divers pays pour faire armes.**

Au commencement de cest an, Jehan de Verchin, chevalier de grant renom, et séneschal de Haynnau, envoia en divers pays par un sien hérault plusieurs lectres aux chevaliers et escuiers, afin de este (*sic*) fourny à faire aucunes armes qu'il avoit entreprinses à faire. Desquelles lectres la teneur s'ensuit :

« A tous chevaliers, escuiers et gentilz hommes de

---

[1]. Le ms. *Suppl. fr.* 93, Vérard, et l'édit. de 1572 portent que Thomas de Percy seul fut tué, et qu'Henri de Percy ne fut que prisonnier. « Là fut occis Thomas de Parsiaque, et Henry, son nepveu, prins. »

nom et d'armes, sans reprouche, je, Jehan de Verchin, chevalier, séneschal de Haynnau, fays savoir à tous, qu'à l'aide de Dieu, de Nostre Dame, de monseigneur saint George et de ma dame, seray, le premier dimanche du moys d'aoust prouchain venant, à Coussi, se je n'ay léale essoine[1], pour faire les armes qui cy-après sont escriptes, pardevant mon très redoubté seigneur, monseigneur le duc d'Orléans, lequel m'a accordé la place. S'il est donques gentil homme, tel que dessus est dit, qui accorder les me vueille : premièrement, le gentil homme qui accorder me vouldra mon emprinse, sera monté à cheval en selle de guerre sans nulle maistrise, et serons armez pour noz corps comme il nous plaira et aurons targes sans couverture ne ferreure, de fer ne d'acier, et aurons chascun une lance de guerre où ne pourra avoir agrape ne rondelle, et une espée. Si assemblerons desdictes lances une fois, et assenez desdictes lances ou non, chascun ostera sa targe a par lui et prendra son espée sans aide d'autrui. Si en ferons vingt cops sans reprinse. Et je, pour honneur de la compaignie et pour le plaisir que le gentil homme m'aura fait d'acomplir madicte entreprinse, le délivreray prestement à pié se je n'ay essoine de mon corps, sans ce que nous prenons ne ostons, lui ou moy, pièces de harnois pour les espées à cheval si non que chascun pourra prendre autre visière et ralonger ses plates s'il lui plaist, de tel nombre de cops d'espée qu'il me aura voulu deviser, et de dagues aussi, quant il m'aura affermé d'acomplir ma dessusdicte emprinse, pourtant

---

[1]. Empéchement ou excuse légitime. (Voy. la note de la p. 26.)

que ledit nombre de cops se puist fournir dans la journée, à telles reprinses que je lui deviseray, et pareillement de tant de cops de hache que deviser me vouldra. Mais pour les haches se pourra armer chascun comme il lui plaira. Et s'il advenoit aussi, que jà ne puist advenir, que en faisant lesdictes armes l'un de nous deux feust blécié tant que pour la journée les armes ne peussent estre parfaictes, qui adonc seroient emprinses par nous deux, l'autre ne seroit en riens tenu de le actendre pour les parfaire, ains seroit quicte d'icelles. Et quant je auray acompli ce que dessus est dit ou que le jour sera passé, je, avec l'aide de Dieu, de Nostre-Dame, de monseigneur Saint George et de ma dame, me partiray de ladicte ville, se je n'ay essoine de mon corps, pour aler à Saint-Jacques en Galice. Et tous les gentilz hommes de la condicion dessusdicte, que je trouveray moy alant oudit voyage et retournant, jusques en la dessusdicte ville de Coucy, qui me vouldront faire tant de honneur et de grace de me délivrer de pareilles armes cy-dessus devisées, à cheval, et me bailler juge raisonnable sans me eslongner de mon droit chemin plus de vingt lieues, ne me reculer du chemin, et me affermer que le plaisir du juge soit tel que lesdictes armes soient commencées dedens cinq jours que je seray venu en la ville où les armes se devront faire, je, à l'aide de Dieu et de ma dame, si je n'ay loyale essoine de mon corps, quant il me auront acompli mon emprinse les délivreray prestement à pié et par la manière cy-dessus devisée, de tel nombre de cops d'espée, de hache et de dague qu'ilz me auront voulu deviser quant ilz commencèrent à acomplir ma dessusdicte entreprinse.

Et s'il advenoit que ung gentil homme et moy feissions accord à faire lesdictes armes, et me eust donné juge comme cy-dessus est devisé, et en alant devant le juge en trouvasse ung autre qui me voulsist faire les armes pareillement et donner juge plus près de moy que le premier, je araie toujours à aler premièrement délivrer cellui qui plus près juge me donroit, et quant je seroie quicte de lui, je retourneroie à l'autre pour fournir ce que accordé aurions ensemble, se je n'avoie essoine de mon corps; et ainsi pareillement faire tout le voiage durant. Et seray quicte devant chascun juge pour faire une fois lesdictes armes. Et ne pourra, ung gentil homme que une fois faire armes avecques moy tout le chemin durant. Et aurons bastons paraulx de longueur pour faire lesdictes armes qui se feront, laquelle longueur je bailleray quant je en seray requis. Et seront tous les cops de toutes lesdictes armes qui se feront, depuis le bort des plates dessoubz en amont. Et afin que tous gentilz hommes qui auront voulenté de me délivrer puissent sçavoir mon chemin, j'ay intencion, au plaisir de Dieu, de passer par le royaume de France et de là tirer à Bordeaulx et puis ou pays du conte de Foix, de là ou royaume de Castille, et puis à monseigneur saint Jacques. Et au retourner, s'il plaist à Dieu, repasseray par le royaume de Portingal, et de là ou royaume de Valence, ou royaume d'Arragon, en Cathelongne, en Avignon, et puis rapasseray parmi le dessusdit royaume de France, pourveu que je puisse par les dessusdiz pays seurement passer sans avoir empeschement et portant ceste présente emprinse, excepté ceulx du royaume de France et ceulx du pays de Haynau. Et afin que ceste emprinse soit tenue véritable, j'ay mis le seel de mes armes à ceste présente lectre pour acomplir ce que dessus est escript et signé de ma main. Qui fut faicte en l'an de l'Incarnacion Nostre Seigneur mil quatre cens et deux, le premier jour du mois de juing. »

Lequel séneschal dessusnommé, pour fournir et acomplir son emprinse ala à Coucy, selon le contenu de ses lectres cy-devant escriptes, et là, fut par le duc d'Orléans très joieusement reçeu[1]. Mais audit jour ne comparut homme pour faire armes contre lui. Et pour tant, un peu de jours ensuivans se parti de là pour aler ou voiage de Saint-Jacques ainsi que promis l'avoit. Durant lequel voiage il fist armes en sept lieux et par sept journées avant son retour. Auxquelles, à toutes les foiz, il se porta si vaillamment et si honnorablement que tous les princes qui estoient juges d'icelles armes furent contens de sa personne.

## CHAPITRE IX.

Comment Loys, duc d'Orléans, frère du roy de France, envoya lectres au roy Henry d'Angleterre pour faire armes, et de la response qu'il eut.

En l'an mil quatre cens et deux, Loys, duc d'Orléans, frère du roy de France, envoia unes lectres pour faire armes, au roy Henry d'Angleterre, dont la teneur s'ensuit :

« Très hault et puissant prince, Henry, roy d'Angleterre, je, Loys, par la grace de Dieu, filz et frère des roys de France, vous escrips et faiz savoir par

---

1. L'an 1400, le duc d'Orléans avait acheté la seigneurie de Coucy de Marie de Coucy, veuve de Henri, duc de Bar.

moy, qu'à l'aide de Dieu, de la benoiste Trinité, pour le désir que j'ay de venir à honneur, l'emprinse que je pense que vous devez avoir pour venir à proesse en regardant l'oisiveté en quoy plusieurs seigneurs se sont perdus, extrais de royale lignée, quant en fais d'armes ne s'emploient, jeunesse qui mon cuer requiert d'employer en aucuns fais pour acquérir honneur et bonne renommée, me fait penser à, de présent, commencer à faire le mestier d'armes. Plus honnorablement ne le pourroie acquérir, tout regardé, que d'estre en lieu, à ung jour advisé tant de vous comme de moy, et en une place comme nous feussions nous deux acompaignez de cent, tant chevaliers que escuiers de nom et d'armes et sans aucun reprouche, tous gentilz hommes, et nous combatre jusques au rendre. Et, à qui Dieu donra la grace d'avoir la victoire, le jour, chascun chez soy comme son prisonnier pourra mener son compaignon pour en faire sa voulenté. Et si ne porterons sur nous quelque chose qui tourne à sort ou invocacion quelconques qui de l'Eglise soit défendue. Et n'y aura traict en ladicte bataille, fors que chascun se aidera du corps que Dieu lui a presté, armé comme bon lui semblera, tant à l'un costé comme à l'autre, pour sa seureté, aians bastons acoustumez. C'est assavoir lance, hache, espée et dague, et chascun de tel avantage comme besoing et mestier sera pour sa seureté et pour soy aider, sans avoir alènes, broches, crocqs, poinçons, fers barbelez, aguilles, pointes envenimées, ne rasoirs; comme pourra estre advisé par gens en ce congnoissans, qui seront à ce ordonnez tant d'une partie comme d'autre, avec toutes les seuretez qui en ce cas sont neccessaires.

Et pour venir à l'effect d'icelle journée desirée, je vous fais assavoir, qu'à l'aide de Dieu, de Nostre Dame et de monseigneur saint Michel, vostre voulenté sceue, je vouldroie bien estre, acompaigné du nombre dessusdit, en ma ville et cité d'Angoulesme, pour acomplir à l'aide de Dieu ce que dit est. Or m'est advis, que se vostre courage est tel que je pense pour ce fait acomplir, vous pourrez venir jusques à Bordeaulx, et là, ès marches nous deux nous trouverons, pour oultrer nostre journée qui pourra estre advisée tant de vos gens comme des miens commis à ce aians pleine puissance comme se nous y estions en nos propres personnes. Très hault et puissant prince, mandez moy et faictes savoir en ce cas vostre voulenté pour acomplir les choses dessusdictes, et vueillez abréger le temps de en mander vostre plaisir. Car je pense que vous povez savoir que en tous faiz d'armes bien advisé le plus brief compte est le meilleur, principalement et généralement aux roys, aux princes et aux seigneurs, et en advisant tant par mandemens comme par escrips en ceste emprinse n'en pourroit venir entre vous et moy que empeschement de fais neccessaires qui sont ou pevent estre en noz mains. Et pour ce, afin que vous sachez et congnoissez que ce que je vous escrips et mande je vueil acomplir à l'aide de Dieu, je me suis soubscript de ma propre main, et si ay seellé de mes propres armes ces présentes lectres, en mon chastel[1], escriptes le VII$^e$ jour du mois d'aoust, l'an mil quatre cens et deux. »

---

1. Le ms. *Suppl. fr.* 93, ajoute *de Couchy*, Couci.

#### S'ensuit la première lectre de response du roy Henry d'Angleterre aux lectres du duc d'Orléans.

« Henry, par la grace de Dieu roy de France et d'Angleterre et seigneur d'Yllande, à hault et puissant prince, Loys de Valois, duc d'Orléans. Vous escripvons, mandons et faisons savoir que nous avons veues voz lectres et requeste d'armes dont la teneur s'ensuit : « A très hault et puissant prince, Henry, etc. » Par la teneur desquelles nous povons bien apparcevoir à qui elles adressent. Néantmoins il est à nous comme pourroit estre entendu par ce que vous avez mandé, nous en avons grans merveilles pour les causes qui s'ensuivent : premièrement, entre les trèves prinses et jurées entre nostre très cher seigneur et cousin, le roy Richart, nostre derrenier prédécesseur, que Dieu absoille, et vostre seigneur et frère, lesquelles vous mesmes avez jurées à tenir et qui sont affermées par vostredit seigneur et nous, secondement l'aliance qui fut pourparlée entre nous, et vous à Paris, et aussi par les seremens que vous baillastes en noz mains et ès mains de nos très chers chevaliers et escuiers, messire Thomas d'Espinguen, messire Thomas Rampston et Jehan Marburi, de la bonne amitié et aliance que vous promistes à nous tenir. Desquelles lectres de vostre aliance seellées de vostre grant seel la teneur s'ensuit : *Ludovicus*, etc. Or, puis qu'ainsi est que vous avez commencé devers nous, contre raison, pour les causes dessus dictes, comme il nous semble, qu'il nous soit par vous envoyé, nous voulons respondre en la manière qui s'ensuit. C'est à dire que nous voulons bien que Dieu et tout le monde sache, qu'il n'a esté ne n'est nostre entencion de aler contre chose que nous aions promis en nostre défaut ne par nous commencié, mais puis que vous avez ainsi commencé en vostre personne devers nous, vous prions, mandons et faisons savoir que la pareille lectre d'aliance que vous avez receue de nous, cassons, adnullons et révoquons tant qu'est en nous, et tenons pour nulle amitié, amour, aliance doresenavant, et ce en vostre défault. Car il nous semble que nul prince, seigneur, chevalier ne autre de quelque estat qu'il soit, ne doit demander ne faire armes soubz icelle aliance et amitié. Et pour ce nous vous quictons devers vous toute nostre aliance et amitié, et vous respondons à vostre lectre de requeste combien que consideré la dignité que Dieu nous a donnée et là où Dieu nous a mis de sa bonne grace, ne devrions respondre à nul tel fait si non de pareil estat et dignité que nous sommes, si faisons à vous savoir que là où il est contenu en vostre lectre que l'emprinse que vous pensez que nous devons avoir pour venir à proesse regardant l'oisiveté, il est vray que nous ne sommes point tant emploiez en armes et honneurs comme noz nobles progéniteurs ont esté. Mais Dieu est tout puissant de nous mectre à poursuir leurs fais quant lui plaira, lequel par toute l'oisiveté que nous avons eu de sa bonne grace tousjours à gardé nostre honneur. Et quant à ce que vous désirez d'estre à lieu et à jour regarder, tant de nous comme de vous, en une place où nous feussions nous deux acompaignez chascun de son costé de cent chevaliers et escuiers de nom et d'armes et gentilz hommes sans avoir reproche, à nous combattre jusques au rendre, vous faisons savoir qu'il n'a esté veu devant ceste heure que aucuns de nos nobles progéniteurs roys ait esté ainsi infesté par aucunes personnes de mendre estat qu'il n'estoit lui mesmes, ne qu'il n'avoit mis, ne emploié son corps en tel fait avecques cent personnes ou autre nombre, pour telle cause. Car il nous semble que ce que ung prince roy fait, il le doit faire à l'onneur de Dieu et commun prouffit de toute chrestienté ou de son royaume, et non pas pour vaine gloire, ne pour nulle convoitise temporelle. Et nous voulons par tout conserver l'estat que Dieu nous a donné, prins à nous tel propos que à quelque heure qui nous plaira et semblera mieux expédient, à l'onneur de Dieu et de nous et de nostre royaume, nous venrons personellement en nostre pays pardelà, acompaigné de tant de gens et telz comme il nous plaira, lesquelz nous réputons tous noz loiaulx serviteurs, subgetz et amis, pour y conserver nostre droit. Ou quel temps, se vous pensez qu'il soit bon à faire, vous vous pourrez mectre avant avec tel nombre de gens que bon vous semblera, pour vous acquérir honneur en acomplissement de vostre courageux désir. Et se Dieu plaist et Nostre Dame et monseigneur saint George, vous n'en partirez sans estre respondu à vostredicte requeste, tellement que vous en devrez estre tenu pour respondu, soit pour combatre entre noz deux personnes autant comme Dieu vouldra souffrir, laquelle chose nous désirons plus que autrement pour eschever l'effusion du sang chrestien, ou autrement en plus grant nombre. Et Dieu scet, et voulons que tout le monde sache, que ceste nostre response ne procède point d'orgueil, ne de présumpcion de cuer, ne pour mectre en reprouche nul preudhomme qui son honneur a cher, mais seulement pour faire abatre la haultesse de cuer et surcuidance de cellui, quel qu'il soit, qui ne scet discerner en quel estat il est lui mesmes. Et se vous voulez que tous ceulx de vostre partie soient sans reprouche, gardez vos lectres, voz promesses et vostre seel que m'avez fait devant ceste heure. Et pour ce que nous voulons que vous sachez que celle nostre response, laquelle vous escripvons et mandons, procède de nostre certaine science, et que nous l'acomplirons en nostre droit, se Dieu plaist, nous avons seellé du seel de noz armes ces présentes lectres. Donné en nostre court de Londres, le v$^e$ jour du mois de décembre, l'an de grace mil quatre cens et deux, et de nostre règne le iv$^e$. »

S'ensuit la lectre de l'aliance jà pieça faicte entre le duc d'Orléans et le duc Henry de Lenclastre, avant qu'il feust fait roy d'Angleterre.

« Loys, duc d'Orléans, conte de Valois, de Blois et de Beaumont, à tous ceulx qui ces présentes lectres verront, salut et dilection. Savoir faisons par ces présentes que jà soit ce que entre hault et puissant prince, nostre très cher cousin, Henry, duc de Lenclastre[1], et nous, soit donné dilection et affection, néantmoins, nous, désirans avoir plus ferme amitié et aliance ensemble, actendu que nulle chose en ce monde ne se peut à peine trouver meilleure, ne plus plaisant, ne plus prouffitable de ce, ou nom de Dieu et de la très saincte Trinité, qui est très bel exemple et aussi ferme

---

1. Le ms. *Suppl. fr.* 93, porte : « Henry, duc de Lenclastre et Herosdie, comte d'Erby, Lincelne, Leychestre et Northampton. »

et establc fondement en parfaicte charité et amitié, ne sans le bras de sa grace riens ne se peut bien ne prouffitablement mectre à fin, Nous, en forme et manière que ceste nostre amitié soit réputée honnorable et honneste, sommes venus et venons à faire aliance et confédéracion en ceste manière :

Premièrement. Chascun de nous tient estre raison et appreuve moult que en ceste aliance soient exceptez tous ceulx qui sembleront à chascun de nous estre exceptez au regard de honnesteté, et pour ce nous exceptons de nostre fait ceulx qui s'ensuivent : Premièrement, nostre très hault et puissant prince et mon très redoubté seigneur, Charles, par la grace de Dieu roy de France, monseigneur le Daulphin, son ainsné filz et tous les autres filz et enfans de mondit seigneur, madame la royne de France et nos très chers oncles, les ducs de Berry et de Bourgongne et de Bourbon, très nobles princes nos très chers cousins, le roy des Rommains et de Boesme, le roy de Hongrie, son frère, et leurs oncles, et Precop, marquis de Morienne, et aussi tous noz cousins plus prouchains et tous autres de nostre sang, présens et avenir, tant masles comme femelles, et nostre très cher père, le duc de Milan, la fille duquel nous avons à femme, pour laquelle affinité nous appartient estre favorable à son bien et honneur; et très nobles princes nos très chers cousins, le roy de Castille, le roy d'Escoce et tous autres aliez à mondit seigneur, ausquelz il nous fault adhérer avec mondit seigneur, et nostre très cher cousin le duc de Lorraine, le conte de Clèves, le seigneur de Cliçon et tous nos vassaulx et obligez par foy et serement, lesquelz nous devons estre gardez de mal pour ce qu'ilz se sont adonnez à nos services et commandemens; et finablement tous ceulx qui sont noz aliez, ausquelz appartient garder et tenir noz convens.

Item, entre ledit duc de Lenclastre et nous, sera tousjours sans intermission bonne affection de vraie dilection et de pure amour, comme doit estre entre vrais et honnestes amis.

Item, chascun de nous sera tousjours et en tous lieux amy et bien vueillant l'un de l'autre et ennemi de ses ennemis, ainsi qu'il convient à honneur et louenge de l'un et de l'autre.

Item, en tous temps, en tous lieux et en tous cas, causes et besongnes, chascun de nous pourchacera, gardera et défendra le salut, le bien et estat de l'autre, tant en paroles comme en fais, diligemment et soigneusement, tant comme faire se pourra honnorablement et honnestement.

Item, en temps et en cas de discord et de guerre, nous aiderons et défendrons l'un l'autre à grant désir pour vouloir et parfaire œuvre envers et contre tous princes, seigneurs, barons et toute autre personne singulière, communaulté, college, université, de quelque seigneurie, dignité ou estat, degré ou condicion qu'ilz soient, par toutes voies et remède, engins, consaulx, forces, aides, gens d'armes, ost et autres subsides que nous pourrons et sçaurons. Et chascun de nous se levera, résistera et combatra contre tous les adversaires, guerroieurs et ennemis de l'autre, et se y efforcera de toute pensée, conseil et œuvres licites, exceptez tousjours, comme dit est, les dessusnommez.

Item, les choses dessusdictes se feront, tenront, garderont et dureront tant comme les trèves présentes, faictes entre mondit seigneur et le roy d'Angleterre dureront. Et se meilleure paix se fait, ils dureront tant comme icelle paix durera entre eulx sans enfraindre. En tesmoing et fermeté de ce, nous avons fait faire et escripre ces présentes lectres et y mectre nostre seel pendant. Donné à Paris, le xvii° jour de juing, l'an de grace mil trois cens quatre vings seize[1]. »

*S'ensuit la seconde lectre du duc d'Orléans répliquant aux premières lectres du roy Henry d'Angleterre.*

« Hault et puissant prince, Henry, roy d'Angleterre, je, Loys, par la grace de Dieu filz et frère des roys de France, duc d'Orléans, etc. Vous escrips, mande et faiz savoir, que j'ay reçeu à bonne estrainne le premier jour de janvier[2], par Lanclastre, roy d'armes, vostre hérault, les lectres que escriptes m'avez, faisans response à aucunes autres lectres que mandées et escriptes vous avoye par Champaigne, roy d'armes, et par Orléans, mon hérault, et ay bien entendu le contenu d'icelles.

---

1. Paris, 17 juin 1396, *sic* dans le ms. *Suppl. fr.* 93. Il y a ici erreur de date, car l'original de ce traité, qui est en latin, est ainsi daté en toutes lettres. *Datum Parisius, die decima septima mensis julii, anno Domini millesimo trecentesimo nonagesimo nono.*

2. C'était en effet une habitude du temps de donner des étrennes le premier jour de janvier. Et même on appelait ce jour, comme aujourd'hui, le jour de l'an, ainsi qu'on le voit par le passage suivant d'un compte de l'an 1438. « A madame Jehanne, fille du Roy nostre sire, duchesse de Bourbonnois et d'Auvergne, que le Roy nostredit seigneur lui avoit donné pour ses estrennes dudit *jour de l'an*, premier dudit mois de janvier, la somme de v° l. t. »

Et quant à ce que vous ignorez ou voulez ignorer, que vous ne sçavez se mesdictes lectres se adressent à vous, vostre nom y est, lequel vous prinstes sur fons et que vostre père et mère vous appelloient. De la dignité que vous tenez je escrips au long, mais je ne appreuve point, ne ne vouldroie en ce approuver la manière comment vous y estes venu. Mais sachez de vray que mesdictes lectres s'adressent à vous.

Quant à ce que vous m'avez escript que vous avez merveille de la requeste que je vous ay faicte, considerées les trèves prinses par mon très redoubté prince, monseigneur le roy de France d'une part, et hault et puissant prince le roy Richard, mon nepveu et vostre seigneur lige, derrenier trespassé, Dieu scet par qui[1],

---

1. Richard II fut déposé le 29 septembre 1399. Son cousin, Henri de Lancastre, petit-fils du fameux prince Noir, lui succéda sous le nom de Henri IV et fut couronné le 13 octobre suivant. Richard mourut en prison dans le château de Pontefract, en West-Riding, le 24 février 1400. Les circonstances mystérieuses de sa mort ont donné naissance à trois opinions différentes. L'une, qu'il fut tué par sir Piers Exton qui était entré dans sa prison avec cinq assassins. L'autre, qu'il se laissa mourir de faim dans sa prison, en apprenant la défaite de ses partisans. Et c'est ce que dit Walsingham. Une dernière opinion, fut qu'on le laissa mourir de faim d'après les ordres de Henri de Lancastré. Le judicieux Lingard n'ose pas conclure ici, bien que la chose semble facile, surtout par un témoignage de l'archevêque Scrope, témoignage qu'il rapporte lui-même, et que voici : *Ubi eum breviter (ut vulgariter dicitur quindecim dies et totidem noctes, in fame, siti et frigore vexaverunt et crucifixerunt; et tandem morte turpissima, adhuc regno nostro Angliæ penitus incognita, sed gratia divina penitus non celanda, interimerunt et occiderunt.* Quoi qu'il en soit, en France, on crut généralement que la mort de Richard II avait été le résultat d'un crime. Son successeur, bien qu'en traitant avec la France, y était

d'autre part, et que aussi vous dictes par vosdictes lectres que par aucune aliance faicte envers nous deux, laquelle vous m'avez envoiée de mot à mot, je la récite pour, les voians, mieulx informer en vous demonstrant, veu mon propos que lors avoie et auray, se Dieu plest, toute ma vie, c'estassavoir de garder l'aliance, se envers vous n'eust eu aucun défault.

Premièrement, d'avoir entreprins encontre vostre lige et souverain seigneur le roy Richard, que Dieu pardoint, ce que avez fait; qui estoit alié de mon très redoubté seigneur, monseigneur le roy de France, tant par mariage comme par escripz seellez de leurs seaulx. En quoy nous jurasmes, c'estassavoir ceulx de leur lignage d'un costé et d'autre, comme il appert par les lectres faictes pour le temps, ilz assemblerent devers monseigneur et vostre seigneur dessusdit, vous estans en sa compaignie et plusieurs autres de son lignage. Et povez congnoistre et apparcevoir par mesdictes lectres, dont vous m'avez envoié la copie, se ceulx qui estoient par avant aliez de mondit seigneur ne sont point exceptez. Et si povez savoir se ce seroit bien honneste chose à moy d'avoir aliance à vous de présent. Car au temps que je fis ladicte aliance je n'eusse cuidié, ne pensé que vous eussiez fait contre vostre roy ce qui est congneu et que chascun scet que vous

regardé comme un cruel usurpateur. C'est ce que démontre clairement une pièce originale du Trésor des Chartes. C'est une promesse de Henri IV de garder les trêves jurées par son prédécesseur, où le secrétaire du roi de France n'a pas hésité à mettre au dos la note suivante : *Litteræ Henrici Lancastrie dicentis se esse regem Anglie, per quas promittit tenere treugas.*

avez fait. Et pour ce que vous dites que nul seigneur
ne chevalier, de quelque estat qu'il soit, ne doit demander à faire armes sans rendre leurs aliances avant
qu'on feist ceste entreprinse, je ne sçay se à vostre seigneur le roy Richard vous rendistes le serement de
feaulté que vous aviez à luy avant que vous procédis-
siez contre sa personne par la manière que avez fait.
Et quant à la quictance que vous me faictes avant que
vous me respondez à la promesse que faicte m'avez,
comme il appert par les lectres sur ce faictes que je
ne puis avoir, sachez que depuis que je sceuz le fait
que vous feistes à vostre lige seigneur, je n'euz apparence que vous deussiez tenir à moy, ne aultrui, quelzconques convenances que vous deussiez avoir fait. Et
devez penser et assez congnoistre que je n'ay vouloir
d'avoir aliance à vostre personne.

Quant à la considéracion que povez avoir à la dignité en quoy vous estes, je ne pense que la vertu
divine vous y ait mis, Dieu le scet et peut bien savoir,
et avoir dissimulé, comme il a fait plusieurs princes
régner et à la fin de leur confusion. Et à me comparer
à vostre personne, point n'en est besoing, regardant
mon honneur.

A ce que vous me rescripvez que pour l'oisiveté
que vous avez eu vostre honneur a tousjours bien
esté gardé, assez est le contraire sceu par toutes
contrées.

Quant à la venue que vous pensez à faire pardeçà
sans le me mander quant ne où ce sera, rescripvez
le moy ou le me mandez, et je vous asseure que vous
orrez nouvelles sans guères actendre, de tout mon vouloir, pour faire et parfaire à l'aide de Dieu, se ay santé,

ce que j'ay escript par vos autres lectres se à vous ne tient.

Et ce que vous me rescripvez que voz progéniteurs n'ont point acoustumez d'estre ainsi infestez de mendres personnes qu'ilz n'estoient eulx mesmes, qui ont esté et qui sont les miens, n'est jà besoing que j'en soie mon hérault, il est congneu par tout pays, et quant à moy je me sens sans reprouche, la Dieu-mercy, et ay tousjours fait ce que loial preudomme doit faire envers Dieu, comme envers monseigneur et son royaume. Qui fait ou a fait autrement, et eust tout le monde en sa main, si n'a-il riens et n'est mie à priser.

Quant à ce que vous rescripvez que ce que ung prince roy doit faire il le doit faire à l'onneur de Dieu, au commun prouffit de toute chrestienté et de son royaume, et non point par vaine gloire et pour nulle convoitise temporelle, je vous respons que c'est bien dit, mais se vous l'eussiez fait en vostre pays le temps passé, plusieurs choses par vous faictes n'eussent pas esté exécutées ou pays où vous demourez.

Quant à comparer ma très redoubtée dame, madame la royne d'Angleterre, vostre rigueur et vostre cruaulté, qui est venue désolée en ce pays de son seigneur qu'elle a perdu, desnuée de son douaire que vous détenez, despoullez de son avoir qu'elle emporta pardelà et qu'elle avoit par son seigneur, où est cellui qui veult avoir honneur, qui ne se monstre pour soustenir son fait? Où sont tous nobles qui doivent garder en tous estas les drois des dames vefves et des pucelles, de si belle vie comme tous scevent que estoit ma dessusdicte dame et nièpce? Et pour ce que je lui appartiens de si près comme chascun scet, me acquitant devers Dieu et envers elle comme son parent, vous respons aux poins que vous me dictes, que pour escheyer l'effusion du sang humain, vous estant venu pardeçà et moy estant venu à l'encontre de vous, me respondrés plus voulentiers de corps à corps ou de plus grant nombre que de présent ne m'escripvez, qu'à l'aide de Dieu, de la benoiste vierge Marie et de monseigneur saint Michel, sceue de vous la response de ces lectres, soit corps à corps ou nombre à nombre, soit povoir à povoir, vous trouverez en faisant mon devoir et gardant mon honneur telle response par effect comme en tel cas appartient. Et vous mercie pour ceulx de mon costé, que de leur sang avez plus grant pitié que n'avez eu de vostre lige et souverain seigneur. Et afin que vous congnoissez et sachez que ce que je vous escrips et mande je vueil acomplir à l'aide de Dieu, j'ay cy fait mectre le seel de mes armes et me y suis soubscript de ma propre main, lendemain du jour Nostre Dame xxvi° jour de mars, l'an mil quatre cens et deux. »

*S'ensuit la seconde lectre du roy Henry d'Angleterre, dupliquant à la seconde lectre du duc d'Orléans.*

« Henry, par la grace de Dieu roy de France et d'Angleterre, seigneur d'Irlande. Loys de Valois, duc d'Orléans! nous vous escripvons, mandons et faisons savoir que nous avons veu unes lectres de vostre part, le derrenier jour de ce présent mois d'avril, que nous avez envoiées par Champaigne, roy d'armes, et Orléans, vostre héraut, en cuidant avoir donné responce à noz lectres par vous reçeues le premier jour de janvier derrenier passé, par Lanclastre, roy d'armes, nostre hérault. Laquelle vostre lectre porte date du xxviᵉ jour du mois de mars, mil quatre cens et deux, et avons bien entendu le contenu d'icelles. Et jà soit ce que toutes choses considérées et par espécial l'estat où Dieu nous a mis, nous ne deussions respondre à vostre requeste que faicte nous avez, ne aux réplicacions adjoustées à icelles, toutesfois, puisque vous touchez nostre honneur, nous vous voulons respondre, voiant et considérant qu'en vostre première requeste d'armes à nous faicte, à laquelle nous vous donnasmes response, vous prétendistes icelles avoir procédé d'entier désir et jeunesse de cuer pour vous acquérir honneur et bon renom à commencer à venir et vouloir savoir le mestier d'armes. Et nous semble par vostre présent escript que icellui vostre désir avez grandement tenu en frivoles et en paroles de tençon et de despit, en diffamant nostre personne, cuidant par aventure que ce tourneroit à la confusion de nous, ce que Dieu peut bien tourner à la vostre, et à bon droit. Si sommes pour tant esmeuz, et non pas sans cause raisonnable, de vous donner response aux principaulx poins comprins en vosdictes lectres par manière comme cy-après pourrez plus pleinement appercevoir, bien pensant et considérant que point n'appartient à nostre estat, ne que ne pourrions nostre honneur garder par tencer, ne avecques ce sur les autres poins frivoles et tençons pleins de malice, ne vous donner response aucunement, sinon que tout ce qui touche nostre reprouche est faulx.

Premièrement, quant à la dignité que vous dictes nous tenir, laquelle vous ne escripvez au long ne approuvez, et si ne vouldriez en ce approuver la manière comment nous y sommes venus, certes nous nous esmerveillons grandement. Car nous le vous avions bien dit et déclairé avant nostre partement de par-delà, ouquel temps vous approuvastes nostre promocion et promistes aide à l'encontre de nostre très cher seigneur et cousin le roy Richard, que Dieu absoille, se nous l'eussions voulu avoir. Néantmoins, de la preuve ou de la despreuve de vous en ce, nous tenons bien peu de compte. Car, puisque Dieu, de sa bonne grâce, en nostre droit nous a approuvé, et tous ceulx de nostre royaume, aussi il nous souffist pour tous ceulx qui en ce nous vouldroient contredire, qui auront le tort; confiant de la bénigne grace de Dieu qui nous a gouverné et défendu, et bien a commencié en nous, car en continuant sa grande miséricorde, nous a mené à bonne fin et à telle conclusion que vous recongnoistrez la dignité qu'il nous a donné et le droit que nous y avons.

Quant à ce que en vosdictes lectres est faicte mencion du trespassement de nostre très cher seigneur et cousin, que Dieu pardoint, en disant que Dieu scet par quoy, nous ne savons à quelle fin ne par quoy vous le dictes. Mais se vous voulez ou osez dire que par nous ou nostre vouloir ou consentement, il ait esté mort, il est faulx, et sera toutes les fois que vous le direz. Et à ce nous sommes et serons prest, à l'aide de Dieu, de nous défendre contre vous, corps à corps, se vous le voulez ou osez prouver.

Et là où vous escripvez en nous monstrant garder le propos que vous avez de l'aliance faicte par nous deux se en nous n'eust eu aucun défault d'avoir entreprins à l'encontre de nostre très cher seigneur et cousin, ce que dictes nous avoir faict; qui estoit alié de vostre seigneur et frère, tant par mariage comme par escripz seellez de leurs seaulx; et aussi, du temps que vous feistes celle aliance avec nous, vous ne eussiez cuidié ne pensé que nous eussions fait à l'encontre de nostre très cher seigneur et cousin ce qui est congneu et que chascun scet que nous avons fait, à ce que vous en dictes nous respondons que nous n'avons riens fait envers lui que nous n'osons bien avoir fait devant Dieu et tout le monde.

En ce que vous nous escripvez que nous pourrions congnoistre et apparcevoir par voz lectres de ladicte aliance se ceulx qui estoient paravant exceptez, et se nostre très chère et amée cousine dame Ysabel, vostre honnorée dame et nièpce, y estoit pas comprinse, nous ne sçavons se les avez exceptez en général. Mais adonq, quant vous feistes l'aliance d'entre nous à vostre requeste, vous ne les acceptastes point en espécial comme vous feistes bel oncle de Bourgongne. Et néantmoins une des principales causes de vostre aliance, qui se fist à vostre instance et requeste, estoit pour la malveillance que vous aviez à vostredit oncle de Bourgongne, comme nous saurons bien déclairer quant nous vouldrons, par où tous loiaulx pourront apparcevoir se aucun défault y a eu vous, et pour ce une ypocrisie souffiroit devers Dieu, sans estre usée devers le monde.

Quant à ce que vous maintenez que puisque vous avez sceu le fait que vous prétendez que nous avons fait à nostredit seigneur et cousin, vous n'eustes espérance que nous deussions tenir à vous, ne à aultrui, quelque promesse ou convenance que deussions avoir si que nous deussions penser et assez congnoistre que vous n'avez vouloir d'avoir aliance à nostre personne, nous nous merveillons moult. Car, long temps après que nous estions en l'estat que par la grace de Dieu nous avons de présent, vous envoiastes devers nous ung de voz chevaliers portant vostre livrée, qui nous compta de par vous que vous vouldriez toutesfoiz à nous estre entier ami, à ce qu'il nous disoit, et que après vostredit seigneur et frère vous nous feriez autant de plaisir et amitié comme à nul prince qui feust. A telles enseignes que vous lui chargastes de nous dire que l'aliance faicte entre vous et nous estoit passée soubz noz grans seaulx, laquelle chose, ainsi qu'il nous disoit, ne vouldriez avoir descouverte à nul François. Et depuis, par aucuns de noz hommes liges vous nous feistes savoir vostre bon vouloir touchant celle amour et entiere amitié par semblable manière en effect comme ils nous ont dit. Mais puisque vous n'avez vouloir d'avoir aliance à nostre personne, nostre estat bien considéré, si comme escript nous avez, certes nous ne sçavons pour quoy nous deussions désirer d'avoir aucune aliance à vous, toutes choses bien considérées. Car, ce que envoié nous avez par avant, ne s'accorde pas à ce que escript nous avez à présent. Et là où vous avez escript quant à la considéracion que nous pourrons avoir en la dignité en quoy nous sommes, vous ne pensez que la vertu divine nous y ait mis en disant, Dieu peut avoir dissimulé, comme il a fait plusieurs princes régner, et à la fin à leur confusion. Certes, de bouche et de cuer plusieurs gens parlent, et pour telz comme ilz sont eulx mesmes, ilz jugent les autres. Pour quoy Dieu est tout puissant de faire tourner vostre sentence sur vous mesme, et non point sans cause.

En ce que touchez la dignité en quoy nous sommes, vous ne croiez que la vertu divine nous y ait mis. Certes, nous vous respondons et faisons sçavoir que nostre seigneur Dieu, à qui nous donnons tousjours loanges et graces, nous a monstré de sa divine grace plus que nous ne sommes dignes de recevoir ou d'avoir, se ce n'estoit seulement de sa miséricorde et béniguité, par quoy il lui a pleu de nous donner, et certes ce que toutes les sorceries, ne dyableries pourroient faire ne donner, ne aussi tous ceulx qui s'en entremectent. Et combien que vous doubtez, nous ne doubtons pas, mais sçavons et affions bien en Dieu, que nous y sommes entrez par lui et de sa bénigne grace.

Quant à ce que vous escripvez par vostre demande que avoit à comparer vostre très chère et très honnorée dame et nièpce, nostre rigueur et nostre cruaulté, qui estoit venue en son pays désolée de son seigneur qu'elle a perdu, desseurée de son douaire que vous dictes que nous detenons, despouillée de son avoir qu'elle aporta pardeçà et qu'elle avoit de son seigneur, Dieu scet, à qui nulle chose ne peut estre celée, que nous n'avons fait rigueur ne cruaulté envers elle, mais lui avons monstré honneur, amour et amitié. Qui vouldroit dire le contraire, il mentiroit faulsement. Et pleust à Dieu que vous n'eussiez jà fait rigueur, cruaulté ne villenie devers nulle dame, damoiselle ne autre personne, que n'avons fait devers elle ; nous créons que vous en vauldriez mieulx.

Quant à ce que vous faictes si grant levée de son

douaire, comme vos lectres plus pleinement font mencion, nous sommes bien contens que ou cas que les lectres de convenance faictes sur son mariage eussent esté bien veues et entendues, vous ne peussiez, à dire vérité, avoir mis sus à nous telle reprouche comme vous cuidez avoir fait.

Quant à ce que vous touchez la désolacion de vostre très chère et très honnorée dame et nièpce de son seigneur, nous vous respondons par la manière que respondu vous avons paravant. Quant à son avoir, il est vérité qu'à son département de nostre royaume nous feismes pleinement à elle restituer ses biens et ses joiaulx et plus que nous n'en trouvasmes avec elle quant nous venismes à nostre royaume. Si que nous tenons à en estre quicte, comme il appert par une quictance soubz le seel de son père, vostredit seigneur, passée, et par son conseil, vous y estant présent; comme à toutes gens pourra clèrement apparoir, sans ce que de riens l'ayons despoullée, comme mis sus le nous avez faulsement. Et pour ce, vous devriez adviser de ce que vous escripvez; car nul prince ne doit escripre si non loyaument et pleinement, ce que vous n'avez pas fait à présent et pour tant nous vous avons respondu comme dessus et vous respondons à tous poins en ce que nous devons faire par telle manière qu'à l'aide de Dieu, de Nostre Dame et de monseigneur saint George, chascun nous tendra preudomme et nostre honneur en sera gardé.

A ce vous escripvez que vous sçavez que ceulx de vostre compaignie et vous, estes tous preudommes et loyaulx et pour telz vous réputez, touchant vostre compaignie, nous ne leur reprouchons pas, car nous ne les congnoissons pas, mais quant à vostre personne, nous ne vous réputons pas pour tel, toutes choses considérées. Et là où vous nous merciez pour ceulx de vostre costé, que de leur sang avons plus grant pitié que n'avons eu de nostre roy lige et souverain seigneur, nous vous respondons qu'en l'onneur de Dieu et de Nostre Dame et de monseigneur saint George, que en ce que vous nous avez escript que du sang de ceulx de vostre costé avons plus grant pitié que nous n'avons eu de nostredit seigneur, vous avez menti faulsement et mauvaisement. Car vraiment nous avons son sang plus cher que le sang de ceulx de vostre costé, combien que vous prétendez le contraire faulsement. Et se vous voulez dire que nous n'aions eu cher son sang et sa vie, nous disons que vous mentez et mentirez faulsement à toutes les foiz que vous le direz. Et scet le vray Dieu, que nous appellons en tesmoing, en mectant en ce nostre corps contre le vostre pour nostre défense, comme loial prince doit faire, se vous le voulez ou osez prouver. Et pleust à Dieu que vous n'eussiez onques fait ne procuré contre la personne de vostredit seigneur et frère, ne les siens, plus que nous avons de nostredit seigneur. Si créons qu'ils en feussent à présent plus aises. Et jà soit ce que vous pensez que nous n'avons desservi d'estre merciez de ce que nous avons pitié de ceulx de vostre costé, toutesfois il nous semble que envers Dieu et tout le monde nous l'avons bien desservi, mais non pas en telle manière que vous prétendez faulsement. Considéré que après le sang de noz féaulx liges et subgetz, certes nous avons bonne cause comme il nous semble de avoir bien cher le sang de ceulx de France en recordant le bon droit que Dieu nous a donné, ainsi, comme nous avons entier espoir en lui, pour la salvacion desquelz vouldrions plus voulentiers mectre nostre corps contre le vostre, que souffrir l'effusion de leur sang, comme bon pasteur doit faire, en lui exposant pour ses brebis, là où, moiennant vostre bonne grace et orgueil de cuer, vous les mectriez à ce qu'ilz pourroient, quant vous ne vouldriez mectre vostre corps ou exposer pour eulx quant mestier seroit. Mais nous ne merveillons point se vous faictes de vostre part comme le mercenaire, veu que au pasteur des brebis n'appartient pas que quant il voit le loup venant, laisser les brebis, en soy mectant à la fuite sans avoir de riens cher leur sang. Et nous aussi confermant des femmes qui contredirent avoir l'enfant devant le noble roy Salomon. C'est assavoir, la bonne mère qui avoit pitié de son filz, ou l'autre qui n'estoit point sa mère vouloit avoir en ce faisant départi et mis à mort, se le sage juge et discret n'eust esté.

De ce que vous escripvez que sceue de nous la responsse de vos derrenières lectres, soit corps à corps ou nombre à nombre, soit povoir à povoir, nous vous trouverons en faisant vostre devoir et en gardant l'onneur de vous par effect comme en tel cas appartient, nous vous mercions se vous le voulez poursuivir et fournir. Néantmoins savoir vous faisons que nous espérons, à l'aide de Dieu, que vous verrez le jour que vous ne départirez sans avoir l'une des deux voies à nostre honneur.

A ce que vous désirez d'estre acertené de la venue que pensons à faire pardelà, vous faisons sçavoir par la manière que vous avons rescript en nostre autre lectre, que à quelque heure qu'il nous plaira et semblera mieulx expédient à l'onneur de nous et de Dieu premier, et de nostre royaume, nous vendrons personnellement en nostre pays de pardelà, acompaigné de tant de gens et telz comme il nous plaira, lesquelz nous réputons tous noz loyaulx serviteurs, subgetz et amis, pour y conserver nostre droit. Toutesfois nous commectons à l'aide de Dieu nostre droit contre le vostre en nostre défense, comme escript vous avons paravant, pour obvier à la malicieuse et faulse renommée que vous nous cuidez avoir mis sus, se vous le voulez ou osez prouver. Lequel temps vous trouverez assez tost à vostre confusion et pour estre congneu tel que vous estes. Dieu scet et voulons que tout le monde le sache, que ceste nostre response ne procède point d'orgueil, ne de présumpcion de cuer, mais pour ce que vous avez commencé à vostre tort, nous confiant tousjours en nostre seigneur Dieu, qui nous a mis en tel estat en qui nous devons soustenir droit de tout nostre povoir, par la bonne grace et aide de lui devant mise.

Si vous respondons et respondrons comme dessus est dit. Et pour ce que nous voulons que vous sachez que ceste nostre response, laquelle nous vous rescripvons et mandons, procède de nostre certaine science, avons seellé de noz armes ces présentes lectres. Donné à Londres, etc. »

Néantmoins, jà soit ce que ledit roy d'Angleterre et le duc d'Orléans eussent escriptes et envoiées les lectres dessusdictes l'un à l'autre, toutesfois ne comparurent onques personnellement l'un contre l'autre. Et par ainsi se demourèrent les besongnes touchans la matière, en cest estat.

## CHAPITRE X.

### Comment le conte Waleran de Saint-Pol envoia lectres de défiance au roy Henry d'Angleterre, et la teneur d'icelles.

Item, en cest an pareillement Waleran, conte de Saint-Pol, envoia lectres de défiance au roy d'Angleterre ; desquelles la teneur s'ensuit :

« Très hault et puissant prince, Henry de Lenclastre, moy, Waleran de Luxembourg, conte de Haynnau et de Saint-Pol, considérant l'affinité, amour et consideracion que j'avoye pardevers très puissant et très hault prince, Richard, roy d'Angleterre, duquel ay eu la seur à espeuse, et la destruction dudit roy dont notoirement estes encoulpé et très grandement diffamé ; avec ce, la grant honte et dommage que moy et ma généracion de lui descendant, povons ou pourrons avoir ou temps avenir, et aussi l'indignacion de Dieu tout-puissant et de toutes raisonnables et honnorables personnes, se je ne me expose avecques toute ma puissance à venger la destruction dudit roy, auquel je estoye alyé ; pour tant, par ces présentes vous fais savoir qu'en toutes manières que je pourray, vous gréveray, et tous dommages tant par moy comme par mes parens, mes hommes et mes subgetz, je vous feray, soit en terre ou en mer, toutesfois, hors du royaume de France, pour la cause devant dicte, non pas aucunement pour les faiz meuz et à mouvoir entre mon très redoubté prince et souverain seigneur le roy de France et le royaume d'Angleterre. Et ce je vous certifie par l'impression de mon seel. Donné en mon chastel de Luxembourg, le x° jour de février, l'an mil quatre cens et deux. »

Lesquelles lettres furent envoiées audit roy par ung hérault d'icellui conte Waleran.

A quoy fut respondu par ledit roy Henry que de ce ne faisoit compte, et qu'il avoit bien entencion que le dessusdit conte Waleran auroit assez à faire à garder contre lui sa personne, ses subgetz et ses pays.

Après ceste défiance, ledit conte se disposa et prépara en toutes manières à faire guerre au dessusdit roy d'Angleterre et aux siens. Et qui plus est fist, en ce mesme temps, faire en son chastel de Bohain, la figure et représentacion du conte de Rostelant[1], armoié de ses armes, et ung gibet assez portatif, lequel il fist mener et conduire secrètement en aucune de ses fortresses ou pays de Boulenois. Et tost après furent icellui gibet et représentacion conduis par Robinet de Rebretenges, Aleaume de Viritum[2]? et autres expers gens de guerre jusques assez près des portes de Calais, et là fut le dessusdit gibet drécié, et le dessusdit conte de Rostelant pendu les piez dessus. Et quant ce vint au matin que les Anglois de Calais ouvrirent leurs portes, ilz furent tous esmerveillez de voir ceste aventure. Si le despendirent sans délay, et l'emportèrent dedens leur ville. Et depuis ce temps furent par longue

1. Édouard Plantagenest, comte de Rutland, connétable et amiral d'Angleterre, fils d'Edmond de Langley, duc d'York.
2. Aliaume de Biurtin (édit. de 1572).

espace plus enclins à faire dommage et desplaisir au conte Waleran et à ses pays et subgets, plus que paravant n'avoient esté.

## CHAPITRE XI.

*Comment messire Jaques de Bourbon, conte de La Marche, il et ses frères, furent envoiez de par le roy de France en l'aide des Galois.*

En cest an, messire Jaques de Bourbon, conte de La Marche, acompaigné de ses deux frères, c'est assavoir Loys et Jehan, et douze cens chevaliers et escuiers, fut envoiez de par le roy de France au port de Breth[1] en Bretaigne, pour aler en Gales en l'aide des Galois contre les Anglois[2]. Et là, monta ou navire qui apresté lui estoit, très bien garni et pourveu de toutes besongnes neccessaires. Si cuida aler au port de Tordemue[3], mais le vent lui fut contraire, par quoy il n'y peut aler. Et adonc vid icellui conte partir sept nefz qui estoient pleines de diverses marchandises et aloient au port de Pleinemue[4]. Si les suivirent hastivement, et tant que les hommes qui estoient dedens

---

1. Le texte porte *Breth* très-lisiblement. Cependant on peut fort bien y substituer *Brech*, le *t* et le *c* se prenant fréquemment l'un pour l'autre dans tous les textes de cette époque. En prononçant *Bresce* on se rapproche du vrai nom, Brest.

2. Dès l'an 1400, Owen Glandower avait soulevé les Gallois contre Henri IV, roi d'Angleterre, et avait pris le titre de prince de Galles. Il en est question dans un des chapitres suivants.

3. Dans le ms. *Suppl. fr.* 93 : *Tertemue*, et. *d'Artmue* dans l'édit. de 1572. C'est Darmouth en Devonshire.

4. Plymouth.

les sept nefz dessusdictes entrèrent dedens leurs petis basteaulx et se saulvèrent au mieulx qu'ilz porent. Et ledit conte et ses gens prindrent et emmenèrent lesdictes nefz et tous les biens, et puis alèrent audit port de Pleinemue et le exilla par feu et par espée, et de la ala à une petite isle nommée Salemine [1], laquelle pareillement fut destruicte. A laquelle isle prendre, furent faiz nouveaulx chevaliers les deux frères du dessusdit conte, c'est assavoir, Loys, conte de Vendosme, et Jehan de Bourbon qui estoit le plus jeune avec plusieurs autres de leur compaignie. En après, quant ledit conte de La Marche et ses gens en eurent la seigneurie par trois jours, doubtans que les Anglois qui s'assembloient pour les combatre ne venissent à trop grant puissance sur eulx, sortirent de là pour aler en France. Mais quant ilz furent entrez en mer, une grande tempeste se leva qui leur dura par trois jours, de laquelle furent péries douze de ses nefz et ceulx qui estoient dedens. Et ledit conte, à tous le surplus, s'en vint à grant péril pour ladicte tempeste, arriver au port de Saint-Maclou [2], et de là s'en ala à Paris devers le roy de France.

En cel an, le duc de Bourgongne, oncle du roy de France, fist la feste et solemniza très auteuticquement les nopces et mariage de son second filz Anthoine, conte de Réthel, qui depuis fut duc de Brabant, et de la seule fille Walerand conte de Saint-Pol, laquelle il avoit eue de la contesse Mahaut sa première

---

1. Le ms. *Suppl. fr.* 93 et l'édit. de 1572 donnent *Sallemue*.

2. Saint-Mâlo.

femme, jadis seur au roy Richard d'Angleterre. Laquelle feste fut moult notable, et y eut plusieurs princes et princesses avec très noble chevalerie, et soustint le dessusdit duc de Bourgoigne tous les frais et despens d'icelle.

## DE L'AN MCCCCIII.

[ Du 15 avril 1403 au 30 mars 1404. ]

## CHAPITRE XII.

Comment l'admiral de Bretaigne et autres seigneurs combatirent les Anglois sur mer; et de Gilbert de Fretin qui fist guerre au roy Henry d'Angleterre.

Au commencement de cest an, l'admiral de Bretaigne, le seigneur de Penheet[1], le seigneur du Chastel, le seigneur du Bois et plusieurs autres chevaliers et escuiers de Bretaigne jusques au nombre de douze cens hommes d'armes, s'assemblèrent à Morlens[2], puis entrèrent en trente nefz à un port qu'on appelle Chastel-Pol[3] contre les Anglois qui estoient sur mer en grant multitude espians les marchans, comme pillars et escumeurs de mer. Si que le mercredi ensuivant[4],

---

1. Penhoet, dans *Suppl. fr.* 93.
2. Morlaix.
3. Ce doit être Saint-Paul de Léon, port de mer assez voisin de Morlaix.
4. Comme il n'y a pas de date précise qui précède, il est à

iceulx Anglois nagans devant ung port de mer appellé Saint-Mathieu, les Bretons leur alèrent après et les poursuirent jusques à lendemain soleil levant qu'ilz se arrangèrent ensemble par bataille, qui dura trois heures. Finablement les Bretons obtindrent contre les Anglois, si conquirent deux mil combatans anglois et quarante nefz à voile et une grosse carraque. Dont la plus grant partie des Anglois furent gectez en la mer et noiez, et les autres eschapèrent depuis par finance[1].

En oultre, en icellui mesme temps, un escuier nommé Gillebert de Fretin, natif de la conté de Guines, défia le roy d'Angleterre, pour ce qu'il lui avoit fait ardoir sa maison, à l'occasion de ce qu'il ne lui vouloit faire serement de fidélité. Et pour tant ledit Gillebert assembla plusieurs hommes de guerre, et fist tant qu'il eut deux vaisseaulx bien garnis. Si commença à mener forte guerre au roy dessusdit et lui fist grant dommage, et tant que les trèves qui estoient entre les deux roys de France et d'Angleterre furent rompues par mer dont plusieurs maulx s'en ensuivirent.

supposer que par ces mots : *Au commencement de cest an*, le chroniqueur entend le jour même de Pâques. Or, en 1403, Pâques tomba un dimanche 15 avril; ce serait donc trois jours après, c'est-à-dire le mercredi 18, que les Bretons firent rencontre de la flotte anglaise devant un port appelé *Saint-Mathieu*.

1. Le Religieux de Saint-Denis, qui s'étend plus au long sur cette victoire navale des Bretons, parle aussi d'une traversée hardie que fit Pierre des Essars en Angleterre. (*Chr. de Ch. VI*, t. III, p 105.)

## CHAPITRE XIII.

*Comment l'Université de Paris eut grant discort entre messire Charles de Savoisy, et pareillement contre le prévost de Paris qui lors estoit.*

En ce temps[1], l'Université de Paris faisant processions genérales en alant à Saincte-Katherine du Val des Escoliers, se mut une dissencion entre aucuns de ladicte Université et les gens de messire Charles de Savoisi, chambellan du roy de France, qui menoient leurs chevaux boire à la rivière de Seine. Et fut la cause de ladicte mutacion[2] pour ce que les dessusdiz chevauchèrent roidement parmy ladicte procession et tant qu'ilz blecèrent aucuns desdiz escoliers là estans, lesquelz, de ce non contens, ruèrent pierres après eulx et boutèrent aucuns assez roidement jus de leurs chevaulx. Après laquelle envaye se partirent de là, retournans en l'hostel dudit Savoisi, ouquel lieu ilz se armèrent et prindrent arcs et flèches. Et avecques eulx amenèrent aucuns de leurs autres gens qu'ilz avoient assemblez oudit hostel, et s'en alèrent de rechef envayr lesdiz escoliers, et de fait tirèrent sur eulx, et des flèches et d'autres bastons en blecèrent aucuns,

---

1. C'est-à-dire, suivant Monstrelet, en 1403. Mais il se trompe. Le démêlé de Charles de Savoisy avec l'Université, démêlé qui, grâce aux circonstances du schisme et de la rivalité des maisons d'Orléans et de Bourgogne, prit des proportions si grandes, date de l'année 1404. La procession solennelle de l'Université eut lieu le 14 juillet 1404, comme le dit très-exactement le Religieux de Saint-Denis. (T. III, p. 186.)

2. *Mutacion*, pris pour : *mouvement, émeute.* Au reste il faut s'attendre à trouver notre chroniqueur bronchant ainsi presque à chaque pas sur le sens propre des mots.

mesmement dans ladicte église¹. Si se commença un très grant hutin, mais finablement, par la grant multitude d'iceulx escoliers qui estoient en grant nombre, furent les dessusdiz reboutez après que les plusieurs eurent esté batus et vilainement navrez. Et qui plus est, après la procession retraicte grant partie de ceulx de l'Université alèrent devers le Roy faire plainte de l'offense qui leur avoit esté faicte, requérans instamment au Roy par la bouche du Recteur que amende leur en feust faicte selon le cas. Disans oultre pour vray, que se ainsi ne se faisoit, ilz se partiroient tous de la cité de Paris et yroient demourer ailleurs où ilz seroient tenus paisibles. A laquelle requeste fust respondu de la bouche du Roy que si bonne provision leur seroit baillée qu'ilz devroient estre contens. Finablement, après ce que par plusieurs journées ilz eurent très diligemment poursui ceste besongne, tant envers le Roy et les seigneurs de son sang, comme son grant Conseil, fut en la fin ordonné de par le Roy pour les appaiser que le dessusdit messire Charles de Savoisy, pour l'amende de ladicte offense faicte par ses gens comme dit est, seroit banni et bouté hors de l'ostel du Roy, et aussi de tous ceulx de son sang, et avec ce qu'il seroit privé de tous offices royaulx. Et si fut sa maison démolie et abatue de fons en comble et avecques ce fut condemné à fonder deux chapelles de cent livres de rente, lesquelles furent en la dominacion de ladicte Université. Après laquelle sentence ainsi faicte et acomplie, icellui messire Charles s'en ala de-

---

1. Le Religieux de Saint-Denis dit qu'un diacre et un sous-diacre eurent leurs vêtements percés à coups de flèches. (*Ibid.*)

mourer hors du royaume de France, en estrange pays desolé et en grande desplaisance. Mais depuis se gouverna si doulcement et si honnorablement, que certain espace de temps après, par le moien principalement de la royne de France et autres grans seigneurs, il eut sa paix et retourna en l'ostel du Roy, et en la grace de ceulx de ladicte Université.

En après, en autre temps[1], messire Guillaume de Tignonville, prévost de Paris, fist exécuter deux clercs de ladicte Université ; c'estassavoir un nommé Roger de Montillel, qui estoit Normant, et l'autre nommé Olivier Bourgois, qui estoit Breton, lesquelz estoient chargez d'avoir commis plusieurs larrecins et en divers cas ; et pour ceste cause, non obstant qu'ilz feussent clercs et eulx menant à la justice, criassent hault et cler : Clergie! à fin d'estre rescoux, néantmoins, comme dit est, furent exécutez et mis au gibet. Et depuis, par le pourchas de l'Université, fut privé de tout office royal et avec tout ce, fut-il condempné à faire une croix de pierre de taille grande et eslevée assez près dudit gibet, sur le chemin de Paris, où estoient les ymages d'iceulx deux clercs entaillez ; et si les fist despendre et mectre sur une charrète couverte de noir drap ; et ainsi, acompaigné de ses sergens et autres gens portans torches de cire allumée, furent menez à Saint-Maturin[2], et là par le prévost rendus au

---

1. En 1407. Le Religieux de Saint-Denis, bien mieux au fait que Monstrelet de tout ce qui regarde l'Université, ne s'y est pas trompé, et son récit est bien à sa place, c'est-à-dire en 1407. (T. III, p. 722.)

2. On se rappelle que ce couvent était le lieu consacré des assemblées solennelles de l'Université.

recteur de l'Université qui les fist enterrer honnorablement au cloistre de ladicte église. Et là, de rechef, fut fait ung épitaphe à leur semblance pour perpétuelle mémoire[1].

## CHAPITRE XIV.

###### Comment le séneschal de Haynau, lui quatrieame, fist armes, présent le roy d'Arragon ; et du voyage que l'admiral de Bretaigne fist en Angleterre.

En l'an dessusdit, furent entreprinses armes à faire par le gentil séneschal de Haynnau, en la présence du roy d'Arragon[2], c'estassavoir de quatre contre quatre. Et estoient les armes telles qu'ilz devoient combatre de haches, d'espées et de dagues jusques à oultrance, sauf en tout la voulenté du juge. Si estoient en la compaignie dudit séneschal, messire Jaques de Montenay, chevalier normant, le second messire Taneguy du Chastel, chevalier de la duchié de Bretaigne, et le tiers estoit ung notable escuier nommé Jehan Carmen. Et leur adverse partie estoit du royaume d'Arragon, et par espécial estoit le principal ung nommé Colemach de Saincte-Couloume, et estoit de l'ostel du roy d'Arragon, et de lui moult aymé. Le second estoit appellé messire Pierre de Moscade[3]. Le tiers estoit nommé Pothon de Saincte-Coloume, et le quart se nommoit Barnabo de l'Oef. Et quant ce vint au jour assigné,

---

1. On peut voir dans la *Bibl. de l'École des chartes* (1<sup>re</sup> série, t. V, p. 379) quelques pièces relatives à une autre émeute d'écoliers, en 1453.
2. Martin.
3. Pierre de Moncade.

[le roi]¹, qui avoit fait préparer les lices en la cité de Valence-la-Grant emprès son palais moult richement, vint à son eschafault acompaigné du duc de Candie et des contes de Sardaine et d'Aynemie, avec très grant noblesse. Et tout à l'environ d'icelles lices estoient faiz eschafaux dessus lesquelz estoient les nobles du pays avec les dames et damoiselles, et aussi les notables bourgois et bourgoises de ladicte cité de Valence. Et furent commis de par le roy dedens les lices pour garder le champ, quarante hommes d'armes, moult richement parez. Et entre les claières desdictes lices², estoit le connestable d'Arragon à tout grant compaignie de gens très richement armez selon la coustume du pays. Si y avoit dedens le champ deux petites tentes pour reposer et ombroier les champions dessusdiz, lesquelles estoient moult bien ouvrées et parées des blazons d'un chascun d'eulx. Et adonc, quant le Roy fut venu, comme dit est, il fist savoir par aucuns chevaliers de son hostel, au séneschal et à ses compaignons, qu'ilz venissent premiers dedens ledit champ et que ainsi estoit-il ordonné, jà soit que les Arragonnois estoient appellans. Lesquelles nouvelles oyes par icellui séneschal et ceulx de sa partie, se armèrent incontinent et montèrent chascun sur un bon coursier, lesquelz estoient parez semblablement l'un comme l'autre de drap de soie vermeil qui batoient jusques près de terre, et sur les draps dessusdiz estoient semez plusieurs escussons de leurs armes. Et ainsi, en noble appareil, alèrent de leur hostel jusques aux bar-

---

1. Le ms. *Suppl. fr.* 93 porte : le dessusdit Roy.
2. *Barrières desdictes lices.* Var. du ms. *Suppl. fr.* 93.

rières desdictes lices. Si aloit devant l'escuier dessusnommé, et après lui messire Taneguy du Chastel, lequel suivoit messire Jaques de Montenay, et tout derrière aloit le séneschal, lequel conduisoit le seigneur de Chin. Et ainsi entrans dedens, alèrent faire la révérence au roy Martin d'Arragon, qui leur fist très grant honneur; et puis se retrahirent dedens leur tente, où ilz actendirent leurs adversaires bien heure et demie. Lesquelz vindrent tous ensemble à cheval comme les autres, et estoient tous leurs chevaux couvers de blans drap de soye où il y avoit plusieurs escussons semez de leurs armes. Et après qu'ilz eurent faicte la revérence au Roy, alèrent en leur tente, qui estoit au costé destre : et depuis leur venue, furent bien cinq heures tous armez en leursdictes tentes. Et la cause pour quoy ilz y furent si longuement, fut pour ce que le Roy et son conseil les vouloient accorder, afin qu'ilz ne combatissent point. Et pour ceste cause, furent par le Roy envoiez plusieurs ambassadeurs au séneschal, à fin qu'il voulsist estre content de non plus avant procéder en ceste matière. Ausquelz il respondi à toutes les foiz bien et sagement, disant que l'entreprinse avoit esté faicte à la requeste de Colemach, et qu'il estoit venu et ceulx de sa partie, de loingtain pays, à grant travail et despens, pour lui acomplir son désir, lequel, lui et les siens, vouloient contretenir. Finablement, après plusieurs paroles portées d'un costé et d'autre, fut conclud qu'ilz commenceroient ensemble la bataille, et lors furent faiz de par le Roy les cris acoustumez, et tantost après le roy d'armes d'Arragon s'escria en hault : Que les champions dessusdiz feissent leur devoir. Et adouc yssirent de leurs tentes aussi tost les ungs comme les autres, chascun d'eulx tenans leurs haches en leurs mains, et commencèrent à marcher l'un envers l'autre moult fièrement. Si avoient les Arragonnois ensemble proposé de assembler eulx deux de première venue sur le séneschal pour le ruer jus. Et estoient les deux parties tout de pié, et entendoient qu'il feust à l'un des boutz loing des autres, mais il estoit sur le mylieu. Et quant ce vint à l'aproucher, ledit séneschal s'avança devant les autres de trois à quatre pas, et assembla premier à Colemach, qui ce jour avoit esté fait chevalier de la main du Roy, et lui donna si grant cop de sa hache sur le costé de son bacinet, qu'il le fist desmarcher et tourner demy tour. Et les autres assemblèrent chascun endroit soy, tant d'une partie comme d'autre, très vaillamment. Toutesfoiz, messire Jaques de Montenay gecta sa hache jus, et print messire Pierre de Mouscade d'une main par le bort dessoubz les lames, et en l'autre avoit sa dague, dont il le cuida férir par dessoubz. Mais ainsi que toutes icelles parties montroient semblant de bien besongner, le Roy les fist prendre sus. Et pour vray, selon l'apparence qu'on en povoit veoir, se la besongne se feust poursuye jusques à oultrance, les Arragonnois estoient en grant péril de en avoir le pire. Car ledit séneschal et ceulx qui estoient avecques lui, estoient moult puissans de corps et de bien, visitez et esprouvez en armes pour faire et acomplir tout ce qu'on leur eust peu ou sceu demander par quelconque manière que ce eust esté. Et après ce que lesdiz champions eurent esté prins sus, comme dit est, le Roy avala de son eschafault dedens les lices, et requist au séneschal et à Colemach que le surplus des armes voulsissent mectre sur lui et sur son conseil, et qu'il en feroit tant que tous devroient estre contens. Et lors le séneschal, en soy mectant à ung genoil pria moult humblement au Roy que les armes se parfeissent selon la requeste de Colemach. A quoy le Roy répliqua en requérant de rechef que le surplus fust mis sur lui : ce qui fut accordé. Si print le séneschal par la main et le mist au dessus de lui, et Colemach de l'autre costé, et ainsi les mena lui-mesmes hors des lices, et de là retournèrent chascun en leurs hostelz, où ilz se désarmèrent. Et après le Roy envoia par ses principaulx chevaliers querir le séneschal et ses compaignons, ausquelz, par trois et quatre jours, il fist aussi grant honneur et récepcion en son hostel comme il eust peu faire de ses propres frères. Et après qu'il les eut accordez avec leur adverse partie, leur fist dons et beaulx présens. Et puis se départirent de là et retournèrent en France, et ledit séneschal, en Haynnau.

Ouquel temps, l'admiral de Bretaigne, le seigneur du Chastel et plusieurs autres chevaliers et escuiers, tant dudit pays de Bretaigne comme de Normendie, jusques à douze cens combatans ou plus, montèrent en plusieurs nefz au port de Saint-Mâlo, et se mirent en mer pour aler descendre au port de Terdrenne[1]. Mais

---

1. Dans l'original on peut lire également Terdrenne ou Terdremie. Le ms. 8345 donne Terdremue. L'édit. de Vérard, Tremue. Buchon qui lisait *Tordrenne*, dit qu'il a fait de vaines recherches pour trouver un port sur la côte d'Angleterre qui répondit à ce nom. Quant à l'édit. de 1572, elle donne Atemue. Le ms. *Suppl. fr.* 93 donne *Tmue*, avec un signe d'abréviation sur le *t*, qui fait lire *Termue*, dont à la rigueur on peut faire Darmouth. C'est

ledit admiral et plusieurs autres desloèrent à descendre ilec. Néantmoins, ledit seigneur Du Chastel et plusieurs autres descendirent et prindrent port, pensant que les autres les suivissent, ce que point ne se fist. Et se alèrent très vaillamment combatre aux Anglois, qui en grant nombre s'estoient là assemblez, et tant dura la besongne qu'en la fin les Bretons et Normans y furent desconfis. Et y fut occis le dessusdit seigneur Du Chastel et ses deux frères, messire Jehan Martel, chevalier normant, et plusieurs autres. Et si en y eut environ cinquante de prisonniers[1], desquelz estoit le seigneur de Blaqueville, qui depuis eschapèrent par finance. Et l'admiral dessusdit, avecques ceulx qui demourèrent ou navire, se retraïrent en leur pays, tristes et dolens de leur perte.

## CHAPITRE XV.

#### Comment le mareschal de France et le maistre des arbalestriers alèrent en Angleterre en l'aide du prince de Gales.

Environ ce temps[2], le mareschal de France et le maistre des arbalestriers, par le commandement du Roy et à ses despens, assemblèrent douze mille com-

---

effectivement à ce port que les Bretons firent leur descente, seulement il faut mettre l'événement à l'année 1404, et non pas 1403. (Voy. Walsingham, *Brev. hist.*, p. 412.)

1. Il semblerait, d'après Walsingham, que le nombre des prisonniers fut beaucoup plus grand. Il dit que les femmes anglaises elles-mêmes en firent, et que beaucoup de Français furent tués par les paysans anglais, faute d'entendre leur langue, et de pouvoir leur faire comprendre qu'ils vouloient se racheter. (*Ibid.*)

2. *Environ ce temps.* C'est une erreur. Ce n'est pas en 1403,

batans, si vindrent à Breth en Bretaigne pour secourir le prince de Gales¹ contre les Anglois. Si eurent six vings nefz à voile qu'ilz y trouvèrent, et pour le vent, qui leur fut contraire, demourèrent par quinze jours. Mais quant ilz eurent vent qui leur fut propice, si arrivèrent au port de Harfort² en Angleterre, lequel ilz prindrent tantost, en occiant les habitans excepté ceulx qui tournèrent en fuite; et gastèrent le pays d'entour. Puis vindrent au chastel de Harford, ouquel estoit le conte d'Arondel et plusieurs hommes d'armes et gens de guerre. Et quant ilz eurent ars la ville et les faulxbourgs dudit chastel, ilz se partirent de là, destruisant tout le pays devant eulx par feu et par espée. Puis alèrent à une ville nommée Tenebi, située à dix huit lieues près dudit chastel, et là, trouvèrent, lesdiz François, ledit prince de Gales à tout dix mille combatans qui là les actendoit. Adonc alèrent tous ensemble à Calemarchin³ à douze lieues près de Tenebi, et de là en entrant ou pays de Morgnie, alèrent à la Table ronde, c'est assavoir l'abbaye noble, puis prindrent leur chemin pour aler à Vincestre. Si ardirent les faulxbourgs et le pays environ, et trois lieues oultre encontrèrent le roy d'Angleterre⁴ qui

mais bien en 1405 qu'il faut placer les événements racontés dans ce chapitre. (Voy. Walsingham, *Brev. hist.*, p. 418.)

1. Owen Glendower, en révolte ouverte contre Henri de Lancastre, depuis l'an 1400.

2. *Au port de Harfort.* Il n'y a pas de port de mer de ce nom-là en Angleterre. Walsingham nous apprend que les Français débarquèrent à Milford, port du comté de Pembroke, au sud du pays de Galles.

3. Carmathen. (Wals., *loc. cit.*)

4. Ici Monstrelet confond tout, les faits et les dates. En effet

venoit contre eulx à grant puissance ; là se arrestèrent l'un contre l'autre et se mirent franchement en bataille, chascune d'icelles parties, sur une montaigne, et y avoit une grande valée entre les deux ostz. Si convoitoient chascun d'eulx que sa partie adverse l'alast assaillir, ce que point ne fut fait. Et furent par huit journées en cest estat que chascun jour au matin se mectoient en bataille l'un contre l'autre et là se tenoient toute jour jusques au soir. Durant lequel temps y eut plusieurs escarmouches entreulx, èsquelles furent mors environ deux cens hommes des deux parties et plusieurs navrez. Entre lesquelz, de la partie de France furent mors trois chevaliers, c'est assavoir messire Patroullart de Troies[1], frère dudit mareschal de France, mons. de Mathelonne et mons. de La Ville[2]. En oultre, avec ce, les François et Galois furent fort traveillez de famine et autres mésaises. Car à grant peine povoient ilz recouvrer de vitaille, pour ce que les Anglois gardoient de près les passages. Finablement quant icelles deux puissances eurent esté l'une devant l'autre ainsi comme dit est, ledit roy d'Angleterre voiant que ses adversaires ne l'assauldroient pas, se retrahit le soir à Vincestre. Mais il fut poursuy par aucuns François et Galois lesquelz des-

---

ce qui précède, qu'il rapporte à l'année 1403, appartient à l'année 1405. Ce qui suit, au contraire, appartient à l'année 1402. (Voy. Wals., *Brev. hist.*, p. 407.)

1. Patroullars de Tries, dans l'édit. de 1572. C'est Patroullart de Trie, qu'il faut lire.

2. Le seigneur de Martelonne et le seigneur de La Valle, dans l'édit. de 1572, où Ducange propose, avec raison, de lire : Laval.

troussèrent dix huit charretes chargées de vivres et d'autres bagues. Si se retrahirent iceulx François et Galois ou païs de Gales. Et pendant que ce voiage se faisoit, le navire des François vaucroit sur la mer, et y avoit dedens aucun nombre de gens d'armes pour le garder. Lequel navire se tira vers Gales, à ung port qui leur avoit esté ordonné, et là les trouvèrent les François, c'est assavoir l'admiral de France et le maistre des arbalestriers, lesquelz avec leurs gens se mirent en mer et singlèrent tant qu'ilz arrivèrent sans fortune à Saint-Pol de Léon. Toutesfoiz quant ils furent descendus et qu'ilz eurent visité leurs gens, ils trouvèrent qu'ilz en avoient bien perdu soixante, desquelz les trois chevaliers dessusdiz estoient les principaulx. Et après se partirent de là et retournèrent en France, chascun en leurs propres lieux, réservé les deux officiers royaulx, qui alèrent à Paris devers le Roy et les autres princes de son sang, desquelz ils furent receuz à grant léesse.

## CHAPITRE XVI.

###### Comment ung puissant Sarrasin [1], nommé le Grant Tamburlan, entra à puissance en la terre du roy Basach.

En cest an, ung grant seigneur et puissant des régions de Barbarie nommé le Grant Tamburlan [2], à tout deux cens mil combatans et vingt six éléphans, entra

---

1. *Ung puissant sarrasin*, sic dans 8345. Le ms. *Suppl. fr.* 93, et les imprimés donnent : *mescréant*.
2. C'est le Tartare Timour-Lenk, vulgairement Tamerlan.

en la terre de Turquie appartenant au roy Basach[1]. Lequel Basac estoit ung prince païen, moult puissant[2], et ung des principaulx de ceulx qui avoient vaincu les chrestiens en la bataille de Hongrie[3], où Jehan de Bourgongne, conte de Nevers, fut prins comme plus à plain est déclairé ès histoires de maistre Jehan Froissart. Lequel, quant il sceut que icellui Tamburlan estoit ainsi entré en sa terre à puissance et dégastoit tout par feu et par espée, fist soudainement ung très grant mandement par tous ses pays et tant que dedens quinze jours ensuivans assembla bien trois cens mille combatans et seulement dix éléphans. Lesquelz éléphans, tant d'une partie comme d'autre, portoient cuves sur leur dos en manière de chasteaulx où dedens avoient plusieurs hommes d'armes qui moult grevoient leurs adversaires. A tout laquelle compaignie ledit admiral Basach ala pour rencontrer ledit Tamburlan. Si le trouva devers Occident, emprès une montaigne nommée Appade, et estoit logié sur une haulte montaigne, et avoit destruit et ars plusieurs bonnes villes et grant partie du pays de Turquie. Et lorsqu'ils eurent la veue l'un de l'autre, ordonnèrent leurs batailles et finablement assemblèrent l'ung contre l'autre, mais à la fin le roy Basach et ceulx de sa partie furent mis à desconfiture et fut lui mesmes prison-

---

1. Bajazet I<sup>er</sup>.
2. Bajazet avait été surnommé *Ilderim*, ou l'Éclair, à cause de ses rapides conquêtes, au commencement de son règne.
3. *En la bataille de Hongrie*. C'est la bataille de Nicopoli, en Bulgarie, qui se donna le 28 septembre 1396. Les Hongrois avaient été battus une première fois par Bajazet, au même lieu, en 1394.

tier¹, et avec ce furent mors bien quarante mille de ses turcs et dix mille de son adverse partie. Après laquelle besongne, le dessusdit Tamburlan envoya grant partie de ses gens aux principales villes d'icellui Basach, lesquelles, ou au moins la greigneur partie, se rendirent à lui. Et par ainsi icellui Tamburlan conquist la plus grant partie du pays de Turquie.

## CHAPITRE XVII.

### Comment Charles, roy de Navarre, traicta avec le roy de France et eut la duchié de Nemoux.

Item, en ceste saison, Charles, roy de Navarre², vint à Paris devers le roy de France, et tant traicta avecques lui et ceulx de son estroit conseil, que le chastel de Nemoux avecques autres chastellenies lui furent données et en fist une duché. Si en fist prestement hommage audit roy de France et y renonça, au prouffit du Roy et de ses successeurs, moiennant que avec ladicte duché de Nemoux lui fut promis à paier de par le roy de France deux cens mil escus d'or du coing du Roy.

En après le duc Phelippe de Bourgongne lui partant de Paris ala à Bar-le-Duc à l'obsèque de la du-

1. C'est à la bataille d'Ancyre (auj. Angora dans l'Anatolie) que Bajazet fut fait prisonnier par Tamerlan. Ainsi Monstrelet se trompe en mettant ce fait sous l'année 1403, car la bataille d'Ancyre se donna le 30 juin 1402.

2. Charles III, dit le Noble, fils de Charles le Mauvais et de Jeanne de France, fille aînée du roi Jean. Cet arrangement du roi de Navarre avec Charles VI est du 19 juin 1404.

chesse de Bar sa seur[1] qui estoit trespassée. Et de là après ledit service fait s'en retourna en sa ville d'Arras où estoit sa femme, la duchesse, et célébra la feste de Pasques, et puis s'en ala à Brucelles en Brabant devers la duchesse, taye de sa femme, qui l'avoit mandé pour lui bailler le gouvernement du pays. Ouquel lieu print audit duc une grande maladie. Si se fist porter à Haulx[2], comme cy-après sera déclairé.

## DE L'AN MCCCCIV.

[Du 30 mars 1404 au 19 avril 1405.]

## CHAPITRE XVIII.

Comment le duc Phelippe de Bourgongne, oncle du roy Charles, VI<sup>e</sup> de ce nom, trespassa en la ville de Haulz en Haynnau.

Au commencement de cest an, le duc de Bourgongne, jadis fils du roy Jehan et frère au roy Charles de France, le Riche, et oncle au roy présent, Charles le Bien-Aymé, lequel duc, comme j'ay dit cy-dessus, estoit moult malade, se fist apporter sur une litière, de la ville de Bruxelles en Brabant en la ville de Haulx en Haynnau. Et afin que les chevaulx qui le portoient

---

1. Marie de France, fille du roi Jean et femme de Robert, duc de Bar. C'est pour ce dernier que le roi Jean avait érigé en duché le comté de Bar, l'an 1355.
2. Halle en Hainaut, sur les frontières du Brabant.

alassent plus seurement et à son aise, y avoit plusieurs laboureurs et manouvriers qui aloient devant ladicte lictière à tout planes[1] et autres instrumens de fer pour refaire et aouvyer les chemins. Ouquel lieu de Haulz il fut deschargé et mis assez près de l'église de Nostre-Dame en ung hostel où lors estoit l'enseigne du Cerf. Ouquel lieu, lui sentant très fort agravé de sa maladie manda devant lui ses trois filz, c'est assavoir, Jehan, conte de Nevers, Anthoine et Phelippe[2], ausquelz il pria très acertes et commanda destroitement, que toutes leurs vies durans feussent bons, vrais et loyaulx obéissans au roy Charles de France, sa noble génération, sa couronne et tout son royaume, et ce leur fist il promectre sur tant qu'ilz l'amaient. Lesquelles promesses dessusdictes furent par les trois princes dessusdi*z humblement accordez à leurdit seigneur et père. Et là avec, fut par ledit duc ordonné à chascun d'eulx les seigneuries qu'il vouloit qu'ilz tenissent après son trespas et la manière et intencion qu'ilz en avoient à user. Lesquelles et plusieurs acomplies et devisées par lui moult sagement comme à tel prince appartenoit faire, aiant bonne mémoire en sa derrenière heure, rendi son esperit ou dessusdit hostel[3], et là fut

---

1. *A tout planes*, avec des bêches. *Aouvyer les chemins*, les rendre praticables.

2. Jean sans Peur; Antoine, comte de Rhétel, puis duc de Brabant; Philippe, comte de Nevers; ces deux derniers furent tués à la bataille d'Azincourt (1415).

3. Le 27 avril 1404. On lit, dans la chronique déjà citée : « Lequel duc fu en son tamps tenu pour l'ung des sages princes de France; et par son sens il tint grant tamps le royaume en paix, combien que le duc d'Orléans luy fist mainte paine et voloit tousjours estre le maistre. Mais ledit de Bourgoigne l'en

son corps et ses entrailles mises et enterrées en l'église
Nostre-Dame de Haulz, et son corps, bien embasmé,
fut mis en ung sarcueil de plomb et de là transporté
en la ville de Douay et de là à Arras, tousjours très
grandement acompaigné selon son estat. Ouquel lieu
d'Arras fut mis en sa chapelle, où on lui fist ung service
solennel. Et là renonça la duchesse Marguerite[1] à ses
biens, pour la doubte qu'elle avoit qu'elle ne trouvast
trop grans debtes, en mectant sur sa représentacion
sa ceinture avec sa bourse et les clefs, comme il est
de coustume, et de ce demanda instrumens à ung notaire publique qui là estoit présent. En après, le corps
dudit duc fut mené en Bourgongne et enterré aux
Chartreux emprès Digon, dedens l'église, laquelle lui
mesme avoit fait fonder et édifier à ses despens. Et son
cuer fut porté à Saint-Denis en France et mis emprès
les Royaulx, desquelz il estoit yssu. Si avoit icellui
duc, avec ses trois filz, trois filles, c'est assavoir la
duchesse d'Osteriche[2], la duchesse de Holande[3], femme
au comte Guillaume de Haynnau, et la duchesse de

garda bien, tant par le sens de luy, comme par sa puissance,
laquelle il lui monstra pluiseurs foix en son temps, tant en la
ville de Paris, où ilz firent de grandes assemblées, comme ailleurs. Mais oncques horion n'en fu donné ». (Bibl. impér.,
F° *Cord.* 16, fol. 328.)

1. Marguerite, fille de Louis de Mâle, comte de Flandre et
veuve de Philippe de Rouvre, remariée au duc Philippe le Hardi
le 19 juin 1369, morte à Arras, le 16 mars 1405.

2. *La duchesse d'Osteriche.* Catherine de Bourgogne, née en
1378, mariée le 15 août 1393, à Léopold, duc d'Autriche.

3. *La duchesse de Hollande*, Marguerite de Bourgogne, née en
1374, mariée le 12 avril 1385 à Guillaume de Bavière, comte
de Hainaut.

Savoie[1]. Après la mort duquel duc y eut grans pleurs et lamentacions, principalement de tous ses enfans, aussi généralement de la plus grant partie des seigneurs et autres gens d'estat du royaume de France et de tous ses pays. Car en son temps il avoit régné et gouverné moult prudemment les besongnes du Royaume avecques son frère ainsné Jehan, duc de Berry, dont il avoit esté et fut encores plus après sa mort, très excellemment recommandé. Et après icellui duc défunct comme dit est, Jehan, conte de Nevers, son filz ainsné, saisi la duché et conté de Bourgongne, et Anthoine, le second filz, fut héritier actendant la duché de Brabant après le trespas de sa grant tante la duchesse, laquelle lui livra présentement le duché de Lembourg. Et Phelippe, le tiers filz, fut nommé comte de Nevers et baron de Donzy, à en joir après le trespas de la duchesse sa mère[2]. Si commencèrent iceulx trois frères à gouverner moult haultement leurs seigneuries, et eurent l'ung avec l'autre plusieurs consaulx avecques leurs plus foibles serviteurs, afin de savoir comment ilz se mectroient à gouverner envers le Roy leur souverain seigneur.

---

1. *La duchesse de Savoie*, Marie de Bourgogne, née en 1380, mariée le 30 octobre 1393 à Amédée VIII, comte de Savoie.

Philippe le Hardi avait eu une quatrième fille, nommée Bonne, que Monstrelet n'avait pas à mentionner ici, puisqu'elle était morte en 1399.

2. Qui arriva le 16 mars 1405.

## CHAPITRE XIX.

**Comment Waleran, conte de Saint-Pol, à tout grant compaignie de gens d'armes, ala par mer en l'isle de Wisque, pour faire guerre au roy Henry d'Angleterre.**

En cest an, le comte Waleran de Saint-Pol assembla à Abbeville en Ponthieu environ seize cens combatans, esquelz y avoit grant partie de nobles hommes, qui avoient fait grans pourvéances de chars salées, de biscuits, de vins, de cervoises, de beurres, de farines et autres choses neccessaires à mectre en mer. Duquel lieu d'Abbeville furent menez par ledit conte au port de Harfleur, où ils trouvèrent des nefz et des vaisseaulx à leur voulenté. Et quant ils eurent là séjourné un peu de jours pour appoincter et ordonner leurs besongnes, en eulx recommandant à monseigneur Saint Nicolas, montèrent esdiz vaisseaulx, et singlèrent tant qu'ilz vindrent en l'isle de Wisque, qui est près du port de Hantonne[1]. Ouquel descendirent à terre en démonstrant chère hardie pour combatre les ennemis, desquelz par iceulx à leur descendue furent assez peu veuz, car tous ceulx de ladicte isle s'estoient retrais ès bois et ès forteresses. Et là, de la partie dudit conte,

1. L'île de Wight près de Southampton. Elle avait été ravagée par les Français, en 1377. Le Religieux de Saint-Denis dit que le comte de Saint-Pol descendit à l'île de Thanet (comté de Kent) et met le fait en l'an 1403. (*Chr. de Ch. VI*, t. III, p 118.) La tentative du comte de Saint-Pol sur l'île de Wight est du mois de décembre 1403, comme on le voit dans les pièces données par Rymer, et notamment par un ordre d'armement adressé au bailli de Southampton le 10 décembre, lequel est révoqué le 13. (Rymer, *Fœdera*, etc., t. IV, p. 60.)

il eut faiz plusieurs chevaliers nouveaulx, c'est assavoir Jehan de Harecourt, Phelippe de Fosseux, le seigneur de Giency et plusieurs autres. Si alèrent fuster aucuns meschans villages du pays et bouter les feux en aucuns lieux. Durant lequel temps vint devers ledit conte ung prestre du pays, d'assez bon entendement, lequel traicta avecques lui pour le rachat et salvacion d'icelle ysle, comme il donnoit à entendre; et en devoit estre paiée grant somme de pécune à icellui conte et à ses capitaines. Lequel conte fut assez content. Mais ce fut une décepcion que ledit prestre faisoit afin de les délaier et atarger de paroles tandis que les Anglois s'assembleroient pour les venir combatre. De laquelle besongne ledit conte Waleran fut adverti, et pour ce, lui et les siens remontèrent en leur navire et s'en retournèrent ès parties de là où ilz estoient venus, sans plus riens faire. Pourquoy plusieurs grans seigneurs qui estoient avecques lui en prindrent grant desplaisance, pour tant qu'ilz avoient mis grant argent en faisant les dictes pourvéances. Et aussi les pays par où lesdictes gens d'armes passèrent en furent moult traveillez, et en commença on, en plusieurs parties, à murmurer contre ledit conte. Mais on n'en peut avoir autre chose[1].

---

1. Le Religieux de Saint-Denis ajoute que sur la fin de février la garnison anglaise de Calais ravagea le comté de Saint-Pol. (t. III, p. 121.)

## CHAPITRE XX.

**Comment le duc Loys d'Orléans ala de par le Roy à Marseille devers le pape; le duc de Bourbon, en Languedoc; et le connestable, en la duchié d'Aquitaine.**

Item, en ce temps, Loys, duc d'Orléans, fut envoyé de par le roy de France et son grant conseil devers le pape nommé Grégoire, acompaigné de six cens chevaucheurs ou environ, afin de lui remonstrer que l'union feust mise en nostre mère sainte Église [1]. Et par la Champaigne et Bourgongne s'en ala à Lyon sur le Rosne, et de là à Marseille où ledit pape estoit et toute sa court. Lequel grandement et notablement receut ledit duc. Et après qu'il eut oye sa requeste, lui bailla ses lectres apostoliques sur aucunes certaines condicions. Après lesquelles receues, et qu'il ot prins congié d'icellui pape, s'en retourna par plusieurs journées à Paris devers le Roy, où estoient les ducs de Berry, de Bretaigne et de Bourbon [2] et plusieurs autres seigneurs, tant séculiers comme ecclésiastiques, en la présence desquelz il les bailla au Roy, contenans entre autres choses que ledit pape se offroit à procurer l'union de toute l'universelle Église, et pour l'amour de ce, se il estoit neccessité, s'offroit de résigner ladicte papalité, et faire tout ce qui estoit expédient touchant ceste matière, en obéissant au saint concile en tout droit et raison. De laquelle lectre apostolique et du

---

1. C'est en 1403 et non en 1404, que le duc d'Orléans alla trouver le pape, et ce pape était Benoît XIII.
2. Le ms. *Suppl. fr.* 93, et aussi l'édit. de 1572, ajoutent ici : le duc de Bourgogne.

contenu en icelle, le Roy, les dessusdiz seigneurs et tout le conseil, avec l'Université, se tindrent lors assez pour contens.

Ouquel temps, Jehan, conte de Clermont, filz et héritier du duc de Bourbon, fut envoié de par le Roy et son conseil, en Languedoc, pour aler en Gascongne guerroier les Anglois qui adonc faisoient grant guerre aux François sur les frontières d'ilec. Et fist son assemblée de gens d'armes à Saint-Flour en Auvergne; laquelle fut de cinq cens bacinets et cinq cens archers et arbalestriers; desquelz estoit le principal, avecques ledit de Bourbon, le viconte de Castelbon, filz au conte de Foix. Si commencèrent à faire forte guerre aux Anglois, et mirent plusieurs fortresses en l'obéissance du Roy. C'est assavoir : le chastel Saint-Pierre, le chastel Saincte-Marie, le Neufchastel et plusieurs autres. Après lesquelles besongnes, et que les fortresses furent bien garnyes, s'en retourna devers le Roy et les autres grans seigneurs, desquelz il fut bienveigné et conjoy grandement.

Et tantost après, messire Charles de Labreth, connestable de France, et avecques lui Harpedane, chevalier de grant renom, eulx grandement acompaignez, en la duchié d'Acquitaine asségèrent le chastel de Calefrin qui moult traveilloit les pays du Roy et tenoit ses garnisons en trop grande subjection. Et si estoit la plus grande partie du pays appati à eulx. Lequel siége dura environ six sepmaines, en la fin desquelles firent traictié iceulx asségez avec ledit connestable, par condicion qu'ilz se partiroient saufz leur corps et leurs biens, et avecques ce, auroient certaine somme d'argent, qui se print et cueilli sur les habitans d'icellui pays. Et après que icellui connestable eut garny ledit chastel de gens de guerre, il s'en retourna à Paris devers le roy Charles.

## CHAPITRE XXI.

*Comment le duc Aubert, conte de Haynnau, trespassa, et pareillement la duchesse Marguerite de Bourgongne, vesve du duc Phelippe, jadis fille du conte Loys de Flandres.*

En cest an trespassa de ce siècle le duc Aubert, conte de Haynnau, de Holande et de Zélande, lequel avoit esté filz de Loys jadis empereur d'Alemaigne. Duquel duc, demourèrent deux fils et une fille, c'est assavoir, Guillaume, lequel estoit ainsné, et Jehan, de son surnom nommé Sans-Pitié, lequel fut promeu à estre évesque du Liège, non obstant qu'il n'estoit point encore sacré. Et la fille estoit mariée au duc Jehan de Bourgongne. Et fut ledit duc Aubert, enterré en l'église collégiale de La Haye en Holande[1].

Et pareillement mourut audit an, le vendredi devant la my-quaresme[2], Marguerite, duchesse de Bourgongne[3], vesve du duc Philippe derrenier trespassé, en son hostel à Arras. Laquelle fut actaincte de hastive maladie. Si fut, de ses trois filz, c'estassavoir Jehan,

1. Albert, comte de Hainaut et de Hollande, second fils de l'empereur Louis de Bavière, et de Marguerite, comtesse de Hollande, mort à la Haye le 13 décembre 1404, à l'âge de soixante-sept ans. L'*Art de vérifier les dates* lui donne trois fils et quatre filles.

2. 20 mars.

3. Marguerite de Flandre, fille unique de Louis III, comte de Flandre et d'Artois, et de Marguerite de Brabant, mourut à Arras le 20 mars 1404. (V. S.)

duc de Bourgongne, Anthoine, duc de Lembourc[1], et Phelipe le moins né, menée en grans pleurs et gémissemens en la ville de Lisle, où elle fut enterrée dans l'église collégiale de Saint-Pierre[2] emprès son père, le conte Loys de Flandres. Après la mort de laquelle, succéda Jehan, duc de Bourgongne, son premier filz, en la conté de Flandres et d'Artois, et Phelippe dessus nommé, eut la conté de Nevers, comme en autre lieu est déclairé. Et assez tost après furent promeuz, de la partie du duc de Bourgongne et à sa requeste, les mariages de Loys, duc d'Acquitaine, daulphin, filz ainsné du roy de France, et de la fille ainsnée du duc de Bourgongne, nommée Marguerite, et aussi de Phelippe, conte de Charrolois, seul filz et héritier d'icellui duc, et de Michele, fille au roy dessusdit. Desquelles aliances, en ensuivant ce que autrefoiz en avoit esté pourparlé du vivant du duc Phelipe deffunct, le Roy, la Royne et autres du sang royal estoient assez contens, excepté le duc Loys d'Orléans, seul frère du Roy, auquel ceste aliance n'estoit pas bien agréable. Et deslors et paravant y avoit eu entre iceulx deux princes, c'estassavoir d'Orléans et de Bourgongne, aucunes rumeurs et envies, pour quoy, quelque semblant qu'ilz monstrassent l'un à l'autre, si n'y avoit-il pas grant amour, en partie par les rapors que faisoient leurs gens chascun à son maistre et seigneur, l'un à l'autre. Néantmoins les dessusdiz mariages furent du tout accordez et confermez entre les parties dessusdictes, et en furent faictes et baillées de

1. Antoine, duc de Limbourg.
2. A Saint-Pierre de Lille.

partie à autre aucunes seuretez par lectres et instrumens royaulx.

Et adonc, fut mise sus à Paris une très grande taille sur tout le peuple du royaume de France de par le Roy et son grand conseil, à laquelle mectre sus, ne se voult point consentir ledit duc de Bourgongne ; dont il fut grandement aymé et recommandé de tout le peuple généralement.

---

## DE L'AN M CCCC V.

[ Du 19 avril 1405 au 11 avril 1406. ]

## CHAPITRE XXII.

Comment le duc Jehan de Bourgongne, après le décès de la duchesse, sa mère, fut receu ès bonnes villes de la Conté de Flandres comme seigneur.

Au commencement de cest an le duc Jehan de Bourgongne, aprez ce qu'il eut esté à Paris devers le Roy, il s'en retourna en Flandres, avec lui ses gens et ses deux frères, tous deux à grant compaignie de nobles hommes d'iceulx pays. Si fut par tout receu très honnorablement et amiablement de tous ses subgetz, et lui donnèrent très beaulx dons et riches, par espécial ceulx de Gand, de Ypre, de Bruges et d'autres bonnes villes, et avec ce, lui firent tous serement de fidélité et lui promectant de le servir, obéir et aymer comme tenus y estoient. Et adonc défendi à tous ses subgetz d'icelles deux contez, que nul ne paiast la taille derrenièrement imposée à Paris par le conseil royal, dont Loys d'Orléans, au gré duquel la plus grant partie des besongnes du royaume se conduisoient pour ce temps, et tant que les traictiez des mariages des enfans du Roy et du duc de Bourgongne dessus nommez furent aucunement empeschez, et voult le dessusdit duc d'Orléans trouver la manière de marier le duc de Guienne, son nepveu, en autre lieu, dont moult despleut au duc de Bourgongne quant ce fut venu à sa congnoissance, et pour ce envoia tantost ses ambaxadeurs devers le Roy, la Royne et le grant conseil, mais à brief dire ilz n'eurent point response bien agréable pour leur maistre et seigneur ledit duc, et pour ce, le plus tost qu'ilz porent s'en rétournèrent en Flandres devers lui ; lequel leur response oye print conseil avecques ses féaulx sur ceste matiere. Lesquelz lui conseillèrent qu'il seroit bon qu'il se traisist au plus tost qu'il pourroit bonnement, vers le Roy et son grant conseil, afin que lui estant présent il peust mieulx poursuivir les besongnes en sa personne que ne pourroient faire ceulx qu'il y envoioit. Auquel conseil il se accorda assez légèrement, et fist ses préparatifs pour y aler au plus tost qu'il pourroit.

Et en ce mesme temps, fut imposé un dixième sur le clergié par le pape Bénédic XIIIe, lequel tenoit sa résidence et sa court en la cité de Prouvence[1]. Et fut causé icellui dixième pour l'union de nostre mère

---

1. Benoît XIII était alors à Marseille et sur le point de se rendre à Rome pour s'entendre avec le nouveau pape Innocent VII, élu le 17 octobre 1404.

saincte Église. Si se devoit paier à deux termes, c'est assavoir à la Pasque et à la Saint Remy.

## CHAPITRE XXIII.

#### Comment le duc Guillaume, conte de Haynnau, tint en cel an un champ mortel en la ville du Quesnoy.

Or est vérité qu'en cel an fut fait en la ville du Quesnoy en Haynnau un champ mortel en la présence du duc Guillaume, conte de Haynnau[1], juge en ceste partie. C'estassavoir d'un gentilhomme nommé Bornete, appellant, lequel estoit du pays de Haynnau, à l'encontre d'un autre gentilhomme nommé Sohier Barnage, de la conté de Flandres. Et estoit la querelle telle, que ledit Barnage disoit et maintenoit que icellui Sohier avoit tué et murdry un sien prouchain parent. Pour lequel cas, icellui duc Guillaume livra lices et place à ses despens selon la coustume à ce introduicte. Et après que par icellui duc ils eurent par plusieurs fois esté induis et admonestez à faire paix l'un à l'autre, et lui voiant que à ce ne se vouloient consentir, leur fut ordonné à venir à certain jour et comparoir par devant le dessusdit duc, auquel jour ils vindrent, et premièrement ledit appellant entra dedans les lices, acompaigné d'aucuns de ses amis prouchains; et après, y entra le défendeur. Si fut lors crié de par le duc par ung hérault, et défendu que nul ne leur baillast empeschement sur peine de perdre la teste, et lors, fut de rechef crié que les deux

1. Guillaume, comte de Hainaut et de Hollande, fils aîné du comte d'Albert dont la mort a été rapportée plus haut, et de Marguerite de Silésie.

champions feissent leur devoir. Après lequel cry, se party premièrement ledit appellant de son paveillon, et commença à marcher avant, et d'autrepart, vint le défenseur à l'encontre de lui. Et après qu'ilz eurent jectées chascun leurs lances l'un contre l'autre, sans ce que d'icelles eussent receu aucun empeschement, vindrent aux espées et se combatirent une petite espace. Mais en conclusion, le dessusdit Bornete, appellant, vainqui assez briefment son adversaire et lui fist confesser de sa bouche le cas pour lequel il l'avoit appellé. Et après, icellui vaincu fut jugié par le duc Guillaume à estre décapité. Lequel jugement, sans délay, fut acomply. Et le vainqueur fut honnorablement ramené à son hostel, et avec ce, de tous les seigneurs généralement fut il honoré et conjoy. Si fut aucun bruit que le duc d'Orléans avoit esté à celle besongne en habit descongneu [1].

## CHAPITRE XXIV.

#### Comment le conte Waleran de Saint-Pol mena son armée devant le chastel de Merck [2] où il fut desconfit des Anglois.

Environ le moys de may, l'an dessusdit, Waleran du Luxembourg, conte de Ligny et de Saint-Pol, capitaine de Picardie et de Boulenois de par le roy de France, assembla des dessusdiz pays de Picardie et de Boulenois de quatre cens à cinq cens archers [3] avec

1. *En habit descongneu*, déguisé.
2. Il y a au texte : *Marly*. C'est une inadvertance du copiste, car plus bas le texte porte ainsi qu'il faut, Merck.
3. Cinq cens archers. L'édit. de Vérard porte : bachinès, et celle de 1572, bachinets.

cinquante arbalestriers genevois [1] et environ mil Flamens de près des marches de Gravelines, lesquelz il mena et conduisi depuis Saint-Omer vers Tournehan, et de là, s'en ala mectre le siége devant une fortresse des Anglois nommée Merck, à une grosse lieue de Calais. Lesquelz Anglois dudit chastel, avecques autres garnisons de leur parti, avoient couru et traveillé de nouvel ledit pays de Boulenois et autres terres voisines. Si fist ledit conte, devers ledit chastel, lever plusieurs engins, dont il avoit grant abondance [2], desquelz icellui chastel fut durement oppressé. Si se défendirent très vaillamment les Anglois qui le tenoient. Et adonc ledit conte, voiant que par force d'assault ne povoit prendre ledit chastel sans trop grant peine et perte de ses gens, fist loger ses gens dedens les maisons de la ville qui estoit close de vielz fossez, et la fist réparer pour estre plus à l'asseur à l'encontre des Anglois ses adversaires, tant de Calais, comme d'autres garnisons. Et lendemain fist assaillir la garnison d'icellui chastel, laquelle fut prinse par force. Et y gaignèrent les assaillans, grant foison de chevaulx, jumens, vaches et brebis. Auquel assault, messire Jehan de Berengeville [3] fut durement navré, dont il morut tantost après. Et en ce mesme jour yssirent de Calais environ cent hommes d'armes, lesquelz vindrent chevauchant assez près des François, et les advisèrent tout à leur aise, et puis se retirèrent en icelle ville de

1. *Genevois*, habitants de Gênes, Génois. L'édit. de Vérard et celle de 1572, mettent : cinq cens.
2. Au texte : *habundance*.
3. L'édit. de Vérard, et celle de 1572, mettent : *Robert de Bérengille*.

Calais. Et tantost après, par ung hérault, mandèrent audit conte de Saint-Pol que lendemain venroient disner avecques lui se là les vouloit actendre. Auquel hérault fut respondu, que s'ilz y venoient ilz seroient receuz et qu'ilz trouveroient le disner tout prest. Et raporta, ledit hérault, la response à ceulx qui là l'avoient envoyé. Lesquelz, lendemain très matin, yssirent de ladicte ville de Calais, deux cens hommes d'armes, deux cens archers, et environ trois cens hommes de pié légèrement armez, et avecques eulx menèrent douze ou treize chariots[1] chargés de vivres et d'artillerie, lesquelz tous ensemble, conduisoit ung chevalier anglois, nommé Richard Aston[2], lieutenant à Calais pour le conte de Sonbreseil[3] frère de Henry de Lenclastre, pour ce temps roy d'Angleterre. Si cheminèrent en bonne ordonnance jusques assez près de leurs ennemis, lesquelz par leurs espies et coureurs furent de ce advertis, mais point ne se préparoient, ne mectoient en ordonnance dehors leur logis pour les combatre, ainsi que faire le devoient, ains les actendoient dedens leur closture et fossez, si longuement que les dessusdiz Anglois commencèrent à tirer terriblement de leur traict, sans ce que iceulx François leur peussent faire résistence. Et adonc, en assez brief terme la plus grant partie des Flamens et gens de pied se commencèrent à desroyer et mectre en fuite pour la crainte du traict dessusdit, à l'exemple des-

1. Dix ou douze chars. (Édit. Vér.)
2. *Richart Aston, lieutenant*, etc., l'édit. Vér. imprime fautivement : *Richart a son lieutenant*, etc.
3. Sombreset, frère de loi ou beau-frère de Henri de Lancastre (Vér.) Jean, comte de Sommerset.

quelz se partirent aussi grant partie des gens d'armes, et aussi les arbalestriers genevois estans en icelle place qui le jour devant avoient aloué la plus grant partie de leur traict à l'assault devant dit, n'avoient point remis ne appoincté autres quarreaulx au point de leurs arbalestes des garnisons de leur artillerie qui estoient sur les chars, par quoy, quant ce vint au besoing ilz ne firent point grant défense. Et par ainsi iceulx Anglois, sans ce que de leur partie y eust grant dommage, desconfirent assez briefment les François leurs ennemis, et demeurèrent victorieux sur la place. Mais le dessusdit conte de Saint-Pol, avec aucuns de sa compaignie, se parti sans avoir aucune occupacion de sa personne[1], et par devers Saint-Omer s'en retourna à Thérouenne. Et tous ceulx qui demeurèrent de sa partie furent prins et occis en la place. Desquelz mors povoit avoir jusques au nombre de soixante ou envi-

---

1. *Se parti sans avoir aucune occupacion de sa personne.* Ces mots semblent impliquer un blâme de la faiblesse qu'aurait montrée le comte de Saint-Pol en cette rencontre. Le Religieux de Saint-Denis, dont au reste le récit est bien moins détaillé et semble moins authentique que celui de Monstrelet, va bien plus loin. Car il ne craint pas de jeter ici au comte le reproche d'une indigne lâcheté. *Sic comes confusione indutus et reverencia, prelium reformidans, et quemdam equm, qui ceteros celeritate et laboris paciencia longe superare dicebatur, ascendens et sue consulens saluti, cum probro et ignominia consortes deseruit et turpi fuga perpetuam infamiam emit.* ( *Chr. de Ch. VI*, t. III, p. 260.) A lire ce passage, on serait tenté de croire que le Religieux de Saint-Denis avait quelque rancune contre ce pauvre comte de Saint-Pol. Dans tous les cas, on sent ici la différence de manière entre l'homme de plume et l'homme du métier. Naturellement ce dernier est plus indulgent. C'est que, mieux que le moine, il savait à quoi s'en tenir sur les difficultés d'une affaire.

ron, dont furent les principaulx : le seigneur de Querecques¹, messire Merlet de Saveuzes, messire Courbet de Rubempré, messire Marcel de Vaillechiron², messire Guy de Yvregny³, le seigneur de Faiel. Et de ceulx qui furent prins, furent le seigneur de Hangest, capitaine de Boulongne, le seigneur de Dampierre, séneschal de Ponthieu, le seigneur de Brimeu, messire Sarrasin d'Arly, le seigneur de Rambures, Gontier⁴, le seigneur de Givenchi et plusieurs autres notables chevaliers et escuiers, jusques au nombre de soixante à quatrevingts ou environ. Après laquelle besongne, et que iceulx Anglois eurent prins et ravy tous les biens, chars et artillerie que avoient là amené leurs adversaires, et desnué les mors, si s'en retournèrent en leur ville de Calais à tout leurs prisonniers, joyeulx de leur victoire. Et à l'opposite, le conte Waleran et ceulx qui s'estoient saulvez de sa compaignie, eurent au cuer très grant tristesse, et non point sans cause.

En après, le troisième jour ensuivant, les dessusdiz Anglois yssirent de leur ville de Calais à tout foison de canons et autres instrumens de guerre qu'ilz avoient gaigné sur les François devant Merck, et povoient estre cinq cens⁵ ou environ, qui vindrent de nuit couvertement environ le point du jour, et commencèrent

---

1. *Le seigneur de Querecques*, lis. Quieret.
2. *Marcel de Vaillechiron*. Il faut lire : Martel de Valhuon, comme dans Vérard.
3. *Guy de Yvregny*. Guy d'Ivergny (édit. de 1572), Guy d'Ivregny (édit. Vér.)
4. *Gontier*. Dans l'édit. de Vérard, au lieu de ce nom on lit : George la Personne.
5. Vérard ajoute : Combatans.

très asprement à assaillir la ville de Ardre[1], laquelle ilz cuidèrent trouver desgarnye de gens d'armes. Et de fait drecèrent escheles contre les murs et trahirent le feu dedens en plusieurs lieux. Mais par l'aide, confort et diligence de deux notables chevaliers qui dedens estoient, c'estassavoir messire Mansart du Bois[2] et le seigneur de Licques, furent lesdiz Anglois très fort reboutez, et en y eut, en faisant ledit assault et en eulx retraiant, mors, de quarante à cinquante, dont la plus grant partie furent par leurs compaignons portez en une grande maison au dehors de la ville en laquelle ilz boutèrent le feu pour les ardoir afin que de leurs ennemis ne feust leur perte sceue. Et après, tous confus et desplaisans de leur dommage, s'en retournèrent en leur ville de Calais[3]. Auquel lieu, pour ce que aucuns de leurs gens y estoient mors de la navreure du trait des Genevois estans à la besongne de Merck, volrent tuer aucuns d'iceulx, disans que ledit traict estoit envenimé. Et adonc le dessusdit conte de Saint-Pol, lequel, comme dit est, s'estoit retrait à Thérouenne, comme espérant aucunement recouvrer son honneur, manda par toutes les marches de Picardie gens de guerre et les fist venir vers lui. Si y vindrent le seigneur de Dampierre, messire Jehan de Craon, seigneur de Dommart, messire Morelet de Querecques, le seigneur de Fosseux, le seigneur de

---

1. Vérard imprime : la ville et Ardre; faute qui ne se trouve pas dans l'édit. de 1572.

2. Mansart du Bos, dans Vérard, qui par contre met fautivement *le seigneur de Lignes*, au lieu de *Licques*.

3. Le Religieux de Saint-Denis ne dit rien de cet échec essuyé par les Anglais sous les murs d'Ardres.

Chin, le seigneur de Houcourt, et plusieurs autres nobles hommes en très grant nombre, avec lequel conte, ils tindrent plusieurs consaulx esquelz ils conclurent d'aler à puissance devers les marches de leurs adversaires pour iceulx envayr et grever de toute leur puissance. Mais en ces propres jours fut mandé audit conte et ausdiz seigneurs de par le Roy qu'ilz ne procédassent plus avant à faire ladicte entreprinse, car le Roy y avoit pourveu d'autres gens. C'est à dire qu'il y envoia le marquis du Pont, filz au duc de Bar, le conte de Dampmartin et Harpedane[1], chevalier de grant renom, à tout quatre cens bacinets et cinq cens autres hommes de guerre qui se logèrent à Boulongne et ès autres lieux sur les frontières de Boulenois. Pour lequel mandement d'iceulx ne de leur venue, ledit conte Waleran de Saint-Pol ne fut guères joyeux. Mais ce lui convint il souffrir, feust de son bon gré ou autrement. Et d'autre part, le duc Jehan de Bourgongne, qui estoit en son pays de Flandres, sachant la fortune et dommage que avoit eu ledit conte de Saint-Pol, en fut très desplaisant, et envoya hastivement messire Jehan de La Valée[2], chevalier, et plusieurs hommes d'armes et arbalestriers à Gravelines et autres lieux de ladicte frontière pour garder que les Anglois ne leur feissent aucun dommage. Esquelles frontières estoient aussi commis de par le roy de France, messire Holiel d'Araines[3], lequel nuit et jour très diligemment entendoit aux besongnes.

1. *Harpedane*, Harpaydanne, dans Vérard.
2. Jehan de La Vallée. (Vér.)
3. *Holiel d'Araines*. Vérard et l'édit. de 1572 portent : *Lyonnet d'Arumnies*; où le prénom est bon, et le nom, mauvais.

En oultre, le roy Henry d'Angleterre, qui par ceulx de Calais avoit sceu la bonne fortune que ses gens avoient eue contre les François devant Merck, mist hastivement sus une grosse armée de quatre à six mille combatans[1], lesquelz il envoya devant Dunquerque et Nyeuport descendre au port de l'Escluse[2]. Et eulx là venus, se mirent hors dudit navire bien trois mille hommes et par le gravier alèrent tout à pié bien une lieue assaillir le chastel de l'Escluse. Mais les gardes d'icellui avec ceulx de la ville et du pays environ, qui en brief furent en grant effroy, se défendirent très vaillamment, et tant que par le trait des canons et autre défense reboutèrent leurs ennemis et en occirent bien soixante et plus, entre lesquelz le conte de Pennebruch[3], qui estoit ung de leurs principaulx capitaines, y fut navré à mort. Et pour tant ne demoura point que ledit duc de Bourgongne pour garder son pays contre iceulx Anglois ne feist tantost assembler grant nombre de gens d'armes par le seigneur de Croy et autres ses capitaines, lesquelz il fist traire sur les frontières de Flandres afin de résister à telles ou pareilles entreprinses que avoient fait ses adversaires, et iceulx combatre se plus y retournoient.

Et qui plus est, le dessusdit duc de Bourgongne mist sus une ambaxade qu'il envoia à Paris devers le Roy[4] et son grant conseil pour avoir aide de gens et

1. De quatre à cinq mille. (Édit. de Vérard et celle de 1572.)
2. Lesquelz, par mer, à grant nombre de navires, il envoia nageant par devant Dunquerque et Nuefport. (Vérard et l'édit. de 1572.)
3. Le comte de Pembroke. Vérard et l'édit. de 1572 écrivent *Preembroc*.
4. Le Roy, le duc d'Orléans et autres du grant conseil. (Vér.)

d'argent pour mectre siége devant Calais. Car il estoit de ce moult désirant. Mais aux ambaxadeurs dessusdiz fut par le duc d'Orléans et autres du grant conseil baillé response négative[1]. Et pour tant, ledit duc de Bourgongne, oye la response devant dicte par sesdiz ambaxadeurs, se disposa d'aler à Paris devers le Roy pour mieulx expédier et conduire ses besongnes. Et pour ce tira vers Arras, où il eut plusieurs grans consaulx sur ses afaires avec plusieurs seigneurs, et ses féables serviteurs.

## CHAPITRE XXV.

**Comment le duc Jehan de Bourgongne ala à Paris et fist retourner la Royne et le Daulphin que le duc d'Orléans emmenoit.**

En après, quant ledit duc de Bourgongne eut conclud dedens Arras sur ses afaires, il se parti, à tout plusieurs hommes d'armes, jusques à huit cens combatans ou plus, armez couvertement, la vigile de l'Assumpcion Nostre-Dame[2], pour aler à Paris. Et cela, par aucuns jours, jusques en la ville de Louvres en Parisis. Auquel lieu lui furent envoiées unes lectres de Paris, contenant que le Roy estoit de sa maladie retourné en santé, et aussi que la Royne et le duc d'Orléans estoient partis de Paris pour aler à Meleun, et de là à Chartres, et qu'ilz avoient ordonné d'emmener avecques eulx le duc de Guienne, daulphin de

---

1. Ces obstacles mis par le duc d'Orléans aux desseins du duc de Bourgogne sur Calais, accrurent la haine de ce dernier. Voy l'*Histoire de Bourgogne* de dom Plancher.

2. Le 14 août 1405.

Vienne[1]. Lesquelles lectres par lui visitées, un peu se dormy, et puis au son de la trompète, avecques ses gens, de ladicte ville se party très matin, et hastivement s'en ala audit lieu de Paris afin de trouver ledit duc d'Aquitaine. Mais quant il fut là venu, il lui fut dit d'aucuns qu'il s'estoit déjà parti pour aler audit lieu de Meleun, avecques la Royne sa mère[2], ce qui estoit vérité. Et pour ce, icellui duc de Bourgongne, sans descendre ne atarger, chevaucha très fort, à tout ses gens, parmy ladicte ville de Paris, tant que son cheval povoit troter, et suivy ledit daulphin, lequel il raconsuivy près de Corbueil[3]. En laquelle ville de Corbueil l'actendoient ladicte Royne et le duc d'Orléans, au disner[4], et avecques ladicte Royne, le mar-

1. *Le dauphin Louis.* C'était le huitième enfant et le troisième des fils de Charles VI et d'Isabeau de Bavière. Monstrelet l'appelle ici duc de Guienne, mais plus habituellement, comme plus bas, duc d'Aquitaine.

2. *Le Religieux de Saint-Denis* rapporte qu'à la nouvelle de l'arrivée du duc de Bourgogne, la reine et le duc d'Orléans avaient quitté Paris en toute hâte, pour se réfugier à Melun. Il ajoute, qu'en partant, la Reine avait ordonné à son frère, Louis de Bavière, au grand maître de l'hôtel Gérard de Montaigu, et au mareschal de Bouciquaut, de lui ramener le Dauphin avec ses autres enfants, et même, dit le Chroniqueur, les enfants du duc de Bourgogne. « Ipsa cciam regina fratri suo, magistro domus
« regie, ac eciam marescallo Boussicaudo, jussit ut die sequenti,
« dominum ducem Guienne Dalfinum et fratres ejus, cum liberis
« eciam ipsius ducis Burgundie ad eam in manu potenti adduce-
« rent sic secrete ut ab aliis consanguineis et civibus Parisiensibus
« eorum ignoraretur recessus. » (*Chr. de Ch. VI*, t. III, p. 292.)

3. Vérard met : *entre la Villejuive et Corbueil.*

4. *Au disner.* Il y a ici dans Vérard une variante importante : « Et avec ledit duc d'Acquitaine estoient, son oncle de par sa mère, c'estassavoir, Louys de Bavière, le marquis du Pont, fils

quis du Pont, fils au duc de Bar, son oncle de par sa mère, le conte de Dampmartin, Montagu le grant maistre d'hostel du Roy, avecques lui la dame de Préaulx, femme de monseigneur Jaques de Bourbon. Et lors, le duc de Bourgongne, approuchant le duc d'Acquitaine, daulphin, lui fist très grant honneur et révérence, et lui supplia qu'il voulsist retourner et demourer à Paris, disant que là seroit il mieulx que en quelconque autre lieu du royaume. Et avecques ce lui dist qu'il avoit à parler à lui de certaines besongnes qui bien lui touchoient[1]. Après lesquelles paroles dictes, ledit duc Loys de Bavière, voiant la voulenté du Daulphin son neveu, incliner à la requeste qu'on lui faisoit, si dist : « Sire duc de Bourgogne, laissez aler monseigneur d'Acquitaine, mon nepveu, après la Royne sa mère, et monseigneur d'Orléans son oncle, là où on le fait aler par le consentement du Roy son père. » Et après, icellui duc Loys défendi de par le Roy à tous ceulx qui là estoient, que nul ne mist la main à la litière, ne baillast empeschement audit duc d'Acquitaine qu'il n'alast son chemin où ordonné lui estoit. Non obstans lesquelz délais, et plusieurs autres paroles, délaissées pour cause de briesté, ledit duc de Bourgongne, de fait fist retourner ladicte litière et ledit duc d'Acquitaine avecques toutes ses gens, et le

au duc de Bar, [le] conte Dammartin, Montagu grant maistre d'hostel du Roy, avec eulx, pluiseurs autres seigneurs qui l'accompagnoient. Et estoit en une litière avec luy (le Dauphin) sa sœur de Priaulx, femme de messire Jacques de Bourbon. Et lors, etc. »

1. Notez que ce dauphin Louis n'était qu'un enfant de huit ans, étant né le 22 janvier 1397.

renvoia à Paris, excepté le marquis de Pont[1], le conte de Dampmartin et plusieurs autres de la famille du duc d'Orléans, lesquelz sans délay chevauchèrent oultre jusques à Corbueil. Si racontèrent à la Royne et au dessusdit duc d'Orléans, comment ledit duc de Bourgongne avoit fait retourner dedens Paris le duc d'Acquitaine, oultre leur gré. Pour lesquelles nouvelles ilz furent moult esmerveillez et eurent grant crainte[2], pour ce qu'ilz ne sçavoient quelle chose icellui duc de Bourgongne tendoit à faire; et tant que le duc d'Orléans laissa son disner qui estoit appareillé, et s'en ala bien en haste à Meleun, et la Royne après lui, et tous ceulx de leur famille. Et le duc de Bourgongne, comme dit est, avec toutes ses gens, s'en ala vers Paris, conduisant ledit duc d'Acquitaine. Au devant et en l'encontre duquel, yssirent ledit roy de Navarre, le duc de Berry, le duc de Bourbon, le conte de la Marche et plusieurs autres seigneurs, et les bourgois de Paris en grant multitude. Et entra dedens Paris très honnorablement, tousjours ledit duc de Bourgongne et ses deux frères[3] au plus près de la litière, et ainsi les autres seigneurs. Si chevauchèrent tout le pas en tel estat, tant qu'ilz vindrent au chastel du Louvre, dedens lequel ledit daulphin fut mis jus de sa litière par Loys de Bavière, son oncle; et là fut logié. Si se retrahirent tous les seigneurs, chascun en son hostel, réservé le duc de Bourgongne, qui là se loga[4]. Et

1. Pour plus de correction il faudrait : le marquis du Pont.
2. *Grant crainte*, grant crémeur. (Vér.)
3. L'édit. de 1572 ajoute : qui estoient avec luy durant ceste besongne.
4. C'est-à-dire au Louvre. Voici comment la chronique, très-

tantost après envoya plusieurs messagers garnis de ses lectres, en tous ses pays, pour amasser gens d'armes et venir devers lui audit lieu de Paris. Si tenoit icellui duc son estat dedens le Louvre, en la chambre Saint-Loys, et ès chambres de dessoubz appartenans à icelle. Et le duc d'Acquitaine et toute sa famille fut logié ès chambres d'en hault. Et lendemain, le Recteur et aussi toute la plus grant partie de l'Université de Paris, vindrent devers ledit duc de Bourgongne faire la révérence, et le remercier en grant humilité,

---

bourguignonne, que nous avons déjà citée, raconte cet enlèvement du Dauphin.

« Quant le duc de Bourgoigne sceult celle emprise et ce département, il fu en moult grand doubtance, car il savoit bien la mauvaise volonté du duc d'Orléans, qui tousjours croissoit de mal en pis en toutes manières, tousjours tendant à la couronne de France. Il, meu de lciauté et de preudommie, chevaulcha à force et course de chevaulx après ledit duc de Guyenne, son beau filz, et passa parmy Paris sans repaistre, et se hasta tant de chevaulchier que il le ractaint anchois que il venist à Meleun où on le menoit pour celle nuit. Et pour ce que il estoit bien près de ladicte ville ossy tost que il eubt ractaint le chariot ouquel il estoit, il maismes sacqua une espée et trencha les trais de ce chariot, et puis rebout sadicte espée et alla parler audit duc de Guyenne. Et après ce que il l'eubt salué, il luy demanda où on le menoit. Et il lui respondy qu'il ne savoit. Et lors lui demanda ledit duc de Bourgoigne se il volloit point retourner à Paris, et il luy respondy que ouil. A donc fist ledit de Bourgoigne remectre à point les trais dudit chariot, et fist retourner son beau filz à Paris. Dont ceulx qui le conduisoient n'osèrent faire semblant, car ledit de Bourgoigne estoit en armez aussi bien que ilz estoient, et si estoit le mieulx acompaigné. Et tousjours lui venoient gens qui le sievoient de tire, dont sa force croissoit tousjours. Et par ainsi ramena l'enfant à Paris. Dont tout le peuple fu moult joieulx, car ils avoient grant paour et doubtance d'iceluy enfant. » (Bibl. imp., f. *Cord.* 16, fol. 329.) Voy. nos *Pièces justificatives*.

publiquement, de la bonne amour et affection qu'il avoit au Roy, à sa généracion, et à tout le royaume. De laquelle ilz estoient et se tenoient véritablement estre informez qu'il tendoit à bonne fin et à la réformacion et réparacion d'icellui; lui requérant en oultre qu'en ce voulsist persévérer et non cesser, pour quelque cause qui advenist.

Le dymenche ensuivant, ledit duc de Bourgongne, avecques tous ses gens, se desloga du Louvre, et s'en ala loger en son hostel d'Artois[1]. Ouquel lieu fist faire par les rues de grandes fortificacions de palis et de barrières, afin que de sa partie adverse ne peust estre grevé. Et avec ce, fist tant devers le Roy et ceulx du grant conseil, que les chaynes de Paris qui estoient au chastel du Louvre, furent rendues aux Parisiens, et remises par les rues comme elles avoient autre fois esté. Pour laquelle chose ledit duc de Bourgongne fut grandement en la grace de toute la communaulté de Paris[2]. Et icellui chastel du Louvre demoura en la garde de noble homme messire Renault d'Anghiennes, qui paravant y estoit commis de par le Roy. La bastille Saint-Anthoine fut mise en la garde de Montagu, grant maistre d'hostel du Roy[3]. Mais il jura et fist

---

1. Rue Mauconseil. Cet hôtel devait son nom à Robert, comte d'Artois, frère de saint Louis, son premier possesseur.
2. Le Religieux de Saint-Denis (t. III, p. 308) dit que ce fut le duc de Berri. Ce qui est moins probable.
3. Le Religieux de Saint-Denis (t. III, p. 308) dit, au contraire, que le gouvernement de la Bastille fut ôté à Montaigu et donné au seigneur de Saint-George. Entre ces deux versions opposées, nous donnons la préférence à celle de Monstrelet. Car la phrase qui suit lui donne une grande autorité.

serement qu'il ne mestroit homme dedens si non seulement ceulx du conseil du Roy là estans. Et le duc d'Acquitaine ou de Guienne fut baillé en gouvernement au duc de Berry, de par le Roy et son grant conseil. Et après le duc de Bourgongne et ses deux frères baillèrent et présentèrent au Roy et à son grant conseil une supplicacion, de laquelle la teneur s'ensuit :

« Jehan, duc de Bourgongne, Anthoine, duc de Lembourg, et Phelippe, conte de Nevers, frères, vos très humbles subgetz, parens et obédiens serviteurs vraiment et féablement, congnoissans par jugement de raison chascun chevalier de vostre royaume notoirement estre tenu et obligié, après Dieu, vous aymer, servir et obéir. Et ne sommes point tenus seulement de vous non nuire, mais avecques ce sommes tenus de vous notifier et à vostre personne faire sçavoir ce qu'on procure contre vostre honneur et prouffit. Et mesmement ceulx qui par prouchaineté de vostre sang tiennent de vous grandes seigneuries, par le lien desquelles sommes obligez à vous, et à vous nous sentons tenus comme il appert. Car à vous sommes subgetz ou royaume et de par vostre dignité sommes vos cousins germains. Et moy, Jehan, par la grace de Dieu et de vous, suis duc de Bourgongne, per du royaume de France, doien des pers, conte de Flandres et d'Artois. Et moy, Anthoine, conte de Rethel; et moy, Phelipe, conte de Nevers et baron de Donsy; et avecques ce, par le consentement de vous, nostre très

---

1. Au lieu de cette pièce, qui a tous les caractères de l'authenticité, le Religieux de Saint-Denis fait prononcer à un Jean de Nieles, orateur choisi par le duc de Bourgogne, un long discours sur le même sujet. (*Chr. de Ch. VI*, t. III, p. 297.)

redoubté seigneur, et de nostre très redoubtée dame
la Royne, et tout le sang [royal], contraicté est le
mariage entre le duc d'Acquitaine, daulphin de Vienne,
votre filz, et la fille de moy duc de Bourgongne. Et
aussi entre la dame de Valois, vostre fille, et Phelippe,
conte de Charrolois, mon filz. Et si sommes vers vous
tenus par le command de feu nostre très redoubté seigneur et père, que Dieu absoille, et qui environ la fin
de sa vie nous commanda à prometre que devers
vous et vostre royaume toute féaulté nous garderons.
Laquelle chose tous les jours de nostre vie acomplir
nous désirons et convoitons. Et afin que ès devantdiz
liens, à aler au contraire par dissimulacion feinte ne
soions veuz, et aussi que nous ne encourons la divine
indignacion, il nous semble qu'il est neccessité que
nous vous déclairons ce que souvent est traictié contre
l'honneur et prouffit de vous et de vostre royaume,
principalement en quatre poins selon nostre jugement.

« Le premier, si est de vostre personne. Car devant
ce que de ceste maladie de laquelle non mie tant seulement estes grevé, mais tous les cuers de vos amis
qui vous ayment en sentent et souffrent très grant
douleur, en vostre conseil, souventes foiz sont fais
traictiez contre vostre honneur et prouffit, coulourez
par fiction de bien, et moult de choses inraisonnables
vous sont demandées. Jà soit ce que par voz responses
les refusez, toutesfoiz par aucun de vostre conseil est
donné, et tant, qu'on obtient ce qu'on demande. En
oultre point n'avez vestemens, joiaulx ne vaisseaulx,
telz comme il appartient à vostre estat royal, et se
aucuns en avez, à peu d'ochoison sont engagiez.
Aussi, vos serviteurs n'ont nulle audience par devers

vous, ne point de prouffit, et avec ce, des choses dessusdictes et plusieurs autres qui touchent vostre honneur n'oseroient faire mencion selon ce qu'ilz désirent.

« Le second point est la justice de ce royaume, qui avant tous autres royaumes souloit tenir l'exécucion souveraine de droite justice, laquelle chose est le principal fondement de vostre royaume. Et du temps passé, vos officiers estoient fais par bonne et vraie élection et des plus notables, qui grandement gardoient vos drois, et à tous, grans, moiens et petis également justice se faisoit. Maintenant est il le contraire. Car vos officiers sont fais par dons et par promesses et par prières. Par quoy vos droiz sont grandement diminuez; si en est le peuple trop fort grevé.

« Le tiers point est de vostre domaine, qui est très mal gouverné, et tant que plusieurs maisons, chasteaulx et édifices vont à ruyne. Semblablement vos bois, vos moulins, vos rivières, viviers et revenues de vos franches festes, et généralement tout vostre domaine, pour la grant diminucion se perd, se péry et va à néant.

« Le quart point est de l'Église, des nobles et du peuple. Premièrement, que ceulx de l'Église sont moult opprimez et trop grans dommages ilz seuffrent, tant de juges comme de hommes d'armes et plusieurs autres qui leurs biens et leurs vivres prennent et ravissent, et leurs maisons et leurs biens raençonnent, et pour ceste cause à peine ont ilz de quoy vivre, ne faire le service divin. Les nobles, souventesfois sont mandez soubz l'ombre de vostre guerre, dont nuls deniers ne reçoivent, et pour acheter chevaulx, armeures et ce qui à guerre appartiennent, il advient souvent qu'ilz vendent leurs choses.

« Tant qu'est de vostre peuple, il est certainement tout cler que tous ou à peu près tendent à perdicion pour les dommages qu'ilz reçoivent de vos baillis et prévostz et par espécial des fermiers ou autres officiers, et avec les gens de guerre, lesquelz sans cause ont esté tenus et encores sont. Pour quoy on doit doubter que Dieu ne se courrouce contre vous, se autrement par vous n'y est pourveu. Et ce est tout notoire, comment vos ennemis, du temps de Phelippe et Jehan, tous deux roys de France, vos nobles prédécesseurs, les grans dommages qu'ilz firent en vostre royaume. Et comment le roy Richard d'Angleterre, à vous alyé, privèrent de son royaume, et sa femme, vostre fille, contre sa voulenté et la vostre longuement ilz retindrent, et pour l'amour d'elle, moult de vos subgetz, tant nobles comme marchans, sur la mer prindrent et noyèrent, et les trèves ilz rompirent, et vostre royaume par feu et par pilleries ilz ont gasté en moult de lieux. C'est assavoir en Picardie, en Flandres, en Normandie, en Bretaigne et en Acquitaine, où ilz ont fait dommages irréparables. Néantmoins, très noble Sire, la guerre que vous avez entreprinse contre vos ennemis, ne disons point que la laissiez, car s'il estoit ainsi, très grant défaulte pourroit estre imputée à vostre conseil, pour la dissencion qui est entre vos ennemis [1] et aussi la guerre qu'ilz ont d'une

---

[1]. En effet, à cette époque Henri IV avait à se défendre à la fois contre les révoltes des partisans de Richard II à l'intérieur, le soulèvement des Galles à l'ouest, et les incursions des Écossais dans les comtés du nord.

part contre les Escossoiz, et se ilz estoient pacifiez plus grant dommage pourroient faire en vostre royaume que devant.

« En après il semble et est vérité que grant chose avez à faire à maintenir vostre guerre, tant en vostre demaine, comme ès aydes qui vous sont faictes. De rechef, deux grandes tailles sont nouvellement taillées en vostre royaume sur tiltre de la guerre, et ce non obstant riens n'en est despendu pour vosdictes guerres. Pour quoy est à doubter qu'il n'en viengne moult grans maulx, considéré la murmuracion du clergié, des nobles et du peuple. Car se tous ensemble se esmouvoient, que jà n'aviengne, ce seroit chose plus périlleuse qu'onques mais ne fut jusques à heure présente. Et chascun de vostre royaume qui féablement à vous est subject, doit avoir grant douleur quant il voit périr tant d'argent de vostre royaume. Et pour tant, très noble Sire, que nous, comme devant est dit, sommes à vous tant obligez, et afin que nous ne encourons l'indignacion de nostre dame la Royne et des autres de vostre sang royal et des autres hommes féables de vostre royaume, sans ce que nous quérons quelconque injurier, ne autre gouvernement[1], mais seulement tant pour nous féablement acquiter devers vous, très humblement vous supplions que vous vueillez mectre remède aux convencions dessusdictes et appeller les hommes nommez suspecs en ceste matière[2] et qu'ilz n'ayent point de doubtance de à vous

---

1. *Ne autre gouvernement.* Lis. : ne avoir gouvernement.
2. *Les hommes nommez suspecs en ceste matière.* Il y a là un contre-sens. Il faudrait : les hommes renommez pour être experts en cette matière.

dire vérité et qu'ilz vous donnent bon conseil et en
brief ce soit mis à exécucion et à effect. Et à ce faire
nous offrons richesses, corps et amis, et à tous ceulx
qui véritablement se vouldront acquiter [1]. Car vraiement nous ne pourrions veoir ne souffrir telz inconvéniens estre faiz contre vous et vostre majesté royale.
Et n'est point nostre intencion de cesser, ne taire ceste
péticion, jusques à ce que remède y sera mis. »

Ainsi fina la supplicacion du duc Jehan de Bourgongne et de ses deux frères.

Ung autre jour que le Roy estoit en assez bonne
prospérité de santé, les devantditz frères supplians,
avec le duc de Berry, leur oncle, et autres princes, le
chancelier de France et le premier président en parlement et grant nombre d'officiers royaulx, s'en alèrent à l'hostel de Saint-Pol. Ouquel lieu ilz trouvèrent
le Roy, qui de sa chambre estoit descendu en ung jardin, et après que très humblement le eurent salué,
les trois frères dessusdiz lui firent hommage des seigneuries qu'ilz tenoient de lui, c'estassavoir, le duc
Jehan, de sa duché de Bourgongne et de ses contez
de Flandres et d'Artois, Anthoine, duc de Lembourg,
de sa conté de Rethel, et Phelippe, le mainsné, de sa
conté de Nevers. Sy y avoit pour ce jour très grant
nombre de nobles hommes, chevaliers et escuiers,
qui là pareillement firent hommage au Roy de plusieurs seigneuries qu'ilz tenoient en divers pays de son
royaume. Et après que iceulx trois frères eurent requis
au Roy lectres et icelles obtenues, prindrent congié à

---

1. Cette phrase, qui est fort claire ici, est inintelligible dans
l'édition de Vérard.

lui et se retrahirent en leurs hostelz. Et adonc, à ces mesmes jours, vint à Paris et ès villages à l'environ, au mandement dudit duc de Bourgongne et de ses deux frères, bien six mille combatans. Entre lesquelz estoient pour iceulx conduire, Jehan Sans-Pitié, évesque de Liége et le conte de Clèves. Et fut faicte celle assemblée pour résister au duc Loys d'Orléans, se aucunement vouloit faire entreprinse à l'encontre d'eulx. Car desjà estoient bien informez qu'il n'estoit point bien content de ce que on avoit ainsi fait retourner le duc d'Aquitaine, son nepveu, comme dessus est dit, et aussi de la proposicion qu'on avoit fait faire devant le Roy par les trois frères dessusdiz et le grant conseil, et que de ce estoient grandement en son indignacion, et par espécial ledit duc de Bourgongne. Et si, sentoit la proposicion dessusdicte estre faicte plus à sa charge principalement que de tous les autres princes du royaume. Et pour ce que ledit duc d'Orléans ne sçavoit à quelle fin icelles besongnes pourroient venir, ni comment on se vouloit gouverner envers lui, manda gens d'armes de toutes pars pour se fortifier. Entre lesquelz y vint Harpedane, à tous ses gens, qui estoient sur les frontières de Boulenois. Et d'autre part y vint le duc de Lorraine et le conte d'Alençon à tous très grant nombre de gens, qui se logèrent autour de Meleun et ou pays à l'environ bien quatorze cens bacinetz avec grant multitude d'autres gens. Et par ainsi furent les pays d'entour Paris et de la marche de l'Isle de France et de Brie, moult traveillez et oppressez par les gens d'armes de ces deux parties. Et portoient les gens du duc d'Orléans en leurs pennonceaulx en escript au bout de leurs lances :

*Je l'envie.* Lequel duc manda tantost venir devers lui et devers la Royne audit lieu de Meleun le roy Loys de Naples [1], lequel à puissance de gens d'armes se disposoit pour aler en son royaume de Naples. Si délaissa tantost son entreprinse, et s'en ala à Meleun, devers la Royne et le duc d'Orléans, avec lesquelz il eut aucun parlement, et puis se tira à Paris en intencion de traicter entre les deux parties dessusdictes, et se loga en son hostel d'Anjou [2]. Et puis assembla par plusieurs journées avec les ducs de Berry et de Bourbon et avec l'autre conseil du Roy [3], pour traicter entre icelles deux parties d'Orléans et de Bourgongne. Durant lequel temps ledit duc d'Orléans escripvy à plusieurs bonnes villes de France ses lectres en remonstrant comment on avoit proposé et semé paroles diffamatoires à Paris à l'encontre lui et de son honneur, lesquelles on ne devoit point croire, ne tenir icelles pour véritables sans le premier avoir oy. Et pareillement en escripvy à l'Université de Paris, et y envoya ses ambaxadeurs requérans que la matière et question qui estoit entre lui et le duc de Bourgongne feust par eulx bien advisée et disputée avant qu'ilz donnassent le tort ou faveur à l'une des parties. Après la récepcion desquelles lectres ladicte Université renvoya devers le duc à

1. Louis II, duc d'Anjou et roi de Sicile. Vérard met simplement : le roy Louys.
2. L'hôtel d'Anjou était situé rue de la Tisseranderie et occupait tout l'espace compris entre la rue du Coq et la rue des Coquilles. Le ms. *Suppl. fr.* 93 l'appelle l'hôtel d'Angers, ce qui revient au même. Cette mention du lieu où descendit le duc d'Anjou à Paris ne se trouve pas dans les imprimés.
3. Le ms. *Suppl. fr.* 93 et les imprimés mettent *le grant conseil.*

Meleun leurs messages très notables, qui lui touchèrent sur trois poins la cause pourquoy ilz estoient venus pardevers lui. Et premièrement, le remercièrent de l'honneur qu'il leur avoit fait de leur envoyer ses ambaxadeurs. Secondement, que très bien leur plairoit que la réformacion du royaume feust faicte. Tiercement, seroient très désirans et joieux qu'ils feussent pacifiez, lui et le duc de Bourgongne. Lesquelles choses oyes par le duc d'Orléans desdiz ambaxadeurs, fist response par lui-mesmes, « qu'ilz n'avoient point fait sagement de compaigner et assister ledit duc de Bourgongne ès besongnes dessusdictes, lesquelles avoient esté proférées en la plus grant partie contre lui, actendu qu'ilz ne povoient ignorer qu'il ne feust filz et frère de Roy auquel avoit esté baillé le régime du royaume comme à cellui qui de droit le devoit avoir, considéré l'estat où le Roy estoit et la jeunesse de son nepveu, daulphin, duc de Guienne. Secondement, disoit que ceulx de l'Université qui estoient estrangers et de diverses régions ne se devoient point entremetre du régime ne de la réformacion du royaume, mais s'en devoient actendre à lui et à ceulx du sang royal et du grant conseil. Tiercement, qu'il ne faloit point, ne estoit de neccessité qu'ilz le pacifiassent avec le duc de Bourgongne, pour ce que nulle guerre ne nul different estoit entre eulx. » Après lesquelles responses oyes par lesdiz ambaxadeurs de l'Université, s'en retournèrent tous confus à Paris. Et le samedi ensuivant, le duc de Bourgongne estant en son hostel d'Artois, lui fut dit, et c'estoit vérité, que la Royne et le duc d'Orléans avec toutes leurs gens d'armes s'estoient partis de Meleun et s'en ve-

noient à Paris. Après lesquelles nouvelles, ledit duc de
Bourgongne monta à cheval et s'en ala à l'hostel d'Anjou, où il trouva le roy de Cécile, les ducs de Berry
et de Bourbon et plusieurs autres princes et autres du
conseil du Roy. Lesquelz, sachans la venue dudit duc
d'Orléans, en furent tous esmerveillez. Car c'estoit
contre leur entencion et ce qu'ilz traictoient entre
icelles parties. Lors avoit, ledit duc de Bourgongne,
très grant nombre de gens d'armes, tant dedens Paris
comme dehors, lesquelz portoient en leurs pennonceaulx de leurs lances en flameng *Hich ond*[1], c'est à
dire *Je le tieng*. Et c'estoit à l'encontre des Orliennois
qui, comme dessus est dit, portoient : *Je l'envie*. Dont
la plus grant partie des dessusdictes gens d'armes dudit duc de Bourgongne se alèrent mectre en bataille
contre la venue du duc d'Orléans audessus de Montfaulcon. Et ce pendant la communaulté de Paris se
mist en armes en très grant multitude pour résister à
la venue dudit duc d'Orléans, à ce qu'il ne voulsist
habandonner la ville à piller et eulx occire. Et avec
ce firent abatre plusieurs apentis d'aucunes maisons
afin que par les rues on peust plus facilement traire,
lancier et gecter pierres sans empeschement. Et aussi
se armèrent, oultre les pons, plusieurs escoliers. Et
pour vray tous les Parisiens estoient plus favorables
aux Bourguignons qu'à la partie des Orliennois, et se
disposèrent de toute leur puissance à aider et défendre
le duc de Bourgongne se besoing eust esté. Lequel duc
de Bourgongne estoit tout reconforté de résister et
combatre à icellui duc d'Orléans s'il feust venu jus-

---

1. Le ms. *Suppl. fr.* 93, et Vérard donnent : *Hic houd*.

ques au dit lieu de Paris. Durant lequel temps, le chancelier, les présidens de parlement et autres sages en grant nombre, voians icelle esmeute, pour concorder iceulx princes et éviter le grant péril qui s'en povoit ensuivir, tantost s'en alèrent à l'hostel d'Anjou devers les princes dessusdiz, et conséquemment après envoièrent devers ledit duc d'Orléans certain message pour lui signifier la commocion qui estoit dedens Paris, en lui requérant qu'il lui pleust délaier de venir à présent audit lieu de Paris. Lequel duc, avecques la Royne, sachans ces nouvelles, prindrent briève conclusion avec aucuns de leurs plus féables conseillers, et se départirent l'un de l'autre. Si ala ladicte Royne au bois de Vincennes, et le duc d'Orléans avecques ses gens d'armes retourna à Corbueil, et lendemain vint à Beauté, et toutes ses gens se logèrent au pont de Charenton et ou pays d'environ. Durant lequel temps, les princes dessusnommez, avec eulx plusieurs notables seigneurs et grant nombre de gens de conseil se mirent ensemble et traictèrent par plusieurs journées sur la matière dessusdicte. Et tant, que par longue continuacion, après qu'ilz eurent fait savoir aux deux parties leurs entencions, finablement firent tant que iceulx deux princes, d'Orléans et de Bourgongne, se submirent de toute leur question sur les deux roys de Cécile et de Navarre et les ducs de Berry et de Bourbon. Et pour ce entretenir chascun donna congié à ses gens d'armes. Et la Royne retourna à Paris devers le Roy, et ledit duc d'Orléans s'en vint loger en son hostel en la rue Saint-Anthoine auprès de la Bastille. Et en briefz jours après eusuivans, les princes dessusnommez traictèrent tellement qu'ilz communiquèrent l'un avecques l'autre et se monstroient par semblant à la veue du monde estre très bons amis. Mais cellui qui congnoist les pensées des cuers scet du surplus ce qui en estoit. En après le duc de Lorraine et le conte d'Alençon s'en retournèrent chascun en son pays à tout leurs gens, sans entrer dedens Paris. Et le duc de Bourgongne et ses frères avec toutes ses gens s'en retourna tantost après en son pays d'Artois, et de là ala en sa conté de Flandres, où il eut aucun parlement avec le duc Guillaume, son serourge, l'évesque de Liége, le conte Waleran de Saint-Pol et plusieurs autres. Lequel serourge retourna en la ville d'Arras.

## DE L'AN MCCCCVI.

[Du 11 avril 1406 au 27 mars 1407.]

## CHAPITRE XXVI.

**Comment le duc Jehan de Bourgongne eut le gouvernement du pays de Picardie. — De l'ambaxade d'Angleterre, et de l'estat Clugnet de Brabant.**

Au commencement de cest an, le duc de Bourgongne par l'octroy du Roy, des ducs d'Orléans et de Berry et de tout le royal conseil, receut le gouvernement des pays de Picardie. Si envoya de par lui sur les frontières de Boulenois messire Guillaume de Vienne, chevalier, seigneur de Saint-George, à tout six cens bacinets et moult d'arbalestriers genevois, lesquelz furent mis en garnison sur lesdictes frontières et firent forte guerre aux Anglois. Mais pour tant ne demoura point que le pays ne feust souvent couru et gasté, tant desdiz Anglois, comme de ceulx desdictes frontières.

Ou quel temps retournèrent à Paris devers le Roy et son grant conseil, les ambaxadeurs du roy d'Angleterre, cestassavoir le conte de Pennebruch[1], l'évesque de Saint-David et aucuns autres, lesquelz firent requeste bien acertes que trêves feussent baillées entre les deux roys et leurs pays et que marchandise peust estre faicte et avoir son cours. Et aussi que le roy de France voulsist donner et octroier en mariage Ysabel sa fille ainsnée, jadis femme du roy Richard, au filz ainsné dudit roy d'Angleterre, soubz telle condicion que icellui roy d'Angleterre, prestement ledit mariage consommé, mectroit ledit royaume en la main de son filz et l'en revestiroit. Lesquelles requestes oyes et entendues par ledit conseil royal furent par aucuns jours mises avant et débatues par diverses opinions. Mais en la fin, pour les fraudes que on avoit veues en iceulx Anglois, riens desdictes besongnes ne leur fut accordé. Et aussi le duc d'Orléans tendoit à avoir icelle fille de France en aliance pour Charles, son premier filz, comme depuis advint[2]. Si s'en retournèrent lesdiz ambaxadeurs en Angleterre tous desplaisans de ce que

1. Le comte de Pembroke.
2. Ce mariage de la reine Isabelle avec Charles d'Orléans se célébra à Compiègne, le 29 juin 1406. Mais le contrat est antérieur de deux ans. Il est du 5 août 1404, et sa confirmation par le Roi, du même jour.

riens n'avoient peu besongner, et tantost après fut la guerre moult félonne entre les François et les Anglois.

Et mesmement, messire Clugnet de Brabant, chevalier de l'hostel dudit duc d'Orléans, qui nouvellement avoit receu l'office de admiral de France[1] ou lieu et du consentement messire Regnault de Trie qui s'en estoit desmis moiennant une grant somme d'argent qu'il en avoit receu par le pourchas et solicitude dudit duc d'Orléans, s'en ala à Harfleu, à tout six cens hommes d'armes aux despens du Roy, auquel lieu il trouva douze galées toutes prestes pour monter en mer et mener guerre ausdiz Anglois, et avec ce pour prendre la possession dudit office. Mais quant il deut entrer dedens, il lui fut défendu de par le Roy qu'il n'alast plus avant, et s'en retourna à Paris. Et tantost après, par le moien dudit duc d'Orléans, espousa la comtesse de Blois douairière, jadis vefve de feu Loys conte de Blois, laquelle estoit seur au conte de Namur, auquel il despleut moult dudit mariage. Et pour tant que ung sien frère non légitime avoit esté consentant de traicter icellui mariage, le fist prendre par ses gens et lui trancher la teste; et par ainsi fist son sang satisfacion à sa voulenté.

Durant lequel temps, le duc de Berry, qui estoit capitaine de Paris, traicta tant avecques le Roy et son conseil, que les Parisiens eurent congié de eulx garnir d'armeures et autres habillemens de guerre pour eulx garder et défendre se besoing estoit. Et qui plus est, leur furent rendues la plus grant partie de leurs ar-

---

[1]. Ses lettres de nomination sont du 1er avril 1405. (V. S.)

meures qui estoient ou palais et ou Louvre dès le temps des malletz de Paris[1].

## CHAPITRE XXVII.

*Comment la guerre se meut de rechef entre les ducs de Bar et de Lorraine, et des mariages faiz à Compiengne, et des aliances entre les ducs d'Orléans et de Bourgongne.*

En cest an se esmeut de rechef guerre et dissencion entre le duc de Bar, d'une part, et le duc de Lorraine, d'autre. Si fut la cause pour ce que ledit duc de Lorraine, à tout grant gent de guerre de ses pays et aliez, ala asséger très puissamment ung chastel qui estoit audit duc de Bar et séoit en partie ou royaume de France, et pour ce, par avant, par le marquis de Pont, filz audit duc de Bar, avoit esté mis en la main du Roy, non obstant laquelle mise fut prins du duc de Lorraine. Et pour ce que ce fut fait à la desplaisance du Roy, fut tantost mise sus une très grosse armée ès parties de France, laquelle conduisoit de par le Roy, messire Clugnet de Brabant, admiral, pour mener oudit pays de Lorraine contre ledit duc. Mais en fin aucun traictié se trouva entre icelles parties, par quoy la dessusdicte armée se desrompi et fut mise à néant[2].

Et lors, en ces propres jours[3], vint la royne de

---

1. En 1382.
2. Pour cette expédition des Français en Lorraine et pour celle qui va suivre, cf. le Religieux de Saint-Denis (*Chron. de Ch. VI*, t. III, p. 369 et 397), qui ne parle pas de Clugnet de Brabant, et qui de plus diffère beaucoup du récit de Monstrelet.
3. *En ces propres jours.* Les fêtes de Compiègne pour le double

France et aucuns de ses enfans en la ville de Compiengne, c'est assavoir, Jehan duc de Touraine, et Ysabel, jadis royne d'Angleterre; et aussi y vindrent les ducs d'Orléans et de Bourgongne, la duchesse de Holande, femme au duc Guillaume de Haynnau, et sa fille nommée Jaqueline de Bavière, le conte Charles d'Angoulesme, filz premier né du duc d'Orléans, et plusieurs autres grans seigneurs, lesquelz estoient en moult grant appareil et bien accompaignez. Et si y estoit ung légat du saint-siége de Romme, avecques lui plusieurs évesques, docteurs et gens d'église. Ouquel lieu furent faiz et traictiez les mariages: premiers, du duc de Touraine, second filz du roy de France et de ladicte Jaqueline de Bavière, fille du duc Guillaume, comte de Haynnau. Et aussi de ladicte Ysabel royne d'Angleterre et dudit Charles d'Orléans, laquelle Ysabel estoit cousine germaine d'icellui Charles, et si l'avoit levée et tenue sur fons, mais ce non obstant par dispensacion apostolique fut ledit mariage parachevé, et pareillement l'autre devant déclairé. Esquelz jours furent faiz oudit lieu de Compiengne grandes festes et esbatemens, tant en boires et mengers, comme en danses, joustes et autres joieusetez. Et tantost après lesdictes festes acomplies, la duchesse de Holande, avec son beau-frère Jehan de Bavière, print sa fille et Jehan duc de Touraine son mary, et par le consentement de la Royne, des ducs dessusdiz et de tout le conseil royal, les mena ou pays de Haynnau au

---

mariage du duc de Touraine avec Jaqueline de Bavière, et de Charles d'Orléans avec la reine Isabelle, se célébrèrent à Compiègne le 6 juin 1406.

Quesnoy-le-Conte, où elle tenoit lors son hostel avec le duc Guillaume son mary, qui les receut et festia moult joieusement. Et d'autre part, après que grandes confédéracions furent faictes entre les ducs d'Orléans et de Bourgongne et qu'ilz eurent promiz l'un à l'autre à entretenir bonne fraternité et amour toute leurs vies, se départit ledit duc d'Orléans et envoia la dessusdicte Ysabel, fille du Roy, avec son filz, à Chasteauthierry; lequel, le Roy, à sa requeste lui avoit donné[1]. Et la Royne avecques le conseil royal, à tout son estat, s'en retourna à Paris devers le Roy qui nouvellement estoit levé de sa maladie. Et ledit duc de Bourgongne s'en retourna en son pays d'Artois et de Flandres avec les siens. Si fist venir des pays de Bourgongne six cens combatans pour aler ès frontières de Boulenois et mener guerre aux Anglois. Lesquelz dégastèrent tout le pays d'entour Béthune pour ce que le conte de Namur n'avoit point voulu souffrir que ses subgetz paiassent audit duc de Bourgongne ce que le Roy lui avoit de nouvel accordé à lever sur le pays d'Artois pour paier les souldoiers desdictes frontières. Lesquelz subgetz dudit conte de Namur, voyans que par le non paier auroient plus grant dommage, l'accordèrent et paièrent sans délay. Et pour ce, se tirèrent iceulx gens d'armes hors du pays.

Et adonc vindrent à Paris devers le Roy et les seigneurs de son sang, le conte de Northombreland et le seigneur de Persiaque, anglois[2], lesquelz prièrent et requirent piteusement au Roy qu'ilz peussent avoir

1. Par lettres du mois de mai 1400.
2. Le comte de Northumberland et Thomas de Percy.

aide de gens d'armes pour mener guerre au roy Henry d'Angleterre. Lesquelz promectoient et vouloient bailler hostages aucuns de leurs amis pour le servir à tousjours contre ledit roy d'Angleterre, loyaument et feablement. Mais à brief dire ilz eurent response négative, et par ainsi ilz s'en retournèrent sans avoir aide dudit roy, ne de ses François.

Ouquel temps, de rechef y eut guerre recommencée entre les ducs de Bar et de Lorraine. Pour laquelle cause y fut renvoyé messire Clugnet de Brabant, admiral de France, à tout grande armée. Lesquelz, par Champaigne, alèrent en Lorraine devant le Nuefchastel appartenant audit duc de Lorraine. Laquelle ville de Nuefchastel se rendit tantost en l'obéissance du Roy par le conseil et voulenté de Ferry de Lorraine, conte de Vaudemont, frère audit duc. Et avec ce, icellui duc envoya tantost ses ambaxadeurs à Paris devers le roy de France, pour lui exposer les besongnes dessusdictes[1], lesquelz, en fin, firent tant que le Roy fut content et remanda ses gens d'armes. Lesquelz en alant et retournant firent grans dommages ès pays où ils passèrent.

Et alors le duc Jehan de Bourgongne et ses deux frères, avec plusieurs autres grans seigneurs, se tira en sa ville d'Arras où estoit la duchesse, sa femme, et ses filles. Auquel lieu vint tost après le conte de Clèves[2], qui espousa sa fille nommée Marie; et lendemain le conte de Penthièvre en espousa une[3], aux quelles

1. Le Religieux de Saint-Denis dit que le duc de Lorraine allait jusqu'à craindre une attaque sur Nancy (t. III, p. 398).
2. Adolf IV.
3. L'édition de 1572 ajoute : « Laquelle estoit nommée Au-

nopces on fist dedens la ville d'Arras très grant feste et solennité. Et aucuns jours ensuivans, le duc de Lembourg et les deux nouveaulx mariez dessusdiz, après qu'ilz eurent en grant liesse prins congié à icellui duc de Bourgongne et à la duchesse sa femme, se départirent de là et s'en retournèrent chascun en son pays. Et assez tost après, le duc Guillaume, conte de Haynau, ala à Paris, très honnorablement accompaigné de ses Hennuyers. Ouquel lieu il fut receu à grant liesse du Roy et de la Royne, et généralement de tous les princes là estans.

Lequel temps durant, fut prononcé et défendu en plein parlement et par toute la cité de Paris que nul de quelque estat qu'il feust, ecclésiastique ou séculier, ne paiast quelque subside au pape Bénédic, ne à ceulx à lui favorables; et pareillement fut défendu par toutes les provinces de France. Si estoient lors plusieurs notables clers en icellui royaume en grande perplexité pour la division de l'Eglise.

## CHAPITRE XXVIII.

#### Comment le duc d'Orléans ala à puissance de par le roy en la duchié d'Acquitaine [1].

Item, en cest an, Loys, duc d'Orléans, par l'ordonnance du Roy son frère, se party de Paris pour aler en la duchié de Guienne faire guerre aux Anglois, et

bine. » Les Sainte-Marthe et autres l'appellent Jeanne; le P. Ans., Isabelle, et il ajoute qu'elle fut mariée en juillet 1406 à Olivier de Châtillon ou de Blois, dit de Bretagne, comte de Penthièvre.

1. Le ms. *Suppl. fr.* 93 ajoute : *et asséga Blaive et Burg)* ; les imprimés : *et assiégea Blaye et Bourg.*

emmena grant nombre de gens d'armes et d'archers jusques à six mille combatans[1]. Si se mirent avec lui, messire Charles de Labreth[2], connestable de France, le marquis de Pont, filz au duc de Bar, le conte de Clermont, Montagu, grant maistre d'ostel du roy de France et plusieurs autres grans seigneurs qui, tous ensemble, alèrent mettre le siége devant la cité de Blaves[3], et très fort la traveillèrent de leurs engins, et tant qu'en icellui temps la dame de la ville fist traictié avec ledit duc, par telle condicion qu'elle lui rendroit ladicte ville ou cas que la ville de Bourg[4], que ledit duc avoit conclud de asséger, se submectroit à lui. Et si promist aussi que durant le siége de Bourg elle feroit délivrer par ses subgetz vivres aux François pour juste pris. Lequel traictié conclud, ledit duc ala asséger ladicte ville de Bourg qui estoit très fort garnie de bonnes gens d'armes anglois et gascons. Si furent drécez plusieurs engins contre les portes et murailles par les François, qui fort le dommagèrent. Mais non obstant lesdiz asségez se défendirent viguereusement.

Durant lequel siège, messire Clugnet de Brabant, admiral de France, se mit sur la mer[5], à tout vingt

1. « Et en cel an alla le duc d'Orléans au pays de Guyenne pour faire guerre aux Engloix. Mais il s'en retourna sans rien faire. » (Bibl. imp. f. *Cord.* 16, fol. 329 v°.)
2. Charles d'Albret.
3. Blaye.
4. Bourg sur mer, en Guienne, au confluent de la Dordogne et de la Garonne, à une lieue de Blaye.
5. On voit d'après le récit du Religieux de Saint-Denis, qui d'ailleurs ne nomme pas Clugnet de Brabant, que cette expédition partit du port de la Rochelle, à la demande du duc d'Orléans et pour rafraichir son armée.

deux naves chargées de gens d'armes, pour résister contre le navire du roy d'Angleterre, qui à grant puissance pareillement estoit sur la mer. Lesquelz s'entre-rencontrèrent très durement, et tant que de chascune partie en y eut plusieurs mors et navrez. Mais, sans ce qu'il y eust nulles desdictes parties oultrées, se départirent l'un de l'autre. Mais les François y perdirent l'une de leurs nefz, en laquelle estoit Lyonnet de Braquemont, Amé de Saint-Martin et plusieurs autres, qui estoient au duc d'Orléans, lesquelz, par les Anglois furent menez en la cité de Bordeaulx. Et lesdiz François, c'estassavoir, messire Clugnet, admiral de France, messire Guillaume de Villaines, capitaine de la Rochelle, messire Charles de Savoisi et les autres, retournèrent devers Bourcq et racomptèrent au duc d'Orléans l'aventure qu'ilz avoient eue sur mer. Lequel duc, après ce qu'il eut esté environ trois mois audit siège, voiant la force d'icelle ville et aussi la mésaise et mortalité qui estoit en son ost, print conclusion avec ses capitaines, et s'en retourna à Paris, donnant congié à ses gens d'armes. Pour lequel retour, le peuple de France et aussi plusieurs nobles, murmurèrent contre lui, pour tant qu'à cause de celle armée on avoit par tout le royaume levé une grande taille[1].

1. Le Religieux de Saint-Denis, dans son récit de cette expédition du duc d'Orléans en Guienne, se montre suivant son habitude, très-hostile au prince et se complaît à énumérer ses fautes. (Voy. *Chr. de Ch. VI*, t. III, 451.)

## CHAPITRE XXIX.

**Comment le duc Jehan de Bourgongne eut licence du Roy et de son grant conseil d'assembler gens de guerre pour aler mectre le siège devant la ville de Calais.**

Item, durant le temps que le duc d'Orléans fist le voiage dessusdit en la duchié de Guienne, ala le duc Jehan de Bourgongne devers le Roy, et traicta tant devers lui et son grant conseil, qu'il eut congié et licence d'assembler gens par tous ses pays à l'environ, pour mectre le siège devant la ville de Calais. Et lui fut promis de par le Roy, qu'il auroit aide de gens de guerre et de finance la plus grande qu'on pourroit finer par tout le royaume. Après laquelle conclusion il s'en retourna en sa conté de Flandres et manda par tout gens d'armes à venir devers lui entour Saint-Omer. Et avec ce, fist faire plusieurs habillemens de guerre, et par espécial, en la forest de Baulef fist édifier deux grandes bastilles prestes pour mener et conduire devant icelle ville de Calais. Et aussi, en autres lieux, furent faiz plusieurs fondreffles, bricoles et eschèles. Et d'autre part, le Roy fist assembler de tous ses pays très grant multitude de combatans, lesquelz, comme les autres, se tirèrent tous devers Saint-Omer, en faisant sur icellui pays plusieurs maulx. Et entre les autres y avoit de quatre à cinq cens Genevois, dont la plus grant partie estoient arbalestriers alans de pié. Et quant ilz furent tous venus ou pays environ Saint-Omer, comme dit est, il fut trouvé qu'ilz povoient bien estre environ six mille bacinets, trois mille archers et quinze cens arbalestriers, tous gens d'eslite, sans ceulx de pié des marches vers Flandres, Cassel et autres lieux, dont il y avoit grant nombre. Et y avoit aussi grant quantité de charroy, canons, bombardes, artillerie, vivres et autres besongnes neccessaires à guerre. Mais non obstant que au pourchas d'icellui duc de Bourgongne toutes les préparacions dessusdictes feussent faictes et apprestées par la licence du Roy et de son grant conseil, comme dit est, et que les monstres se devoient faire pour partir assez briefment, vindrent devers le duc de Bourgongne et les autres, certains messages qui apportèrent lectres de par le roy de France par lesquelles il leur mandoit et défendoit qu'ilz n'alassent plus avant en icellui exercice ou armée. Lesquelles lectres receues dudit duc, il assembla son conseil, auxquelz il remonstra de cuer dolent la défense et commandement que lui faisoit ledit Roy, disant que ce lui estoit grant honte et confusion de rompre et départir une si notable compaignie qu'il avoit là assemblée, sans riens faire. Néantmoins, les seigneurs là estans, considérans qu'il faloit acomplir le commandement et ordonnance du Roy et de son grant conseil, conclurent de rompre icellui voyage, et retournèrent, à tout leurs gens d'armes, en leur pays. Car le Roy avoit escript pareillement au conte Waleran de Saint-Pol, au maistre des arbalestriers, et à plusieurs autres grans seigneurs, qu'ilz se gardassent bien, sur quanqu'ilz doubtoient à encourir son indignacion, qu'ilz n'alassent plus avant en icellui voiage. Et fut icelle départie, la nuit Saint-Martin d'iver[1]. Toutesfoiz le duc de Bourgongne jura grant

1. La nuit du 11 au 12 novembre 1406.

serement, présent plusieurs de ses gens, que dedens le mois de mars ensuivant il retourneroit en la ville de Saint-Omer, à tout grant puissance de gens d'armes, et de là s'en yroit sur lesdiz Anglois des frontières de Boulenois les mectre en obéissance, ou il mourroit en la peine. Après lesquelles besougnes, icellui duc se parti de la ville de Saint-Omer, et toutes ses gens d'armes s'en retournèrent chascun en son pays. Pour lequel département, ceulx des pays des frontières de Boulenois et de Picardie firent grant murmure contre le conseil du Roy, et aussi contre ceulx qui avoient esmeu ceste armée, et non pas sans cause. Car pour la grande multitude de celle assemblée avoient moult traveillé les pays. Et lors, messire Guillaume de Vienne, seigneur de Saint-George, qui estoit capitaine de Picardie, rendit ledit office en la main du duc Jehan de Bourgongne; ouquel office il establit le seigneur de Croy. Et adonc fut mis très grant nombre de l'artillerie du Roy ou chastel de Saint-Remy, en espérance de les reprendre en la saison ensuivant. Et après, ledit duc de Bourgongne, par Hesdin, où estoit la duchesse sa femme, s'en ala à Douay, et là oy certaines nouvelles que la duchesse de Brabant estoit alée de vie à trespas. Si estoit très desplaisant du département qu'il lui avoit convenu faire de son entreprinse de Calais, et pour ceste cause avoit en suspicion et en grant hayne plusieurs des principaulx officiers du Roy, et par espécial le duc d'Orléans, pour ce qu'on l'avoit informé que par son moien ceste roupture avoit esté faicte. Si eust, audit lieu de Douay, grans consaulx avec plusieurs des nobles de son pays sur ceste matière. Ouquel conseil fut conclud qu'il s'en yroit à Paris devers le Roy, pour impétrer de parfurnir son intencion au mars ensuivant. Lequel voyage de Paris il fist assez hastivement, et y ala très grandement acompaigné. Et fist plainte au Roy, au duc de Berry et à plusieurs autres du grant conseil, des besongnes dessusdictes, en remonstrant qu'on lui avoit fait très grant honte et dommage de lui avoir ordonné et fait faire une si puissante et grande assemblée pour riens faire. Néantmoins, pour ceste foiz fut appaisé assez doulcement, tant du Roy comme des autres seigneurs. Et lui furent remonstrez plusieurs poins pour quoy il estoit de neccessité et prouffitable d'avoir ainsi fait. Et tant, que, en fin, tellement quellement, il monstra semblant d'estre assez content. Car on lui donna espérance que au plus brief que le Roy pourroit bonnement, la besongne se parferoit [1].

1. Voici comment la chronique (*Cord.* 16) raconte les mêmes faits. « En cel an meisme fist le duc de Bourgoigne une grande et noble assemblée de gens d'armes environ Saint-Omer, et fist carpenter grant foison d'engiens et habillemens de guerre pour asségier la ville de Calaix; et furent tous ordonnez et banyères desployez pour aller mectre ledit siège, et estoient les processions faictez par les bonnes villes de Piccardie et de Flandres. Mais par mandement très espécial du roy de France il convint laissier ladicte emprise. Et fu commune renommée que le duc d'Orléans fut cause de ladicte deffence. Dont le duc de Bourgoigne fu très dolent, et recommença la guerre et la hayne plus grande que oncques mais. Et retourna ledit de Bourgoigne à Paris, avoec luy ses deux frères, lesquelz y menoient très grand puissance de gens. Et y fut l'évesque de Liège à belle compaignie, lequel évesque estoit frères au conte de Haynau et à la femme du duc de Bourgoigne. Et furent un jour en armes et en cottes d'armes dedens la ville de Paris pour aller combattre ledit duc d'Orléans qui estoit au bois de Vissaine, et que on disoit venir à Paris. Mais par le moien du roy Loys et des ducqs de Berry et de Bourbon la chose

## CHAPITRE XXX.

*Comment les prélats et gens d'église du royaume de France furent mandez à Paris pour l'union de saincte Eglise*[1].

En ce temps, furent de par le Roy mandez à venir à Paris tous les arcevesques, évesques, abbez et autres notables et sages personnes ecclésiastiques de toutes les parties du royaume de France et du Daulphiné, a fin d'avoir advis ensemble avec le grant conseil du Roy pour l'union de toute l'Eglise universelle. Lesquelz venus, ou au moins la plus grant partie, pour ce que le Roy n'estoit point en bonne santé, fut faicte une procession générale et dicte une messe solennelle du Saint-Esperit en la chapelle royale du palais, et fut célébrée par l'arcevesque de Reims. Et lendemain, se assembla le conseil au palais, ouquel lieu estoit pour représenter la personne du Roy, le duc de Guienne, daulphin de Viennois. Si estoient avecques lui les ducs de Berry, de Bourgongne et de Bourbon, accompaigné de plusieurs autres nobles hommes. Et pour commencer la matière, ung cordelier, très sage docteur en théologie de par l'Université de Paris, leur proposa

---

fu appaisié, et ne partirent point de Paris. Dont ledit duc de Bourgoigne fu moult dolent, car il savoit certainement que ledit duc d'Orléans ne tachoit que à lui destruire et faire morir. » (Bibl. imp. F' Cord. 16, fol. 329 v.)

1. Il s'agit ici du XLVI° concile de Paris. Il s'ouvrit le 11 novembre 1406 et se termina le 16 janvier suivant. On y décréta la soustraction de la France à l'obédience du pape Benoît XIII. Ce qui fut confirmé par des lettres patentes de Charles VI, datées du 18 février 1406 (V. S.) Le Religieux de Saint-Denis les donne en entier ( t. III, p. 473).

les fais pour quoy ceste assemblée estoit faicte, en remonstrant bien auctentiquement et notablement comment l'Eglise universelle avoit par très long temps esté, et encores estoit en très grande perplexité par le discord des deux papes contendans à la papalité, disant en oultre, qu'il estoit neccessité de y mectre briefve provision, ou autrement en pourroit estre ladicte Eglise en grande dérision et destruction.

En après, lendemain du jour saint Eloy[1], le Roy, qui avoit recouvré santé, fut en personne oudit conseil, et avecques lui les princes dessusnommez, et fut assis ou siège royal, ouquel lieu il promist faire et entretenir ce qui seroit délibéré et conclud par la court de parlement. Et depuis, aucuns jours ensuivans, fut prononcé et publié par toutes les parties du royaume de France et ou Daulphiné, que tous les bénéfices ecclésiastiques, tant dignitez comme autres, de là en avant, ne feussent donnez de par les deux contendans dessusdiz, et avecques ce, que les finances qui estoient accoustumées d'estre portées en la Chambre apostolique ne feussent plus paiées; ains seroient iceulx bénéfices donnez et conférez par les esleuz souverains et par les patrons ordinaires, ainsi comme jadis avoit esté fait paravant les réservacions et constitucions faictes par le pape Clément, VIe de ce nom.

1. Le 2 décembre.

## CHAPITRE XXXI.

Comment les Liégois déboutèrent Jehan de Bavière leur évesque, pour ce qu'il ne vouloit estre ordonné pour consacrer et faire l'office de l'Eglise[1].

Item, en ceste saison, Jehan de Bavière, autrement dit Sans-Pitié, évesque de Liège, frère germain au duc Guillaume, conte de Haynnau, pour ce que nullement ne vouloit estre promeu à ordres sacrés, jà soit ce que ou temps passé eust promis et juré aux Liégois de l'estre, pour ceste cause fut débouté de ladicte éveschié, et en son lieu prindrent à seigneur et évesque le filz du seigneur de Pierelles[2], natif de Brabant, lequel avoit dix-huit ans ou environ, et estoit chanoine de Saint-Lambert de Liège. Et avec ce, firent iceulx Liégois, dudit seigneur de Pierelles, père dudit évesque, leur principal gouverneur et capitaine de tout le pays de Liège. Car paravant, le dessusdit Jehan de Bavière avoit promis à mectre et résigner sondit éveschié en la main dudit nouvel évesque. Et de ce scavoient parler et avoient esté ausdictes promesses, Anthoine, duc de Brabant, et Waleran, conte de Saint-Pol, et plusieurs autres nobles personnes. Lesquelles promesses il ne voulut point entretenir. Et pour ce, en partie par la séduction dudit seigneur de Pierelles, s'eslevèrent du tout et esmeurent lesdiz Liégois contre ledit Jehan de Bavière, en prenant nou-

---

1. « Pour che qu'il ne vouloit estre promeux et consacrés à l'estat de l'Eglise, comme promis l'avoit. » (Ms. *Suppl. fr.* 93.)

2. Il s'appelait Thierri de Horn et était fils de Henri, seigneur de Pierwelz ou Perwes. (*Note de du Cange.*)

vel seigneur. Lequel de Bavière, voiant la rebellion d'iceulx, fut très mal content, et les print en grande indignacion. Et de fait, mist en la ville de Buillon et autres fortresses à lui appartenans, très grande garnison de gens d'armes, ausquelz il charga dommager icellui pays de Liège. Et puis s'en ala ou pays de Haynnau, vers son frère le conte Guillaume, pour avoir secours de gens d'armes. Et ce pendant, les communes du pays de Liège firent grandes assemblées et s'en alèrent devers la ville de Buillon[1], laquelle, avec le chastel, ilz prindrent d'assault, et mirent à mort ceulx qui dedens estoient. Et pareillement Jehan de Bavière, à tout quatre cens combatans entra ou pays vers Tuing[2], et ardit plusieurs villages et maisons, et ramena très grans proies ou pays de Haynnau. Et tantost après lesdiz Liégois entrèrent à grant puissance oudit pays de Haynnau, et ruèrent jus la tour de Moreaumez[3] et ardirent la ville. Et de là, s'en alèrent en la ville de Barbençon et en plusieurs autres lieux appartenans aux chevaliers et escuiers dudit pays de Haynnau qui avoient esté en leur pays, lesquelles ilz pillèrent, et y boutèrent les feux en aucuns, en tout degastant par feu et par espée. Durant lequel temps les Hennuyers s'assemblèrent pour les rebouter, mais ils estoient si puissans, qu'ilz s'en retournèrent en leur pays sans quelque perte qui face à escripre. Et par ainsi fut la guerre d'entre lesdictes parties du tout esmeue, et se fortifièrent l'un contre l'autre chascun

1. Bouillon.
2. Thuin.
3. *Moreaumez?* Peut-être Maubeuge, en Hainaut, assez près de Barbençon.

endroit soy au plus diligemment que faire le peurent.
Et mesmement lesdiz Liégois envoièrent devers le pape
leurs ambaxadeurs, remonstrer l'estat dudit Jehan de
Bavière, et comment nullement ne vouloit condescendre à estre consacré ainsi que promis l'avoit, en
requérant qu'il feust desmis par l'auctorité apostolique, et en son lieu voulsist confermer le filz du seigneur de Pierelles, qui de nouvel estoit esleu. Lequel
pape ne leur volt point accorder leur requeste, pour
ce qu'il estoit souffisamment informé que autrefoiz
iceulx Liégois par meure délibéracion avoient donné
un jour préfix audit Jehan de Bavière dedens lequel il
devoit estre sacré, lequel n'estoit pas encores passé.
Et pour ceste cause, sans riens obtenir, iceulx ambaxadeurs s'en retournèrent oudit pays de Liège devers ceulx qui les avoient envoiez. Lesquelz furent
moult indignez contre ledit pape Grégoire[1] pour ce
qu'il ne leur avoit accordé leur requeste. Si conclurent
de rechef, d'envoier à son adversaire le pape Bénédic[2], et de fait y envoièrent leurs ambaxadeurs. Lesquelz furent bénignement receuz d'icellui Bénédic, et
leur conferma et accorda toutes leurs requestes en
baillant à eulx ses bulles de ladicte confirmacion. Si
s'en retournèrent joieusement, à tout icelles, et leur
sembla qu'ilz avoient très bien besongné.

1. Grégoire XII.
2. Benoît XIII.

## CHAPITRE XXXII.

Comment Anthoine, duc de Lembourc, eut la possession de la duchié de Brabant et depuis de la ville de Trect, à la desplaisance des Liégois.

Item, Anthoine, duc de Lembourch, frère germain du duc de Bourgongne, après la mort de la duchesse de Brabant dessus déclairée, succéda à ladite duchié et à toutes les appartenances. Et tous les Brabançons, tant gens d'église comme les nobles, excepté ceulx du Trect[1] lui firent hommage en lui promectant comme à leur doiturier seigneur, foy et loyaulté. Et après qu'il eut prinse la possession d'icellui duchié, octroia sa conté de Rethel à Phelippe, conte de Nevers, son mainsné frère, et du consentement de son frère ainsné, le duc Jehan de Bourgongne, et aussi en acomplissant les testamens et derrenière voulenté de leur père et mère; laquelle conté ledit Phelippe receut agréablement. En oultre, la moitié de la ville du Trect estoit de la duchié de Brabant, et l'autre partie à l'évesque de Liège, et ne devoient faire serement que à l'un d'iceulx seulement, comme ilz disoient, c'estassavoir au premier entrant. Et pour ce que autrefoiz avoient fait ledit serement à Jehan de Bavière, furent refusans de le faire au duc de Brabant. Duquel refus icellui duc ne fut pas bien content, et conclud avec ceulx de son conseil de les contraindre par force de guerre, et manda gens d'armes à venir à lui de plusieurs pays. Entre lesquelz y vindrent, son frère, le conte de Ne-

---

1. *Du Trect.* Maëstricht (*Trajectum ad Mosam*).

vers, les contés de Saint-Pol et de Namur, les seigneurs de Saint-George et de Croy, de par le duc de Bourgongne, avec plusieurs autres en très grant nombre. Pareillement y envoièrent le roy Loys de Cécile et le duc de Berry. Finablement, après qu'il eut assemblé très grant compaignie de gens d'armes de plusieurs pays, il se parti de Brabant avec les nobles du pays et grant foison de communes et de charroy et habillement de guerre, et print son chemin vers ladicte ville de Trect. Mais en passant parmy la terre de Liège et ès frontières d'environ, il y eut plusieurs Liégois qui s'assemblèrent en grant nombre et firent plusieurs empeschemens à son ost en dérompant tous les passages, en partie pour l'amour de ce qu'ils sçavoient icellui duc de Brabant estre de affinité audit Jehan de Bavière, leur adversaire. Et tant continuèrent en icelles assemblées, qu'ilz se trouvèrent bien vingt mille hommes armez avec leur nouvel évesque, et se mirent en bataille rengée contre le duc de Brabant, pour garder leurs seigneuries de dommage. Et vouloient à toute fin mener leur dit nouvel évesque en ladicte ville de Trect, à main armée, voulans qu'il entrast avec ledit duc comme vray évesque et qu'il y feust reçeu comme seigneur. Toutesfoiz celle assemblée se départi sans effusion de sang d'une partie ne d'autre. Et ce pendant, ledit duc de Brabant fist traicter secrètement avec ceulx du Trect, tellement qu'ilz furent contens de le recevoir à seigneur, et en fin le receurent et lui promirent et jurèrent à entretenir foy et loyaulté. Et après se parti de là et s'en retourna en son pays; si donna congié à toutes ses gens d'armes. Et quant ce fut venu à la congnoissance desdiz Liégeois, ilz requirent hastivement à ceulx du Trect que ainsi qu'ilz avoient juré au duc de Brabant, ilz jurassent à leur nouvel évesque qui estoit leur droiturier seigneur. Laquelle requeste ne leur fut point accordée, mais leur fut respondu qu'ilz avoient autrefoiz fait serement à Jehan de Bavière et lui receu comme seigneur, et que autre serement ne feroient. Pour laquelle response les dessusdiz Liégois, avec leur capitaine et leur nouvel évesque, furent très indignez contre eulx, et se disposèrent à toute puissance pour leur mener guerre et aussi pour les asséger, comme cy-après sera plus à plain déclairé.

## CHAPITRE XXXIII.

Comment les ambaxadeurs du pape Grégoire vindrent à Paris devers le le Roy et l'Université; portans bulles d'icellui pape; et la copie d'icelles.

En après, les ambaxadeurs du pape Grégoire roummain[1], avec bulles qu'ils apportèrent dudit pape, vindrent en ce temps à Paris devers le Roy et l'Université en leur disant, comme en ladicte bulle estoit contenu, ledit pape estre prest et appareillé de céder pour l'union de ladicte Eglise universelle, et faire tout ce qu'il sembleroit au Roy et à ladicte Université expédient pour mieulx et plus tost parvenir à ladicte union de l'Eglise, moyennant que Bénédict[2], son ad-

1. Ange Corrario, Vénitien, cardinal prêtre du titre de Saint-Marc, élu pape le 2 décembre 1406, sous le nom de Grégoire XII. Monstrelet l'appelle *pape roummain*, pour le distinguer de Benoît XIII, successeur des papes d'Avignon.
2. Benoît XIII.

versaire, vouldroit céder pareillement. Si furent lesdiz ambaxadeurs, avec leurs bulles, du Roy et de son conseil très joieusement receuz. De laquelle bulle la teneur s'ensuit :

« Grégoire, évesque, serf des serfz de Dieu, à mes filz de l'Université et de l'Estude de Paris, salut et bénédiction apostolique. Nous nous sommes plus préparez, noz amez filz, à vostre université escripre pour ce que vous, encontre la qualité et malice du temps, par estude fréquente à voies oportunes de céder à scisme, vous avez condescencion piteuse donnée, laquelle, se n'estoit pour les mauvais, point n'estoit de neccessité de prendre. Et pour tant, par ceste mesmes raison, par la miséricorde de Dieu le Tout-puissant, nous verrez affectez. Car Innocent, pape VIIe, nostre prédécesseur de recordacion envieuse, de ce siècle fut osté par un samedi VIe jour de novembre[1]. Nous, vénérables frères de la saincte Église rommaine cardinaulx, du nombre desquelz nous estions lors, la grace du Saint Esperit appellée, ou palais apostolique à Saint Pierre, pour l'élection du pape rommain, à venir en conclave feussent entrez, moult de choses diverses par plusieurs jours furent traictées, tant qu'en la fin, nous, qui estions prestre cardinal du tiltre de Saint Marc, d'une mesme voulenté leurs yeulx à nous adrecèrent, et d'une concorde tous ensemble nous esleurent évesque de Romme. Lequel fès[2] à prendre, pour l'imbécilité de nous, très grandement nous craignions. Toutefoiz, l'espérance mise en celuy qui fait

---

1. De l'an 1406.
2. *Lequel fès à prendre*, fardeau, comme plus loin *fais*.

choses merveilleuses, ce fais sur noz espaules meismes, non mie de nostre vertu, mais de la vertu de Dieu, duquel la chose est faicte nous sommes confiez. Nous donques, l'office pastoral receu, non mie pour nostre prouffit mais pour l'onneur de Dieu et utilité publique, à ce, devant toutes choses, tournons nostre courage à fin que ceste briseure venimeuse, laquelle par si long temps le peuple chrestien a failli, à vivre et à réintégracion nous le ramenions. Sur laquelle chose et grande grace à nous de là hault nous espérons estre donnée, que ce que nous désirons et convoitons à effect sera démené. Et soit à tous notoire, que le courage de nostre propos à ce si est incliné, non mie à nostre droit, lequel est très bel à ensuir toute affection et aussi fait de droit, tant qu'en nous raisonnablement estre pourra, que l'union des chrestiens, très agréable, en nulle manière du monde empescher, afin que la sacrée saincte Église, qui tant a de misère, ne soit submise. Et de tant que noz drois sont plus fermes et plus certains, moins nous doubtons, et tant plus joieusement pour le paix des chrestiens le voulons oster. Car au droit il ne loist pas toujours soy incliner, mais on doit tousjours avoir raison du temps et de l'utilité. Et pour ce, toute contencion ostée, à nostre adversaire jà avons escript, afin que à paix et à union il nous ensuive, en nous offrant estre appareillé à cession de droit et à la renonciacion de la papalité du tout par nous estre faicte, moiennant que nostre adversaire, ou son successeur quel qu'il soit, face pareillement : c'estassavoir qu'il renonce à la papalité. Et aussi que ceulx qui à nostredit adversaire, pour estre cardinaulx, se sont ingérez, vueillent convenir et concorder avec nostre college, afin que de ce que ung pape rommain seul, une élection canonique, s'ensuive. Laquelle offre, afin qu'elle feust et soit faicte plus seure, nous avons juré, promis et voué devant nostre élection par ce mesmes lien estre de fait acomplie avec tous noz vénérables frères cardinaulx de ceste mesme Église, ou cas que aucun de nous à pape seroit esleu. Et puis après ceste assumpcion, et à lui, à Constance, plus ferme avons juré, voué et promis, et ratifié noz orateurs aussi, hastivement de nous envoier qui de lieu ydoine et secret avec eulx doivent disposer pour ceste union faire. Vous donques, tresamé filz, à ce de toute vostre force vous veuillez exposer et nous aider à ceste œuvre parfurnir, afin que l'Église de ceste maladie langoreuse ne soit plus traveillée, lui faisons par affection aide salutaire. Donné à Romme, à Saint-Pierre, le xi<sup>e</sup> jour de décembre, l'an mil quatre cens et six. »

En oultre, après ce que lesdiz ambaxadeurs du pape Grégoire eurent bien et à point remonstré tout l'estat de leur ambaxade, et offert que ledit pape estoit prest de céder, comme dit est dessus, et qu'ilz eurent à Paris esté receuz honorablement, et aussi qu'on leur eut promis d'envoier devers le pape Bénédict, ilz se départirent et retournèrent devers leur maistre et seigneur. Et environ la Chandeleur ensuivant, le roy de France et l'Université de Paris, par la délibéracion des prélats, du clergié et du conseil, envoièrent certains ambaxadeurs devers le pape Bénédict, c'estassavoir le patriarche d'Alixandre[1], qui lors estoit oudit

---

1. Simon de Cramaut.

lieu de Paris, les évesques de Cambray et de Beauvais, l'abbé de Saint-Denis, l'abbé du Mont Saint-Michel, le seigneur de Corroville, maistre Jehan Toussaint, secrétaire du Roy, et autres docteurs de l'Université, avec plusieurs autres notables personnes. Lesquelz tous ensemble prindrent leur chemin à aler à Marseille, où lors se tenoit ledit pape Bénédict avec aucuns cardinaulx qui lui estoient favorables. Et avoient iceulx ambaxadeurs charge de lui remonstrer amiablement comment son adversaire se offroit de céder pour l'union de l'Eglise. Et mesmement, ou cas qu'il n'y vouldroit entendre, lui sommer et intimer que tout le royaume de France généralement, le Daulphiné, et plusieurs autres pays des chrestiens, feroient substraction à l'encontre de lui, et plus ne obéiroient à ses bulles ne autres édictz apostoliques; et pareillement le feroient à sondit adversaire, ou cas qu'il ne vouldroit entretenir ce que par sesdiz ambaxadeurs avoit fait savoir au roy de France et à l'Université de Paris. Lesquelz ambaxadeurs dessusdiz venus jusques au lieu de Marseille, furent assez bénignement receuz d'icellui Bénédict et desdiz cardinaulx. Néantmoins, quant ilz eurent exposé le fait de leurdicte ambaxade, et remonstré tout au long ce pour quoy ilz estoient venus, le pape leur dist de sa bouche qu'ilz auroient response dedens briefz jours ensuivans. Et ce pendant ne mist point en oubli qu'on le menaçoit de faire substraction à l'encontre de lui, et pour y pourveoir, sans ce que nulz de ses cardinaulx en sceussent riens, fist une constitucion sur grandes peines durant à perpétuité, à l'encontre de ceulx qui se substrairoient de son obédience et de ses successeurs. Laquelle constitucion il envoya à Paris devers le Roy et l'Université par son messager. Dont on fut moult esmerveillé. Et après qu'il eut fait response à iceulx ambaxadeurs devant ditz, non pas telle qu'ilz désiroient, mais assez contraire, ilz s'en retournèrent par plusieurs journées en la cité de Paris, très indignez d'icellui pape. Et là, racontèrent ce qu'ilz avoient trouvé. Mais ledit patriarche demoura audit lieu de Marseille, sur intencion de incliner ledit Bénédict à céder et à venir à une seule union de l'universelle Église, ainsi que l'offroit son adversaire.

## DE L'AN MCCCCVII.

[ Du 27 mars 1407 au 15 avril 1408. ]

## CHAPITRE XXXIV.

Comment le duc Loys d'Orléans eut la duchié d'Acquitaine. Des trèves entre les deux royaumes de France et d'Angleterre [1].

Au commencement de cest an, le duc Loys d'Orléans, estant à Paris, par certains moiens que long-

---

1. « Et comment le prince Gales, ainsné filz du roy d'Angleterre, ala en Escosse pour faire guerre, » ajoute ici notre manuscrit. Mais cette seconde partie de la rubrique forme dans le Ms. *Suppl. fr.* 93 et dans les imprimés, le titre d'un xxxvᵉ chapitre qui commence par les mots : *Or est verité*, etc., que nous intercalons en son lieu afin de maintenir la concordance dans les numéros des chapitres, entre notre édition et les précédentes.

temps paravant avoit quis, fist tant que le roy de France, son seigneur et frère, lui donna la duchié d'Acquitaine, laquelle de longtemps paravant il avoit désirée et contendu d'avoir.

Et en ce mesme temps furent faictes trêves entre les roys de France et d'Angleterre, par temps seulement, et furent publiées ès lieux acoustumez jusques à ung an ensuivant. Pour lesquelles, ceulx de la conté de Flandres furent fort resjoys, pour ce que par le moien d'icelles leur sembloit que leur marchandise s'en conduiroit plus seurement. Et lors vindrent à Paris les ambaxadeurs du roy d'Angleterre, entre lesquelz estoit le principal, messire Thomas Erpinion, avecques lui ung arcediacre et plusieurs autres nobles, lesquelz conduisoit Casin d'Escrevillers[1]. Et requirent au Roy d'avoir en mariage une sienne fille qui estoit religieuse à Poissy[2], pour le prince de Gales, premier filz du roy d'Angleterre. Mais, pour ce qu'ilz faisoient trop excessives demandes avec icelle fille, s'en retournèrent en Angleterre sans riens besongner. Et les reconduist jusques à Boulogne sur mer, le seigneur de Hangest, qui par le Roy fust tantost après, pour ses mérites, constitué maistre des arbalestriers de France.

1. Tasin de Servillers (Vér.).
2. C'est Marie de France, née le 22 août 1392; elle fut mise au couvent de Poissy le jour de la Nativité de la Vierge 1397, et prit le voile le jour de la Trinité 1407.

## CHAPITRE XXXV.

*Comment le prince de Gales, ainsné filz du roy d'Angleterre, ala en Ecosse pour faire guerre.*

Or est-il vérité qu'en ceste saison, environ la Toussaint, le prince de Gales, premier filz du roy Henry d'Angleterre [1], fist assemblée de six mille hommes d'armes, et de six mille archers. Entre lesquelz estoient avec lui pour le conduire ses deux oncles, c'estassavoir le duc d'Yorq et le conte Durset [2], les seigneurs de Mortemer, de Beaumont, de Roz et de Cornouaille avecques plusieurs autres nobles hommes, qui tous ensemble se tirèrent vers le pays d'Escoce, pour ce principalement que les Escossois avoient naguères rompu les trèves entre les deux royaumes, et fait grans dommages par feu et par espée en la duchié de Lenclastre et ès pays d'entour Rosebourg. Et tant chevauchèrent qu'ilz entrèrent à puissance ou pays d'Escoce et y firent très grant dommage, car lesdiz Escossois ne furent point advertis de leur venue jusques à ce qu'ils furent entrez oudit pays. Et quant les nouvelles furent espandues et venues à la congnoissance du roy d'Escoce [3], qui estoit en sa principale cité ou milieu

---

1. Henri, plus tard Henri V, fils aîné de Henri IV, roi d'Angleterre et de Marie Bohun, fille du comte de Hereford, sa première femme.
2. Jean de Beaufort, comte de Dorset et de Sommerset.
3. Si cette expédition des Anglais contre l'Écosse est bien de l'an 1407, comme le dit notre chroniqueur, il faut entendre par les mots *roy d'Escoce*, le duc d'Albany, gouverneur d'Écosse, car

de son royaume, il manda hastivement tous ses princes et assembla en briefz jours très grant puissance soubz la conduite des contes de Douglas et de Bouquans, avec son connestable, vers la marche où estoient lesdiz Anglois, pour eulx rencontrer, et combatre s'ilz y veoient leur avantage. Mais quant ilz furent à six lieues près, ilz furent advertis que iceulx Anglois estoient trop puissans pour eulx, et pour tant, fut par eulx advisé ung autre moien, c'estassavoir qu'ilz envoièrent certains messages ambaxadeurs devers le prince de Gales et son conseil, lesquelz, en conclusion, traictèrent tellement que les trêves furent reconfermées entre icelles parties pour ung an ensuivant. Et par ainsi le dessusdit prince de Gales, après qu'il eut fait plusieurs dommages ou pays d'Escoce, il s'en retourna en Angleterre. Et pareillement, les Escoçois rompirent leur armée.

## CHAPITRE XXXVI.

#### Comment le duc Loys d'Orléans, frère du roy Charles, fut mis à mort piteusement dedens la cité de Paris.

En ces mesmes jours advint en la ville de Paris la plus doloreuse et piteuse adventure que en long temps par avant fut advenue ou très chrestien royaume de France, pour la mort d'un seul homme. A l'occasion de laquelle, le Roy, tous les princes de son sang et généralement tous son royaume, eurent moult à souf-

---

Robert III était mort à cette époque, peu après le 6 avril 1406, suivant l'*Art de vérifier les dates*, et le 16 des calendes d'avril (17 mars) 1406, d'après Buchanan. *Rer. Scotic. historia* (p. 344).

frir et furent en grant division l'un contre l'autre par très longue espace, et tant que icellui royaume en fut moult désolé et apovry, comme cy-après pourra plus pleinement estre veu par la déclaracion qui mise sera en ce présent livre. C'estassavoir pour la mort du duc Loys d'Orléans, seul frère germain du roy de France, Charles le Bien-Aymé, VI° de ce nom. Lequel duc, estant dans la dessusdicte ville de Paris [fut], par ung merquedi, le jour de Saint Clément pape et martir[1], mis à mort piteusement environ sept heures du soir. Et fut cest homicide fait et perpétré par environ dix-huit hommes, lesquelz estoient logez en ung hostel où estoit lors pour enseigne : *L'Ymage Nostre-Dame*, auprès de la porte Barbète. Et là, comme depuis fut sceu véritablement, avoient esté par plusieurs jours, en entencion d'acomplir ce qu'ilz avoient entreprins. Et quant ce vint ce mesmes merquedi, environ sept heures comme dit est, envoièrent ung homme nommé Thomas de Courteheuse, qui estoit varlet de chambre du Roy, devers le duc d'Orléans, qui estoit alé veoir la Royne en ung hostel qu'elle avoit acheté n'avoit guères à Montagu, grant maistre d'ostel du Roy, et séoit icellui auprès de ladicte porte Barbète; et là, d'un enfant qui estoit trespassé jeune[2], gisoit, et n'avoit pas encores acompli sa gésine. Lequel Thomas lui dist

---

1. La fête de saint Clément se célèbre le 23 novembre. En 1407, elle tombait effectivement un mercredi.

2. Le Religieux de Saint-Denis dit que c'était un enfant mâle, et qu'il mourut presque en naissant, que pourtant on eut le temps de l'ondoyer et de le nommer Philippe (*Chr. de Ch. VI*, t. III, p. 731). C'est Philippe de France, né le 11 novembre 1407 et mort le même jour.

pour le décevoir : « Sire ! le Roy vous mande que sans délay venez devers lui et qu'il a à parler à vous hastivement, et pour chose qui grandement touche à lui et à vous. » Lequel duc, oyant le mandement du Roy, icellui voulant acomplir, combien que le Roy riens n'en scavoit, tantost et incontinent monta dessus sa mule, et en sa compaignie deux escuiers sur ung cheval[1], et quatre ou six varlez devant et derrière, portans torches. Et ses gens, qui le devoient suivre, point ne se hastoient ; et aussi il y estoit alé petitement acompaigné, non obstant que pour ce jour avoit dedens la ville de Paris, de sa retenue et à ses despens, bien six cens, que chevaliers que escuiers. Et quant il vint assez près de celle porte Barbète, les dix-huit hommes dessusdiz, qui estoient couvertement armez, l'actendoient auprès d'une maison. Si faisoit assez brun pour ceste nuit. Et lors incontinent, iceulx, meuz de hardie et oultrageuse voulenté, saillirent tous ensemble à l'encontre dudit duc, et en y eut ung qui s'escria : « A mort ! à mort ! » et le féry d'une hache, tellement qu'il lui coppa le poing tout jus. Et adonc, ledit duc, voiant celle cruelle entreprinse ainsi estre faicte contre lui, s'escria assez hault : « Je suis le duc d'Orléans ! » Et aucuns d'iceulx respondirent, en férant sur lui : « C'est ce que nous demandons ! » Entre lesquelles paroles la pluspart d'iceulx recouvrèrent[2] et preste-

---

[1]. C'était une habitude du temps, non-seulement qu'un cavalier prit une dame en croupe, mais aussi que deux cavaliers montassent un même cheval. On sait que le sceau des Templiers représente deux chevaliers montés ainsi sur un seul cheval.

[2]. *La pluspart d'iceulx recouvrèrent*, se découvrirent : sortirent du lieu où ils s'étaient jusqu'alors tenus cachés.

nuent par force et habondance de corps fut abatu jus
de sa mule, et sa teste toute escartelée, en telle manière que la cervelle chey sur la chaussée; et là, le
retournèrent et renversèrent, et si très terriblement le
martelèrent, que là présentement fut mors et occis très
piteusement. Et avecques lui fut tué ung jeune escuier,
alemant de nacion, lequel autrefois avoit esté son
page, et lequel, quant il vid son maistre abatu, il se
coucha sur lui pour le cuider garantir, mais riens ne
lui valut. Et le cheval qui devant lui aloit, à tout les
deux escuiers[1] devantditz, quant il sentit ces saque-
mans armez emprès lui, commença à ronfler et
avancer. Et quant il les eut passez, il se mist à courre,
et fut grant espace que ceulx qui estoient sus ne le
porent retenir. Et quant il fut arresté, ilz virent ladicte mule de leur seigneur qui toute seule couroit
après eulx, si cuidèrent qu'il feust cheu jus; et pour
ce, la reprindrent-ilz par le frain pour la ramener
audit duc. Mais quant ilz vindrent près de ceulx qui
l'avoient occis, ilz furent menacez, en disant que se
ilz ne s'en aloient, ilz seroient mis en tel point comme
leur maistre. Pour quoy, iceulx voians leur seigneur
estre ainsi mis à mort, le laissèrent, et hastivement
s'en alèrent à l'ostel de la Royne, crians le murdre!
Et ceulx qui avoient occis ledit duc, commencèrent
à crier à haulte voix : « Le feu! le feu! » Et avoient
leur fait par telle voie ordonné[2], que l'un d'eulx,
tandis que les autres faisoient l'omicide dessusdit, bouta
le feu dedens icellui. Et puis, les ungs à cheval, les

1. Voy. la note de la page précédente.
2. Ici le ms. *Suppl. fr.* 93, ajoute, comme il est nécessaire par
ce qui suit, les mots : *en leur hostel.*

autres à pié, s'en alèrent hastivement où ilz porent le mieulx, en gectant après eulx chaussetrapes de fer¹, afin qu'on ne les peust suivir ne aler après eulx. Et, comme la renommée et fame courut, aucuns d'iceulx alèrent à l'ostel d'Artois², par derrière, à leur maistre, le duc Jehan de Bourgogne, qui ceste œuvre leur avoit [fait] faire et commandée, comme depuis publiquement il confessa, et lui racomptèrent ce qu'ilz avoient fait, et après, très hastivement, mirent leurs corps à saulveté. Et fut le principal conducteur de ce cruel homicide, ung nommé Raoulet d'Actonville³, de nacion normant, auquel paravant, le duc d'Orléans avoit fait oster l'office des généraulx, duquel le Roy l'avoit pourveu à la prière et requeste du duc Phelippe de Bourgongne defunct. Et pour ce desplaisir, advisa ledit Raoulet manière comment il se pourroit venger d'icellui duc d'Orléans. Ses autres complices avecques lui furent Guillaume Courteheuse et Thomas Courteheuse, devant nommez, nez de la conté de Guines, Jehan de La Mote, et plusieurs autres jusques au nombre dessusdit.

Et environ demie heure après, ceulz de la famille

---

1. Les chauce-trappes étaient des espèces d'étoiles de fer, écartées et disposées de manière à ce que l'une d'elles conservant toujours la perpendiculaire, estropiait nécessairement les hommes ou les chevaux qui la rencontraient.

2. Situé rue Mauconseil, comme nous l'avons déjà dit.

3. Raoul d'Auquetonville. On le trouve écrit de cette manière dans une liste de chevaliers et d'écuyers qui reçurent le 1ᵉʳ mai 1400 des houppelandes à la livrée du roi. On remarque dans la même pièce le nom d'un Jean d'Auquetonville, sans doute son frère. Tous deux étaient écuyers. Voy. nos *Pièces justificatives*.

dudit duc d'Orléans[1], quant ils oyrent nouvelles de la mort et occision de leur seigneur, tant piteuse, tous pleurèrent, et griefment au cuer courroucez, tant les nobles comme non nobles, accoururent à lui, et là, le trouvèrent mort sur les quarreaulx. Auquel lieu y eut grandes lamentacions et regrets des chevaliers et escuiers de son hostel, et généralement de tous ses serviteurs, quant ils virent son corps ainsi navré, mort et détranché. Et lors, comme dit est, en très grande tristesse et gémissement le levèrent et le portèrent en l'ostel du seigneur de Rieux[2], mareschal de France, qui près de là estoit. Et tost après icellui corps, couvert d'un blanc linseul, fut porté près d'ilec en l'église de Saint-Guillaume[3], assez honnorablement, car c'estoit la plus prouchaine église du lieu où il avait été occis. Et tantost après, le roy de Cécile, lors estant à Paris, et plusieurs autres princes, chevaliers et escuiers, oyans la nouvelle de si cruelle mort comme du seul frère du Roy, en telle manière, en la ville et cité de Paris perpétrée, en grans pleurs le vindrent veoir en ladicte église. Si fut mis ledit corps en ung sarcus de plonb, et le veillèrent les religieux de ladicte église toute la nuit en disant vigiles et psaultiers; avecques lesquels demourèrent ceulx de sa famille. Et lende-

1. Ses gens, ses serviteurs, amis et clients (*Familia*).
2. L'hôtel de Rieux était situé dans la Vieille rue du Temple, à peu près devant le marché actuel de Sainte-Catherine, et aboutissait par derrière à la rue des Singes. Voy. le Mém. de Bonamy.
3. C'est l'église des Blancs-Manteaux. A l'époque qui nous occupe c'était un prieuré de Guillemites, religieux suivant la règle de saint Benoît et qui s'étaient d'abord établis à Montrouge. On les appelait Blancs-Manteaux, à cause de la couleur de leur habit.

main, bien matin, fut par ses gens trouvée la main dudit duc et partie de sa cervelle, sur les quarreaulx, laquelle fut recueillie et mise ou sarcus avecques le corps. Et tost après, tous les princes estans oudit lieu de Paris, excepté le Roy et ses enfans, c'estassavoir le roy Loys de Cécile, le duc de Berry, le duc de Bourgongne, le duc de Bourbon, le marquis de Pont, le conte de Nevers, le conte de Clermont, le conte de Vendosme, le conte de Saint-Paul, le conte de Dampmartin, le connestable de France, et plusieurs autres, tant gens d'église comme nobles, avecques grant multitude du peuple de Paris, vindrent tous ensemble à ladicte église de Saint-Guillaume. Et là, les principaulx de la famille dudit duc d'Orléans prindrent son corps avecques le sarcus, et le mirent hors de ladicte église, et avec grand nombre de torches allumées, lesquelles portoient les escuiers dudit duc defunct. Et a chascun côté du corps, estoient par ordre, faisans pleurs et grans gémiscements, c'estassavoir, le roy Loys, le duc de Berry, le duc de Bourgongne et le duc de Bourbon, chascun d'eulx tenant la main au drap qui estoit sur le sarcus. Et après eulx, estoient par ordonnance, chascun selon son estat, les princes, le clergé, les barons, tous recommandans son âme à Dieu son créateur, et le portèrent en celle manière jusques à l'église des Célestins. Et là, après son service fait très solennellement, fut enterré très honorablement en une chapelle très excellente, laquelle il avoit fait faire et fonder. Et après icellui service fait et accompli, les princes dessusdiz et tous les autres, s'en retournèrent chascun en son hostel. Si estoient en grant souspeçon de savoir la vérité du dessusdit homicide ainsi fait sur ledit duc d'Orléans. Et de prime face fut aucunement soupeçonné que messire Aubert de Chauny n'en feust coulpable, pour la grant hayne qu'il avoit audit duc à cause de ce que audit messire Aubert avoit sa femme soustraicte, et emmenée avecques lui. Et tant avoit tenu icelle dame en sa compaignie qu'il en avoit ung filz, duquel et de son gouvernement sera faicte mencion cy-après. Mais tantost après on sçeut la vérité dudit homicide, et que ledit seigneur de Chauny n'en estoit en riens coulpable. Et en ce mesme jour, Isabel, la royne de France, quant elle sçeut les nouvelles dudit homicide fait tant près de son hostel, conçeut si grant fraieur et horreur que, posé qu'elle n'eust pas encores acompli sa gésine, néantmoins se fist mectre sur une lictière par son frère Loys de Bavière, et autres de ses gens, et se fist porter à l'hostel de Saint-Pol en la chambre prouchaine de la chambre du Roy, et là se loga, pour plus grant seureté. Et mesmement la nuit que ledit maléfice fut perpétré, y eut plusieurs nobles qui se armèrent, comme le conte de Saint-Pol et plusieurs autres, lesquelz se tindrent en l'hostel du Roy leur souverain seigneur, non sachant quelle chose de celle besongne s'en pourroit ensuir[1].

Et après le corps dudit duc d'Orléans mis en terre comme dit est, s'assemblèrent tous les princes en l'hostel du Roy avec le conseil royal et autres gens de justice, ausquelz fut commandé par lesdis seigneurs qu'ils feissent bonne diligence d'enquerre se par nulle voye on pourroit parcevoir qui avoit esté l'acteur, ne

1. Voy. le Mémoire de Bonamy (Mém. de l'Acad. des Inscript., t. XLIII). Voy. aussi nos *Pièces justificatives*.

les complices de faire ceste besougne. Et avec ce, fut ordonné que toutes les portes de Paris, reservé deux, feussent fermées, et que icelles deux feussent bien gardées pour savoir qui en ystroit.

Après lesquelles ordonnances et aucunes autres, lesdiz seigneurs et le conseil royal se retrairent tous confus et en très grant tristesse en leurs hostelz. Et lendemain qui fut le vendredi se rassembla ledit conseil en l'hostel du Roy à Saint-Pol, ou quel lieu estoient le roy Loys de Cecile, les ducs de Berry, de Bourgongne et de Bourbon et moult d'autres gens de grant seigneurie. Et tantost après vint là le prévost de Paris, auquel le duc de Berry demanda quelle diligence il avoit faicte sur la mort de si grant seigneur comme le seul frère du Roy. Lequel prévost respondi qu'il en avoit faicte la plus grande diligence qu'il avoit peu, mais encores n'en povoit savoir la vérité; disant que se on le laissoit entrer dedens les hostelz des serviteurs du Roy et aussi des autres princes, par aventure, comme il créoit, trouveroit-il la vérité des acteurs ou des complices. Et lors, le roy Loys, le duc de Berry et le duc de Bourbon lui donnèrent congié et licence de entrer par tout où bon lui sembleroit. Et adonc, le duc Jehan de Bourgongne, oyant la licence octroiée par iceulx seigneurs au prévost de Paris, eut doubtance et crainte, et pour ce, tira il à part le roy Loys et le duc de Berry, son oncle, et en brief leur confessa et dist que par l'introduction du dyable il avoit fait faire cet homicide par Raoulet d'Actonville et ses complices. Lesquelz seigneurs, oyans ceste confession, eurent si grande admiracion et tristesse au cuer, qu'à peine lui porent il donner response. Et ce qu'ilz lui en donnèrent, ce fut en lui très grandement réprouvant la condicion et manière du très cruel homicide ainsi par lui perpétré en la personne de son propre cousin germain. Et après qu'ilz eurent oy la congnoissance dudit duc de Bourgongne, retournèrent devers le conseil et ne déclairèrent point prestement ce qu'il leur avoit dit. Et tost après, ledit conseil finé, chascun s'en retourna en son hostel.

Lendemain, qui fut le samedi, environ dix heures devant nonne, furent les seigneurs devantdicz assemblez en l'hostel de Neelle[1], où estoit logié le duc de Berry, pour tenir le conseil royal. Ouquel lieu, pour estre à icellui conseil, vint le duc de Bourgongne, ainsi qu'il avoit acoustumé, en sa compaignie, le conte Waleran de Saint-Pol. Mais quant il vint pour entrer dedens, son oncle le duc de Berry lui dist : « Beau nepveu ! n'entrez point au conseil pour ceste foiz. Il ne plaist mie bien à chascun que vous y soiez. » Et sur ce, ledit duc de Berry rentra dedens, et fist tenir les huis fermez ainsi qu'il avoit esté ordonné par ledit conseil. Et alors, ledit duc Jehan de Bourgongne, tout confus et en grant doubte, demanda au conte Waleran de Saint-Pol : « Beau cousin, qu'avons nous à faire sur ce que vous oez ? » Et le conte Waleran lui fist response : « Monseigneur, pardonnez moy, je yray vers mes seigneurs au conseil, lesquelz me ont mandé. » Et après ces paroles, ledit duc de Bourgongne, en

---

1. Il y avait à Paris deux hôtels de Nesle. Celui dont il s'agit ici est le fameux hôtel de Nesle, situé vis-à-vis du Louvre, sur l'emplacement actuel de l'Institut. L'autre hôtel de Nesle, moins connu, fut appelé dans la suite l'hôtel de Soissons. Il se trouvait sur l'emplacement actuel de la Halle aux Blés.

grant doubtance retourna en son hostel d'Artois. Et afin qu'il ne feust prins ne aresté, sans délay monta à cheval avec six de ses hommes seulement en sa compaignie, et se parti par la porte Saint-Denis, et hastivement chevaucha en prenant aucuns chevaulx nouveaulx, sans arrester en nulle place, jusques à son hostel de Bapaumes. Et quant il eut ung petit dormy, il s'en ala sans délay à Lisle en Flandres. Et ses gens qu'il avoit laissez audit lieu de Paris, le suivirent le plus tost qu'ilz porent, doubtans d'estre arrestez et prins. Et pareillement, Raoulet d'Aquetonville et ses complices, leurs vestemens changez et desguisez, se partirent de Paris par divers lieux, et tous ensemble s'en alèrent loger dedens le chastel de Lens en Artois, par l'ordonnance dudit duc Jehan de Bourgongne, leur maistre et leur seigneur.

Ainsi et par celle manière se départit icellui duc, après la mort dudit duc d'Orléans, de la ville de Paris, à petite compaignie, et laissa en icelle ville la seigneurie de France en grant tristesse et desplaisance. Et toutesfoiz ceulx de l'ostel dudit duc d'Orléans mort, quant ilz oyrent le secret partement dudit duc de Bourgongne, se armèrent jusques au nombre de six vingts hommes, desquelz estoit l'un des principaulx, messire Clugnet de Brabant, et eulx, montez à cheval, se partirent de Paris pour suivir ledit duc de Bourgongne, en entencion de le mectre à mort s'ils l'eussent peu actaindre. Mais ce faire leur fut défendu par le roy Loys de Cécile, et pour ce s'en retournèrent grandement courroucez en leurs hostels. Si fut lors dénoncé par toute la cité de Paris et tout commun, que ledit duc de Bourgongne avoit fait faire cest homicide. Dont le peuple de Paris, qui n'estoit pas bien content dudit duc d'Orléans, et point ne l'avoient en grace pour ce qu'ilz entendoient que par son moien les tailles et autres subsides s'entretenoient, commencèrent à dire l'un à l'autre, en secret : *Le baston noueux est plané*[1] !

Ceste doloreuse mort fut l'année du grant yver, l'an mil quatre cens et sept, et dura la gelée soixante six jours en ung tenant, très terrible et tant que au desgeler, le Pont Neuf de Paris fut abatu en Seine. Et moult firent ces eaues et gelées de grans dommages en plusieurs contrées du royaume de France[2].

Et quant est à parler des discordes, haynes et envies que avoient l'un contre l'autre les ducs d'Orléans et de Bourgongne avant la mort d'icellui duc d'Orléans, et des manières qui avoient esté tenues par iceulx, n'est jà besoin d'en faire en ce présent chapitre récitation pour ce qu'il sera au long et plus à plain déclairé ès proposicions qui pour ce furent faictes, dedens brief temps après ensuivant, c'estassavoir par la justificacion que fist proposer le duc Jehan de Bourgongne, hault et publiquement, devant le Roy, plusieurs princes et autres notables personnes, tant ecclésiastiques que séculiers; et les accusacions pour quoy il disoit et advouoit avoir fait mettre à mort ledit duc d'Orléans, et pareillement par les responses que depuis en fist faire et proposer la duchesse d'Orléans doagière

1. Allusion aux devises des deux princes. On se rappelle que Louis d'Orléans avait pris pour la sienne un bâton noueux ou estoc, et Jean sans Peur, un rabot.
2. Nous donnons dans nos *Pièces justificatives* un extrait curieux des registres du Parlement relatif à ce désastre.

et ses enfans, pour les excusacions de son feu mary. Desquelles proposicions, les copies seront mises et escriptes en ce présent livre, tout ainsi et par la manière qu'elles furent proposées, présent le conseil royal, et autres gens de plusieurs estas en très grande multitude[1].

[1]. Nous ajoutons ici le récit de la chronique *Cord.* 16, et la sortie haineuse qu'elle contient contre le duc d'Orléans.

« Le jour Saint-Clément, xxiii° jour de novembre, après soupper, fu le duc d'Orléans occis et tuez par Rollet d'Octonville et ses complices, en la ville de Paris, et fu laissiés tout mors enmy la rue, par le commandement du duc de Bourgoigne, lequel advoa depuis ledit Roullet et sesdiz complices de tout le fait entièrement. Et fist depuis déclairier les causes pourquoy il l'avoit fait morir, en la présence de plusieurs princes et seigneurs de France. Et après la mort dudit duc d'Orléans et l'enterrement d'icelui, qui fu en l'église des Célestins audit lieu de Paris, ledit de Bourgoigne se party hastivement et s'en retourna en Flandres pour les périlz eschiever, car les alliés dudit duc d'Orléans estoient en grant nombre et à grand puissance audit lieu de Paris. Et fu icelui duc de Bourgoigne à l'enterrement dudit duc d'Orléans et mena le deuil avoec les aultres, *dont plusieurs maintinrent que il fu mal conseillié.*

« De celle mort fu le commun peuple moult joieux, car ledit duc d'Orléans leur faisoit souffrir moult de maux par les grandes tailles et aides que il faisoit souvent cueillir et mettre sus, el nom du Roy. Et tout retournoit à son seul et singulier plaisir et pourfit, et en faisoit forteresses et chasteaux, et en soustenoit houriers, curatiers et gens de meschante vie, comme dansseurs, flateurs et gens de nient. Et aussi en maintenoit ses grans estas et ses ribaudes. Car il n'estoit si grande qu'il ne volsist déchevoir, et en deshonnoura mainte, dont ce fu pitez. Desquelles je me passe légièrement. » (Bibl. imp. *Cord.* 16, fol. 330.)

## CHAPITRE XXXVII.

Comment la duchesse d'Orléans et son fils moins-né vindrent à Paris devers le Roy pour faire plainte de la piteuse mort de son feu seigneur et mary.

Item, est assavoir que Loys, duc d'Orléans, defunct, avoit espousée la fille de Galéas, duc de Milan, qui estoit sa cousine germaine, de laquelle il délaissa trois filz : c'estassavoir, Charles, le premier, lequel fut nommé duc d'Orléans après la mort de son père, le second estoit nommé Phelippe, et fut conte de Vertus, et le tiers eut nom Jehan et fut conte d'Angoulesme. Et si, avoit une fille[1] qui depuis fut mariée à Richard de Bretaigne. Desquelz princes, une partie de leur gouvernement sera cy-après déclairé, et quelles fortunes ilz eurent en leur temps.

Et est vérité, que le samedi, dixième jour de décembre prouchain ensuivant, vint la duchesse d'Orléans, vesve dudit duc, à Paris, Jehan, son fils moins-né, avecques elle, et la royne d'Angleterre, femme de son fils premier né avec elle, laquelle estoit fille du roy de France. Encontre lesquelles allèrent hors de Paris, le roy Loys de Cécile, le duc de Berry, le duc de Bourbon, le conte de Clermont, le conte de Vendosme, messire Charles de Labreth, connestable de France, avec lesquelz, et plusieurs autres seigneurs, elle entra honnorablement dedens Paris, et, à grande

---

1. Louis, duc d'Orléans, eut deux filles, Jeanne, mariée à Jean II, duc d'Alençon, et Marguerite, femme de Richard, comte d'Étampes, fils de Jean IV duc de Bretagne.

quantité de gens et de chevaulx, s'en ala à l'ostel de Saint-Pol où le Roy estoit, et là eut audience. Et prestement devant le Roy se mist à genoulx, faisant très piteuse complainte de la très inhumaine mort de son seigneur et mary. Après laquelle complainte, le Roy, qui pour lors estoit assez subtil et estoit nouvellement relevé de sa maladie, la baisa et en pleurant la leva, et lui dist que de sa requeste il feroit selon l'opinion de son conseil. Et la duchesse, ceste response oye, s'en retourna en son hostel, acompaignée des seigneurs dessusdiz.

Et le lundi ensuivant, le roy de France, par le conseil de son Parlement, retira à sa table la conté de Durez[1], Chastelthierri, le mont d'Arceulles et toutes les autres terres autrefoiz données audit duc d'Orléans sa vie durant tant seulement. Et le mercredi ensuivant, qui fut le jour de saint Thomas, la duchesse d'Orléans, son filz moinsné dessusdit, la royne d'Angleterre, sa belle-fille, son chancelier d'Orléans et autres de son conseil avec plusieurs chevaliers et escuiers jadis de l'ostel de son mary, tous vestus de noir, vindrent à l'ostel de Saint-Pol pour parler au Roy. Et là trouvèrent le roy Loys, le duc de Berry, le duc de Bourbon, le chancellier de France et plusieurs autres, qui, pour ladicte duchesse, demandèrent audience au

1. C'est-à-dire réunit au domaine le comté de Dreux, etc. Par les mots *retira à sa table*, Monstrelet se sert ici d'une expression qui ne s'employait d'ordinaire qu'en parlant de biens ecclésiastiques. On disait la *table d'un abbé*, pour signifier la mense abbaticale. *Le conté de Durez*. Le ms. *Suppl. fr.* 93 et l'édit. de Vérard, donnent : *Dreuxes*. Il s'agit du comté de Dreux. Il fut donné au connétable Charles d'Albret, par lettres du 21 décembre 1407.

Roy de parler à lui, et présentement l'obtindrent. Elle
donques, amenée du conte d'Alençon par le commandement du Roy, en sa présence et aussi des autres
princes, tantost, très fort pleurant, audit Roy supplia
de rechef qu'il lui pleust à faire justice à elle de ceulx
qui traitreusement avoient murdry son seigneur et
mary, Loys, jadis duc d'Orléans. En toute la manière
fist là déclairer à la personne du Roy par ung sien advocat de Parlement. Et là estoit ledit chancelier d'Orléans[1] emprès ladicte duchesse, lequel disoit audit
advocat, mot après autre, ce qu'elle vouloit qu'il
feust divulgué. Et fist exposer tout au long ledit homicide, comment il fut espié, à quelle heure et à la
place où il estoit quant il fut trahy et envoyé querre
d'aguet appensé luy donnant à entendre que son seigneur et frère le Roy si le mandoit; lequel murdre
devant dit touchoit audit Roy plus qu'à nulle autre
personne. Et conclud ledit advocat, de par ladicte
duchesse, que le Roy estoit tenu sur toutes choses,
de venger la mort de son frère, et, à icelle duchesse
et à ses enfans, qui sont ses nepveux, faire bonne et
briefve justice, tant pour la proximité de sang, comme
la souveraineté de sa majesté royale. Auquel propos,
le chancelier de France, qui séoit aux piez du Roy,
par le conseil des ducs et des seigneurs royaulx là
estans, respondi, et dist que le Roy pour le homicide
et mort de son frère à lui ainsi exposée, au plus tost
qu'il pourroit en feroit bonne et briefve justice. Après
laquelle response faite par ledit chancelier, le Roy
dist de sa bouche : « A tous soit notoire que le fait

---

1. Guillaume Cousinot.

qui à nous est exposé cy en présent, nous touche comme de nostre seul frère, et le réputons à nous estre fait. » Et adonques ladicte duchesse, Jehan, son filz, et la royne d'Angleterre, sa belle-fille[1], tous ensemble se gectèrent aux piez du Roy à genolz, et, en grans pleurs, lui requirent qu'il eust souvenance de faire bonne justice, et leur enseigna le jour dedens lequel il le feroit. Et après ces paroles prindrent congié et s'en retournèrent à l'ostel d'Orléans. Le second jour ensuivant, le roy de France, demourant en son palais, vint en la chambre de Parlement, qui noblement estoit préparée, et sist personèlement en siège royal. Ouquel lieu, en la présence de ses ducs et princes royaulx, avec plusieurs nobles, le clergé et le peuple, par bon conseil, fist un édict, et ordonna que s'il advenoit qu'il mourust avant [que] le duc d'Acquitaine, son premier filz légitime, n'eust aage compétent, non obstant ce, il vouloit qu'il gouvernast le royaume et en eust le régime, moiennant qu'en son nom et pour lui, de cy à tant qu'il auroit son aage, les trois estats dudit royaume gouverneroient. Et s'il advenoit que sondit filz mourust avant son aage, il vouloit que son second filz, le duc de Touraine, en ce droit succédast. Et pareillement, se le duc de Touraine mouroit, veult que son tiers filz gouverne le royaume ainsi comme dit est. Lesquelles ordonnances, les devantditz princes royaulx, avec tous le conseil, conformèrent et l'eurent pour agréable. Et le quatriesme jour de janvier la dessusdicte duchesse d'Orléans releva

1. Isabelle de France, veuve de Richard II, et alors femme de Charles d'Orléans.

pour elle et pour ses enfans, la conté de Vertus et toutes les autres seigneuries que tenoit son feu mary, et en fist serement et fidélité à la personne du Roy. Et après qu'elle ot prins congié, dedens aucuns briefs jours ensuivans se départi de Paris avec tout son estat, et s'en retourna à Blois.

## CHAPITRE XXXVIII.

Comment le duc Jehan de Bourgongne fist grant assemblée de ses nobles en la ville de Lisle lez Flandres pour avoir conseil sur la mort du duc d'Orléans, et autres matières suivans.

Or est ainsi que le duc Jehan de Bourgongne, lors estant à Lisle, fist évoquer à venir devers lui tous les nobles et clercs et autres de son conseil, pour avoir advis sur la mort du duc d'Orléans, dont dessus est faicte mencion. Desquelz hommes de conseil fut grandement reconforté. Et de là, s'en ala à Gand où estoit la duchesse sa femme, et manda les trois estatz du pays de Flandres, auxquelz il fist remonstrer par maistre Jehan de La Saulx, son conseiller [1], publiquement, comment, à Paris, il avoit fait tuer Loys, duc d'Orléans. Et la cause pour quoy il l'avoit fait, il le fist lors divulguer par beaulx articles, et commanda que la copie en feust baillée par escript à tous ceulx qui la vouldroient avoir. Pour lequel fait il pria qu'on lui voulsist faire aide à tous besoings qui lui pourroient survenir. A quoy lui fut respondu des Flamens, que très volontiers aide lui feroient; et pareillement, ceulx de Lisle et de Douay. Et les Artésiens, oyans et

---

[1]. Jean de Saulx, chevalier, seigneur de Courtivron, chancelier du duc de Bourgogne.

entendans le fait de ceste mort et la requeste qu'il faisoit, promirent de lui faire aide contre tous ceulx à qui il pourroit avoir à faire, excepté la personne du Roy et ses enfans. Et estoient les articles qu'il fist proposer, telz ou paraulx que maistre Jehan Petit proposa à Paris par l'ordonnance et commandement dudit duc, présent le conseil royal. De laquelle proposicion plus à plain sera faicte mencion. Ouquel temps, le roy Loys et le duc de Berry envoièrent leurs messagers portans leurs lectres en la ville de Lisle devers le duc de Bourgongne qui là estoit retourné, par lesquelles lui requéroient bien acertes qu'il voulsist venir à eulx en la ville d'Amiens, à certain jour qu'ilz lui firent savoir, pour là eulx ensemble parler et avoir conseil sur le fait de la mort du duc d'Orléans. Auxquelz messagers fut respondu et promis, de par le duc de Bourgongne, y aler. Et pour ceste cause, pria à ceulx de Flandres et d'Artois qu'on lui prestast aide de certaine somme d'argent; laquelle lui fut accordée, et après fist grande assemblée et préparacion. Et le jour du parlement approuchant, ala d'Arras à Corbie, ses deux frères en sa compaignie, c'estassavoir le duc de Brabant et le conte de Nevers, son beau filz le conte de Clèves[1], le conte de Namur et plusieurs autres, jusques à trois mille combatans bien armez, avecques plusieurs hommes de conseil, et au jour qui lui estoit assigné. Et tira de Corbie en la ville d'Amiens, et se loga en l'ostel d'un bourgois nommé Jaques de Hangart. Auquel hostel, ledit duc fist peindre par dessus l'uis deux lances dont l'une avoit fer de guerre, et

---

1. Adolf IV. Il avait épousé Marie de Bourgogne en 1406.

l'autre avoit fer de rochet. Pour quoy fut dit de plusieurs nobles estans en icelle assemblée que ledit duc les y avoit fait mettre en signifiance que qui vouldroit avoir à lui paix ou guerre, si le prinst. Pour quoy le roy Loys et le duc de Berry partans de Paris, à tout environ deux cens chevaulx, avoient plusieurs paysans qui descouvroient les chemins de ladicte nège, à tout instrumens tous propices à ce faire, et vindrent audit lieu d'Amiens au jour qui estoit assigné. A l'encoutre desquelz yssi le duc de Bourgongne et ses deux frères, grandement acompaignez, pour les honnorer. Si firent les ungs aux autres grande révérence, et après se loga ledit roy Loys en l'ostel de l'évesque, et le duc de Berry à Saint-Martin en Jumeaulx. Et ce pendant le duc de Bourbon et son filz avecques lui, Jehan, conte de Clermont, triste et dolent de la mort du duc d'Orléans son nepveu, se parti de Paris et s'en retira en la duché de Bourbon. Et ainsi comme lesdiz seigneurs estoient venus à Amiens, comme dit est, avec le grant conseil du Roy, pour tendre à ce qu'ilz peussent trouver ung appoinctement raisonnable de paix pour le bien des deux parties, c'estassavoir d'Orléans et de Bourgongne, et principalement pour le bien du Roy et de son royaume, toutesfois ne le porent trouver, pour ce que lors le duc Jehan de Bourgongne estoit tellement affermé en son propos et opinion, que nullement de ce fait ne vouloit demander au Roy pardon, ne requérir rémission, ains lui sembloit que ledit Roy et son conseil le devoient avoir grandement pour recommandé pour avoir fait celle besongne. Et pour sousteuir ceste matière avoit avec lui trois maistres en théologie de grant fame et renommée, de l'Université de Paris, c'estassavoir maistre Jehan Petit, qui depuis proposa pour lui à Paris, et deux autres, lesquels dirent publiquement devant les princes et conseil royaulx estans audit lieu d'Amiens, que chose licite avoit esté au duc de Bourgongne de faire ce qu'il avoit fait au duc d'Orléans, disans oultre, que s'il ne l'eust fait, il eust très grandement péchié, et estoient pretz et appareillez de ce soustenir contre tous disans le contraire. Toutesfoiz, après ce que les parties eurent par plusieurs jours débatue ladicte matière, et qu'ilz ne peurent venir à conclusion telle que ceulx qui estoient venus de par le Roy le désiroient, c'estassavoir de paix, et que le conseil fut finé, se départirent, après qu'ilz eurent signifié audit duc de Bourgongne de par le roy de France, que pas n'alast devers lui à Paris, s'il n'y estoit mandé. Et puis s'en retournèrent audit lieu de Paris. Néantmoins ledit duc de Bourgongne ne leur voult pas accorder de non y aler, mais leur dist tout pleinement que son entencion estoit de, au plus brief qu'il pourroit, aler faire ses excusacions audit lieu de Paris devers le Roy. Et lendemain du département des seigneurs dessusdiz, ledit duc de Bourgongne et ses deux frères avec, et ceulx qui l'avoient amené, s'en retournèrent en la ville d'Arras, réservé le conte Waleran de Saint-Pol, qui après le département dudit duc demoura bien six jours audit lieu d'Amiens. Et quant le roy Loys, le duc de Berry et les autres seigneurs du conseil du Roy furent retournez à Paris, comme dit est, et qu'ilz eurent faicte leur relacion en la présence du Roy et plusieurs princes du grant conseil, et remonstré bien et au long les responses que ledit duc de Bourgongne avoit faictes, et comment il lui sembloit que le Roy estoit grandement tenu de le remercier en plusieurs manières pour la mort et homicide qu'il avoit fait faire en la personne du duc d'Orléans, ne le prindrent point bien en gré, et leur sembla estre grant merveille et grande présumpcion faicte par ledit duc de Bourgongne. Si en fut parlé en diverses manières, et par espécial de ceulx qui tenoient la partie du duc d'Orléans. Et leur sembloit que moult hastivement le Roy devoit assembler toute sa puissance pour le subjuguer en faire justice selon le cas. Les autres, tenans la partie dudit duc de Bourgongne, estoient de contraire opinion, et leur sembloit que en ce il avoit ung grant service fait au Roy et à sa généracion. Et par espécial, la plus forte et plus grande partie des Parisiens estoit pour ledit duc de Bourgongne, et l'amoient moult. Et la cause pour quoy ilz estoient si affectez à lui, estoit pour ce qu'ilz espéroient que par son moien et pourchas, les tailles et subsides qui couroient ou royaume de France seroient mises jus, et que ledit duc d'Orléans, tout son vivant, avoit esté cause de les entretenir, pour ce qu'il en avoit grans prouffis à sa part.

En après, icellui duc de Bourgongne s'en ala en son pays de Flandres [1], où il manda très grant nombre de gens d'armes et de grans seigneurs pour aler avec lui à Paris, devers le Roy, jà soit ce que le roy Loys et le duc de Berry lui avoient dit et défendu de par le Roy qu'il n'y alast point jusques à ce qu'il lui seroit mandé. Pour tant, ne s'en volt point déporter, ains par plusieurs journées se tira en la ville de Saint-Denis en

---

1. Il en partit au mois de mars, d'après la chronique *Cord.* 16.

France, ouquel lieu le vindrent visiter lesdiz roy Loys, le duc de Berry et le duc de Bretaigne, et plusieurs autres du grant conseil du Roy, qui de rechef lui dirent de par le Roy, que se il ne se povoit tenir de venir à Paris en personne, au moins qu'il n'y entrast que à tout deux cens hommes. Et pour ce, ledit duc de Bourgongne se party de Saint-Denis, en sa compaignie le conte de Nevers, son frère, et le conte de Clèves, son beau-filz; et si y estoit le duc de Lorraine qui l'accompaignoit. Et tous ensemble, très bien armez et (sic) grant compaignie de gens[1], entra dedens la ville de Paris en entencion de justifier son fait et sa querelle, tant envers le Roy, comme envers tous autres, qu'on ne lui sçaroit que demander. A l'entrée duquel, fut demenée très grant joye par les Parisiens, et mesmement les petis enfans, en plusieurs quarrefours, à haulte voix crioient : *Noël!* Ce qui grandement desplaisoit à la royne de France et à plusieurs autres princes estans oudit lieu de Paris. Et s'en ala ledit duc descendre en son hostel d'Artois. Et après, quant il eut par aucuns jours esté en la ville de Paris, et qu'il sceut par ceulx qui lui estoient favorables comment il se avoit à conduire et gouverner, il trouva moien d'avoir audience envers le Roy, tous les princes là estans, le clergié et le peuple. Et print jour de faire proposer et déclairer sa justificacion pour la mort et homicide qu'il avoit fait faire sur la personne dudit duc Loys d'Orléans défunct. Auquel lieu il ala très bien armé, en personne, et les princes et les

---

1. Le ms. *Suppl. fr.* 93, met *à grant cantité*, et Vérard, *à grant quantité*.

autres seigneurs qu'il avoit amenez avecques lui, avec grant nombre de Parisiens qui le compaignèrent.

Ce pendant que ledit duc estoit à Paris, lui et les siens estoient tous les jours très bien armez. Dont les autres princes et tout le conseil royal estoient moult esmerveillez, et n'osoient bonnement dire ne faire chose qui leur fut désagréable, pour ce principalement que ledit peuple estoit ainsi affecté à lui, et qu'il se tenoit fort garny de gens d'armes, et estoit tousjours fort acompaigné en son hostel. Car il fist loger au plus près de lui tous ceulx qu'il avoit amenez, ou au moins la plus grant partie. Et mesmement, en ces propres jours fist faire et édifier à puissance d'ouvriers une forte chambre de pierre bien taillée en manière d'une tour, dedens laquelle il se couchoit par nuit. Et estoit ladicte chambre fort avantageuse pour le garder.

De laquelle justification dudit duc de Bourgongne, la teneur s'ensuit cy-après, laquelle sera déclairée mot après autre.

## CHAPITRE XXXIX.

**Comment le duc Jehan de Bourgongne fist proposer devant le Roy et son grant conseil ses excusacions sur la mort du dessusdit duc d'Orléans.**

Le viiie jour du moys de mars, l'an mil quatre cens et sept[1], le duc Jehan de Bourgongne fist proposer à Paris, en l'ostel de Saint-Pol, par la bouche de maistre Jehan Petit[2], docteur en théologie, la justification

---

1. Vieux style, par conséquent le 8 mars 1408.
2. *Maistre Jehan Petit*, cordelier. Voy. dans Labarre, l'état

d'icellui duc de Bourgongne sur la mort naguères faicte du duc Loys d'Orléans. Et estoit présent en estat royal le duc de Guienne, daulphin de Viennois, ainsné filz et héritier du roy de France, le roy de Cécile, le cardinal de Bar, les ducs de Berry, de Bretaigne et de Lorraine, avec plusieurs autres barons, chevaliers et escuiers de divers pays, le Recteur de l'Université, acompaigné de grant nombre de docteurs et autres clers, et très grande multitude de bourgois et peuple de tous estas. De laquelle proposicion la teneur s'ensuit [1].

« Premièrement dist, ledit maistre Jehan Petit, comment par devers la très noble et très haulte majesté royale venoit, comme vray obéissant à son roy et souverain seigneur, ledit duc de Bourgongne, conte de Flandres, d'Artois et de Bourgongne, deux fois per de France et doien des pers, en grande humilité, pour lui faire révérence et toute obéissance, comme il estoit tenu et obligé de faire par les quatre obligacions que mectent communement les docteurs en théologie de droit canon et civil. Desquelles obligacions la première est : *Proximi ad proximum, qua quis tenetur proximum non offendere, etc.* [2].

« Or, est monditseigneur de Bourgongne bon catho-

---

des officiers de Jean, duc de Bourgogne. (*Mém. pour servir à l'Hist. de France et de Bourgogne*, II<sup>e</sup> partie, p. 102.)

1. « Et dura celle propposicion bien quatre heures ou environ. » (*Chron. Cord.* 16, fol. 331.)

2. « Secunda est cognatorum ad illos quorum de genere geniti
« vel procreati sunt qua tenentur parentes suos, non solum non
« offendere, sed etiam deffendere verbo et facto. Tertia est vas-
« sallorum ad dominum, qua tenentur, non solum non offendere

lique et loyal preudomme, seigneur de bonne vie et en la foy de Chrestienté, et prouchain du Roy, pour quoy est tenu de le aymer comme son prouchain et garder de lui faire aucune offense. Item, il est son parent yssu de sa lignée, si prouchain comme son cousin germain, pour quoy il est obligé, non pas seulement à le garder mais à tout le moins le doit défendre par sa parole contre tous ceulx qui lui feront ou diront injure. Tiercement, il est son vassal, et pour ce, par la tierce obligacion, il n'est pas tant seulement tenu de le garder par parole, mais avecques ce, de fait et de toute sa puissance. Quartement, il est son subject, pour quoy, par la quarte obligacion qui ensuit les trois obligacions devant dictes, il n'est point tant seulement tenu de le garder de sa parole et de fait contre tous ses ennemis, mais avecques ce est tenu de le venger de ceulx qui lui font injures ou qui lui ont faictes, et vouldroient machiner ou vouldroient machiner à faire [1], ou cas qu'il venroit à sa congnoissance. Et encores oultre, il est obligié à si très noble et très haulte majesté royale par plusieurs autres obligacions que par les quatre dessus dictes, pour ce qu'il a receu et reçoit de jour en jour tant de biens et de honneurs de ladicte majesté et magnificence, non point seulement comme son proisme parent, vassal et subject, comme dit est, mais comme son très humble chevalier, duc, conte et per de France, et non pas comme per de France deux fois,

« dominum suum, sed deffendere verbo et facto. Quarta est, non « solum non offendere dominum suum, sed etiam principis inju- « rias vindicare. » (Addition du ms. *Suppl. fr.* 93, et des imprimés.)

1. *Sic*, mais il faut lire : *ou ont machiné*.

mais comme doien des pers, qui est la première prérogative qui soit en ce royaume de seigneurie, noblesse et dignité, après la couronne. Et qui plus est, le Roy lui a fait si grand honneur et monstré si grant signe d'amour qu'il l'a fait per, en la loy de mariage, de très noble et très puissant seigneur monseigneur le duc de Guienne, Daulphin de Viennois, son ainsné fils et héritier, d'une part, et l'ainsnée fille de mondit seigneur[1], d'autre part. Et aussi de madame Michele de France et du seul filz de mondit seigneur de Bourgongne[2]. Et comme dit monseigneur Saint Grégoire : *Concrescunt dona et regna donorum*, il est obligié entre les autres mortelz à le garder, défendre et venger de toutes injures à son povoir; et ce, il a bien recongneu, recongnoist et recongnoistra se Dieu plaist, et aura en son cuer en mémoire les obligacions dessus dictes, qui sont douze en nombre. C'estassavoir, proisme parent, vassal, subject, baron, conte, duc, per, duc per, doien des pers, et les deux mariages. Ce sont douze obligacions par lesquelles il est obligié le servir, aymer, obéir et porter révérence, honneur et obéissance, le défendre de tous ses ennemis, et non seulement défendre, mais le venger et en prendre vengence.

Et avec ce, prince de très noble mémoire, feu monseigneur de Bourgongne, son père[3], lui commanda au lit de la mort que sur toutes choses, après le salut de

1. Marguerite de Bourgogne, mariée le 31 août 1404, à Louis de France, duc de Guienne, dauphin de Viennois.
2. Philippe de Bourgogne, plus tard Philippe le Bon. Michelle, fille de Charles VI, lui avait été accordée en 1403. Le mariage ne se fit qu'en 1409.
3. Philippe le Hardi, duc de Bourgogne, mort le 27 avril 1404.

son âme, il meist tout son cuer, voulenté, courage, corps et puissance en exposant, tant qu'il vivroit, à garder loiaument la personne du Roy, ses enfans et sa couronne, car il se doubtoit très grandement que ses adversaires qui machinoient à lui tolir sa couronne et sa seigneurie, ne feussent plus fors après son trespas que lui vivant. Et pour ce voult obliger ses enfans, ou lit de la mort, par commandement paternel, de résister à l'encontre. Et n'est pas à oublier la très grande loiauté de mon très redoubté seigneur, monseigneur le duc de Berry, et du vaillant seigneur trespassé, qui si longuement, tant doulcement, tant seurement et si sagement gardèrent le Roy, nourrirent et gouvernèrent, que onques une seule ymaginacion de suspicion mauvaise ne fut pensée, ne dicte contre leur personne. Pour quoy, les choses dessusdictes considérées, mondit seigneur de Bourgongne ne pourroit en ce monde avoir greigneur douleur en son cuer, ne plus grant desplaisir, que de faire chose où le Roy peust prendre desplaisance ou indignacion contre lui. Et pour ce que par aventure aucuns pourroient dire que par l'introduction d'aucuns ses malveillans le Roy eust prins en son cuer aucune desplaisance envers lui à cause du fait advenu en la personne du feu duc d'Orléans derrenier trespassé, lequel fait a esté perpétré pour le très grant bien de la personne du Roy, de ses enfans et de tout le royaume, comme il sera cy-après monstré et déclairé tant et si avant qu'il devra bien suffire : Il supplie très humblement au Roy qu'il lui plaise à oster de lui toute desplaisance de son très noble courage, se aucune en a conçeue à l'encontre de sa personne par l'introduction dessusdicte ou autrement, et que le Roy lui veuille monstrer doulceur et bénégnité, et le tenir en amour comme son loial subject et vassal, et cousin germain qu'il est, actendu plusieurs causes justes et véritables, que je vous diray après pour la justificacion de mondit seigneur de Bourgongne, de laquelle il m'a chargé par commandement si exprès, que je ne l'ay osé escondire, pour deux causes cy-après déclairées. La première si est que je suis obligié à le servir par serement à lui fait, il y a trois ans passez. La seconde, que lui, regardant que j'estoie petitement bénéficié, m'a donné chascun an bonne et grande pension pour me aider à tenir aux escoles, de laquelle pension j'ay trouvé une grant partie de mes despens, et trouveray encores, s'il lui plaist de sa grace.

Mais quant je considere la très grande matière dont j'ay à parler, la grandeur des personnes dont il me fauldra toucher en si très noble compaignie comme il y a cy, et d'autre part je me regarde, et me treuve de petit sens, povre de mémoire, feble d'engin et très mal aourné de langage, une très grande paour me fiert au cuer, voire si grande que mon engin et ma mémoire s'en fuit, et ce peu de sens que je cuidoie avoir m'a jà du tout laissé. Si n'y voy autre remède, fors de me recommander à Dieu mon créateur et rédempteur, à sa très glorieuse mère, à monseigneur saint Jehan l'Évangéliste, le maistre et prince des théologiens, qu'ilz me vueillent enseigner, conduire et garder de mal dire, en suivant le conseil de monseigneur saint Augustin *Libro quarto de Doctrina christiana : Apud aliquos aliquis*, etc. C'est-à-dire que pour ce que ceste matière est très haulte et périlleuse, et qu'il n'appartient point à homme de si petit estat comme je suis, d'en parler, voire de en mouvoir les lèvres; de parler en espécial en si très noble et solennelle compaignie qu'il y a cy, je vous supplie très humblement, mes très redoubtez seigneurs et à toute la compaignie, se je dy aucune chose qui ne soit bien dicte, qu'il me soit pardonné, et actribué à ma simplesse et ignorance, et non point à malice. Car l'apostre dist : *Ignorans feci; pie misericordiam consecutus sum*[1]. Car je n'oseroie parler de ceste matière, ne dire les choses qui me sont chargées, se ce n'estoit par le commandement de mondit seigneur de Bourgongne.

Après ce, je proteste que je n'entens à injurier quelque personne qui soit ou puist estre, soit vif ou trespassé. Et s'il advient que je die aucunes paroles sentans injures, pour et ou nom de mondit seigneur de Bourgongne et à son commandement, je prie que on me ait pour excusé, en tant qu'elles sont à sa justification et non autrement.

Mais on me pourroit faire une question, en disant qu'il n'appartient point à ung théologien de faire ladicte justification, et qu'il appartient à ung juriste. Je répons, que point il n'appartient à moy, qui ne suis ne juriste, ne théologien. Mais pour satisfaire aux parlans, je respons à la question : Se j'estoie théologien, il me pourroit bien appartenir, actendu une considéracion que j'ay en ceste matière. C'estassavoir que tout docteur en théologie est tenu de labourer, excuser et justifier son maistre et son seigneur, lui garder et défendre son honneur et sa bonne renommée tant comme

---

1. « Ignorans feci : ideoque misericordiam consecutus sum. » (Édit. Vér.)

à vérité se pevent estendre, mesmement quant sondit seigneur est bon et loyal et n'a de riens mespris. Je preuve ceste considéracion estre vraie, car c'est l'office des maistres docteurs en théologie de prescher et dire vérité en temps et en lieu, et pour tant ilz sont appellez *legis divine professores*. Et s'il advient qu'ilz meurent pour dire vérité, ilz sont adonques vrais martirs. Ce n'est pas donc merveille se à mondit seigneur de Bourgongne, qui me a nourry en l'estude et me nourrira encores, se Dieu plaist, je lui ay presté ma povre langue à prononcer et dire icelle justificacion. Car, si onques il fut lieu et temps de prescher la justificacion et loyaulté de monditseigneur de Bourgongne, il en est ores temps et lieu. Et ceulx qui m'en scauroient mauvais gré feroient grant péchié ce me semble, mais de ce me devroit tout homme de raison tenir pour excusé. Et, en espérance que nul ne m'en scauroit mauvais gré de ladicte justificacion prononcer et dire, pour ce, diray ceste auctorité de monseigneur Saint-Pol, de convoitise : *Radix omnium malorum cupiditas*. Dame convoitise est de tous maulx la racine puis qu'on est en ses las et qu'on tient sa doctrine. Elle a fait aucuns apostas, tant l'ont amée, les autres desloiaulx : c'est bien chose dampnée.

Ceste parole exposée tient en soy trois choses. La première est que convoitise est de tous maulx la racine à ceulx qu'elle tient en ses las. La seconde qu'elle a fait aucuns apostas renyer la foy catholique et ydolatrer. La tierce, qu'elle a fait les autres traistres et desloyaulx à leurs roys, princes et souverains seigneurs. Et pour ce que je pense à déclairer ces trois choses dessusdictes, qui me seront une majeur, et après ladicte majeur joindre une mineur pour parfaire ladicte justificacion de mondit seigneur de Bourgongne, je puis faire deux parties en ce propos. La première partie sera de madicte majeur. La seconde partie contendra quatre autres, dont la première déclairera la première chose touchée en mondit theume, la seconde la seconde, la tierce la tierce. Et ou quart article, je y pense à y mectre aucunes véritez pour mieulx fonder ladicte justificacion de monditseigneur de Bourgongue.

Pour le premier article déclairer, est à savoir que convoitise est de tous maulx la racine. Je respons à une instance qu'on peut faire au contraire de ladicte parole. La Saincte Escripture dit aussi : *Inicium omnis peccati superbia. Ergo non est cupiditas radix omnium malorum*, puisque Saincte Escripture dit que orgueil est commencement de tout péchié, convoitise n'est point la racine de tous maulz et péchez, et ainsi semble que ladicte parole de saint Pol n'est point véritable. A ce, je respons par l'auctorité de monseigneur saint Jehan Baptiste qui dit ainsi : *Nolite diligere mundum, nec ea que in eo sunt. Si quis diligit mundum, non est caritas Patris in eo. Quoniam omne quod est in mundo, aut est concupiscencia oculorum, aut concupiscencia carnis, aut superbia vite*, etc. C'est à dire : ne veuillez point aymer le monde, ne mectre vostre amour et félicité à choses mondaines. Car en ce monde n'a autre chose fors concupiscence, et convoitise de délectacion charnelle, et convoitise d'amour vaine et de honneur, qui ne sont point de par Dieu le Père, mais sont choses mondaines et transitoires. Et toutefois le monde fine et sa convoitise avec lui, mais cellui qui fera la voulenté de Dieu il vivra tousjours perdurablement avecques lui.

Ainsi appert-il clèrement par cest article de saint Jehan qu'il est trois manières de convoitise qui encloent en elles tous péchez. C'est assavoir convoitise de honneur vaine, convoitise de richesse mondaine, et convoitise de délectacion charnelle. Et ainsi prenoit l'Apostre convoitise en la parole proposée. Et quant il disoit : *Radix omnium malorum cupiditas*, c'estassavoir convoitise ès trois manières dessusdictes touchées par saint Jehan l'Evangéliste, dont la première est convoitise de honneur vaine, qui n'est autre chose que mauvaise concupiscence et voulenté desordonnée de tolir à aucun son honneur et seigneurie. Et ceste voulenté est appellée en l'auctorité de saint Jehan dessusdicte, *superbia vite*, et enclost en soy tout orgueil, toute vaine gloire, toute yre, haine et envie. Car quant cellui qui est esprins et embrasé du feu de convoitise ne peut acomplir sa voulenté désordonnée, il se courrouce contre Dieu et contre ceulz qui l'empeschent, et commect le péchié de ire, et tantost conçoit envers cellui qui tient ladicte seigneurie si grant envie, qu'il se met à machiner sa mort. La seconde convoitise est appellée convoitise de richesse mondaine, qui n'est autre chose que concupiscence et voulenté désordonnée de tolir à aultrui ses biens meubles et immeubles, et ceste concupiscence est appellée par ledit Evangeliste *concupiscencia oculorum*, et enclost en soy toute usure, avarice et rapine. La tierce convoitise qui est appellée *concupiscencia carnis*, n'est autre chose que concupiscence et désirs désordonnez de délectacion charnelle, qui aucune foiz est paresce, comme d'un moyne ou autre religieux, qui ne se veult lever pour aller aux matines pour ce qu'il est plus aise en son lit, aucunefoiz est gloutonnie, comme cellui qui prend trop de viandes et de vins pour ce qu'ilz lui semble doulz à la langue et délitables à savourer, aucunefoiz en luxure, et en plusieurs manières qui ne sont jà à déclairer. Ainsi appert clèrement estre vray mon premier article, où je disoie que convoitise est cause et racine de tous maulx, à le prendre ainsi que le prenoit l'Apostre quant il disoit : *Radix omnium malorum cupiditas. — Et hoc de primo articulo hujus prime partis.*

Pour entrer en la matière du second article, je metz une suspicion [1], et suppose que c'est ung des greigneurs péchez qui soit ou puist estre que crime de lèze-majesté royale. Et la cause si est, car c'est la plus noble chose et la plus digne qui puist estre que majesté royale pour ce qu'on ne peut faire plus grant péché, ne plus grant crime que de injurier majesté royale, et selon ce que le crime est plus grant, l'injure est greigneur et fait plus à punir. Pour quoy il est assavoir qu'il est deux manières de majestez royaulx, l'une est divine et perpétuelle, et l'autre est humaine et temporelle. Et pour proporcionalement parler, je trouve deux manières de lèze majesté divine, et l'autre est de lèze majesté humaine.

Item, est assavoir que crime de lèze-majesté divine se part en deux degrez. Le premier, si est quant on faict directement injure au Souverain Roy qui est nostre souverain Dieu et nostre Créateur, comme sont ceulx qui font crime de hérésie ou de ydolatrie. La seconde est quant on fait injure directement contre l'espouse de nostre Souverain Roy et nostre seigneur

---

1. Une souppechon (*Suppl. fr.* 93); une supposcion (Vér.)

Jhésus Crist, c'est assavoir saincte Eglise, et est quant on commet péché de scisme ou division en ladicte Eglise. Ainsi que je vueil dire que les hérétiques et les ydolastres commectent crime de lèze-majesté divine ou premier degré, et scismatique, ou second degré.

Item, il est assavoir que crime de lèze-majesté humaine se part en quatre degrez. Le premier est quant l'injure est directement faicte contre la personne du prince. Le second est quant l'injure ou offense est directement fait contre la personne de son espouse. Le tiers degré est quant elle est faicte directement contre le bien de la chose publique. Et oultre plus, il est assavoir que pour ce que ces deux manières de crimes de lèse-majesté divine et humaine sont les plus horribles [crimes] et péchez qui puissent estre, les drois y ont ordonné certaines peines plus grandes qu'aux autres crimes. C'est assavoir, que ou cas d'hérésie ou de lèse-majesté humaine ung homme en peut estre accusé après sa mort, et se peut former procès contre lui. Et s'il advient que il soit convaincu et actaint de hérésie, il doit estre desterré et ses os mis en ung sac et portez à la justice et ars en ung feu. Et semblablement se il advient que aucun soit actaint et convaincu de crime de lèse-majesté humaine après sa mort, il doit estre desterré et ses os mis en ung sac, tous ses biens meubles et immeubles forfaiz, confisquez et acquis au prince, et ses enfans déclairez inhabiles à toute succession.

Ceste distinction de crime de lèse-majesté pressupposée, je vueil prendre le second article de madicte majeur par exemples et auctoritez. C'estassavoir que dame convoitise a fait plusieurs estre apostatz et renyer la foy catholique, ydolatrer et les ydoles aourer. Jà soit ce que j'en treuve plusieurs exemples, mais pour ce que ce seroit trop longue chose à raconter, je me refraindray à trois premiers. Et sera la première de la première, la seconde de la seconde, et la tierce de la tierce. Le premier exemple est de Julien l'Apostat, lequel fut premièrement chrestien et homme d'église, mais pour estre empereur de Romme et venir à la seigneurie de l'Empire, il renya la foy catholique et son baptesme et aoura les ydoles, et disoit aux chrestiens pour coulourer sa convoitise : *Christus vere dicit in Evangelio suo : Nisi quis renunciaverit omnibus que possidet, non potest meus esse discipulus.* En disant : Vous qui voulez estre chrestien, vous ne devez rien avoir. Et sachez que icellui Julien fut homme d'église, très grant clerc et de grant lignée, et dit-on qu'il eust esté pape s'il y eust voulu labourer. Mais il ne lui en chaloit, pour ce que n'estoit alors que povreté de la papalité. Mais c'estoit la plus noble et riche chose qui feust ou monde que d'estre Empereur; pour lors il le désira merveilleusement. Et pour ce qu'il considéra que les Sarrasins estoient encores si fols qu'ilz n'eussent point souffert qu'un chrestien eust esté Empereur, il renya son baptesme, la chrestienté et la foy catholique, et se rendi à la loy des Sarrasins, à aourer les ydoles, persécuter les chrestiens et diffamer le nom de Jhésucrist, considérant que par ce moien il seroit empereur. Et lors advint que l'Empereur qui adonc estoit, ala de vie à trespas. Et les Sarrasins et paiens, considérans que icellui Julien estoit de grant lignée, grant clerc, et plein de grant malice, et que c'estoit le plus grant persécuteur des chrestiens qui feust ou monde et qui plus disoit de villenie de Jhésucrist et de la foy catholique, le firent empereur. Si vous diray comment il mourut de mort vilaine.

Il advint que lui estant empereur, ceulx de Perse se rebellèrent contre lui. Lors mist sus une puissant armée pour réduire les rebelles en sa subjection, et au départir jura et voa à ses dieux que se il povoit retourner victorien, il destruiroit chrestienté. Et ala passant parmy une cité appellée Césarée, ou pays de Capadoce, et là trouva ung très grant et solennel docteur de la saincte théologie qui estoit évesque de ladicte cité, appellé Basilius, qui à présent est saint Basile, lequel estoit deslors très bon homme, et par le moien de sa doctrine ceulx du pays estoient tous chrestiens. Icellui saint Basile vint vers lui et lui fist la révérence, et lui présenta trois pains d'orge. Lequel présent il print en grant indignacion et dist : Il m'a présenté viande de jument, et je lui envoieray viande de cheval, c'estassavoir trois boisseaulx d'avoyne. Le vaillant homme saint Basile se excusa en disant que c'estoit tel pain, que lui et ceulx du pays mengoient. Puis jura icellui Julien, qu'à son retour destruiroit ladicte cité et la mectroit en tel estat qu'il feroit courir les cailles par tout[1], et en feroit ung beau champ et par tout y feroit semer du froment. Puis s'en ala oultre, à tout ses batailles. Et saint Basile et les chrestiens de la cité eurent conseil et advis ensemble pour saulver ladicte cité. Et advisèrent que c'estoit le meil-

---

1. Au lieu de cette singulière leçon, donnée aussi par le ms. 8345, le ms. *Suppl. fr.* 93 et Vérard, donnent : *courir les charrues*.

leur de prendre tous les joiaulx et trésors pour lui présenter et pour l'apaiser, et oultre qu'ilz yroient en procession en une église de Nostre Dame qui estoit sur une montaigne près de ladicte cité, et là demourreroient par trois journées, impétrant à Dieu le saulvement et de ladicte cité. La tierce nuit advint une vision audit saint Basile. C'estassavoir qu'il veoit une grande compaignie d'anges et de sains assemblez devant une dame, laquelle dame dist à ung de ses sains : « Appellez moy le chevalier Mercure. » Lequel vint tantost, et lors lui dist la dame : « Tu as tousjours été loial serviteur à mon filz et à moy, et pour ce je te commande que tu voises destruire Julien, l'empereur, le tirant apostat, qui si fort persécute les chrestiens, et dit tant de vilenie de mon filz et de moy. » Prestement ressuscita ledit chevalier Mercure. Et lui, comme bon chevalier, print son escu et sa lance qui estoient pendus à la paroy de l'église où il estoit enterré en ladicte cité, et s'en ala, et devant toutes les gens d'icellui Julien, le vint férir de sa lance tellement qu'il lui passa tout oultre parmy le corps et l'occist, puis retira sa lance et la raporta. Et ne sceurent les gens dudit empereur qui c'estoit. Et saint Basile si tost que ladicte vision lui fut advenue, s'en vint hastivement en ladicte église où estoit le tombel d'icellui chevalier, et trouva que le corps n'y estoit pas, la lance ne l'escu. Lors appella les gardes de l'église et leur demanda qu'estoient devenus ledit escu et la lance. Ilz respondirent que la nuit précédente avoient esté ostez, et ne savoient de qui ni comment. Si retourna icellui saint Basile hastivement à la montaigne dessusdicte, au clergié et au peuple, et leur compta sa vision et comment le corps, l'escu et la lance dudit Mercure n'estoient point en l'église, et que c'estoit signe et approbacion de sadicte vision. Assez tost après, vindrent à la dessusdicte église et y retrouvèrent ladicte lance et l'escu, pendus et remis à la paroit (*sic*) ou lieu où ilz estoient paravant. Et estoit la lance, tout de nouvel ensanglantée, et ou tombel, ledit corps. Et fut advisé que à ce faire ne mist que ung jour et deux nuis. Et ainsi fut occis et mis à mort ledit Julien l'Apostat. Et ouitre dit la cronique qu'il recevoit son sang en sa main et le gectoit vers le ciel en disant : *Vicisti Galilee*, en parlant à Jhesucrist et disant : « Galiléen, tu m'as vaincu ! » Item, encores dit la cronique que l'un des conseillers et sophistes d'icellui Julien eut semblable vision dudit miracle de ladicte mort, et pour ce s'en vint à saint Basile pour se faire baptiser comme bon chrestien, lequel disoit qu'il avoit esté présent à ladicte occision et qu'il lui avoit veu recevoir son sang en ses mains et le gecter en hault comme dit est. Et ainsi misérablement mourut et fina sa vie Julien l'Apostat. Et par ce avons le premier exemple.

Le second exemple est *De Sergio monacho*, lequel estoit chrestien, homme d'église et de religion qui par convoitise se mist en la compaignie de Mahommet. Pour quoy est assavoir que icellui moyne advisa que ledit Mahommet estoit ung grant capitaine des pays de Surie et des routes des paiens d'oultre-mer, et que les seigneurs des pays estoient presque tous trespassez par une mortalité et n'estoient demourez que les enfans. Lors dist Mahommet à Sergius : « Se vous me voulez croire, je vous feray le plus grant seigneur et le plus honnoré du monde ». Briefment ilz furent d'accord de ce faire, et que Mahommet feroit tant par force d'armes qu'il conquerroit le pays et en seroit seigneur, et icellui moyne ouvreroit de subtilité et renonceroit à la loy des chrestiens et composeroit une loi toute nouvelle ou nom dudit Mahom. Il fut ainsi fait, et furent convertis tous les pays d'Arabe, de Surie, d'Aufrique, de Belmarin[1], de Maroch, de Grenade, de Thunes en Barbarie, de Perse, d'Egipte et de plusieurs autres parties qui pour lors estoient chrestiens pour la plus grant partie sans comparoison. Et fut ceste apostasie de la loy Mahom faicte, six cens ans après l'Incarnaciou Nostre-Seigneur. Icellui Mahom donna audit moyne grant habundance de richesses mondaines, et il les receut par convoitise, qui lui fist faire l'apostasie, à la dampnacion perpétuelle de son âme.

Le tiers exemple est d'un prince et duc de Syméon, qui fut une des douze lignées des enfans d'Israhel, lequel prince estoit moult puissant homme et grant seigneur et avoit nom Sambry. Lequel fut si espris de convoitise et de délectacion charnelle de l'amour d'une paienne, qu'elle ne se vouloit accorder à faire sa voulenté s'il ne aouroit ses ydoles. Il les aoura et les fist aourer par plusieurs de ses subgetz, desquelz la saincte Escripture dist ainsi : *At illi comederunt ea, et adoraverunt Deos eorum*, etc. C'est à dire que icellui duc et une grant partie du peuple firent fornicacion de leur corps avec les femmes paiennes et sarrasines du pays de Moab, lesquelles femmes les induisirent à aourer les ydoles. Dont Dieu se courrouça

---

1. *De Belmarin.* Belle marine (Vérard).

très durement, et dist à Moyse, qui estoit le souverain seigneur et duc de tous les autres du peuple : « Pren tous les princes du peuple, et les fais pendre au gibet contre le soleil. » Et pour quoy disoit-il tous les princes? pour ce que la pluspart d'iceulx estoit consentant d'icellui crime. Et les autres, jà soit qu'ilz n'en feussent point consentans, ilz estoient négligens de prendre vengence de si grande injure faicte à Dieu leur Créateur. Tantost Moyse ala assembler tous les princes et tout le peuple d'Israël et leur dit ce que Dieu lui avoit dit et commandé. Le peuple print à pleurer, pour ce que les malfaicteurs estoient si puissans que les juges n'osoient faire justice. Et encores plus, icellui duc Sambry estoit à tout vingt quatre mille hommes, tous de son aliance. Si se parti de la place, voiant tout le peuple, et s'en ala entrer ou logis de la dame sarrasine, qui estoit sa mie par amours et qui estoit la plus belle créature et la plus gente du pays. Lors ung vaillant homme nommé Phinées print courage en lui et dist en son cuer, je voue à Dieu que présentement le vengeray de ceste injure. Si se parti sans mot dire, sans quelconques commandement de Moyse, ne d'autre à ce aiant povoir, et s'en vint au logis, où il trouva icellui duc avec icelle dame, l'un sur l'autre, faisant l'œuvre de délit, et d'un coustel qu'il avoit en manière de dague, les transperca tous deux d'oultre en oultre, et les occist tous deux ensemble. Et les vingt quatre mille hommes qui estoient adhérens avec icellui duc nommé Sambry, si volrent combatre, pour sa mort. Mais par la grâce de Dieu ilz furent les plus febles, et furent tous mors et occis. Et notez bien cest exemple, que le vaillant

homme Phinées estoit si esprins de l'amour de Dieu
qu'il fut si dolent quant il vit telle injure faire à Dieu,
son roy et souverain seigneur, qu'il ne doubta point
soy exposer à la mort, et n'actendi point, ne commandement ne licence de Moyse, ne d'autre quelconques,
de ce faire, pour ce que les juges ne faisoient point
leur devoir, les ungs par négligence, les autres par
doubtance qu'ilz avoient d'icellui duc Sambry. Et
plus encores est à noter la grande rémunéracion et
loenge qu'il en acquist. *Quia Dominus ad Moysen
Phinees filius Heleasim filii Aaron sacerdotis*, etc.
C'est à dire que Dieu eut le fait tant agréable et le
rémunéra tellement, que lui et sa lignée auroient tiltre
et honneur de prestrise par telle manière que nul de
l'ancien testament ne seroit prestre ne évesque, fors
de la lignée d'icellui Phinées. *Placavit et cessavit
quassacio et reputatum est ei ad justiciam usque in
sempiternum.* C'est à dire que icellui fait fut actribué
à justice, gloire et loenge audit Phinées et à toute sa
lignée à tous jours mais. Ainsi appert clèrement que
concupiscence et convoitise mauvaise tint tellement
en ses las ledit duc Zambri qu'elle le fit ydolatre,
et aoura les ydoles des Sarrasins. Et cy fine le tiers
exemple du deuxiesme article.

Quant au tiers article de madicte majeur, où je doy
monstrer par exemples et par auctoritez de la Bible,
laquelle nul n'oseroit contredire, c'est assavoir que
dame convoitise a fait plusieurs estre traistres et desloiaulx envers leurs souverains seigneurs, jà soit ce
que à ce propos je pourroie mectre les exemples et
auctoritez, tant de la saincte Escripture comme d'ailleurs, mais je me restraindray à trois.

Le premier est du cas de Lucifer, lequel fut la créature plus parfaicte en essence que Dieu fist onques. Duquel dit Ysaye le prophète : *Quare cecidisti de celo Lucifer.* Pour quoy il est assavoir que icellui Lucifer soi regardant et considérant si noble créature, tant belle et tant parfaicte, dist en sa pensée en luy-mesmes, je feray tant que je mectray mon siège et mon trosne au dessus de tous les autres anges et seray semblable à Dieu. C'estassavoir qu'on lui feroit obéissance comme à Dieu. Et pour ce faire, il déceut une grant partie des anges et les actrahit à son opinion, c'estassavoir qu'ilz lui feroient obéissance, honneur et révérence par manière de hommage comme à leur souverain seigneur, et ne seroient de riens subgetz à Dieu, mais à cellui Lucifer, lequel tenroit sa majesté pareillement comme Dieu la sienne, exempte de toute la seigneurie de Dieu et de toute sa subjection. Et aussi vouloit tolir à Dieu, son créateur et souverain seigneur, la plus grant partie de sa seigneurie et le actribuer à soy. Et ce lui faisoit faire convoitise, qui s'estoit boutée en son courage. Si tost que saint Michel apperceut cela, il s'en vint à lui et lui dist que c'estoit très mal fait et que jamais ne voulsist faire telle chose, et que, de tant que Dieu l'avoit fait plus bel et plus parfait de tous les autres, de tant devoit-il monstrer plus grant signe de révérence, subjection et obéissance à cellui qui l'avoit fait, qui estoit son roy et son souverain seigneur. Lucifer lui respondi qu'il n'en feroit riens. Saint Michel dist que lui et les autres anges ne souffreroient point telles injures faire à leur créateur et souverain seigneur. Briefment, bataille se mut entre cellui Lucifer et saint Michel. Et une grande partie d'anges furent de l'accord et de la querelle d'icellui Lucifer. Et l'autre partie et la plus grande furent de la partie saint Michel. Saint Michel occist icellui Lucifer de mort pardurable. Car icellui Lucifer et les autres anges de sa bende furent par force chassez hors de paradis et trébuchez en enfer. De quoy dist saint Jehan l'Evangéliste : *Causa dracone et draco pugnabat et angeli ejus cum eo*, etc. C'est à dire que monseigneur saint Jehan vit en vision la manière de la bataille dessusdicte, et comment Lucifer fut gecté hors et trébuché en enfer, et ses anges avecques lui. Et après la bataille gaignée il oy une voix : « Maintenant est faicte une grande paix à Dieu nostre seigneur et à tous les sains de paradis. » Ainsi avez le premier exemple du troisiesme article.

Le second exemple du troisiesme article est du très bel Absalon, filz du roy David roy de Jhérusalem. Lequel Absalon, considérant que son père estoit vieil homme et qu'il avoit perdu une partie de sa force et de son sens, ce lui sembloit, s'i ala en Ebbon la valée où son père David avoit esté enoint et couronné à roy, et là fist une coronacion contre sondit père et se fist enoindre à roy. Et tant fist qu'il eut dix mille hommes qu'il actrahit de son accord pour occire le roy son père et prendre la possession de Jhérusalem. Sondit père, quant il oy les nouvelles de ceste chose, se partit de la ville tost et hastivement, et avec lui ses loiaulx amis, et se retrahy en une forte ville oultre le fleuve Jourdain, et manda tous ses capitaines partout, et Absalon tous les siens. Briefment jour de bataille fut prins, et fut la bataille en la lande d'une forest, là où Absalon vint en personne garny de très grant compaignie de gens d'armes, et fist prince de sa compaignie son conseiller, c'estassavoir d'un chevalier nommé Amasa. Le roy David y vouloit venir en personne, mais Joab, qui estoit son grant connestable, et les autres chevaliers, lui conseillèrent qu'il demourast en la forest, pour ce qu'il estoit viel et ancien; si demoura. Mais pour ce qu'il estoit très expert prince en fait de guerre, et tant vaillant chevalier qu'il estoit adonc le plus preux du monde, de lui-mesmes ordonna trois batailles, desquelles Joab, son connestable général, fut capitaine de la première, et Abisay, le frère Joab, eut la seconde, et de la tierce fut capitaine Eschey, fils de Geth. Et puis fut l'estour grant et la bataille cruelle. La partie du desloyal Absalon fut la plus feble ; si en furent les ungs occis, et les autres s'en fuirent. Si advint que icellui Absalon, en fuiant sur sa mule après la desconfiture, passa en la forest pardessoubz ung chesne, espès de branches et moult fort ramu, lesquelles branches venoient de si bas que les cheveulx dudit Absalon s'entortillèrent autour d'une des branches, ainsi qu'il cuidoit passer par dessoubz. Si demoura pendant par ses cheveux, et sadicte mule passa oultre. Car ledit Absalon avoit osté son heaume pour la chaleur et pour mieulx courre, et avoit des cheveulx plus que deux autres, qui lui batoient jusques à la ceinture, si s'eslevèrent en hault en courant et s'entortillèrent entre les branches dudit arbre. Et pour ce demeura il là pendant, par manière de miracle, pour la grande trahison et desloiauté qu'il avoit perpétrée à l'encontre du roy, son père et son souverain seigneur. Si advint que des hommes d'armes d'icellui Joab, connestable dudit roy David, le trouva là pendu, et tantost le courut dire à cellui Joab. Lequel Joab lui dit : « Se tu l'as vu, pour

quoy ne l'as tu occis, et je t'eusse donné dix besans
d'or et une bonne ceinture. » Lequel respondi à Joab :
« Se tu me donnoies mil besans d'or, si ne lui oseroie-
je toucher, ne faire mal. Car j'estoie présent quant le
Roy te commanda et à toutes les gens d'armes : « Gardez moy mon enfant Absalon, et gardez qu'il ne soit
occis. » Et Joab repliqua : « Le commandement que
le Roy avoit fait estoit contre son bien et son honneur.
Car, tant comme ledit Absalon aura vie ou corps, le
Roy sera tousjours en péril, et si n'aurons jà paix ou
royaume : maine moy où ledit Absalon est. » Cil lui
mena présentement, et là, Joab trouva Absalon pendant par les cheveulx. Si lui ficha trois glaives [1] parmy
le corps en droit le cuer, et puis le fist gecter en une
fosse et lapider et couvrir de pierres. Car selon la loy
de Dieu, pour ce qu'il estoit traistre, tirant et desloyal
à son père, son roy et son souverain seigneur, il devoit
estre lapidé et tout couvert de pierres. Quant le roy
David sceut la nouvelle que son fils estoit occis, il
monta en une haulte chambre et commença à pleurer
moult tendrement. *Fili mi, fili mi, Absalon! quis mi-
chi tribuat ut ego moriar pro te, Absalon, fili mi!* Il
fut noncié à Joab et aux gens d'armes que le Roy menoit si grant dueil pour la mort de son filz; si en furent
très indignez. Lors Joab vint au roy David, et lui dit
ces paroles : *Confudisti hodie vultus servorum tuorum,
salvam fecerunt animam tuam quia diligis odientes*

---

1. *Glaive*, lance, pique, javelot, et non pas une épée. On lit
dans une lettre de rémission de l'an 1415 : « Et là fu frappé par
ledit suppliant d'un cop de lance ou glaive, par le costé ». Commines se sert souvent de cette expression : *cent glaives, deux cents
glaives*, etc.

*te, et odio habes diligentes te*, etc. C'est à dire quant le bon chevalier Joab s'en vint au Roy, son seigneur, il lui dit vérité sans flater, c'estassavoir ; « Tu hez ceulx qui te ayment, et aymes ceulx qui te héent ; tu eusses bien voulu que nous eussions estés occis et que Absalon ton filz, vesquist, qui a mis nos personnes en grant péril de mort en combatant contre lui pour toy, et pour ce que les gens d'armes et le peuple en sont si indignez à l'encontre de toy, car se tu ne viens seoir à la porte, à bonne chère, pour les remercier quant ilz entreront dedens, ilz feront ung autre roy et te osteront ton royaume ; et onques si dolente journée ne t'advint, se tu ne fais ce que je te dy. » Le Roy, considérant que son connestable lui disoit vérité, vint seoir à la porte pour remercier les gens de guerre quant ilz entrèrent dedens la porte, et leur monstra lie chère et joieuse. Et en ce présent exemple fait moult à noter que le bon chevalier Joab occist le filz du Roy contre le commandement du Roy, et ne obéyt point à son commandement pour ce qu'il estoit ou préjudice de Dieu, du Roy et de tout son peuple[1]. Item, nonobstant que ledit Joab l'occist, ilz avoient esté tousjours amis ensemble, et tant que ledit Joab avoit audit Absalon fait la paix pardevers le roy David, son père, d'un meurtre qu'il avoit fait en la personne de son frère ainsné, filz du roy David, qu'il avoit occis, et en avoit icellui Absalon esté fuitif hors du pays par l'espace de trois ans.

[1]. Si ce singulier discours a jamais été prononcé, comme après tout la chose n'est pas impossible, des traits comme celui-ci ne devaient pas être sans portée sur certains esprits atrabilaires du temps.

Mais aucuns pourroient arguer contre les choses dessusdictes pour ce, quant le roy David fut au lit de la mort, il charga son filz Salomon qui devoit estre roy régnant après lui, qu'il fist justice dudit Joab. A ce je respons que ce ne fut pas pour le cas dessusdit. Car, nonobstant que Joab feust bon chevalier et loial ou temps qu'il occist ledit Absalon, néantmoins envers la fin de ses jours il commist deux grandes faultes. La première fut qu'il occist ung très bon chevalier et homme d'armes, nommé Amaza, et en baisant le print par le menton d'une main, et de l'autre lui bouta une espée parmy le corps, en disant : *Ave frater Amaza,* « Dieu te gard ! frère Amaza. » Le second fut qu'il occist le prince Abner, aussi par grande trayson. Et pour ce que le Roy n'avoit point puny ledit Joab des deux homicides dessusdiz qu'il avoit perpétrez si desloyaument, il en fist conscience en son lit mortel, et en charga son filz Salomon qu'il en feist justice après son trespassement, et qu'il le pugneist en ce monde et privast de la vie du corps pour éviter dampnacion perpétuelle. Et lui dist ainsi : *Tu scis que fecerit Joab duobus principibus exercitus Israel, filio meo,* etc. C'est à dire que les deux chevaliers, princes de la chevalerie d'Israël, avoient esté tuez desloiaument en la paix de Dieu et de son Roy, et je fay conscience de ce que je lui ay esté trop favorable ; et pour ce, se tu ne le pugnis, tu seroies cause de la dampnacion de son âme. Et je fay cy ung nota : il n'est nul si bon chevalier ou monde qui ne puist faire une faulte, voire si grande que tous les biens qu'il aura faiz devant soient adnullez. Et pour ce, on ne crie aux joustes, ne aux batailles : Aux preux ! mais on crie bien : Aux filz des preux après la mort de leur père ! Car nul chevalier ne peut estre jugié preux se ce n'est après le trespassement. Ainsi avez vous le deuxiesme exemple.

Le tiers exemple sera de la royne Athalie qui estoit royne de Jhérusalem. De laquelle dist la saincte Escripture : *Athalaia vero, mater regis Ochosie, videns filium suum mortuum, surrexit*, etc. C'est à dire que cette mauvaise royne Athalie, recordant que le roy Ochosie, son filz, estoit trespassé et qu'il n'avoit laissé que petit enfans, pour actribuer à elle la seigneurie, par sa convoitise, mauvaise concupiscence et tirannie, occist les enfans dudit roy son filz, et furent tous mis à mort, excepté que par la grâce de Dieu et d'une vaillant dame qui estoit ante desdiz enfans, seur à leur père, laquelle embla un nommé Joias ou berceau de sa nourrice et l'envoia secrètement à l'évesque du temple, qui doulcement le nourry jusques à sept ans. Ce pendant ladicte mauvaise royne régna par l'espace desdiz sept ans, par tyrannie et desloyaulté. Et la huitiesme année le vaillant évesque la fist espier et occire de fait d'aguet, et fist couronner le petit enfant. Lequel, combien qu'il feust jeune et qu'il n'eust que sept ans, gouverna très bien ledit royaume par le conseil et advis dudit vaillant évesque et autres bons preudommes. Car la saincte Escripture dist ainsi : *Joias regnavit quadraginta annis in Jherusalem, fecitque rectum coram Domino*, etc. Ainsi avez vous le troisiesme exemple, qui est comment convoitise de honneur vaine, qui n'est autre chose que concupiscence et voulenté désordonnée à tolir à autrui sa noble dominacion et seigneurie, fist ladicte royne estre murdrière, faulse et desléale, pour obtenir par force tirannique la couronne et seigneurie du royaume de Jhérusalem. Et si avez oy comment par agaiz et espiemens elle fut occise. Car c'est droit raison et équité que tous tirans soient occis vilainement par agais et espiemens, et est la propre mort dont doivent mourir les tirans desleaux. Et ainsi je fais fin du tiers article de madicte matière majeur.

Après je viens au quart article de ma majeur, ouquel je pense à noter et exposer huit véritez principales par manière de conclusion, et fondement de en icellui insérer huit autres conclusions par manière de correlaire, pour mieulx fonder la justificacion de moudit seigneur de Bourgongne. La première est que tout subject universel qui par convoitise, barat, sortilège et malengin machine contre le salut de son roy et souverain seigneur, pour lui tolir et soubztraire sa très noble et haulte seigneurie, il pèche si griefment et commet si horrible crime, comme crime de lèse-majesté royale ou premier degré, et par conséquent il est digne de double mort, c'estassavoir, première et seconde. Je preuve madicte proposicion. Car tout tel subject et vassal est grant ennemy et desloyal au souverain seigneur et pèche mortellement; donques ma conclusion est vraye. Et qu'il soit tirant, je le preuve par monseigneur saint Grégoire, qui dist ainsi : *Tirannus est proprie*, etc. Qu'il commet ce crime de lèse-majesté, il appert clèrement par la distinction dessusdicte des degrez de lèse-majesté royale et en la personne du prince. Qu'il soit digne de double mort, première et seconde, je le preuve. Car, par la première mort j'entens mort corporelle, qui est séparacion du corps et de l'âme, et par la mort seconde je n'entens autre chose que dampnacion pardurable, de laquelle parle monseigneur saint Jehan l'évangéliste, et dist : *Qui vixerit non ledetur a morte secunda.* C'est à dire que toute humaine créature qui aura victoire finablement sur convoitise et ses trois filles, il n'aura garde de la mort seconde, c'estassavoir de pardurable dampnacion.

La seconde vérité est, jà soit ce que ou cas dessusdit tout vassal et subject soit digne de double mort, et qu'il commecte si très horrible crime qu'on ne le pourroit trop punir, toutesfoiz il fait trop plus à punir que ung simple subject, c'estassavoir, ung baron que ung chevalier, ung conte que un baron, et un duc que ung conte, le cousin du Roy que ung estrange, le frère du Roy que ung cousin, et le filz du Roy que le frère. C'est vérité, tant qu'à la première partie s'ensuit la vérité précédente. Et quant à la seconde partie, je le preuve. Car en mondit degré, l'obligacion est plus grande à vouloir garder le salut du Roy et la chose du bien publique. Donques ceulx qui font le contraire font plus à punir, en montant de degré en degré. Ma conséquence est très bonne, et je la preuve. C'estassavoir que le filz est plus obligié que le frère, et le frère que le cousin, ung duc que ung conte, ung conte que ung baron et ung baron que ung chevalier, à garder le bien et honneur du Roy et de la chose publique du royaume. Car chascune des dessusdictes prérogatives, dignitez et seigneuries correspondent à certain degré d'obligacion, et ainsi qu'ilz sont plus grans et plus nobles, plus grande et plus forte est l'obligacion. Et pourtant, qui plus en a et de plus nobles, plus est obligié comme dit saint Grégoire, en l'auctorité dessus alléguée : *Concrescunt dona et raciones donorum.* Item, pour le deuxiesme argument prens-je madicte vérité. Car, tant que la personne est plus prouchaine du Roy et plus noble, s'il fait les choses dessusdictes, de tant est-ce plus griefve esclande que n'est d'une personne qui est loingtaine du Roy. C'est plus grande esclande que ung grant duc et puissant seigneur, prouchain parent du Roy, machine sa mort pour lui tolir sa seigneurie, que ce seroit d'un povre subject qui n'est point son parent. De tant que le machineur seroit plus prouchain du Roy et de plus grant puissance, de tant seroit la chose plus inique, et de tant seroit de plus grant esclande, et par conséquent seroit plus à punir. Tiercement, je prouve ma vérité dessusdicte. Car il y a plus grant péril, donques y doit-il avoir plus grant remède de punicion. Et à l'encontre qu'il y ait plus grant péril, je le preuve. Car la machinacion des prouchains du Roy, qui sont de grande auctorité et puissance, est plus périlleuse que n'est la machinacion des povres gens. Et pour tant qu'elle est plus périlleuse, il en doit avoir plus grande punicion pour obvier aux périlz qui en pevent advenir pour les refraindre de la temptacion de l'ennemi et de convoitise. Car, quant ilz se voyent si prouchains à la couronne, il advient que convoitise se boute en leur cuer, pour quoy ilz se bouteront à machiner de toute leur puissance et à empoingner ladicte couronne. Ainsi n'est pas d'un povre subject qui n'est point prouchain parent du Roy, car il n'auroit jamais ymaginacion ou espérance d'advenir à ladicte couronne, ne du royaume, aucunement.

La tierce vérité[1], ou cas dessusdit en ladicte première vérité. Il est licite à chascun subject, sans quelque mandement, selon les lois morales, naturèles et divines, de occire ou faire occire traistre desloial ou tirant, et non point tant seulement licite, mais honnorable et méritoire, mesmement quant il est de si grant puissance que justice n'y peut estre faicte bonnement par le souverain. Je prouve ceste vérité par douze raisons, en l'honneur des douze apostres. Desquelles raisons, les trois premières sont trois auctoritez de trois philosophes moraulx. Les autres trois, sont de trois auctoritez de saincte Église. Les autres trois, sont de trois lois civiles et impériales. Et les trois dernières sont exemples de la saincte Escripture.

La première des trois auctoritez des trois docteurs de saincte théologie est du docteur saint Thomas, qui dist en la dernière partie du second livre des sentences : *Quando aliquis ad dominum sibi per violenciam surrexit.* A parler briefment et proprement, le docteur dessusdit veult dire que ce subject qui occist le tirant dessusdit, fait oeuvre de loenge et de rémunéracion. La seconde auctorité si est *Salberiensis sacre theologie eximii doctoris, in libro suo Policrat,* libro II, c. xv, *sic dicentis : Amico adulari non licet, sed aurem tiranni mulare*[2] *licitum est,* etc. C'est à dire il n'est licite à nullui de flater son ami, mais il est licite de adenter et endormir par belles paroles les oreilles du tirant. Car puisqu'il est licite d'occire ledit tirant, il est licite de le flater et blander par belles paroles et

1. Le ms. *Supp. fr.* 93 met en tête de cet alinéa les mots : *De occisions.*

2. *Mulare* (sic) lis. *mulcere.*

signes. La tierce auctorité est de plusieurs docteurs que je mets tous ensemble afin que je n'y excède le nombre de trois. C'estassavoir *Ricardi de Media villa, Alexandri de Halis et Ascens, in summa qui conclusionem ponant in effectum;* et adjoinct pour plus grande confirmacion l'auctorité de saint Pierre l'apostre, qui dit ainsi : *Subditi estote Regi quasi precellenti, sive ducibus, tanquam ab eo missis ad vindictam malefactorum, laudem vero bonorum, quia sic est voluntas Dei, Prima p°. II°.* C'est à dire que la voulenté de Dieu est que tous obéissent au Roy comme excellent et souverain seigneur sur tous les autres de son royaume, et puis après aux ducs et autres princes, comme commis et envoiez de lui à la voulenté et punicion des malfaicteurs et à la rémunéracion des bons et à la vengence des mauvaises injures faictes et machinées au Roy par ses ennemis et malfaicteurs. Donques il s'ensuit que les ducs sont obligez de venger le Roy de toutes injures qui seront faictes et machinées à faire, ou au moins d'en faire leur povoir, et de exposer à ce toute leur puissance, toutes et quantesfoiz qu'il viendra à leur congnoissance.

Après je viens à la seconde auctorité des trois philosophes moraulx, dont la première est *Anaxagore Philippi in libro suo pluribus locis, sic de civilibus subditorum ait : Licitum est occidere tyrannum, et non solum licitum, ymo laudabile.* C'est à dire qu'il est licite à ung chascun subject occire le tirant, et non point seulement licite, mais chose honnorable et digne de loenge. La seconde, *Tullii in libro De officiis, laudatis illis qui Julium Cesarem interfecerunt quamvis esset sibi familiaris amicus, eo quod jura imperii quasi tyrannus usurpaverat.* C'est à dire que le noble moral Tulle dit et escript en son livre *Des offices*, que ceulx qui occirent Jules César font à priser et bien sont dignes de loenges pour tant que Jules César avoit usurpé la seigneurie de l'empire roummain par tirannie et comme tirant. La tierce auctorité est de Bocace, en son livre : *De casibus virorum illustrium*, cap. v, *contra filios tirannos*, en parlant du tirant dit ainsi : « Le diray-je roy, le diray-je prince, lui garderay-je foy comme à seigneur? Nonnil. Car il est ennemi de la chose publique. Contre cellui puis-je faire conspiracion, prendre armes, mectre espies et employer force? C'est fait de courageux, c'est très saincte chose et très neccessaire, car il n'est plus agréable sacrifice que le sang du tirant. C'est une chose importable de recevoir villenies pour bien faire. »

Après, je viens à la tierce auctorité des lois civiles. Et pour ce que je ne suis point légiste, il me suffit de dire la sentence des lois sans les alléguer, car en toute ma vie je ne fus estudiant que deux ans en droit canon et civil, et y a plus de vingt ans passez, pour quoy je n'en puis guères sçavoir, et ce que lors je en peuz aprendre, je l'ay oublié par la longueur du temps. La première auctorité des lois civiles est que les déserteurs et destructeurs de chevalerie, chascun les peut occire licitement. Et qui est plus déserteur que cellui qui destruit la personne du Roy, qui est le chef de chevalerie et sans lequel la chevalerie ne peut longuement durer. La seconde auctorité est, qu'il est licite à ung chascun de occire et faire occire les larrons qui guètent les chemins ès bois et en forestz. Et pour quoy il est licite? en ma foy c'est pour ce qu'ilz sont formellement ennemis de la chose publique et continuellement machinent à l'encontre et mectent peine à occire les passans. Donques est-il licite e occire le tirant qui continuellement machine contre son roy et son souverain seigneur, et à destruire le bien publique. La tierce auctorité est qu'il est licite à ung chascun d'occire ung larron s'il le treuve en sa maison, de nuit, par la loy civile et impériale. Donques, par plus forte raison, est-il licite d'occire ung tirant qui par nuit et par jour machine la mort de son souverain seigneur. Ceste conséquence appert à tout homme de sain entendement s'il y veult considérer, et l'antécédent est le texte de la loy escripte.

Aincois que je entre en la matière des trois exemples de la Saincte Escripture, je vueil respondre à aucunes objections qu'on pourroit faire à l'encontre de ce que dit est, en arguant ainsi : Tout homicide par toutes lois est défendu, c'estassavoir divine, naturelle, morale et civile. Tout ce que dit est, n'est pas tout vray dit. Qu'il soit défendu en la loi divine, je treuve et le preuve. Car la Saincte Escripture dit ainsi : *Non occides*, et est ung des commandemens de la loy divine par lequel est défendu tout homicide. Qu'il soit défendu en la loi de nature, je le preuve. *Natura enim inter homines quamdam cognicionem constituit quâ hominem homini insidiari nephas est.* Qu'il soit aussi défendu par la loy morale, je le preuve *per illud. Hoc non facias aliis quod tibi non vis fieri. Alterum non ledas. Jus suum unicuique tribuere. Hoc est morale insuper et de naturali jure.* Qu'il soit aussi défendu par la loy civile et impériale, je le preuve par les lois civiles et impériales, qui disent ainsi : *Qui hominem occidit, capite puniatur, non habita differencia sexus vel condicionis.*

Pour respondre aux raisons dessusdictes, est à savoir que les théologiens et juristes parlent en diverses manières de ce mot *homicidium*. Mais nonobstant qu'ilz diffèrent ès parlers, ilz diffèrent[1] en une mesme sentence. Car les théologiens dient que tuer ung homme licitement n'est point homicide, car ce mot *homicidium* emporte en soy *quod sit justum. Et propter hoc dicunt quod Moyses Phinees et Matathias non commiserunt homicidia, quia juste occiderunt.* Mais les juristes dient que toute occision de homme, soit juste ou injuste, est homicide. Et les autres dient qu'il y a deux manières de homicides, juste et injuste, et que pour homicide juste nul ne doit estre puny. Je respondray donques selon les théologiens. Je dy que l'occision dudit tirant n'est point homicide, pour ce qu'elle fut juste et licite. Ainsi ne s'en ensuit point de punicion, mais rémunéracion. Quant à l'argument qui dit *quod hominem homini insidiari nephas est*, etc., c'est à dire que le tirant qui continuellement machine la mort de son roy et souverain seigneur *et homo est nephas et perdicio et iniquitas*. Et pour ce, cellui qui l'occist par bonne subtilité et cautelle en l'espiant, pour saulver la vie de son roy et souverain seigneur, et le garde de tel péril, il ne fait pas *nephas*, mais s'acquitte envers son roy et souverain seigneur. Quant à l'argument qui dit : *Non facias aliis*, etc. *Alterum non ledere*, etc., je respons que ce, fait expressément contre ledit tirant

1. *Ilz diffèrent* (sic), lis. *ilz conviennent* comme dans le ms. Supp. fr. 93.

et pour cellui qui l'occist. Car il fait contre son Roy et souverain seigneur ce qu'il ne vouldroit pas qu'on lui feist, *et ipsum Regem injuriatur et ledit.* Pour laquelle chose le subject qui l'occist de mort telle qu'il a desservie, ne fait en riens contre lesdictes lois, mais garde l'entente d'icelles, c'estassavoir bonne équité et loiaulté envers son Roy et souverain seigneur.

Aux autres lois qui dient : *Qui hominem occiderit capite puniatur. Omnis usus armorum*, etc., je respons à toutes les lois ensemble, qu'il n'est loy tant soit générale, ne règle tant soit fort commune, qu'en aucun cas espécial n'y ait excepcion aucune. Je dis ores que le cas d'occire ung homme tirant est exemple, et par espécial quant il est tirant de celle tirannie que dessus est dit. Comment pourroit-on trouver plus digne cas d'excepcion que le cas dessusdit? C'estassavoir qu'il est fait par si grant neccesité comme pour défendre son Roy et le garder de péril de mort, et mesmement quant lesdictes machinacions et sortilèges ont si avant ouvré en sa personne qu'il en est tellement indisposé qu'il ne peut entendre à faire justice, et que ledit tirant a desservi si grande punicion que justice n'en peut bonnement estre faicte par sondit roy et souverain seigneur, qui est affebli, blécié et endommagié en entendement et en puissance corporelle. Et pour ce *Non est aliqua lex quin aliter exprimendum sit in ea et enim alii occidit exemplaria in aliquo casu interpretacio exemplaria vel excepcio interpretatur*[1]. Et par ainsi expliquée la loy, et inter-

1. Le ms. *Suppl. fr.* 93, remplace cette phrase inintelligible par une autre qui ne l'est pas moins. Il serait superflu et fastidieux de continuer à donner les variantes de ces citations latines.

prêtée en tel cas, n'est point contre la loy à parler proprement. Pour ce est assavoir qu'en toutes lois a deux choses, la première le principe ou la sentence textuale, l'autre si est la cause pour quoy on la faict faire, à laquelle fin les conditions d'icelle loy entendoient principalement. Et quant ilz scavoient que la sentence estoit contraire à la fin de la loy, c'estassavoir à la fin pour quoy ladicte loy fut faicte, on doit expliquer ladicte loy à l'entente de la fin, et non point au fait lictéral ou sentence textual. Ainsi met le philosophe, l'exemple des citoiens qui firent une loy pour garder leur cité, c'estassavoir que nul estranger ne montast sur les murs, sur peine capital. Et la cause qui les mouvoit à ce faire, fut que se ladicte ville estoit asségée des ennemis, ilz se doubtoient que se les estrangers montoient sur les murs avecques les citoiens ou autrement, il y pourroit avoir trop grant péril qu'ilz ne fussent favorables à leurs ennemis contre la ville, ou qu'ilz ne leur donnassent aucun signe ou entendement de la manière de prendre la ville. Or advint que ladicte ville fut assaillie en plusieurs lieux. Les estrangers et pèlerins qui estoient en la ville, regardèrent qu'à l'un des lieux les ennemis assailloient trop fort, et estoient ceulx de la ville trop febles en icellui endroit. Prestement lesdiz estrangers se armèrent et montèrent sur les murs pour secourir ceulx de la ville qui estoient les plus febles. Si repoussèrent lesdiz ennemis et saulvèrent ladicte cité. Le philosophe demande, puis que lesdiz pèlerins sont montez sur les murs, il lui sembloit qu'ilz avoient fait contre la loy et devoient estre punis. Je respons que non. Car, jà soit ce qu'ilz aient fait contre la sentence lictérale ou textuale de ladicte loy, car ilz ont saulvé la cité, pour laquelle garder ladicte loy fut faicte, afin de garder ladicte ville. Car s'ilz n'y eussent point monté, ladicte ville n'eust point esté gardée, mais eust esté prinse. Au propos : les lois dessusdictes qui dient que nul ne doit prendre auctorité de justice fors le Roy, ne faire port d'armes sans licence du prince, je dy que ces lois furent faictes pour garder l'onneur du Roy, de sa personne et de la chose publique. Mis ce cas donques, je prouveray que ung tirant de grant puissance et auctorité, subtillement machinant de toute sa puissance à la mort du Roy continuellement par baratz et maléfices pour lui tolir sa seigneurie, et fera mondit seigneur tout indisposé en entendement et en force corporelle qu'il ne scauroit ou pourroit y mectre remède ne en faire justice, et en oultre que cellui tirant continue de jour en jour en sa mauvaistié, je regarde les lois dessusdictes qui me demandent ports d'armes sans licence de mondit Roy généralement et qui me défendent l'auctorité d'occirre autrui, que dois-je faire pour garder le sens lictéral d'icelles lois? Dois-je laisser mondit seigneur en si grant péril de mort? Nennil, ains doy défendre mondit Roy, et occire le tirant. Et en ce faisant, jà soit ce que je face contre le sens lictéral desdictes lois, je ne feray point contre la fin pour quoy elles furent données et faictes, mais acompliray le commandement final d'icelles lois, c'estassavoir pour l'onneur, bien et conservacion du prince. Laquelle chose je garderay mieulx ainsi faisant, que de laisser vivre icellui tirant ou grant péril et danger de mondit Roy. Et pour ce je ne doy point estre puny, mais guerdonné. Car je fais œuvre méritoire et ne tens qu'à bonne fin, c'estassavoir la fin pour quoy icelles lois furent faictes. Et pour ce, dit monseigneur Saint Paul : *Lictera occidit, caritas vivificat.* C'est à entendre que tout le sens lictéral en la Saincte Escripture est occirre son âme, mais tout le sens de vraie charité, c'estassavoir tendre à la fin pour quoy la loy divine fut faicte, c'est chose qui bien monstre espérituelle édificacion. Item, les lois divine, naturelle et humaine, me donnent auctorité de le faire, et en ce faisant je suis ministre de la loy divine. Ainsi appert que lesdictes objections ne font riens contre ce que dit est.

Je viens aux trois exemples de la Saincte Escripture pour parfaire la probacion de madicte tierce vérité. La première est de Moyse, qui sans commandement ne auctorité quelconques occist l'Egipcien qui tyrannisoit les enfans d'Israel. Et pour lors icellui Moyse n'avoit auctorité de juge, laquelle lui fut donnée quarante ans après qu'il eut perpétré ce fait. Et de ce, est loé ledit Moyse, *ut patet auctoritate Exodi II. Quia tanquam minister legis hoc fecit. Ita improprie in hoc faciendo ero minister legis.* Le second exemple est de Phinées, qui sans commandement quelconque occist le duc Zambri, comme il est cy-devant racompté. Lequel Phinées ne fut point pugni, mais en fut loé et rémunéré très grandement en trois choses, en amour, en honneur et en richesse ; en amour, car Dieu lui monstra plus grant signe d'amour que devant ; en honneur, *quia reputatum ei ad justiciam*, etc., en richesses, *quia per hoc acquisivit actum sacerdotis sempiterni*, etc. Le tiers exemple est de Saint Michel archange, qui sans commandement de Dieu, ne d'autre, mais tant seulement d'amour naturelle, occist le tirant et desléal à Dieu son roy et souverain seigneur, pour ce que ledit Lucifer machinoit et tendoit à usurper une partie de l'onneur et seigneurie de Dieu. Icellui Saint Michel en fut haultement remuneré ès trois choses dessusdictes, c'estassavoir en amour, honneur et richesses; en amour, car Dieu l'ayma plus que devant et le conferma en son amour et grace; en honneur, *quia fecit eum milicie celestis principem in eternum*, c'est à dire qu'il le fit prince de la chevalerie des anges à jamais; en richesses, car il lui donna richesses en sa gloire tant comme il en veult avoir, *tantum quantum erat capax*. Ainsi appert ma tierce vérité par douze raisons.

La quarte vérité ou cas dessusdit : il est plus méritoire, honnorable et licite que icellui tirant soit occis par l'un des parens du Roy que par ung estranger qui ne seroit point du sang du Roy, et par ung duc que par ung conte, et par ung conte que par ung baron, et par ung baron que par un simple chevalier, et par ung chevalier que par ung simple subject. Je preuve ceste proposicion. Car cellui qui est parent du Roy a à désirer et garder l'onneur du Roy, le défendre à son povoir et venger de toutes injures, et y est obligé plus qu'un estranger, ung duc que ung conte, ung conte plus que ung baron, etc., et fait plus à pugnir, et si est plus grant villenie et diffame s'il est négligent de ce faire. Par opposicion, s'il en fait bien son devoir et bonne loiaulté et diligence, ce lui est plus grant honneur et mérite. *Item, in hoc magis relucent amor et obediencia occisoris vel occidere precipientis ad dominum suum principem*, etc.

La quinte vérité en cas d'aliance, seremens et promesses, est des confédéracions faictes de chevalier à autre en quelque manière que ce soit et puist estre, s'il advient que icellui pour garder et tenir tourne ou préjudice de son prince, de ses enfans et de la chose publique, n'est tenu de les garder. En tel cas seroit fait contre les lois naturelles et divines. Je preuve ceste vérité en arguant ainsi : *Bonam equitatem dictamen recte racionis et legem divinam boni principis in persona publica*, etc.

La sixiesme vérité ou cas dessusdit est, que s'il advient que lesdictes aliances ou confédéracions tournent ou préjudice de l'un promectans ou concédens, de son espouse ou de ses enfans, il n'est en riens tenu de le garder. *Patet hec veritas per rationes tactas et cum hoc probatur sic. Quia observare in illo casu confederaciones contra legem caritatis, qua quibus magis obligantur sibi ipsi uxori proprie vel liberis quando possint obligari*, etc.

La septiesme vérité ou cas dessusdit, est qu'il est licite à ung chascun subject, honnorable et véritable, occire le tirant traistre dessus nommé et desloial à son Roy et souverain seigneur, par aguetz, espiemens et cautelle. Et si, est licite de dissimuler et traire sa voulenté de ainsi faire. Je le preuve premièrement par l'auctorité du philozophe moral appellé Bocace, dessus allégué, ou second livre *De casibus virorum illustrium*, qui dit ainsi, parlant de tirant : le honnoreray-je comme prince ? lui garderay-je foy comme à seigneur ? Nennil. Il est ennemy, et contre lui puis prendre armes et mectre espies. C'est fait de courageux, c'est très saincte chose et du tout neccessaire, car à Dieu n'est fait plus agréable service que du sang du tirant. Item, je le preuve, par l'exemple de la Saincte Escripture, du roy Jéhu : *Occidente*[1] (sic) *sacerdotes et cultores bajulat Jheu, primo regum IX. Nam sic dicitur : Acab parum coluit Baal, ego*, etc. C'est la plus propre mort de quoy tirans doivent mourir que de les occire vilainement par bonne cautelle, aguetz et espiemens. Mais sur ce je fais une question. Pour quoy est ce qu'on est tenu en plusieurs cas de garder foy et convenance à son ennemy capital et non point au tirant? La cause de la response mectent communément les docteurs, et pour ce qu'elle est commune et qu'elle seroit longue à racompter, je m'en passeray à tant.

La huitiesme vérité[2] est que tous subjectz et vassaulx qui appenséement machinent contre la santé de leur Roy et souverain seigneur pour le faire mourir en langueur, par convoitise d'avoir sa couronne et seigneurie, fait consacrer, ou à plus proprement parler, fait exorer[3] espées, dagues, badelaires ou couteaulx, verges d'or ou anneaulx dédier ou nom des dyables par nigromance, faisans invocacions de caractères, sorceries, suggestions et maléfices, et après les bouter et ficher parmy le corps d'un homme mort et despendu du gibet, et laisser par l'espace de plusieurs jours en grant abhomminacion et horreur pour parfaire lesdiz maléfices, et avec ce porter sur soy, lié ou cousu, des ossemens et du poil du loup vil et deshonneste, et de la pouldre d'aucuns d'iceulx mors despendus du gibet. Cellui ou ceulx qui le font ne commectent point seulement crime de lèze-majesté ou

---

1. Leg. *occidere*.
2. Le ms. *Suppl. fr.* 93 met ici le titre *Des sortilieges*.
3. « Fait exercer » (ms. 93).

premier degré, mais commectent crime de lèze-majesté divine ou premier degré, et sont traistres et desloiaulx à Dieu leur Créateur et à leur Roy, et, comme ydolastres et corrompeurs faulsaires de la foy catholique, sont dignes de double mort, c'estassavoir première et seconde, mesmement quant lesdictes sorceries, suggestions et maléfices sortissent leurs effects en la personne du Roy par le moien et malefoy desdiz machinans. *Invocantes invocaciones pr. c°. li°. 11°. Quia dicit dominus Bonaventura libro II° div°. VII° quod ultima Dyabolus nunquam satisfacit voluntati talium nisi antequam yd latria ministratur*, etc. Ainsi je vueil dire que les docteurs en théologie dient tous d'un commun accord que telz sortilèges, caractères et maléfices ne sortissent point leur effect, se ce n'est par œuvre de dyable et par son faulx moien, et les charmes et supersticions que font lesdiz invocateurs n'ont point de vertu en eulx de nuire ou aider à quelque personne que ce soit. Mais ce sont les dyables qui ont puissance de nuire autant que Dieu leur en permet, lesquelz ne feroient riens à la requeste desdiz invocateurs s'ilz ne leur faisoient aincois trois choses. C'estassavoir, exhiber honneur divin, lequel ne doit point estre exhibé fors à Dieu, par action et convenance, par manière de hommage, promesse et obligacion d'aucune chose soit monstrer à eulx faulsaires corrompeurs de la foy catholique, lesquelles choses joinctes ensemble sont erreurs de la foy et ydolatrie. Et pour tant commectent crime de lèze-majesté. *Primum correlarium.* S'il advient pour le cas dessusdit iceulx invocateurs de dyables ydolastres et traistres audit Roy soient mis en prison, et que pendant le procès contre eulx ou icel-

lui jugié aucun leur facteur ou participant en leur
crime, les vueille délivrer ou face délivrer de sa puissance, il doit estre puny comme lesdiz ydolastres
comme traistre au Roy son souverain seigneur et criminel de crime de lèze-majesté ou premier et quart
degré. *Secundum correlarium.* Tout subject qui donne
ou promet à autruy grant somme d'argent pour empoisonner son Roy et son souverain seigneur, le marché fait et les poisons ordonnées, posé que lesdictes
poisons ne sortissent point leur effect pour aucun empeschement survenant par la grace de Dieu ou autrement, tous les deux marchans commectent crime de
lèze-majesté ou premier degré, et sont faulx, traistres
et desléaulx à leur Roy et souverain seigneur, et sont
dignes de double mort, première et seconde. *Tercium
correlarium.* Tout subject qui soubz dissimulacion et
faintise de jeux et esbatemens, appenséement et de la
malice de matière inflammable, c'estassavoir à embraser et alumer et très mauvaise à estaindre, procurer
faire vestemens pour vestir son Roy, et qui plus est lui
faire vestir avec plusieurs autres et y bouter le feu à
escient pour le cuider ardoir et lui tolir et soubstraire
sa noble seigneurie, il commet crime de lèze-majesté ou
premier degré et est tirant, traistre et desloial à son Roy,
et pour ce est digne de double mort, première et seconde; et mesment quant par le feu sont ars et mors plusieurs nobles hommes, vilainement et à grant douleur.
*Quartum correlarium.* Tout subject est vassal du Roy
qui fait aliances avec aucuns qui sont ennemis mortelz
du Roy ne se peut excuser de trahison, espécialement
quant il mande aux gens d'armes de la partie d'iceulx
ennemis qui obtiennent les fortresses dudit royaume,

qu'ils se tiengnent bien en icelles fortresses sans eulx rendre, car quand ce viendra au fort, il se y emploiera et leur fera faire secours, ou y mectra bon remède; avec ce, empesche les voyages et les armées qui se font contre lesdiz ennemis[1], en les reconfortant tousjours par voies subtilles et secrètes, est traistre à sondit Roy et souverain seigneur et à la chose publique du royaume, et commet crime de leze-majesté ou premier et quart degré, et est digne de double mort, première et seconde. *Quintum correlarium.* C'est que tout subject et vassal qui par fraude, barat et donner faulx à entendre, met dissencion entre le Roy et la Royne, tellement que le Roy la heoit tant qu'il estoit tout délibéré de la faire mourir, elle et ses enfans, et qu'il n'y avoit point de remède se elle ne s'en fuioit hors du royaume, et en lui conseillant et requérant que ainsi le feist, lui offrant à le mener hors du royaume en aucunes de ses villes ou fortresses, et en adjoustant une cautelle ou subtilité, c'estassavoir qu'il estoit neccessaire que ladicte Royne le tenist secret afin qu'elle ne feust empeschée ou arrestée à ce faire. Pour laquelle chose faire il voulut qu'elle feignist d'aler en plusieurs pèlerinages de l'un à l'autre, jusques à ce qu'elle seroit en lieu seur, tendant par ce à la mectre en ses prisons, et ses deux enfans[2], et puis faire semblablement au Roy pour parvenir à la sei-

---

1. Allusion aux obstacles que le duc de Bourgogne accusait le duc d'Orléans d'avoir mis à son expédition contre Calais.

2. Cette absurde imputation à la mémoire du duc d'Orléans d'avoir voulu mettre la reine en chartre privée, montre bien l'état des esprits à cette époque. Voyez encore, au paragraphe suivant, l'accusation formelle d'avoir demandé au pape la déposition du Roi.

gneurie de ce royaume par ce moien. Tout tel vassal et subject commet crime de lèze-majesté ou second tiers et quart degré. Ceste vérité s'ensuit aux précédentes, et si appert toute clère à tout homme de bon entendement. *Sextum correlarium.* Est que tout subject et vassal, qui par convoitise d'avoir la couronne et seigneurie du royaume, se trait devers le Pape, en imposant faulsement et contre vérité à son Roy et souverain seigneur, crimes et vices redondans à sa noble lignée et généracion, et par ce concluant que le Roy n'est point digne de tenir vérité comme d'un royaume, ne ses enfans de l'avoir après lui en succession; requérant audit Pape par très grant instance qu'il vueille faire déclaracion sur le fait de la privacion d'icellui Roy et de ses enfans, et déclairer icellui royaume devoir appartenir à cellui requérant et à sa lignée, et lui donner absolucion et à tous les vassaux dudit royaume, qui adhérer vouldroient à lui, et dispensacion du serement de faulté et d'obligacion par laquelle sont tenus et obligez tous subgetz et vassaulx à leur Roy et souverain seigneur, il, et tous telz vassaulx et subgetz, sont traistres, tirans et desloiaulx audit Roy et au royaume et commectent crime de leze-majesté royale ou premier et second chef. *Septimum correlarium.* Est, que cellui desloial tirant qui *animo deliberato* empesche l'union de l'Eglise et les conclusions du Roy et des clers dudit royaume, délibérez et conclus pour le bien et utilité de saincte Eglise, empesche l'exécucion par force et puissance indeuement et contre raison, tendant que le Pape soit plus enclin de lui octroyer sa faulse, mauvaise et inique requeste, icellui tirant est desléal à Dieu et saincte Eglise et à son Roy et souverain seigneur, et doit être réputé scismatique, et si est pertinax hérétique, et si est digne de si vilaine mort que la terre se doit ouvrir soubz lui et l'engloutir en corps et en âme, comme elle fist les trois scismatiques Dathan, Choré et Abiron, desquelz nous lisons en la bible : *Aperta est terra sub pedibus eorum et aperiens os suum devoravit eos cum tabernaculis suis*, etc. *Octavum correlarium*. Est, que tout vassal et subject qui par convoitise de venir à la couronne et seigneurie du royaume, machine à faire, par pouldres, poisons et viandes envenimées, mourir icellui Roy et ses enfans, tout tel vassal et subject doit estre, comme criminel de lèse-majesté royale, puny ou premier et tiers degré. *Nonum et ultimum correlarium*. Est, que tout subject et vassal qui tient gens d'armes sur le pays, qui ne font riens que menger et exiller le peuple, piller et rober, prendre et tuer gens et efforcer femmes, et avec ce mectre capitaines ès chasteaulx, fortresses, pons et passages du royaume, et avec ce, fait mectre suis tailles et emprises intolérables, feignant que c'est pour mener guerre contre les ennemis dudit royaume, et quant les dictes tailles sont levées et mises ou trésor du Roy, les emble, prend et ravit par force et puissance, et en donnant des dictes pécunes fait alliance aux ennemis, adversaires et malveillans dudit roy et de son royaume, en se rendant fort et puissant pour obtenir à sa dampnée et mauvaise entencion, c'est à dire de obtenir la couronne et seigneurie dudit royaume, tout tel subject qui ainsi fait, doit estre puny comme traistre, faulx et desloyal audit Roy et au royaume comme criminel de lèze-majesté ou premier et quart degré, et est digne de double mort, première et seconde. Et ainsi fait fin de la première partie de ladicte justificacion.

### SEQUITUR MINOR [1].

La seconde partie de ladicte justificacion ou proposicion s'ensuit : Or viens-je à affermer et déclairer ma dicte mineur, en laquelle j'ay à monstrer que feu Loys naguères duc d'Orléans, fut tant embrasé de convoitise et honneurs vaines et richesses mondaines, c'estassavoir de obtenir pour soy et sa généracion, et de toler et substraire pardevers lui la très haulte et très noble seigneurie de la couronne de France au Roy nostresire, qu'il machina et estudia par convoitise, barat et sortilèges et malengins, pour destruire la personne du Roy de ses enfans et généracion, en tant qu'il fut espris de tirannie, convoitise et temptacion de l'ennemi d'enfer, que, comme tirant à son Roy et souverain seigneur, il commist crime de leze-majesté divine et humaine en toutes les manières et degrez déclairez en madicte mineur, c'estassavoir de leze-majesté divine et humaine ou premier, second, tiers et quart degrez. Et quant est de crime de leze-majesté divine, il appartient au souverain juge de lassus [2]. Pour quoy je n'en pense point à faire espécial article. Mais ès articles de leze-majesté humaine, je pense à toucher par manière de incident. Ainsi donques me fault déclairer par arti-

1. C'est dans cette seconde partie que M⁰ Jean Petit entasse ses accusations contre la mémoire de Louis d'Orléans. Les unes sont odieuses, les autres ridicules.
2. *Au souverain juge de lassus* (sic au ms. *Supp. fr.* 93), mais Vérard imprime : *la sus*.

cles comment il a commis crime ès quatre degrez dessus nommez. Ou premier article je pense à déclairer comment en plusieurs et diverses manières il a commis crime de leze-majesté ou premier degré, le second ou second degré, le tiers ou tiers degré, et le quart ou quatriesme degré.

Quant au premier article, qui sera du premier degré, lequel est quant l'injure ou offense est directement faite contre la personne du Roy, si est assavoir que telle injure peut estre faicte en deux manières. La première est en machinant la mort ou destruction de son prince et souverain seigneur. La première manière se peut diviser en plusieurs manières. Mais quant à présent je ne la diviseray qu'en trois. La première est machiner la mort de sondit prince par maléfices, sortiléges et supersticion. La seconde, par poisons, venins, intoxicacions. La tierce, par occire ou faire occire par armes, eau, feu ou autres violentes injections. Qu'il ait esté criminel en la première espèce, je le preuve. Car il est vérité, que pour faire mourir la personne du Roy en langueur et par manière si subtile qu'il n'en feust apparence, il fist, par force d'argent et diligence, tant qu'il fina de quatre personnes, dont l'une estoit moyne apostat, l'autre chevalier, l'autre escuier, et l'autre varlet. Ausquelz il bailla sa propre espée, sa dague et ung annel pour dédier et pour consacrer, ou au plus promptement parler, exécrer au nom des dyables. Et pour ce que tel maléfice et telle manière ne se povoit bonnement faire se n'estoit en lieux solitaires et loing de toutes gens, ils portèrent lesdictes choses en la tour Montjay vers Laigny sur Marne, et là se logèrent et firent résidence par l'espace de plusieurs jours. Et ledit moyne apostat, qui estoit maistre de celle œuvre fist plusieurs invocacions de dyables et par plusieurs foiz et journées, dont je vous diray deulx ensemble qu'ilz firent entre Pasques et l'Ascension. Ung dimanche très matin devant soleil levant, sur une montaigne, près de la tour de Montjay, ledit maistre fist plusieurs choses superstitieuses requises à faire telles invocacions de dyables emprès ung buisson, et en faisant lesdictes invocacions se despoulla en sa chemise et se mist à genoulx, et ficha ladicte espée et la dicte dague par les pointes, en terre, et le dict annel mist aussi emprès. Et là, dist plusieurs dépréciacions en invoquant les dyables. Et tantost vindrent à lui deux dyables en forme de deux hommes, vestus ainsi que de brun verd, ce sembloit, dont l'un avoit nom Hérémas et l'autre Estramain. Et lors, leur fist honneur et grande révérence, et si grande comme on pourroit faire à Dieu. Et ce fait se traby vers un buisson. Et cellui dyable qui estoit venu pour ledit annel, le print et l'emporta, et se esvanouy. Et cellui qui estoit venu pour ladicte espée et dague, demeura, et puis print icelle espée et dague et s'esvanouy comme l'autre. Et tantost après, icellui moyne retourna et vint où lesdiz dyables avoient esté, et trouva icelles dague et espée couchées de plat, et trouva que ladicte espée avoit la pointe rompue, et trouva ladicte pointe en la pouldre où le dyable l'avoit mise. Et après, actendi par espace de demie heure l'autre dyable qui avoit emporté l'annel, lequel retourna et lui bailla ledit annel, qui estoit apparent rouge ainsi que escarlate, comme il sembloit pour l'eure, et lui dist : « C'est fait, mais que tu le mectes en la bouche d'un mort en la manière que tu scez. »

Et lors s'esvanouy. Ledit moyne refist la pointe de l'espée. Et oultre, pour parfaire lesdiz maléfices, icellui moyne, escuier et varlet, s'en vindrent par nuit au gibet de Montfaulcon lez Paris. Là, prindrent l'un des mors nouvellement pendu, lequel ilz despendirent et mirent sur ung cheval pour le porter en ladicte ville de Mont-Jay. Mais pour ce qu'ilz virent qu'ilz n'avoient point assez de nuit pour le porter en ladicte ville de Mont-Jay, et que le jour approuchoit fort, ilz s'en retournèrent à Paris en l'ostel dudit chevalier, et le mirent en une estable, et puis lui mirent ledit annel en la bouche, et ladicte espée et dague lui fichèrent ou corps parmy le fondement jusques à la pectrine, et là demourèrent par plusieurs jours ainsi que le dyable leur avoit dit et ordonné. Et puis après, iceulx espée, dague et annel, ainsi dédiez et consacrez, ou à parler proprement, exécrez, furent renduz et restituez au dessusdit duc d'Orléans pour en faire et parfaire les maléfices en la personne du Roy nostresire, pour parvenir à sa mauvaise et dampnable entencion, et avec ce lui baillèrent de la pouldre des os du lieu deshonneste d'icellui mort despendu, pour porter sur soy envelopez en ung drapel. Lesquelz icellui duc d'Orléans porta par plusieurs journées entre sa char et sa chemise, afachez à une aiguillette dedens la manche de sa chemise. Et l'eust encores plus porté, se n'eust esté ung chevalier de grant honneur, parent du Roy, qui lui osta par force et le porta au Roy en la présence de plusieurs. Et pour ce que icellui chevalier avoit porté lesdiz os au Roy, et révélé aucunes choses dessusdictes d'icellui duc d'Orléans, conçeut si grant hayne contre lui qu'il le persécuta et destruisy en honneur et chevance, non obstant qu'il feust son parent et p'rent du Roy, comme dit est.

Item, le criminel duc d'Orléans fist faire ung autre sortilège par ledit moyne, d'une verge de bois appellé corniller, et du sang d'un rouge cochet et d'une poule blanche. Lequel sortilège parfait, ladicte verge devoit avoir si grant vertu par art et paccion dyabolique que cellui qui le porteroit sur soy feroit sa voulenté de toutes les femmes qu'il toucheroit, comme disoit ledit moyne. Et disoit qu'il l'avoit esprouvé en une semblable verge et sortilège ainsi fait, en la personne d'une femme qu'il désiroit et amoit, et n'en povoit venir à chef. Et fut baillée icelle verge audit criminel duc d'Orléans, ensorcelée comme dit est, en la saincte sepmaine. Et pour quoy en la saincte sepmaine plus qu'en autre temps? Ce fut pour faire contumelie plus injurieuse et plus contumelieuse injure à nostre seigneur Dieu Jhésucrist, qui en cellui temps souffry mort et passion pour tout humain lignage, et avecques ce pour faire plus grant plaisir, honneur et révérence à Sathan, l'ennemy d'enfer, par le moien duquel toutes les manières de sortilèges, charmes et maléfices ont sorty leur effect en la personne du Roy nostresire. Je le monstre par trois moiens. Le premier est de deux griesves maladives que le Roy eust tantost après. La première fut à Beauvais, qui fut tant angoisseuse qu'il en perdi les ongles et les cheveux pour la greigneur partie. La seconde fut au Mans, plus grande sans comparaison. Et n'est personne au monde, s'il l'eust veu, qui n'en eust au cuer grant pité. Et fut si oppressé de maladie par une espace de temps qu'il ne parloit à homme, ne à femme, ains apparoit mieulx mort que vif. Le second moien, par belles paroles qu'il pot dire tantost après qu'il pot parler; c'estassavoir : « Pour Dieu! ostez moy ceste espée qui me transperce le cuer. Ce m'a fait beau frère d'Orléans. » Et icelles paroles par plusieurs foiz répliquées, en santé et en maladie, en adjoustant celle parole : « Il fault que je le tue! » Ainsi que se il voulsist dire, se je ne le tue, il me fera mourir sans nul remède. Hélas messeigneurs! considérons cy ung peu. Qui povoit mouvoir icellui duc d'Orléans à faire celle dampnable entreprise et horreur en la personne de son frère qui onques ne lui avoit fait fors amour et plaisir? Il est tout cler que autre chose ne lui faisoit faire, fors mauvaise convoitise dont il estoit esprins et embrasé pour avoir et parvenir à la couronne et très haulte seigneurie de France. Le tiers moien, est une parole que dist une foiz le duc de Milan, père de la duchesse d'Orléans, à ung messager qui lui apportoit lectres de par le Roy, auquel il demanda en quel point estoit le Roy, et le messager respondi : Il est en très bon point la mercy Dieu. Et le duc respondi : « Il est le dyable! Comment se peut il faire qu'il est en bon point! » C'est évident signe qu'il avoit esté consentant, ou à plus proprement parler, acteur avec son beau filz le criminel duc d'Orléans, de mectre le Roy et faire mectre en tel point. Et pour dire la vérité, il est notoire qu'il désiroit fort grande seigneurie, tant pour soy comme pour sa lignée, comme il appert espécialement en la personne de son oncle, messire Barnabo, qu'il print déceptivement et par manière de trahison soubz umbre de saincte vie, et pour posséder et avoir sa seigneurie le fist mourir mauvaisement[1]. Aussi apparut, par ce qu'il convoita merveilleusement que sa fille feust royne de France, et pour y cuider parvenir fist tant qu'il traicta le mariage d'elle et dudit feu duc d'Orléans, pour lors duc de Touraine, seul frère du Roy, considérant que le Roy n'avoit encores nulz enfans, et qu'il n'y avoit qu'une bouche à clorre, et ainsi n'y falloit que bouconne[2] bien assise pour parvenir à son entente. Et qu'il apparut qu'il eust celle voulenté? commune renommée est que quant sa fille se partit de luy pour venir en France, il lui dist : « Adieu belle fille ! je ne vous vueil jamais veoir tant que vous soiez royne de France. » Et pour parvenir à ce, les dessusdiz ducs d'Orléans et de Milan, par diverses voies ont depuis continuellement machiné en la mort du Roy et de sa généracion. Desquelles choses fut moyen ung faulx ypocrite nommé Phelippe de Maisières[3], chevalier; qui estoit le propre ministre de trahison. Car il fut chancelier du Roy et le trahit faulsement et mauvaisement, et puis s'en vint demourer avec le dessusdit messire Barnabo, et, lui demourant avecques lui, aida ledit duc de Milan à trahir et destruire ledit messire Barnabo, son seigneur et maistre. Et advisèrent entre eulx deux aucunes instructions que [cellui] apporta audit duc d'Orléans. Et pour faire la chose plus subtillement et plus couvertement, icellui

---

1. Le 18 décembre 1385, Jean Galéas Visconti avait fait empoisonner Bernabo Visconti, son oncle, qu'il tenait prisonnier au château de Trezzo.

2. *Bouconne*, boucon, poison.

3. Philippe de Maisières, chancelier du royaume de Jérusalem. Il fut gouverneur du Dauphin, depuis Charles VI, se retira aux Célestins de Paris en 1380, et y mourut en 1405.

Phelippe de Maisières s'en vint à Paris et se rendi aux Célestins par ypocrisie. Et ainsi comme le duc de Milan feignoit faire icelle saincte vie pour plus aisieément décevoir ledit messire Barnabo, il fist faire audit duc d'Orléans saincte vie pour décevoir et destruire le Roy. Et alloit tous les jours icellui duc d'Orléans aux Célestins, et là oioit cinq ou six messes, par très grant dévocion ce sembloit; mais ce n'estoit que faulse ypocrisie et scéléracion. Car, soubz tiltre de ce, ilz faisoient en ung oratoire leurs collacions, conjuracions et délibéracions de parvenir à leur faulse, mauvaise et dampnable intencion. Et non obstant que icellui duc d'Orléans se monstrast ainsi dévost, par jour, néantmoins il menoit très dissolue vie de nuit. Car presque toutes les nuiz il s'enyvroit, jouoit aux dez, et couchoit avecques femmes dissolues. Et finablement, la dissolucion qu'il avoit menée par nuit secrètement par aucun temps, il l'amplia tellement et tant la continua, de jour et de nuit, qu'elle fut toute notoire et publique.

Or avons nous deux choses. La première que feu le criminel duc d'Orléans fut acteur des dessusdictes invocacions de dyables, supersticions, charmes, exoracions, sortilèges et maléfices. La seconde que les sortilèges et maléfices dessusdiz sortirent leur effect en la personne du Roy nostresire. Desquelles choses s'ensuit expressement que ledit duc d'Orléans fut criminel du crime de lèze majesté divine et humaine; divine, pour ce que lesdiz maléfices, ydolatries et corrupcion de la foy catholique estoient en lui comme il appert par ce que j'ay déclairé en une des véritez de madicte majeur, qui parle de ceste matière; item, de lèze ma-

jesté humaine ou premier degré et en la première
espèce, parce que en faisant lesdiz maléfices, il machinoit directement à la mort et destruccion de son
Roy et souverain seigneur par lesdiz charmes, sortilèges et machinacions.

Après je vueil monstrer qu'il a commis crime de
lèze majesté en la deuxiesme espèce et en la première
manière dudit premier degré. Car, lui voyant que par
lesdiz maléfices n'avoit point du tout obtenu sa dampnable intencion, c'estassavoir la mort du Roy, se con-
verti à le faire empoisonner par chose venimeuse.
Pour laquelle chose faire, il marchanda avecques plusieurs et par espécial à deux, à l'un desquelz il promist quatre mille frans et à l'autre cinquante mille
frans, dont les trente mille seroient baillez prestement.
Mais, comme bons et loiaulx, les refusèrent, et les
autres ne les refusèrent point. Et le marché fait et les
paiemens ordonnez, ilz ne sortirent point d'effect,
mais furent empeschez par la grace de Dieu, et par
aucuns bien vueillans du Roy qui apperceurent les
choses dessusdictes. Et pour monstrer plus évidemment qu'il fut acteur desdiz sortilèges, charmes et
maléfices, et aussi des empoisonnemens, car aucuns
des malfaicteurs et des plus principaulx après le duc,
furent mis en prison en plusieurs lieux et en divers
temps, et fut fait le procès contre eulx et ordonné
d'aucuns de quelle mort ilz mourroient, dont, il, par
sa force et puissance délivra les ungs et les envoya en
son pays. Et lors empescha l'exécucion de justice, à
fin que sa desloiaulté ne feust descouverte.

Item, est vérité que, environ dix huit ou dix neuf
ans a, le Roy et icellui duc, eulx acompaignez de peu

de gens, alèrent ou chastel de Neaufle, soupèrent avec la royne Blanche et couchèrent oudit chastel. Et lendemain, ladicte royne leur donna à disner. Et le criminel duc d'Orléans, par cautelle et malice feigny de soy aler au bois jusques à ce qu'il feust heure oportune de faire et acomplir sa mauvaise entencion, en actendant jusques à ce que le plat du Roy feust drécié. Et lors, en passant par devant le dressouer où ledit plat du Roy estoit pour servir, saluant le queux, disant Dieu gart! gecta dessus le plat pouldre blanche. Et après que ledit fut assis devant le Roy, la Royne bien informée et moult courroucée dudit fait, fist incontinent oster ledit plat de devant lui, et fut porté devant l'aumosnier de ladicte royne qui estoit à table, auquel fut dit qu'il n'en mengast point. Lequel, parce qu'il toucha à ladicte viande et mist dans la corbeille de l'aumosne sans en menger, et puis menga du pain qu'il tint en ses mains sans les laver, chey pasmé, et le convint porter en bras comme mort, et lui cheurent sa barbe, ses cheveux et ses ongles; les nerfz lui retrahirent; chey en langueur, et finablement en mourut. Et toute la viande fut enfouye en terre afin que personne n'en mengast. Et après vespres oyes, ledit jour, ladicte royne, en issant de l'église devant le Roy, dist audit duc d'Orléans, qui venoit de dehors d'esbatre du bois, après ce qu'il eut salué le Roy et ladicte royne, la Royne lui dist : « Estes vous là bon varlet? faictes vous bien le marmiteux? » Regardant le Roy et lui disant : « Que vous en semble beau filz? Hé! qu'il est bien taillé de laisser les pois ardoir. » Et en oultre dist audit duc d'Orléans : « Par saint Jehan! vous ne ferez jà bien. » Ainsi appert que le criminel duc d'Orléans commist plusieurs crimes de leze majesté en la seconde espèce de la première du premier degré.

Après je viengs à déclairer comment le criminel duc d'Orléans a commis crime de lèse majesté en la tierce et dernière espèce de la première manière dudit premier degré. Car il est vérité que par sa subtilité, fraude et mauvais malice, pour ce qu'il n'estoit point venu à toutes ses ententes par les choses dessusdictes, se pourpensa de faire certains jeux et esbatemens de personnages, dont le Roy en estoit l'un. Et furent les personnages en manière de hommes sauvages, lesquelz par tout le corps seroient vestus de vestemens de toile couvers et fourrés de toile de lin, et ceintures estoffées de souffre et d'autres choses où le feu se prent aisément, habiles à enflamber et embraser et très mauvais à estaindre. Et devoient ces hommes sauvages venir danser en tel estat par manière de jeu et d'esbatement. Et combien que ledit feu duc d'Orléans eust acoustumé en tous esbatemens estre vestu de semblable habit du Roy et soy esbatre avecques lui, il se garda bien de s'en vestir, non obstant qu'il eust fait faire ung habit pour lui, mais il trouva une excusacion disant que son habit lui estoit trop estroit, mais il porteroit la torche devant les autres. Et qui pis est, vouloit que le Roy et les autres ainsi habituez feussent ensemble acouplez, à fin que le Roy ne lui eschapast qu'il ne feust ars, et c'estoit son entencion. Mais par la grace de Dieu ung aucun preudomme, serviteur et famiIler du Roy, lui dist : « Gardez que vous faictes. Car se vous estez acouplez les ungs aux autres, et d'aventure le feu se prengne en l'un de vous par une torche ou autrement, vous serez ars et destruis sans nul remède. » Et quant le duc d'Orléans oy celle parole il bouta sa torche toute alumée ou visaige de icellui, en disant : « Hé ! Ribault de quoy vous meslez vous ? » Et ainsi le Roy ne souffry pas qu'ilz feussent acouplez pour la parole du preudomme qui le garda d'estre ars. Mais Dieu scet quelles persécucions le duc d'Orléans fist faire audit familler. Et le bastard de Foix, qui en fut vestu et ars, disoit bien que tous ceulx qui en seroient vestus se mectoient en grant danger de mort, et pour y cuider remède ordonna deux de ses varletz qui feussent à l'uis, à tous deux draps moullez en eaue, à fin que se le feu se boutoit en l'un d'eulx, qu'ilz le couvrissent de ces draps. Mais lesdiz varletz ne furent point si pretz de secourir à leur seigneur et maistre comme il l'avoit ordonné. Si convint qu'il mourust à grant douleur de son corps, et le conte de Joigné et messire Charles de Poitiers et plusieurs autres, dont ce fut grant pitié, parce que le duc d'Orléans se fist varlet de porter la torche et bouta le feu ou vestement de l'un d'eulx, cuidant ardre le Roy, mais par la grace de Dieu et l'aide de très excellentes dames de Berry, de Bourgongne et autres dames et damoiselles qui là estoient, il eschapa[1].

Après je vous vueil déclairer que ledit criminel duc d'Orléans a commis crime de lèse majesté en deux manières dudit premier degré. C'estassavoir qu'il a fait aliances aux ennemis du Roy et du royaume. Et pour déclairer comment, la vérité est celle. Pour ce que le Roy nostresire et le roy Richard d'Angleterre

1. Ce fatal événement arriva le 29 janvier 1393, à une fête que la reine donnait dans l'hôtel de la reine Blanche, au faubourg Saint-Marceau.

furent ensemble en amitié confermez par le traictié
du mariage dudit roy Richard et de l'ainsnée fille de
France, le roy Richard, comment que ce feust, volt
parler au Roy nostre sire pour le grant bien de sa santé,
et se assemblèrent ensemble, et lors lui dist que les
enfermetez et grandes maladies de son corps qu'il avoit
tant souffertes lui estoient venues par le moien et
pourchas desdiz ducs d'Orléans et de Milan, et non
sans cause; que le hérault qui portoit ses armes ne se
osoit plus veoir devant le Roy. Et si tost que les choses
dessusdictes vindrent à la congnoissance dudit duc
d'Orléans, il conçeut hayne mortelle contre ledit roy
Richard. Si enquist qui estoit le plus grant adversaire
qu'il eust en tout le monde, et trouva que c'estoit le
roy Henry de Lenclastre. Si fist tant qu'il eut aliances
avecques lui: l'une pour destruire le roy Richard, et
l'autre pour renforcer et rendre puissance à parvenir
à sa dampnable entencion. Et furent d'accord les dessusdiz de labourer et machiner de toute leur puissance et par toutes les manières et voies possibles à
eulx, à la mort et destruction des deux roys, pour obtenir les deux couronnes de France et d'Angleterre,
celle de France pour Loys d'Orléans, et celle d'Angleterre pour Henry de Lenclastre. Henry est venu à son
entente, mais Loys non, la Dieu-mercy! Et qu'il soit
vray desdictes aliances? icellui duc d'Orléans a tousjours favorisé, conforté et aidé ledit Henri de Lencastre
et les autres Anglois de la bande dudit Henry, de tout
son povoir. Et expressement manda à iceulx Anglois
ennemis du Roy et de ce royame, qui estoient ou chastel
de Bordes, qu'ilz se tenissent bien et qu'ilz ne ren-
deissent point leur chastel aux François, et qu'il em-

pescheroit le siège et qu'il leur bailleroit bon secours et remède toutes foiz qu'il en seroit neccessité. Et oultre empescha plusieurs voyages entreprins contre le roy Henry. Et ainsi fut-il tirant et desloial à son prince et souverain seigneur et à la chose publique de ce royaume; et commist crime de lèse majesté en la deuxiesme manière dudit premier degré. A la confirmacion de ce fait muet une chose que je vous diray. Il est vérité que ou temps qu'on détenoit le roy Richard que le roy Henry tendoit à faire mourir, aucuns et plusieurs seigneurs d'Angleterre lui disoient qu'il y avoit trop grant péril pour la doubte des François. Ausquelz il respondi que de ce ne devoit faire aucune doubte, car il avoit ung si puissant ami en France auquel il estoit alié, c'estassavoir ledit duc d'Orléans, frère du roy de France, lequel ne souffreroit point, pour quelque chose que on actemptast encontre le roy Richard, que aucun assault en feust fait à l'encontre des Anglois. Et pour les en faire plus certains, fist lire les lectres desdictes aliances. Ainsi appert que le criminel duc d'Orléans a commis crime de lèse-majesté en plusieurs manières et espèces dudit premier degré. Ainsi fine le premier article de madicte mineur. Nonobstant qu'il y ait plusieurs autres crimes horribles en plusieurs manières et diverses espèces de crime de lèse-majesté en ce premier degré, commis et perpétrez par icellui criminel duc d'Orléans, lesquelz mondit seigneur le duc de Bourgongne a réservez à dire en temps et en lieu, toutes foiz que mestier sera.

Après, je viengs au second article de madicte mineur, ouquel je vueil monstrer comment le criminel duc d'Orléans a commis crime de lèse-majesté, non point seulement ou premier degré, lequel degré est de faire offense à l'encontre du Roy et de son espouse. Car il est vérité que quatre ans a ou environ, que le Roy estoit encheu en sa maladie, ledit criminel duc d'Orléans qui ne cessoit de machiner par quelle manière il peust venir à sa dampnable intencion, pensant que s'il povoit tenir la Royne et ses enfans hors de ce royaume il vendroit de léger à son entencion, dist et fist scavoir à la Royne faulsement et contre vérité, que le Roy estoit merveilleusement meu et indigné à l'encontre d'elle, et pour ce il lui conseilloit que si cher qu'elle avoit elle et ses enfans, que, elle et sesdiz enfans, meist hors de la voye du Roy et en tel lieu qu'ilz feussent hors de sa puissance, tendant de les mener en la duchié de Luxembourg[1] à fin que quant il les eust là tenus il en eust mieulx fait sa voulenté, et promectoit à ladicte Royne qu'il la tiendroit en ladicte duchié de Luxembourg bien et seurement, et sesdiz enfans aussi. En disant oultre, que se après la santé du Roy il veoit et appercevoit que le Roy ne feust plus meu contre elle, et qu'elle peust seurement retourner par devers le Roy, à quoy il promectoit de l'induire de tout son povoir, il l'iroit querre, elle et ses enfans, et la ramenroit audit Roy. Et ou cas que le Roy demourroit en son propos et ymaginacion contre elle, il la tenroit audit pays de Luxembourg selon son estat, qui que le voulsist veoir, feust le Roy, ne autre. Et afin de coulourer sadicte mauvaistié et entencion, faisoit entendant à ladicte Royne qu'il convenoit que la chose feust faicte cautement, subtillement et tellement que

---

1. Voy. la note 3 de la page 35.

ou chemin, elle, ne sesdiz enfans, ne peussent avoir empeschement aucun. Et pour ce faire et exécuter, avoit advisé que la Royne feindroit que elle et sesdiz enfans alassent à Saint-Fiacre en Brie, en pélerinage, et d'ilec à Nostre-Dame de Liesse, et que de là il la conduiroit ou pays de Luxembourg, et que là lui bailleroit et feroit bailler l'estat d'elle et de ses enfans honnorablement comme il appartient, en actendant que la voulenté du Roy feust muée envers elle et ses dessusdiz enfans. Et de ce faire oppressa fort ladicte Royne et par plusieurs foiz, en récitant en effect les paroles telles que je les ay couchées, tendant à fin d'avoir ladicte Royne et sesdiz enfans pour en faire sa voulenté. Dont ilz furent en grant péril, et eussent esté encores plus, se n'eussent esté aucuns bienvueillans du Roy, de ladicte Royne et de sesdiz enfans, ausquelz ladicte Royne se conseilla, lesquelz lui dirent que c'estoit une décepcion et très grant péril. Pour laquelle chose ladicte Royne, bien advisée, mua son propos, apparcevant la faulse et dampnable intencion du dit feu criminel duc d'Orléans, et se détermina à demourer pardeçà et non aler audit voiage. Ainsi appert le deuxiesme article de madicte mineur, ouquel je monstre que ledit criminel duc d'Orléans a commis crime de lèse-majesté ou second degré.

Après je viens déclairer le troisiesme article de madicte mineur, c'estassavoir que ledit criminel duc d'Orléans a commis crime de lèse-majesté ou tiers degré. Et combien que ce appert assez par l'article devant déclairé, toutesfois je monstre qu'il a commis crime de lèse-majesté. Le premier, par venins, poisons et intoxicacions, le second, par fallaces et décepcions.

Et quant à la première manière, ledit criminel duc d'Orléans machina à faire manger à monseigneur le Daulphin, derrenier trespassé, une pomme empoisonnée et venimeuse, laquelle fut baillée à ung enfant et lui fut chargé qu'il la portast et donnast audit monseigneur le Daulphin et non à autre, comment qu'il feust. Si advint qu'en la portant il passa par les jardins de Saint Pol et là encontra la nourrice de l'un des enfans du duc d'Orléans, laquelle nourrice tenoit icellui filz entre ses bras. Et pour ce que ladicte pomme sembloit à ladicte nourrice belle et bonne, elle dist à l'enfant qui la portoit qu'il lui baillast pour la donner à son filz. Lequel respondi que non feroit et qu'il ne la bailleroit fors à monseigneur le Daulphin, et pour ce qu'il ne lui volt bailler de son gré, elle lui osta par force et la bailla à manger à son filz, dont il chey en maladie et mourut assez tost après. Si fais cy une question. Cest innocent est mort par la pomme empoisonnée, doit estre puny l'enfant qui le portoit, ou la nourrice qui lui bailla? Je respons que nennil, ne l'un, ne l'autre n'y ont coulpe. Mais la coulpe et la trahison en doit estre attribuée à ceulx qui la pomme empoisonnèrent et la firent porter.

La deuxiesme manière est par fallace et décepcion, c'estassavoir par donner faulx à entendre. Et combien que ceste manière appare par le cas dessus déclairé de la Royne et de ses enfans qu'il voulut mener à Luxembourg, toutesfoiz je vueil encores déclairer par ung autre cas. C'estassavoir qu'il est vérité que ledit criminel duc d'Orléans persévérant tousjours en sa mauvaise et dampnable entencion a esté et envoié plusieurs foiz par devers le pape tendant à fin de priver et débouter le Roy de son royaume et de sa dignité royale. Et pour parvenir à sa dampnable entencion controuva faulsement, malicieusement et contre-vérité plusieurs cas et crimes contre la personne du Roy, redondans à sa noble généracion et lignée. Lesquelz il donna à entendre au Pape, en requérant qu'il voulsist déclairer le Roy et sa postérité inhabile à tenir telle dignité comme le royaume de France, et qu'il voulsist absouldre ledit criminel et les autres faulx du royaume qui à lui vouloient adhèrer, du serement de fidélité en quoy ilz estoient abstrains et obligez envers le Roy. Et qu'il voulsist déclairer le plus prouchain de sa postérité devoir venir et succéder à la couronne et seigneurie du royaume de France. Et pour mieulx conduire son fait et plus tost incliner le Pape à sa faulse, injuste et inique requeste, a tousjours favorisé le fait dudit Pape et soustenu en plusieurs et diverses manières. Pour quoy il appert, de la voye de cession et restitucion sur le fait des pécunes et de l'épistre de Thoulouse. Ainsi appert le tiers chapitre de madicte mineur déclairé. Nonobstant qu'il fist plusieurs autres crimes très grans et très horribles de lèse-majesté ou tiers degré, lesquelz mondit seigneur de Bourgongne a réservez pretz à déclairer en temps et en lieu toutesfoiz que besoing sera.

Après je viengs à déclairer le quart et derrenier article de madicte mineur. C'estassavoir que ledit criminel feu duc d'Orléans a commis crime de lèse-majesté ou quart degré. Lequel degré est quant ladicte offense est directement contre le bien publique du royaume. Et combien que ce appert assez par le cas dessus déclairé des aliances qu'il avoit faictes avec les ennemis de ce royaume qu'il soit expressément ennemy de la chose publique, je vueil déclairer lui avoir commis crime en autres manières. La première, en ce qu'il a tenu les gens d'armes sur les champs en ce royaume par l'espace de quatorze ou quinze ans, qui ne faisoient autre chose que menger et exiller le povre peuple, piller, rober, raençonner, occire, tuer et prendre femmes à force; et mectoit capitaines ès fortresses, pons et passages de ce royaume, pour parvenir à sa faulse et dampnable entencion, c'estassavoir usurper la seigneurie du royaume. La seconde manière est en ce qu'il a fait mectre sus tailles et emprunts intollérables sur le peuple, en feignant que c'estoit pour soustenir la guerre contre les ennemis du royaume, et en donnant d'icelles pécunes aux ennemis, adversaires et malvueillans du Roy et du royaume et en a fait ses aliez en entencion de affeblir le Roy et soy rendre plus fort et plus puissant pour obtenir sa dampnable entreprise de parvenir à la couronne et seigneurie du royaume. Ainsi appert que j'ay déclairé et remonstré comment ledit criminel duc d'Orléans a commis crime de lèse-majesté ou quart degré, non pas tant seulement ou quart degré, mais ou tiers, second et premier en plusieurs cas et manières d'espèces diverses a commis et perpétré pour parvenir à sa dampnable et mauvaise entencion, c'estassavoir à la très noble couronne et seigneurie de France et le oster et soustraire au Roy nostresire et à sa généracion. Lesquelz autres crimes mondit seigneur de Bourgongne a réservez à déclarer et dire en temps et en lieu, quant mestier sera.

Et en oultre appert, madicte mineur déclairée, laquelle joincte à madicte majeur, s'ensuit clèrement que mondit seigneur de Bourgongne ne veult et ne doit en riens estre blasmé, ne reprins, dudit cas advenu en la personne dudit criminel duc d'Orléans. Et que le Roy nostre sire ne doit pas tant seulement estre content, mais doit avoir mondit seigneur de Bourgongne et son fait pour agréable et le auctorizer en tant que mestier seroit. Et avec ce le doit guerdonner et rémunérer en trois choses. C'estassavoir, en amour, en honneur et en richesses, à l'exemple des rémunéracions qui furent faictes à monseigneur Saint Michel l'Ange et au vaillant homme Phinées. Desquelles rémunéracions j'ay fait mencion en madicte majeur en la probacion de ma tierce vérité. Et l'entens ainsi en mon gros et rude entendement, que le Roy nostresire lui doit, plus que devant, sa loyaulté et bonne renommée faire prononcer par tout le royaume, et dehors le royaume publier par lectres patentes, par manière d'épistre ou autrement. Icellui Dieu vueille que ainsi soit fait *qui est benedictus in secula seculorum. Amen.*

Après laquelle proposicion finée, icellui maistre Jehan Petit requist audit duc de Bourgongne qu'il le voulsist advoer. Lequel duc lui accorda, et l'advoa en la présence du Daulphin qui là représentoit la personne du Roy, et du roy de Cécile avecques tous les autres cy-dessus nommez. Et après dist icellui proposant que icellui duc de Bourgongne retenoit et réservoit encores aucunes autres choses plus grandes à dire au Roy quant lieu et temps seroit. Et tantost après se retrairent tous les princes, chascun en son hostel. Et le duc de Bourgongne, acompaigné de plusieurs hommes d'armes et gens de traict, s'en retourna en son hostel d'Artois. Si fut adonques fait grant murmure dedens la ville de Paris, tant des princes et nobles hommes, comme du clergié et de la communaulté, et y eut plusieurs et diverses opinions. Car ceulx qui tenoient le parti du duc d'Orléans disoient icelles accusacions estre faulses et décevables, et ceulx tenans le parti du duc de Bourgongne maintenoient le contraire [1].

Après ces choses [2], la royne de France, pleine de grande admiracion et crainte, le duc d'Acquitaine, son filz, et ses autres enfans se partirent de Paris, acompaignée de Loys, duc de Bavière, frère d'elle, et s'en alèrent faire leur résidence ou chastel de Meleun. Et tost après le roy Charles, qui grant espace de temps avoit esté malade, retourna en santé. Devers lequel, icellui duc [3] se tira et trouva les manières qu'il fut racordé et reconsilié à lui, et impétra, et aussi les obtint, lectres scellées du seel du Roy et signées de sa main, par lesquelles lui estoit pardonné le cas na-

1. Voici la réflexion par laquelle termine le Religieux de Saint-Denis. « Sur ce, l'assemblée se sépara. Je me souviens que plusieurs personnages recommandables et d'un éminent savoir, qui y avaient assisté, trouvèrent ce plaidoyer répréhensible en beaucoup de points. Je serais disposé à partager leur avis ; mais je laisse aux vénérables docteurs en théologie le soin de décider s'il faut regarder comme erronées ou ridicules *erronea vel ridiculosa* les raisons alléguées par l'orateur. » (*Chr. de Ch. VI*, t. III, p. 765, traduction de M. Bellaguet.)

2. Trois jours après, suivant le Religieux de Saint-Denis. *Triduo nondum exacto* (*Ibid.*, p. 766).

3. Le duc de Bourgogne.

guères advenu en la personne du duc d'Orléans. Dont moult de grans seigneurs et aussi autres sages furent moult esmerveillez.

## CHAPITRE XL.

### Comment le Roy envoia ses ambaxadeurs devers le pape Bénédic, lequel envoya audit Roy lectres d'excommunication.

En ce temps vint à Paris, devers le Roy et devers les seigneurs qui estoient avecques lui, certains messagers. Lesquelz rapportèrent que le pape Bénédic et son adversaire ne se vouloient point déporter, ne délaisser la papalité comme ilz avoient promis, et enconvenancé de venir en la cité de Saxongne[1] et autres lieux, mais prolongèrent la besongne de l'universelle Église par dilacions de nulle value, très frauduleusement. Pour lesquelles nouvelles le Roy escripvit et fist savoir au pape par Jehan de Chastelmorant et Jehan de Cousoy[2], chevaliers, ses ambaxadeurs, que ou cas que union ne seroit trouvée en l'Église universelle dedens le jour de l'Ascension lors prouchain venant, lui, le clergié, les nobles et le peuple de son royaume et du Daulphiné ne feroient plus obéissance à lui, ne à son adversaire, et que plus ne feroit, ne par ses subgetz ne souffreroit à lui estre faicte aucune obéissance. De laquelle ambaxade, ne du contenu ès lectres envoiées de par le Roy, icellui pape, nommé Bénédic, ne fut point bien content, jà soit ce qu'il n'en mon-

---

1. Savone, dans les États de Gênes.
2. *Jean de Cousoy*, et plus bas Jehan de Course. Dupuy l'appelle Jean de Coursay.

strast pas grant semblant à iceulx ambaxadeurs. Ains leur fist assez courtoise récepcion et leur fist response absolue que dedens brief temps, par ses messagers, il envoieroit response au Roy sur le contenu des lectres qu'il avoit apportées. Après laquelle response prindrent congé et s'en retournèrent devers le Roy et son Conseil, et racomptèrent la response qu'ilz avoient eue du pape Bénédic. Et en assez brief temps vint en la ville de Paris ung messager du pape dessusdit, lequel à un certain jour vint en l'ostel de Saint-Pol où le Roy estoit[1]. Lequel estant en son oratoire, sur le commencement de la messe entra icellui messager dedens, et lui présenta unes lectres apostoliques et puis tantost se départit. Et après ladicte messe le Roy fist ouvrir lesdictes lectres et les lire tout au long. Après la lecture desquelles, qui contenoient excommunicacion contre le Roy et tous ses subgetz, on fist quérir par toute la cité de Paris cellui qui les avoit apportées, mais point ne trouvé, car il s'en estoit parti et alé le plus couvertement qu'il avoit peu. Et adonc le Roy et ceulx de son conseil voians la forme et manière de ladicte excommunicacion, tant par l'ennort et instigacion de l'Université de Paris, comme de la plus grande partie de ceulx de son conseil et avecques tout ce, les princes là estans furent moult esmeuz contre ledit pape. Et pour tant ledit Roy et ses princes se séparèrent et retrayrent de l'affection et obéissance dudit pape.

1. En mai 1408.

*S'ensuit la teneur desdictes lectres apostoliques receues par le Roy.*

Bénédic, évesque, le serf des serfz de Dieu, à très cher filz en Jhésucrist, Charles, roy de France, salut et bénédiction apostolique. Pleust à Dieu, très cher filz, que tu eusses pleine congnoissance de l'amour et affeccion que nous avons à ta noble et puissant personne et que tu entendisses la purté de nostre courage, en vérité tu congnoistroies que nous avons grant léesse de ta bonne prospérité et prouffit, comme doit avoir le père à son enfant, et grant tristesse et douleur de ses tribulacions et dommages. Se de ce eusses congnoissance, tu ne vouldroies point oyr les malparlans nous détraians, et faulsement noz procez et afaires reprouchans, afin que par lesdiz mesdisans tu ne feusses point corrompu, mais nous aymeroie comme le filz doit aymer son père, et cesseroient en ton royaume les tourbillons de tes persécucions faictes contre nostre mère saincte Église. Tu scez bien, glorieux prince, et par publique renommée est venu à ta congnoissance, que en grande solitude et instance nous avons souffert moult grans labours afin que par nous la paix de l'Église peust estre trouvée et procurée, et en grande diligence avons fait vers ceulx qui ont nourry par plusieurs ans le scisme et division moult périlleuse en ocupant le siège apostolique folement par entreprinses de fait, et mesmement vers Langle Corrarion, qui s'appelle Grégoire, lequel pour le présent, en ceste partie, est adversaire de l'Église, et que riens n'a voulu mener à son effect de ce qu'il avoit promis à laisser la papalité et convenir et assembler en la ville de Saxongne[1] et autres lieux de son obéissance, mais a prolongué et démené la besongne de Dieu par dilacion de nulle valeur. Et jà soit ce chose qu'il soit tout notoire tant qu'il ne peut estre célé qu'il n'a point tenu, ne tient à nous que briesve union ne soit en saincte Église de Dieu et tout scisme débouté et mis à néant, toutesfoiz ilz ont aucuns comme nous avons oy dire qui pardevers soy en mauvais malice, sans cause, murmurent de nous, eulx efforçans par lédenges mauldites déchirer, diminuer ou amendrir la purté de nostre renommée. Aucuns sont mectans leur estude de troubler la dévocion de toy et des autres princes de ton sang, en blasmant noz faiz injustement, et affermant, ce qui n'est point vérité, c'estassavoir que nous ne mectons point diligence que vraie union soit en saincte Église. Vraiement à telles personnes doit pour nous vérité respondre et destruire les fictions des faulsetez d'iceulx. Et si croions qu'il a esté faict par l'exortacion d'icellui que nous n'avons point eu les drois de nostre chambre jà par l'espace de deux ans. Car tel édict a esté fait en ta court par lequel nostre droit nous est soustrait, et à nous n'est point obéy en ton royaume. Et toutesfoiz nous espérions à avoir consolacion et soulas de toy, duquel les prédécesseurs ont grandement labouré ou temps passé pour destruire scisme et horreur en saincte Église et avoir paix et union.

De rechef, ceulx de ton royaume font rebellion contre l'Église Rommaine en appellant de nous contre les constitucions canoniques, et leur est souffert contre

1. Savone.

vérité de semer diverses erreurs contre la purté de la foy. Mais encores, avec ce que dessus est dit, grandement nous desplaist à racompter, en ceste ville, en nostre présence, nostre cher filz, Jehan de Chastelmorant et Jehan de Course¹, nobles hommes, tes ambaxadeurs, sont venus de par toy, qui nous ont présenté unes lectres seellées de ton seel, par lesquelles tu nous fais savoir que se dedens la feste de l'Ascencion prouchain venant, union n'est trouvée en ung vray et seul pape et que ung pasteur de l'Église universelle n'est esleu et eu, toy, le clergié et autres gens de ton royaume et aussi de la duchié de Guienne, ferez neutralitez, et ne feras, presteras, ne demoustreras, ne souffreras par aucuns de tes subgetz, de adonc ne en après, à nous ou à aucuns qui tiennent nostre estat, estre faicte ou démonstrée aucune obédience. Pour lesquelles choses, très cher filz, tu dois grandement considérer se nous avons cause d'avoir grant douleur au cuer. Ce ne sont mie signes d'amour de cher filz démonstrées à son père, et des choses dessusdictes ensuivent moult d'inconvéniens. Car ceulx qui à toy et aux autres princes de ton sang baillent telles paroles envenimées, toy et les autres pourroient faire cheoir en perdicion avec eulx. En cela, renommée de ta noble maison est grandement blecée et par grant péchié; en ce est faicte détraction à la divine puissance en voulant mectre terme et fin à la miséricorde de Dieu; là est droitement en péchié, et persévérance du saige est procurée. Car nostre adversaire et ses adhérens pour les choses dessusdictes eslevez en orgueil, ne pourront

---

1. Voy. la note de la p. 244.

estre ploiez ne induis à concorde, mais seront plus obstinez aians espoir que prouchainement à nostre partie et à nous sera faicte substraction d'obédience. Et par ainsi, ceulx qui estoient tous matés et desconfis par noz expressions, seront renforcez et corroborez. Vraiment, très cher filz, nous à qui Dieu a baillé la garde de son peuple, ne pouvons plus souffrir par raison telles choses qui redondent en l'offense de la divine majesté et péril des âmes et turbacion de ladicte union et l'éleccion de la révérence de toy et de ta mesgnée. Mais grandement deulant de ta dampnacion par telles suggestions et mauvais ennort, te prions et exortons en Nostre Seigneur, nostre vray Saulveur, que ne veuilles oyr iceulx mauvais qui par aventure quèrent à trouver leur prouffit ou dommage de nous et de l'Église, et à la pertubacion de toy et des tiens.

Et quant est de nostre propos, tu en as assez congnoissance pleinement, pour ce qu'à toy nous en avons escript. Vueilles estudier et considérer en repos d'esperit, à ton sage conseil, les causes ordonnées et la pure entencion de nous en procédant. Vueilles en oultre, révoquer, rappeller et adnuller les griesves emprinses et dommages fais à nous et à l'Église en ton royaume et en tes terres, et ramener et faire ramener par vray jugement à l'estat deu et premier. En après te mandons que ne vueilles nullement procéder à ce que tu nous a escript, car il n'affiert pas à l'onneur de ta excellente personne. Et se ainsi est que tu vueilles obéir aux mandemens et exortacions de ton père, avecques la loenge humaine tu auras moult grant mérite pardurablement devers Dieu, en inclinant à toy la faveur du siège apostolique, et le nostre. Très amé filz, garde que aucun ne te déçoive par vaine erreur. Si voulons que tu saches, et par ces présentes te faisons savoir que oultre les peines et sentences prononcées en droit, nous avons fait naguères autres constitucions que nous t'envoions soubz nostre bulle avec ces présentes, par lesquelles, toy et autres tellement délinquens et désobeissans, que Dieu ne vueille, seront punis. Et ce nous avons fait pour toy et les autres princes préserver et retraire de si griesve offense de lèse-majesté tant que en nous est, pour l'amour paternel que avons à toy et aux autres princes, et afin que au destroit jour du jugement nous ne soions point coulpables, en dissimulant, des âmes qui pour ce pourroient périr. Donné au port de Venise[1] ou diocèse de Gennes, le xxiiii° jour du moys de mars le xiiii° an de nostre papalité[2].

S'ensuit la teneur de la bulle d'excommunication.

Bénédic, évesque, serf des serfz de Dieu, à perpétuelle mémoire. Par ce que les malices des hommes croissent, nous voions le monde aler de mal en pis, et les pensées des hommes tellement acoustumées que tousjours adjoustent mal sur mal. Et afin que les bons meslez avec les mauvais ne soient corrompus par malice ou erreur, et la hardiesse des mauvais présumptueux soit abstraicte des vices, au moins pour crainte de la peine. Il est venu à nostre congnoissance par publique et notoire renommée que aucuns, pleins de

1. Vérard, et l'édit. de 1572 mettent : *au port de Venerre*. C'est Porto-Venere.
2. 24 mars 1408.

perdicion, tant d'Église comme séculiers, voulans monter plus hault qu'ilz ne doivent, font à trébucher périlleusement, et sont abusez et déceuz par les fallaces de cellui qui se transfigure en forme d'ange de lumière afin qu'il déçoive les autres, ont préparé ung grant esclande aux simples et fresles et grant matière de travail à ceulx qui sont plus fermes et plus estables, eulx esforçans à leur povoir de destruire et diviser l'Eglise catholique par scisme, et empescher la saincte union d'icelle. Car, jà soit ce chose que nous feusmes prins pour estre évesque souverain et apostolique, et aussi deux ans paravant que nous estions en meur estat eussions mis grande diligence de destruire ce scisme horrible qui jà a duré en l'Eglise de Dieu par l'espace de xxx ans ou à peu près, dont c'est grant douleur, et encore dure à présent par le péchié des hommes, et que nous eussions offert à Lange Corrarion, qui s'est bouté de fait ou siège apostolique, et se fait, à ceulx à lui obéissans, appeller Grégoire, la voie de renonciacion par nous estre à faire purement et franchement, comme il est contenu ès lectres apostoliques données à Marseille le second jour de février l'an dessusdit de nostredicte papalité, plus pleinement contenu, et de rechef avions promis à convenir en certains lieux avecq Lange Corrarion, et comparer en nostre personne pour demener deuement à exécucion les choses dessusdictes et leurs circonstances, comme il appert par les instrumens sur ce fais, toutesfoiz les dessusdiz filz d'iniquité s'esforcent de tout leur povoir et par manières non licites, par fraudes et couleurs feintes, de empescher nous et noz frères les cardinaulx en ceste salutaire exécucion; desprisans les liens de saincte Eglise et eulx feignans de avoir grant amour et désir à l'union de saincte Eglise; en eulx soubztraiant folement de l'obéissance de nous et de nostre Eglise, et à la défense de leur erreur, appellans de nous. Toutesfoiz il n'appartient point à ce faire de droit. Et jà soit ce que paciemment nous ayons souffert aucunement les choses dessusdictes par dissimulacion, en révoquant iceulx et promovant à pénitence et eulx retournant au sein de leur bonne mère et débonnaire saincte Eglise, néantmoins ils persevèrent en plus grande présumpcion et hardiesse. Pour ce, après meure délibéracion eue sur les choses dessusdictes, par ceste constitucion perpétuellement durable nous prononçons sentence d'excommunicacion contre tous ceulx qui empescheront sciemment l'union de l'Eglise dessusdict en nostre personne ou les personnes de noz vénérables frères les cardinaulx de la saincte Eglise de Romme en l'exécucion des choses dessusdictes par nous offertes et accordées avec Langle Corrarion et ses messagers, ou qui appelleront de nous ou de noz successeurs les évesques rommains entrans droicturiement en la papalité, ou qui bailleront faveur ausdictes appellacions, substractions ou perturbacions, par eulx ou par autruy, par quelque occasion ou couleur que ce soit, et tous ceulx qui obstinéement affermeront iceux non estre liez ou excommeniez par nostre sentence, de quelque degré, estat ou condicion qu'ilz soient, en dignité de cardinal, de patriarche, d'arcevesque ou évesque, de auctorité ou de majesté royale ou impériale, ou de quelque autre auctorité, tant d'église comme séculiers. De laquelle sentence nul ne peut estre absolz, fors par le pape, excepté tant seulement en l'article de la mort. Et s'il advenoit d'aventure que aucun feust ainsy absolz oudit article, nous voulons et déclairons que tantost qu'il sera gary, se viengne présenter au siège apostolique pour recevoir absolucion, en faisant satisfaction comme il appartiendra de justice. Et se, de rechef et de fait, il renchée en celle mesmes sentence d'excommeniement, laquelle sentence ainsi gectée par nous, s'il l'a soustenue de courage dur et obstiné par l'espace de vingt jours, s'il est lay, de quelque estat, degré ou condicion, soient lesdiz princes ou autre séculière personne quelle qu'elle soit, nous submectons à l'interdict de l'Eglise, avec ses terres, villes, citez, chasteaulx et tous autres lieux qu'il tient et tiendra. Se ce ont esté universitez, semblablement elles seront subjectes à l'interdict de saincte Eglise. Et pour ce que à bon droit par ingratitude les bénéfices sont révoquez, tous ceulx et ung chascun d'iceulx, tant d'église comme séculiers, et ceulx qui ès choses dessusdictes leur donnent faveur, conseil et aide que dit est, et auront soustenues lesdictes sentences par l'espace de vingt jours prouchains ensuivans, seront privez de toutes indulgences, privilèges, graces, libertez, franchises royales à eulx données et accordées par le siège apostolique, conjoinctement ou diviséement, soubz quelque forme ou expression de paroles, lesdiz clercs seront privez de tous leurs bénéfices d'église, dignités, personnages et offices, à tout cure et sans cure. Et aussi jà soit ce qu'ilz soient de la dignité d'évesque, d'arcevesque, patriarche, cardinal ou autre dignité quelconques, dès maintenant par l'auctorité apostolique et de pleine puissance et de fait et de certaine science nous les descernons estre privez; et les vassaulx et hommes obligez et tenus à eulx par serement de loyaulté ou par quelconque autre obligacion, nous les déclairons estre quictes et absoubz; et les fiefz, drois, honneurs, offices et autres biens meubles et immeubles d'iceulx tenus de l'Eglise, retourneront aux gouverneurs d'icelles pour en disposer à leur voulenté. Ne nulle audience de cause ne sera donnée à telz pécheurs et transgresseurs de leurs sentences et procès fais par ceulx qui seront tabellions, seront de nulle valeur. Et après, tous ceulx qui auront fait compaignie et aliance durant ladicte contumace et rebellion, ou qui leur auroit aidé ou donné conseil, faveur ou aide publiquement ou secrètement, se ce sont singulières personnes, citez, chasteaulx ou lieux, ils seront punis, interditz, excommeniez ainsi comme lesdiz pécheurs et transgresseurs, et par la manière que dessus est déclairé. Et avec ce voulons et est nostre intencion, que les peines ordonnées de droit par noz prédécesseurs contre telz pécheurs soient et demeurent en leur valeur et effect, non obstant quelconques constitucions, ordonnances, libertez, graces, franchises et indulgences apostoliques octroiées et données de nous ou de noz prédécesseurs évesques rommains, par quelconques forme et manière qu'elles soient données, de certaine science et par ces présentes, nous les révoquons en tant qu'elles pourroient aucunement estre contraires ou bailler empeschement aux choses dessusdictes. A nul homme donques ne soit licite d'enfraindre ou aler à l'encontre par fole et présumptueuse hardiesse de ces présentes, contenans nostre déclaracion, supposicion, juracion, confiscacion, adnullacion, nunciacion, question à voulenté. Se aucun est si hardi d'aler à l'encontre, il sache lui encourir et encheoir en l'indignacion de Dieu tout-puissant, de saint Pierre et de saint Pol, ses benois apostres. Donné à Marseille, à Saint-Victor, la xxiiiᵉ kalende de mars¹ et de nostre papalité l'an xiiiᵉ.

---

## DE L'AN MCCCCVIII.

[ Du 15 avril 1408 au 7 avril 1409. ]

---

## CHAPITRE XLI.

*Comment l'Université de Paris fist proposer devant le Roy contre le pape de La Lune. Et du partement du roy Loys de Secile. Et du voiage du Borgne de La Heuze.*

Au commencement de cest an² l'Université de Paris fist proposer par maistre Jehan Courteheuse³, natif de Normendie, contre le pape Bénédic en la manière cy-après déclairée, où estoient présens les roys de France et de Cécile, les ducs de Berry et de Bourgongne, de

---

1. Il n'y a pas de 23ᵉ jour des calendes de mars. La 13ᵉ année du pontificat de Benoît XIII commençait au 28 septembre 1407 et finissait au 28 septembre 1408. Il faut sans doute lire ici la date du 23 mars 1408.

2. Il ne faudrait pas prendre ces mots à la lettre. Car l'année 1408 commença le 15 avril, et ce ne fut que le 21 mai qu'eut lieu la fameuse séance dont il va être question.

3. Le Religieux de Saint-Denis l'appelle *Joannes Brevis Coxe*, Jean Courtecuisse.

Bar et de Brabant, et les contes de Mortaigne, de Nevers, de Saint-Pol, de Tancarville, le Recteur de l'Université, les suppos et députez par icelli et plusieurs autres grans seigneurs, avec grant multitude de clergié, le peuple de Paris, le conte de Wilbich[1], Anglois, les ambaxadeurs d'Escoce et de Gales qui estoient adonc oudit lieu de Paris. Et fu ceste proposicion faicte en la grant sale du palais[2]. Si print, icellui maistre Jehan, son theume en la viiie psaume du psaultier : *Convertetur dolor ejus in caput ejus, et in verticem ipsius iniquitas ejus descendet.* C'est à dire sa douleur sera convertie en son chef, et son iniquité descendra sur le sommet de sa teste. Et fist six conclusions. La première fut que Pierre de La Lune[3] estoit scismatique obstinéement, voire hérétique, troubleur de la paix et union de l'Eglise. La seconde, que Pierre ne doit point estre nommé Bénédic pape, cardinal, ne par aucun nom de dignité, ne à lui comme pasteur de l'Eglise on ne doit point obéir sur la peine ordonnée contre ceulx qui baillent faveur aux scismatiques. La tierce conclusion, que les faiz, les dits, les collacions, provisions, sentences et procès dudit temps de ladicte lectre faicte en manière de bulle, ne quelz-

---

1. L'histoire de ce temps mentionne bien à la vérité un seigneur anglais du nom de Willughby, mais il n'était pas comte. Au reste, le ms. *Suppl. fr.* 93 met : *le conte de Warhoic* et le ms. 8345, *Warwich.*

2. Le Religieux de Saint-Denis met *ad curiam minorem regalis Palacii*. On peut concilier ces deux versions en disant que le Religieux de Saint-Denis entendait par cette *curia minor*, une salle moindre, moins importante, par rapport au Parlement, que celle où il tenait ses séances propres.

3. Benoît XIII.

conques peines corporelles ou espirituellez, clères ou obscures, qui contenues y sont, sont de nulle valeur. La quatriesme conclusion, que ladite lectre d'elle mesmes est mauvaise, séditieuse, pleine de fraude, troublant la paix et offensant la majesté royale. La cinquiesme conclusion est, que audit Pierre de La Lune, ne à ses lectres ou mandemens, nul ne doit obéir sur peine de bailler faveur aux scismatiques. La sixiesme conclusion, qui est à procéder contre ledit Pierre et ceulx à lui favorables et recevans ses lectres.

Après lesquelles six conclusions déclairées furent faictes requestes au roy de France par le dessusdit proposant et par l'Université. La première requeste, que bonne informacion feust faicte diligemment et soient prins tous les sustenteurs et recepteurs pour les punir et corriger selon le cas, desquelz moult en y a en ce royaume, dénommez par l'Université en temps et en lieu. La seconde requeste, que le Roy dore en avant, ne nul de son royaume de quelque estat qu'il soit, ne reçoive lectre dudit pape Pierre de La Lune. La tierce, qu'il soit commandé de par le Roy à ladicte Université, sa fille, que par icelle la vérité soit preschée par tout le royaume. La quarte requeste, que l'évesque de Flory [1] qui a esté envoié devers ledit Pierre en ambaxade soit révoqué, et soient prins et retenus maistre Pierre de Courcelles, Çansien Leleu [2], le doien de Saint Germain d'Auxerre, et iceulx punis selon leurs démérites. En oultre que la lectre faicte en manière de bulle soit deschirée comme injurieuse et

---

1. Le ms. *Suppl. fr.* 93 met mieux sur la voie. Il porte : *l'évesque de Saint-Flory.* C'est Saint-Flour.

2. Xanctius Lupi, dans Dupuy. C'est Sanche Lopez.

offensive à la majesté royale. Avec protestacions de procéder à plus grans choses touchant la foy, et de expliquer et démonstrer les choses dessusdictes deuement [à] ceulx auxquelz il appartendra, en temps et lieu.

Et adonc, devant tous ceulx qui là estoient, ladicte lectre fut deschirée et rompue par le recteur de l'Université. Le doien de Saint-Germain l'Auxerrois fut là prins et mis en chartre. Et tantost après fut prins l'abbé de Saint-Denis en France, et maistre Jehan de Sains, jadis secrétaire du Roy[1], et plusieurs hommes de nom, et tenus prisonniers au Louvre. Ouquel temps aussi, par la diligence des gens du Roy, le messager qui avoit apporté les bulles devant dictes fut tellement poursuy qu'il fut prins vers Lion sur le Rosne et amené prisonnier à Paris. Avec les dessusdiz, fut prins Sansion Leleu, qui avoit esté prins en l'église de Clervaux. Si estoient lors, le Roy et tous les princes avec le clergié, moult ennuieux et courrouciez contre ledit pape. Et certain brief espace de temps après qu'il fut venu à sa congnoissance comment il avoit esmeu le roy de France, ses princes et l'Université de Paris contre lui, fut de ce en moult grant doubte et cremeur. Et pour ce, se parti du port de Venise[2] seulement avec quatre cardinaux, par mer, et de là s'en ala en Aragon, et puis après, à Perpignan.

Ouquel temps aussi le roy Loys print congié au roy de France en partant de Paris pour aler en Prouvence contre aucuns favorables au roy Lancelot son adversaire.

1. On a nombre de lettres de lui, signées *J. de Sanctis*.
2. *Lis.* Porto-Venere, comme plus haut.

Si estoit lors la royne de France à Meleun. Auquel lieu ala le Roy et se y tint par aucun peu de jours, puis retourna à Paris, où estoient encores les ambaxadeurs du roy d'Escoce. Lesquelz après qu'ils eurent reçeu grant somme de pécune pour faire guerre aux Anglois, prindrent à lui congié et s'en retournèrent en leur pays. Et d'autre part le Roy octroya à ceulx de Gales, ung an durant, à ses despens, trois cens hommes d'armes et deux cens arbalestriers, desquelz fut conducteur le Borgne de La Heuse, chevalier de grant renom, natif de Normendie. Et lui fist ledit Roy délivrer navire et argent pour faire icellui voyage en la princeté de Gales.

## CHAPITRE XLII.

Comment le duc de Bourgongne se parti de Paris pour le fait du Liège. Du roy d'Espaigne, et du roy de Hongrie qui escripvy à l'Université de Paris.

Item, le cinquiesme jour du moys de juillet oudit an, le duc de Bourgongne, avecques lui ses deux frères, se party de Paris, en grant indignacion de plusieurs princes et gouverneurs du royaume, et s'en ala à Arras faire la feste de l'évesque de la cité de ladicte ville, nommé Martin Poirée, de l'ordre des Prescheurs, lequel estoit son confesseur[1], et de là s'en ala à Gand veoir la duchesse sa femme. Si fist grans préparatoires pour aler secourre Jehan de Bavière, son beau-frère, évesque de Liège, lequel pour lors,

---

1. Le duc lui avait prêté mille écus pour avoir ses bulles. Voy. Labarre, *Mém. pour servir à l'hist. de France et de Bourgogne*, II<sup>e</sup> part., p. 92.

par les Liégois estoit bouté hors de son pays et l'a-voient assegé dedens la ville de Traict¹, où il s'estoit là retraict à refuge avec plusieurs gentilshommes tenans son parti. Et y estoit le seigneur de Pierrelles le chef et conducteur des Liégois, et son filz qu'ilz avoient esleu à leur évesque ou lieu dudit Jehan de Bavière. Et d'autre part le duc Guillaume, conte de Haynau, auquel icellui Jehan de Bavière estoit frère, le conte de Conversen, le seigneur d'Anghien, avecques lui plusieurs grans seigneurs de ses pays, fist assembler très grant nombre de gens d'armes, lesquels, avec les seigneurs de Croy et de Heilli, que lui envoia le duc de Bourgongne, bien acompaignez de grant foison de gens de guerre, se tira vers le pays de Liège pour y faire guerre à la cause dessusdicte. Et premièrement ardirent une maison et cense d'une église de l'ordre de Cisteaulx, et puis chevauchèrent devers Fosses et Florines² et sur tout le pays de la rivière de Sambre, ouquel ilz firent moult grans dommages par feu et par espée. Et de fait prindrent aucunes petites fortresses d'assault, dedens lesquelles furent mis à mort cruel-lement ceulx qui léans estoient. Et n'estoit lors en icellui pays espargné quelque créature de quelque estat qu'il feust, que tout ne feust mis à l'espée. Si furent en ce voyage Pierre du Luxembourg, conte de Conver-sent, Englebert d'Enghien et plusieurs autres. Et après ce que icellui duc eut moult fort dégasté le pays, doubtant que lesdiz Liégois ne venissent pour le com-batre, lesquelz estoient moult puissans et en trop

1. Maëstricht.
2. Fosse et Florennes, deux villes de la partie du pays de Liége enclavée dans le Hainaut et le comté de Namur.

grant nombre, s'en retourna hors d'icellui, embrasant et boutant les feux par tout, à tous ses gens, qui estoient grandement remplis de leurs biens qu'ilz avoient trouvez, et revint en son pays de Haynau pour de rechef assembler plus grant puissance avec celle du duc de Bourgongne en intencion de retourner oudit pays de Liège et combatre les dessusdiz Liégois.

Ouquel temps avoit forte guerre entre les Espaignolz et les Sarrasins de Grenade. Car le roy d'Espaigne, grandement acompaigné de ses Espaignolz et de messire Robinet de Braquemont, chevalier, natif de Normendie, si entra en vingt quatre galées, lesquelles estoient bien furnyes de gens de guerre, et ala combatre sur la mer lesdiz Sarrasins qui avoient vingt deux galées bien ..nées, qui du tout furent destruites et ceulx de dedens mis à mort[1].

Esquelz jours le roy de Hongrie escripvi lectres à l'Université de Paris, desquelles la teneur s'ensuit : « A vénérables, sages et prudens hommes, le recteur et Université de l'estude de Paris, noz devoz et amez. » La narracion si estoit : « Nobles hommes et très renommez en science par tout le monde. Nous avons reçeu agréablement vostre épistre, pleine de subtilité de sentence et aornée [d'] éloquence de paroles, réputans vostre cure et estude estre piteuse et dévote et

---

1. Il n'est pas facile de deviner de quelle expédition contre les Maures veut parler ici notre chroniqueur. Le *roy d'Espaigne*, c'est-à-dire le roi de Castille était alors un enfant de trois ans (Jean II) ; à la vérité son oncle Ferdinand de Castille, qui était régent, combattit fréquemment les Maures, et même finit par prendre sur eux la ville d'Antequerra en Andalousie, l'an 1410.

très agréable au Saint-Esperit et très prouffitable à tous chrestiens icelle opinion par toutes pars et par toute raison. Car telle abhominacion pour le présent est eslevée et révélée en l'Eglise de Dieu, que nous considérons que tous chrestiens de cuer, de pensée et de œuvre devroient à Dieu faire plaisir afin que par sa grace y voulsist pourveoir de remède convenable, c'estassavoir scisme et division, qui jà a duré par l'espace de trente ans, feust adnichilé et destruit par vraie union. Car, se briefment à ce n'est remédié, il est à doubter que par ceste double division ne s'ensuivent trois divisions. Et pour ceste cause et aucunes autres, nous avons envoyé nostre orateur à très chrestien prince nostresire le roy de France afin que nostre légacion à estre envoiée devers lui et son conseil ne feust point empeschée, tant par les mescréans, comme par autres. Par laquelle à lui requérons féablement qu'il nous envoie aucun de sa noble, haulte et puissante lignée pour nous aider et conseiller de noz afaires comme nous avons espérance qu'il le fera, sachans, que se ce il nous octroye, nous serons tousjours prestz à le servir et lui faire plaisir, comme autrefoiz avons esté. Donné à Romme, le xi° jour de juing, et de nostre règne le xxii° an [1]. »

1. Il s'agit ici de Sigismond, roi de Hongrie en 1392, à la mort de sa femme, Marie, surnommée le Roi-Marie. Il l'avait épousée en 1386, ce qui justifie la date de vingt-deuxième année de règne que donne ici la pièce. Sigismond fut élevé à l'empire en 1411.

## CHAPITRE XLIII.

*Comment les prélas et gens d'église de toutes les parties de France furent mandez à Paris. Et de la venue de la Royne et de la duchesse d'Orléans.*

En ces mesmes jours furent mandez en la plus grande partie du royaume de France et du Daulphiné, les prélas et gens d'église ou leurs procureurs, à venir à Paris devers le Roy et son conseil pour avoir advis et délibéracion, principalement sur l'union de l'Eglise, et aussi sur autres besongnes touchans le bien et honneur de la personne du Roy et de son royaume. Lesquelz y vindrent en très grant nombre, et se assemblèrent la nuit saint Laurens en la grant salle du palais, environ huit heures du matin[1], où estoit le président, ou lieu du Roy qui estoit malade, et le chancelier de France; et y célébra la messe solemnellement, l'arcevesque de Toulouse. Après laquelle, ung maistre en théologie, très révérend, de l'ordre des Frères Prescheurs, proposa notablement en la présence du duc d'Orléans et du duc de Berry et de plusieurs autres grans seigneurs avec le Recteur de l'Université et grant multitude de clergié. Si print son theume en disant : *Que pacis sunt sectemur, et que edificacionis sunt invicem custodiamus. Ad Ro.* IIII°. C'est à dire, monseigneur Saint-Pol dist aux Rommains ou troisième chapitre de son épistre : Nous devons ensuivir les choses de paix, et garder ensemble les choses qui

---

1. C'est le 47° concile de Paris, tenu du 11 août au 5 novembre 1408.

pevent bailler édificacion. Lesquelles proposant, dist moult de choses de la paix, concorde et union, devoir estre mise en l'Eglise. Et le demena par manière de procès longuement et éloquentement, en disant comment Pierre de La Lune, du premier jusques au derrenier s'estoit très mauvaisement porté à procurer la paix et union de l'Eglise, demonstrant icellui estre scismatique et hérétique obstiné en mal, et moult parla de ladicte obstinacion en déclarant icelle par six manières. Pour laquelle chose le roy de France avoit autrefoiz fait neutralité contre lui, en lui soubztraiant de son obéissance.

Après ce, icellui proposant nota, par poix, les choses contenues en ladicte lectre faicte en manière de bulle, en démonstrant comment elle estoit pleine de fraude et de décepcion, offensive de la majesté royale, et que pour ce, tous ceulx, là estans, avoient esté mandez de par le Roy afin que les choses dessusdictes leur feussent notifiées et que sur ce ilz baillassent conseil, aide et faveur au Roy, pour avoir paix et union en ladicte Eglise, comme ils estoient tenus. Et pendant que ces choses furent dictes et faictes, maistre Sansieu Leleu[1] et le messager de Pierre de La Lune qui avoit apporté au Roy la lectre dessusdicte, tous deux Arragonnois, mitrez et vestus de habillemens où estoient figurées les armes de icellui Pierre de La Lune renversées, furent amenez moult honteusement et deshonnestement sur ung tumbereau, du Louvre en la court du palais. Et prestement, près de la pierre de marbre, au bout des grans degrez, fut élevé ung eschafault sur lequel

---

[1]. Autrement dit Sanche Lopez. (Voy. plus haut, p. 257.)

furent tous deux mis et monstrez moult longuement à tous ceulx qui les vouloient veoir. Et avoit escript esdictes mitres : « Ceulx cy sont desloiaulx à l'Eglise et au Roy. » Et après ce, furent amenez au Louvre sur ledit tumbereau comme dessus[1]. Et lendemain s'assembla ledit conseil au palais où estoit présent, ou lieu du Roy, le chancelier de France. Ouquel lieu, maistre Ulfin Talevende[2], natif de Normendie, docteur en saincte théologie, très renommé, proposa de par l'Université de Paris et print son theume de la centiesme pseaulme : *Fiat pax in virtute tua*, en adréçant ses paroles à la personne du Roy et aux autres seigneurs de son sang là estans présens, de par ladicte Université, en les exortant qu'ilz voulsissent entendre par toutes manières qu'il seroit possible, de faire cesser ce périlleux scisme et à leur povoir procurer la paix et union de saincte Eglise universelle, remonstrant de rechef la mauvaistié dudit Pierre de La Lune par très clères raisons, disant qu'il estoit scismatique et hérétique obstinéement, qui ne devoit point estre nommé pape Benoist, ne cardinal, ne par aucun nom de dignité, et que nul ne devoit obéir à lui, sur peine deue aux favorables à hérésie. Et racompta moult de foiz aucuns cas des papes de Romme convenables à son propos, et la conclusion du derrenier concile, laquelle fut, que se ledit Pierre de La Lune et son adversaire ne faisoient paix et union en l'Eglise dedens l'Ascension, comme ilz avoient promis, tout le royaume de

---

1. Cette scène se passa le 20 août (1408). *Chr. de Ch. VI*, t. IV, p. 58.
2. Le Religieux de Saint-Denis qui ne le nomme pas par son nom, dit qu'il était de l'ordre des Trinitaires ou Mathurins.

France généralement et ceulx du Daulphiné, se soubztrairoient de leur obédience. Car ainsi l'avoient concluld lesdiz prélas qui au concile avoient esté, comme il apparoit par lectres seellées de leurs sceaux que ceulx de ladicte Université avoient pardevers eulx. Et pour ce, que ladicte obédience est soubztraicte de par le Roy jusques à ce que ung vray, seul et ferme et pasteur de l'Eglise universelle soit esleu et déclairé. Et si fut pareillement déclairé par ledit proposant comment on se devoit avoir en dispensacions pour les consciences, et ès collacions des bénéfices et autres choses, tant oudit royaume comme ou Daulphiné, devant ladicte neutralité. Et aussi quelles choses on devoit conclurre sur les besongnes dessusdictes [que nul], de quelque estat qu'il feust, ne feist obédience aux deux papes dessusdiz après le jour qui estoit déclairé, et sur peine d'encourre en l'indignacion du Roy. Et après fut requis par icellui, que les lectres dont devant est faicte mencion feussent deschirées publiquement, et pareillement une autres qui autrefoiz avoit esté apportées à Thoulouse. Si en fust ainsi fait. Et avec ce, fut commandé à tous les prélas et autres gens d'église, que chascun endroit soy, ès mectes de ses bénéfices, fist publier hault et cler et par plusieurs jours ladicte neutralité universelle. Et avec ce, leur furent baillez par escript, de par ladicte Université, tous les poins et articles touchans ceste matière, et comment ilz se avoient à gouverner. Après lesquelles besongnes traictées et remonstrances faictes comme dit est, chascun se départi[1]. Et lendemain, les deux

---

1. Le 5 novembre, comme il a été dit plus haut. Le Religieux

Arragonnois dessus nommez furent ramenez et de rechef eschafaudez et menez parmi Paris, comme autrefoiz avoient esté.

En ces jours la Royne de France, qui avoit séjourné à Meleun par certains jours, vint à Paris[1] et amena son filz le Daulphin, lequel estoit monté sur ung blanc cheval que conduisoient quatre hommes de pié, et aloit après le charriot de ladicte Royne, et derrière ledit Dauphin suivoient les ducs de Bretaigne et de Bourbon, les contes de Mortaigne, de Clermont et de Vendosme et très-grant nombre de grans seigneurs, tant de gens d'église, comme de séculiers, chevaliers et escuiers. A laquelle venue fut faicte grande léesse des Parisiens, et fut crié Noël en plusieurs lieux. Et ainsi s'en alèrent loger, icelle Royne, le Daulphin, son filz, et Loys de Bavière, son frère, ou chastel du Louvre.

Et lendemain[2] vint audit lieu de Paris la duchesse d'Orléans, douagère, et sa belle fille Ysabel, ainsnée fille du roy de France, acompaignée de plusieurs gens notables, chevaliers et autres, tous vestus de deuil. A l'encontre desquelles yssirent tous les princes dessusdiz, lesquels les conduirent et amenèrent devers la Royne et le duc d'Acquitaine pour leur faire requeste qu'ilz peussent avoir justice et raison de la piteuse mort du duc d'Orléans defunct, et aussi faire respondre et proposer à l'encontre de ce que le duc Jehan de Bour-

---

de Saint-Denis donne tout au long les décisions de ce concile. Voy. *Chr. de Ch. VI*, t. IV, p. 30.

1. Le Religieux de Saint-Denis dit : le dernier dimanche de ce mois (août), par conséquent le 26 août.

2. Le 27 août 1408.

gongne avoit fait proclamer et divulguer contre ledit duc, publiquement naguères, comme dessus est déclairé, son seigneur et mary. Laquelle requeste finablement elle obtint.

## CHAPITRE XLIV.

*Comment la duchesse d'Orléans et son filz firent proposer à l'encontre du duc Jehan de Bourgongne pour la mort du duc d'Orléans deffunct.*

Huit jours après ou environ, le duc d'Orléans acompaigné de trois cens hommes d'armes, vint à Paris. A l'encontre duquel vinrent le duc de Berry et les autres grans seigneurs de son lignage. Lequel duc d'Orléans, entrant par la porte Saint Anthoine, ala jusques au Louvre devers la Royne et son fils le duc d'Acquitaine, son cousin germain, ausquelz il recommanda sa besongne et sa personne, moult honnorablement comme il appartenoit. Et puis prestement, lui partant de là, s'en ala veoir la duchesse sa mère, et sa femme. Et après les choses dessusdictes, ledit duc d'Orléans, lesdictes duchesses sa mère et sa femme, point ne cessoient de faire requestes au Roy et à son conseil, afin qu'il leur feist justice du duc Jehan de Bourgongne et de ses complices. Lesquelles requestes, par ledit Roy leur furent accordées de faire, et eurent audience de faire proposer tout ce qui leur plairoit à l'encontre dudit duc de Bourgongne[1]. Et adonc le duc d'Acquitaine, représentant la personne du Roy, avec

---

1. D'après le Religieux de Saint-Denis, l'audience fut fixée au 11 septembre.

sa mère, par le commandement du Roy, estant en habit royal, en la grant sale du chastel du Louvre, présens les ducs de Berry, de Bretaigne et de Bourbon, les contes d'Alençon, de Clermont, d'Eu, de Mortaigne et de Vendosme, et plusieurs autres seigneurs de conseil, et aussi plusieurs chevaliers, le Recteur de l'Université de Paris et très-grant multitude d'autres gens, ladicte duchesse douagère, acompaignée de son filz le duc d'Orléans, de maistre Pierre Lorfèvre son chancelier, de maistre Guillaume Cousinot, advocat en parlement, et de plusieurs autres ses gens et familiers, fist lors par l'abbé de Saint-Fiacre, de l'ordre de Saint-Benoist, lire devant tous ceulx qui là estoient les choses contenues en ung livre escript en françois, à lui baillé en sa main, confermé par le dict des prophètes et des sains du viel et nouvel testament, des philozophes et ystoires, publiquement, entendiblement en hault, mot après autre. Duquel livre la teneur s'ensuit:

« Toy, très chrestien prince, très noble et souverain seigneur et chef de justice [1], à toy sont mes paroles adrécées, car à toy compète monstrer justice à tous les subgetz du royaume de France, auxquelz, non mie tant seulement les pays et régions voisines, mais aussi les estranges nacions ou gens, prennent exemple et tiennent la droite sentence de ta justice. A laquelle partie de toy et de ton renommé conseil, comme à la fontaine de raison et de vérité, je veuil adrécer mes paroles en la personne de ma très noble dame, madame la duchesse d'Orléans et de messeigneurs ses

---

1. « Roy très chrestien, prince très noble, souverain seigneur et quief de justice, etc. » (Var. du ms. *Suppl. fr.* 93.)

enfans, qui, déconfortez, présentent leur plainte en lamentacions et lermes, voians eulx, après Dieu, nul secours avoir, fors en ta puissance et compassion. Et afin que mieulx soient conçeues les choses que j'ay à dire, et vérité, qui ne quiert nulles fallaces, puist plus clèrement apparoir, ce présent propos soit divisé en trois parties et en trois membres principaulx. Ou premier, selon mon pouvoir, je déclaireray que le Roy, qui est souverain, est tenu de faire justice à tous ses subgetz, à la conservacion de paix soubs sa très noble et puissant seigneurie. Ou second membre, comment partie adverse, c'estassavoir Jehan, duc de Bourgongne et ceulz à lui favorables et donnans aide et conseil en ce cas, injustement et honteusement ont occis ou fait occire monseigneur le duc d'Orléans, duquel l'âme soit avecques Dieu. Ou tiers membre, comment mondit seigneur par telles voies de fait a esté molesté de procès rigoureux et de dure rebellion de ses subjetz, et souffert plusieurs autres maulx[1].

---

1. Dans le ms. *Suppl. fr.* 93, le commencement de cette pièce importante contient une variante considérable que nous croyons nécessaire de donner ici : « Ou tierch menbre, comment mondit seigneur, mauvaisement et injustement a esté accusez de plusieurs cas, et singulièrement de criesme de lèse majesté, ouquel il n'avoit nulle coulpe, et comme il apperra chy après. En oultre est assavoir que mon intencion est de diviser en six poins chascune desdictes trois parties. Et ainsi conséquamment tout ce présent pourpos est contenus en dix huit poins. Tant que est à la première partie, il me samble que ly Roys est obligiez singulièrement à faire justice de ce cas. Et espécialement pour six raisons. Desquelles la première est la puissance et dignité royale, à ce nonmie tant seulement obligiés par volenté, mais aussi par obligacion d'office. Car les roys sont appellez roys pour la cause de faire justice et non pour autre chose. Et se ainsi estoit que les roys feus-

Tant qu'à mon propos venir, je monstreray comment partie adverse, pour six raisons, a péché tellement qu'il est fort et à peine impossible d'estre réparé. La première raison est : car partie adverse n'avoit nulle auctorité sur le défunct par quoy il feist occire si grant et si noble seigneur, comme il sera dit après. La seconde raison est : car partie adverse nullement ne met fourme de justice ou procès en l'exécucion de la mort de feu mondit seigneur le duc d'Orléans. Et supposé qu'il eust eu auctorité sur lui, ce que pas n'estoit, néantmoins il estoit licite et raisonnable chose que la partie

sent en estat d'innocence, néantmainz les dominacions et seignouries seroient neccessaires, tant que ou premier estat de justice. La seconde raison est fondée en l'amour fraternelle. Car, comme dist le commun proverbe, nature ne puet mentir. Le Roy doncques comme seigneur et frère, selon justice et raison, doit maintenir son droit. La tierche raison est la pitié des supplians. Car madame d'Orléans, vesve et desconfortée, est acompagniée de ses jones enfans et de pluiseurs chevaliers menans grant dueil avec elle pour la cruelle mort de son mary et seigneur. La quarte raison est l'ennormité du cas, que à paines pourroit on trouver pareil. Car à tous ceulx qui ont oy parler dudit escandale, voire estrangers et aultres, ledit cas est abhominable. Et s'il advenoit que le Roy ne pourveist pas de remède, de lui il conviendroit dire qu'il n'est pas seigneur de son pays, et qu'il convient luy humilier et adouchir au regard de la puissance de ses subgietz. La quinte raison est, que se sur ce n'est faicte exécucion de justice, maulx sans nombre s'en pourroient ensievir; est assavoir, les compaignies, deseullées citez, voyes de fait, proches rigoreux, dure rebellion des subjectz, avec aultres pluiseurs maulx. La sixiesme raison est la mauvaistié de partie adverse, laquelle par sa force et puissance quiert à seustenir son péchiez, en vueillant sans cause plaidier l'espée traicte. Et en ces six raisons gistent toute la forme du procès. Tant qu'à la seconde partie, je démonstreray comment partie adverse pour six raisons, etc.... »

feust oye et convaincue et condempnée à mort, devant ce qu'on le feist mourir. Car, veu qu'il n'avoit nulle puissance, ne auctorité sur lui, de tant moins devoit la forme de son procès coulourer son péchié. La tierce raison est fondée ès aliances qu'ilz avoient ensemble, non mie seulement pour cause de lignage, mais avecques ce avoient faictes espéciales aliances pour éviter les inconvéniens qui se povoient ensuivir pour la cause de leur division, par lesquelles et selon lesquelles ilz ne povoient, ne devoient par raison, nuire, ne grever l'un à l'autre sans défiances précédentes. Et pour plus grandes confirmacions, plusieurs foiz avoient juré sur les paroles du Canon et de la croix Nostre Seigneur, en baillant avec ce certaines lectres seellées de leurs seaulx. La quarte raison est fondée en ce que la mort de mondit seigneur d'Orléans fut si soudaine, que nul vray chrestien ne pourroit soustenir que elle ne feust dampnable ou regard du malfaicteur et de cellui par qui elle a esté exécutée. La quinte raison est fondée en ce, que évidemment je démonstreray, que partie adverse a fait occire mondit seigneur d'Orléans, non mie pour bonne fin, ne pour le bien commun, mais pour ambicion et convoitise et désir de dominer, et afin qu'il feist les siens riches, et par la grant hayne que long temps avoit tenue en son cuer. La sixiesme raison est en ce qu'il ne souffist pas à partie adverse la mort de monseigneur d'Orléans, mais avecques ce s'est efforcé de scandaliser et détruire sa renommée en proposant libelle diffamatoire, et en soustenant les traistres homicides. Et ce touche la seconde partie de mon procès.

Tant qu'à la tierce partie, selon six poins qu'elle

contient, je mectray six faulses accusacions par lesquelles partie adverse accuse mondit seigneur d'Orléans, et de rechef je mectray responses par lesquelles apperra l'innocence dudit défunct. Et en ce appert que mon présent propos est divisé en trois parties. La première regarde justice, la seconde le malice de partie adverse et la tierce, excuse le défunct. Mais devant ce que je procède plus avant en ceste matière, je proteste que mon intencion est de dire tant seulement vérité, et ce, non plus qu'il m'est enjoinct de madame d'Orléans et de messeigneurs ses enfans.

Et est vérité que le proposant pour partie adverse, comme mal advisé, contre vérité appeloit mondit seigneur d'Orléans criminel, jà soit ce que en nulle manière il ne ait esté approuvé, ne vérifié. Ce non obstant je ne vueil mie ainsi nommer partie adverse, jà soit ce chose qu'il soit tel. Car je répute icellui cruel homicide et par conséquent criminel, non mie par souspeçon tant seulement, mais par la confession de sa propre bouche. Et pour ce que sapience vainct malice selon la Saincte Escripture, il me souffist nommer partie adverse, la partie de Bourgongne. Car il vault mieulx premièrement démonstrer les vices et après appeller le duc de Bourgongne criminel, que faire ainsi qu'il fist, c'estassavoir, premièrement appeller criminel, sans aucune approbacion ou vérificacion.

Maintenant donques je me prendray au procès[1] du propos principal, lequel comme dessus est dit, je diviseray en trois parties. Et tant qu'à la première

---

1. « Je envayray le procès » (*Suppl. fr.* 93).

partie qui traite de la justice du Roy, je prens la parole du prophète qui dit : *Justicia et judicium preparacio sedis tue.* Ces paroles sont escriptes en la LXXVIII° pseaulme, c'est autant à dire au Roy, que justice et jugement soient la préparacion de son siège.

Tant qu'à la seconde partie regardant le malice de partie adverse, je prens la parole du proposant pour son parti, c'estassavoir *Radix omnium malorum cupiditas, quam quidem erraverunt appetentes a fide.* Ceste auctorité est escripte en la première épistre, monseigneur Saint-Pol à Tymothée, ou derrenier chapitre. Et est à dire : convoitise est la racine de tous maulx, laquelle aucuns appétens, se séparèrent de la foy.

Tant qu'à la tierce partie regardant l'innocence du défunct mondit seigneur d'Orléans, je prens la parole du prophète disant en la VII° pseaulme : *Judica me secundum justiciam tuam, et secundum innocenciam meam super me.* C'est à dire, juge moy selon ta justice et discerne ma cause selon mon innocence sur moy.

Après ces choses proposées je viens à la première partie pour laquelle est prinse icelle parole du prophète disant : *Justicia et judicium preparacio sedis tue.* Icelles paroles du prophète je puis adrécer au Roy nostre sire personnellement, en disant : que justice et jugement soit préparacion de son siège royal. Car royaume sans justice ne doit point estre appellé royaume, mais doit estre appellé une droicte larronnière, selon le dit de saint Augustin, ou X° chapitre du IX° livre de la Cité de Dieu : *Regna, inquit, remota a justicia quid sunt nisi magna latrocinia.* Les royaumes, dist-il, loings de justice quelle chose sont-ils fors que grans larrecins. Il appert donques comment le Roy est tenu de faire justice à tous ses subgetz et garder à un chascun son droit, et ce pour six raisons touchées au commencement. Tant qu'à la première raison qui est fondée en l'estat de dignité royale, est à noter que dignité royale principalement est instituée à faire justice. Le Roy vraiment au regard de ses subgetz est ainsi comme le pasteur au regard de ses oailles, comme dit Aristote ou viii⁰ chapitre d'Ethiques, c'est à dire des Moralitez, et ou v⁰ de Politique, c'est à dire des Gouverneurs des citez, où il déclaire comment le Roy est tenu de conserver justice. Et ou livre Du gouvernement des princes : *Justicia, inquit, regnantis uberior est subditis quam fertilitas ipsius.* C'est à dire que la justice du régnant est plus proufitable aux subgetz que n'est sa fertilité ou richesse. Et le prophète dit : *Honor, inquit, regum judicium diligit.* L'onneur du Roy, dit-il, ayme jugement. Ceste justice de quoy est faicte mencion, ce n'est autre chose que garder à un chascun son droit. De laquelle parle Justinien l'empereur, ou premier livre des Constitucions, disant : *Justicia est constans voluntas jus suum unicuique tribuens*[1]. C'est à dire, justice est ferme et estable, baillant à ung chascun son droit. Et est à considérer que justice ne doit point estre réglée selon le plaisir de la voulenté, mais aincois par les lois escriptes. Considérez donques comment il vous est ordonné faire justice, et comment à ce vous estes obligié. A vous donques, la dame d'Orléans et ses enfans adressent leurs paroles, requérans justice, laquelle vous

---

1. C'est la belle définition qui ouvre les Institutes : *Justitia est firma et constans voluntas jus suum cuique tribuendi.*

devez aymer et garder comme vostre propre dominacion et royaume. Considérez les exemples et les fais des anciens qui tant aymèrent justice, comme il appert par cellui qui voiant que son filz avoit desservi à perdre les deux yeulx, volt que son filz perdist ung œil, et lui propre en perdist ung, afin que les lois qui estoient adonques ne feussent point violées, ne corrompues. Ainsi le récite Valère en son VI° livre. Et Hélinand raconte vérité du roy Cambises, qui commanda escorcher ung faulx juge et fist mectre la pel sur la chaière¹ dudit juge, et puis après y establi et constitua le filz dudit faulx juge et le fist asseoir en la chaière de son père comme juge, en lui disant : « Quant tu jugeras aucune chose, ce que j'ay fait à ton père te soit un exemple, et sa pel tenant à ton siège te soit en mémoire. » O roy de France ! il te souviengne de la parole que dist David quant le roy Saul le persécutoit injustement : *Dominus, inquit, retribuet uni cuique secundum justiciam suam.* C'est à dire nostre seigneur Dieu retribuera à ung chascun selon sa justice. Ces paroles sont escriptes ou premier livre des Roys, ou xvi° chapitre. Tu, donques, dois faire semblablement selon ton povoir comme vray ensuiveur de Nostre Seigneur, et subvenir et aider à la partie qui est blécée et injustement persécutée.

Item, tu dois avoir en ta mémoire comment Androniche, cruel persécuteur et homicide, fut condempné à mort ou lieu où il avoit occis le prestre de la loy, comme il est escript ou livre des Machabées. O roy de France ! prenez exemple au roy Daire, qui bailla à

---

1. *Chaière*, d'où chaire, et plus tard chaise.

dévorer aux lyons ceulx qui mauvaisement avoient accusé Daniel le prophète. Considère la justice exécutée sur les deux viellars qui par leur faulse accusacion avoient condempné Susanne. Ces choses-cy apparent et sont escriptes ou livre de Daniel le prophète, ou vi[e] et xiiie chapitres. Ces exemples te doivent esmouvoir, comme roy et souverain, à justice. Car, ainsi que tes subjects doivent à toy obéir, en telle manière es tu tenu de leur faire justice. Et, ainsi que le subject peut forfaire en désobéissant, aucuns pourroient doubter et proposer que le subject se pourroit exécuter[1] avec tous ses biens, pour le refus de justice et équité. Sire ! il te plaise considérer ceste parole. Car pour justice tu ne dois rien doubter, comme je déclaireray cy-après. Et pour conclusion de ceste première raison, dist la parole qui est escripte ou livre de Job, ou iiie chapitre : *Cum justicia indutus sum et vestivi me vestimento et dyademate in coronacione mea.* C'est à dire, je me suis vestu de justice et en ay le vestement, et mis le dyadème en ma coronacion.

Conséquemment, très noble prince, je dy que amour fraternelle te doit très grandement ensuyr et incliner à faire justice. Car, comme je croy, frères ne pourroient avoir plus grant amour ensemble que vous aviez. Soies donc vray amy à ton frère en jugement et en justice. Car ce sera grant reprouche et très grant honte à toy et à la couronne de France par tout le monde,

---

1. Ce passage est à remarquer. Par les mots *le subject* l'orateur entend évidemment désigner le duc de Bourgogne, et il y a ici une exhortation bien claire au Roi, de confisquer les terres du duc de Bourgogne. « Car pour justice tu ne dois rien doubter », lui est-il dit.

se justice et réparacion n'est faicte de la mort de ton frère, si cruelle et infâme. Maintenant est venu le temps que tu dois démonstrer amour fraternelle. Ne soies pas des amis de quoy parle Le Sage ou vıııᵉ chapitre du livre de Ecclésiastique, disant: *Est amicus socius mense et non permanebit in die neccessitatis.* C'est à dire, tu trouveras ung ami qui te tendra bonne compaignie à la table et tandis que tu seras en prospérité, mais il ne te sera point amy au jour de ta neccessité. Maintenant, comme neccessité le requiert et désire, démonstre toy tel vray ami que tu ne soies appellé du tout le monde fautif ami; duquel parle Aristote ou ıxᵉ chapitre des Moralitez. *Qui, inquit, fingit se esse amicum et non est, pejor eo qui facit falsam monetam.* Celui, ce dit Aristote, qui se feint estre ami et ne l'est point, il est pire que cellui qui forge faulse monnoye. Se aucuns te dient que partie adverse soit de ton sang et de ta parenté, néantmoins tu dois hayr son péchié. Tu dois garder justice entre deux amis, selon le dist de Aristote ou second livre des Moralitez : *Duobus, inquit, existentibus amicis sanctum est prehonorare veritatem.* C'est à dire, c'est ferme chose et honnorable prehonnorer vérité entre deux amis. Il te souviengne de l'aspre amour qui estoit entre toy et ton frère. Non mie que par ce je te vueille attraire à faveur, mais tant seulement je te exorte à vérité et à justice. Hélas! ce seroit petit cuer et peu de bien, estre filz et frère de roy, se ceste mort si cruelle sans réparacion estoit mise en oubli, actendu que cellui qui le fist occire le devoit aymer comme son frère, car en la Saincte Escripture les nepveux et cousins germains sont appellez frères, comme il appert ou livre de Genèse de Abraham qui dist à Loth, son nepveu : *Non sit objurgium inter te et me, fratres enim sumus.* C'est à dire, tençon ne soit point entre toy et moy, car nous sommes frères. Et saint Jaques estoit appellé frère de Nostre Seigneur, et toutesfois ce n'estoit que son cousin germain. Dont tu peuz dire à partie adverse la parole que Nostre Seigneur dist à Cayn, après qu'il eut occis son frère Abel : *Vox sanguinis fratris tui clamat ad me de terra.* C'est à dire, la voix du sang de ton frère crie à moy de la terre. Et certainement la terre crie et le sang se complaint, et cellui n'est pas bon homme qui n'a compassion de telle mort si cruelle. Et n'est point merveilleuse chose se je dy que partie adverse ressemble à Cayn, ou que en lui je voy moult de similitudes de Cayn. Car, ainsi que Cayn, meu par envie, occist Abel, son frère, pour ce que Nostre Seigneur avoit receu ses dons et sacrifices et il n'avoit point les siens regardez, et pour tant il machina en son cuer comment il pourroit son frère occire. Et en telle manière, partie adverse, c'estassavoir le duc de Bourgongne, meu par envie, car mondit seigneur d'Orléans estoit agréable et acceptable au Roy, il machina en son cuer sa mort, et finablement il le fist cruellement et traitrement occire, comme il sera cy après déclairé en la seconde partie. Après, ainsi comme Cayn par convoitise chey en cel inconvénient, partie adverse en telle manière meu de convoitise fist ce qu'il fist, veu la manière qu'il tint et comme il se maintint devant et après la mort de mondit seigneur d'Orléans. En oultre je treuve que Cayn est interprète acquis, ou acquisition. Par tel nom peut estre partie adverse nommée. Car vengence est acquise au Roy en corps et en biens, mais que justice ait régné. Et ainsi sera il fait, au plaisir de Dieu, par sa provision. Et par les choses dessusdictes, appert comment partie adverse fait raisonnablement acomparer à Cayn. Sire, donques il te souviengne de la parole dessusdicte adrécée à Cayn : *Vox sanguinis*, etc. La voix du sang de ton frère, c'est la voix de la dame d'Orléans et de ses filz, crians et requérans à toy justice. Hélas! pour qui feroies tu justice, se tu ne fais pour l'amour de ton frère. Qui aura fiance en toy, se tu faulx au frère qui te amoit le mieulx. Se tu n'as esté ami à ton frère, à qui seras tu amy, actendu qu'on ne te demande fors que justice. O très noble prince, considère que ton frère germain à toy est osté. Doresenavant tu n'auras plus de frère, ne jamais tu ne le verras plus. Car partie adverse a occis ton seul frère cruellement, et osté de toy. Aies consideracion qu'il estoit ton frère, et tu trouveras que moult doit estre plaint, et mesmement de toy qu'il aymoit parfaictement, de la royne de France ta femme, et tes enfans. De rechef, par le grand sens qui en lui estoit, il honnouroit toute la lignée royale de France. Car à peine pourroit-on trouver plus facond, ne mieulx emparlé de lui, plus courtois, mieulx proposant et respondant devant nobles, clers et lais. Nostre Seigneur lui avoit octroié et donné ce que le roy Salomon avoit demandé, c'estassavoir Prudence et Sapience. Ung chascun scet bien qu'il estoit aourné d'excellence et d'entendement, dont de lui on povoit dire ce qui fut dit de David, ou viie chapitre du livre des Fais des apostres : *Sapienciam sicut angelus Domini*. Il avoit sapience comme l'ange de Nostre Seigneur. Qui vouldroit parler de sa beauté naturelle, riens autre chose n'en pourroit dire, fors qu'il estoit ton ymage et ta semblance. Avec ce, de propre condicion il estoit homme très débonnaire, car onques ne fist onques homme mourir, ne batre, ne onques ne procura la mort d'aucuns, et toutesfoiz il avoit assez puissance et occasion de ce faire, et mesmement, à ses ennemis qui disoient du mal de lui notoirement et lui imposoient les maulx quonques ne pensa. Et par espécial partie adverse eust il fait plusieurs foiz mourir s'il lui eust pleu, car grant puissance n'est pas requise à faire mourir un homme traitreusement. Mais en vérité onques ne fut de tel sang. Car la condicion de sang royal doit estre de si grant pitié et loyaulté, que à peine pourroit elle souffrir cruaulté, homicide ou trahison quelconques. Et audit sang royal estoit moult prouchain mondit seigneur d'Orléans, car il estoit filz de roy et de royne. O roy Charles! se tu vesquisses maintenant, que diroies tu? quelles lermes te apaiseroient? qui t'empescheroit que tu ne feisses justice de si très cruelle mort. Hélas! tu as tant amé l'arbre, et si diligemment eslevé en honneur, lequel porta icellui fruit. Qui a fait mourir ton cher filz? Hélas! roy Charles, tu pourroies dire droictement avec Jacob : *Fera pessima devoravit filium meum*. La très mauvaise beste a dévoré mon enfant. Partie adverse très mauvaisement recongnut les grans biens que tu, Charles, feiz à son père. C'est la recongnoissance du voyage de Flandres pour lequel toy et ton royaume meiz en grant péril pour l'onneur de son père. En vérité les dons et bienfais donnez par toy à son père et à lui, sont tost mis en oubly. Sire! regarde donq et oy madame d'Orléans, disant et requérant avec le prophète : *Domine, deduc me in justicia tua propter inimicos meos.* C'est à dire, veuilles moy mener en ta justice pour mes ennemis. Et ces choses dessusdictes sont de la première raison.

L'autre raison est fondée en pitié, veu la condicion desdiz supplians, c'est assavoir, de madame d'Orléans, vesve et desconfortée, avecques ses enfans innocens, tes nepveux, qui sont orphenins et desconfortez, non aians père, fors toy. Tu dois donc plus tost estre enclin et contendre plus diligemment à faire justice à iceulz supplians, comme ils ne aient nul refuge, fors à toy, qui es leur seigneur souverain, et ilz sont tes parens bien prouchains, dont tu as bien congnoissance. Vraiement à celle pitié t'esmeut saint Jaques l'apostre, en disant : *Religio munda et immaculata est visitare pupillos et viduas in tribulacione eorum.* C'est à dire, visiter les orphenins et les vesves en leur tribulacion, est religion pure et nète, sans souillure. C'est grant pitié d'une telle et si grande dame qui est en celle peine sans desserte. Laquelle peut estre comparée à la vesve de laquelle parle Valère, en son VI$^e$ livre. Celle vesve avoit ung filz, lequel injustement avoit esté occis, laquelle vint à Trajan, l'empereur, requérant justice et disant : « Monseigneur, à moy soit faicte toute raison de la mort injuste de mon filz. » Adoncques Trajan, l'empereur, qui jà estoit monté à cheval pour mener ses gens d'armes, lui respondi : « Fille, actens que je sois retourné de la bataille et adonc je te ferai justice. » Et la dame prestement lui dit : « Hélas ! sire, tu ne sces si jamais tu en retourneras. Si ne vueilles point mectre justice en dilacion. » A laquelle respondi l'empereur : « Se je ne retourne, mon successeur te fera justice. » Auquel ladicte dame respondi : « Sire, tu ne scez si ton successeur me vouldra faire justice. Il pourra bien advenir qu'il aura lors empeschement comme tu as maintenant. Et posé qu'il me face justice, quel honneur sera ce à toy, ne quel honneur en auras tu envers Dieu? Tu es tenu de me faire justice, pour quoy doncques charges tu à autrui ton fes? » Adoncques l'empereur voiant la grande constance de la dame, et ses paroles entre moult raisonnables, descendi de son cheval prestement, sans dilacion, lui fist droit et justice. Et ce fut le mérite pour quoy, trois cens ans après que ledit empereur Trajan fut mort soulz la loy paienne, par les mérites et prières de saint Grégoire pape, fut ressuscité, et baptisé, selon ce que racomptent les ystoires. O roy de France! à icellui roi et empereur te dois-tu conseiller, en toy inclinant à madame d'Orléans, vesve et desconfortée, à toy suppliant, laquelle autre fois à toy a requis, et encores requiert justice de la cruelle et injuste mort de son seigneur et mary, lequel estoit ton frère. En ce ne vault riens dilacion, ou actente à tes successeurs roys de France. Car tu, comme roy présent, à ce singulièrement es obligé. Considère l'estat des supplians, c'estassavoir de madame d'Orléans et de ses filz. Icelle dame est semblable à la vesve de laquelle parle saint Jhérosme ou second livre contre Jovinien, où il raconte que la fille de Cathon, après la mort de son mary, souvent estoit en grans souspirs et gémissemens sans consolacion. Pour quoy ses voisins et parens lui demandèrent combien celle douleur lui dureroit; auxquelz elle respondi, que sa vie et celle douleur fineroient ensemble. En tel et pareil estat sans doubte estoit ma dame dessus dicte, car elle ne peut avoir remède que par voye de justice, laquelle elle requiert. En vérité elle ne le requiert point par voye de fait ou de vengence, jà soit ce que elle et ses enfants soient plus puissans à l'aide de leurs parens, amis et aliez à prendre vengence de la mort de monseigneur d'Orléans, que n'est le duc de Bourgongne. Icelle voye de justice tu ne peux refuser, et partie adverse ne la peut fuyr, ne décliner, justement. Actendu donques la condicion des supplians, sire Roy, fais que de toy puist estre dicte la parole du prophète, disant à Nostre Seigneur : *Justus Dominus et justiciam dilexit ; equitatem vidit vultus ejus.* C'est-à-dire, Nostre Seigneur est juste et a aymé justice ; son regard a veu équité. Et ce est tant qu'à la tierce raison.

La quarte raison est en la pitié du cas. Car ceste mort si cruelle, si vile et si abhominable ne semble point à veoir pareille, ne il n'est homme naturel qui sur icelle ne doive avoir compassion. Icelle donques bien considérée, tu dois bien estre plus enclin à justice par la coustume des roys anciens, qui par grant compassion, et mesmement de la mort de leurs ennemis, pleuroient. Donques, par plus forte raison, tu dois condoloir sur la mort de ton très cher frère, et icellui recouvrer et réparer par courage diligent. Et se ce n'est ainsi fait, très grant reprouche sera à toy et à plusieurs autres. Nous lisons comment Julius César voiant la teste du grant Pompée, son adversaire, commença à pleurer et dist, que tel chevalier ne devoit point ainsi mourir. Icellui mesme aussi fut moult triste de la mort de Cathon, son ennemi et adversaire, en donnant grant aide et consolacion à ses enfans. O roy de France ! quelle consolacion dois-tu avoir de la mort de ton frère, qui est moult lamentable à remembrer. Hélas ! sire, se l'esperit de ton frère parlast, oy et entens quelle chose il diroit. Il diroit certe les paroles qui s'ensuivent, ou pareilles. « O monseigneur mon frère ! regarde comment pour toy j'ay receu mort. C'estoit pour la grant amour qui estoit entre nous. Regarde mes plaies, desquelles les cinq espécialement furent cruelles et mortelles. Regarde mon corps, batu, foulé et envelopé en la boe. Regarde mes bras coppez, et ma cervelle espandue hors de mon chef. Regarde s'il est douleur pareille à ma douleur. Hélas ! il ne souffist mie à partie adverse estaindre ma vie si cruellement et sans cause, mais si soudainement et traitreusement me sousprint, ainsi que je aloye de l'ostel madame la Royne devers toy, par quoy il me mist en péril de dampnacion. Et après partie adverse s'est efforcé de diffamer moy et ma lignée, par son libelle mauvais et diffamatoire. » Sire Roy, considère les choses. De ce seroient les paroles, s'il povoit parler. Soyes donques plus enclin à faire justice selon les cas dessus oys, et à entendre la requeste présente de madame d'Orléans. Fay que de toy puist estre dit et vérifié ce qui est escript ou second chapitre du premier livre des Roys : *Dominus autem retribuet unicuique secundum justiciam suam.* C'est à dire, Nostre Seigneur rendra à ung chacun selon sa justice. Et c'est tant qu'à la quarte raison.

La quinte raison est fondée ès maulx et inconvéniens qui pourroient venir, se de ce cas n'estoit faicte justice. Car par ce chascun vouldroit user de voye de fait et estre juge et partie, et avecques ce s'en ensuivroient trahisons et divisions par lesquelles pourroient estre destruictes terriennes dominacions, comme cy-après sera déclairé. Car, selon ce que dient les docteurs, très grant moien de garder paix en vostre royaume est que justice et jugement soient exercez à ung chascun. Et ce tesmoigne saint Ciprien en son livre des Douze abusions, disant ainsi : *Justicia, inquit, regis, pax populorum, tutamen pueris, munimentum gentis, terre fecunditas, solacium pauperum, hereditas filiorum et sibimet spes future beatitudinis.* C'est à dire, la justice du Roy est la paix des peuples, la défense des enfans, les garnisons et municion des gens, habundance et fertilité de la terre, le soulas des povres, le héritage des filz, et à lui mesme espérance de béatitude avenir; c'est la gloire de Paradis. Et à ce propos, dist le prophète : *Justicia et pax osculate sunt.* C'est-à-dire, paix et justice ont baisié l'une l'autre, comme s'il deist que justice et paix sont aliez et conjoinctes ensemble. Et se aucuns veulent dire que par ceste exécucion de justice pires maulx s'en pourroient ensuir que devant, pour la cause que le duc de Bourgongne, si comme on dit, a ceste ymaginacion, qui est de grande apparence et de petit fait ? on peut respondre que le duc de Bourgongne, ce n'est riens au regard de sa puissance royale. Quelle puissance a il, fors autant comme tu lui en donnes et que tu seuffres qu'il en ait. Justice et vérité certainement, pour ce que elles y ont cargié tous jours, en la fin, par la grâce de Dieu, elles sont et demeurent maistresses. Ne il n'est si bonne seureté comme labeur est pour vérité et justice.

Qui sont les chevaliers et escuiers de ce royaume qui lui oseroient faire service à l'encontre de toy, ou qui seroient les estrangers qui se mectroient en péril de mort pour si mauvaise et si faulse querelle? certainement, nul. O vous chevaliers de Bourgongne [1], clers et lais, et aussi tous ceulx de partie adverse, envoiez hommes loyaulx, sans faveur ou hayne, afin qu'ilz oient plaidier ceste cause. Vérité soit oye, et qui a droit, si le monstre. O roy très chrestien, ducs, contes, avecques les aultres princes, vueillez donner et porter aide, tant que justice soit gardée, pour laquelle garder, principalement vous estes constituez et ordonnez. O sire Roy! regarde comment les roys de France, qui avoient petite puissance au regart de toy, ont fait justice de plus grans seigneurs que ne soit partie adverse, comme il pourra assez apparoir à cellui qui vouldra lire les ystoires du temps passé. En oultre, qui sont ceulx qui se oseroient eulx exposer contre leur seigneur souverain faisant justice selon la voie de vérité et de loyaulté, sans faveur, comme il appartient à bon et juste juge. Ce tesmoignant Tulles, ou second livre des Offices, ainsi disant : *Judicis, inquit, est semper verum sequi.* Il appartient au juge ensuivir tousjours vérité. Icelui mesmes dit en une oracion qu'ils fist ains qu'il alast en exil : *Nemo, inquit, tam facinorosa inventus est vita, ut non tamen judicium prius sentenciis convincetur quam suppliciis addicaretur.* Nul, dit-il, n'est trouvé de si mauvaise vie que son jugement ne soit aincois convaincu par sentences [2],

1. Le ms. *Suppl. fr.* 93 et Vérard ajoutent : *et de Flandres.*
2. Le ms. *Suppl. fr.* 93 et Vérard répètent ici, comme il est nécessaire, la préposition *aincois.*

qu'il soit mis à tourment. Et pour ce, sire Roy très puissant, tu es tenu, sans doubte, faire justice. Car se par ceste justice s'ensuivoient aucuns inconvéniens, iceulx finablement redonderoient contre partie adverse pour la raison de sa coulpe, comme il sera veu cy-après. Certainement la sentence de Nostre Seigneur Jhésucrist ne peut faillir, ainsi disant : *Qui gladio percutit, gladio peribit*. C'est à dire, qui fiert de glaive, il périra par le glaive. Et Ovide, en l'Art d'amours, dit : *Non est lex equior quam necis artifices arte perire sua*. C'est à dire, nulle loy n'est plus juste que celle, que les faiseurs de mort et d'occision périssent par leur art et par leur œuvre. Et pour ce, sire Roy, oeuvre les portes de justice, afin que de toy puist estre vérifié le dit du prophète, ainsi disant : *Dilexisti justiciam et odisti iniquitatem, propterea unxit te Deus tuus oleo justicie pre consortibus tuis*. C'est à dire, tu as aimé justice et as hay iniquité, pour ce ton Dieu te a enoint de l'uile de léesse par dessus tous tes compaignons. Et c'est tant qu'à la quinte de raison.

La sixiesme et dernière raison quant à présent est fondée en cinq mauvais maintiens de partie adverse qu'il tint tousjours en continuant après ce cruel et abhominable fait. Et aucune chose n'est en ce monde que le Roy doive tant doubter et eschever que l'élévacion d'orgueil en ses subgets au regard de sa dominacion. Car tu, Sire, en ta dominacion dois ensuivir le Roy des Roys, duquel dit l'Escripture Sainte *Deus superbis resistit, humilibus autem dat graciam*. C'est à dire, Dieu résiste aux orgueilleux, et aux humbles donne sa grace. Donques tu es tenu de humilier l'orgueil de partie adverse, qui est si cruel et si eslevé qu'il lui semble que sa puissance pour sa mauvaise cause puist endurer et résister contre ta puissance. Et pour ce, roy de France, et vous tous messeigneurs, considérez la rébellion et inobédience de partie adverse, non mie tant seulement contre les commandemens du Roy, mais contre le conseil de vous tous du sang royal. Il est certain que le roy de Cécile, monseigneur de Berry et plusieurs autres, derrenièrement ès grandes froidures, furent à Amiens à fin qu'ilz peussent trouver appointement raisonnable et paisible pour le bien des parties et mesmement pour le bien du Roy et de tout son royaume. En vérité les seigneurs dessusdiz ne peurent faire la paix par eulz désirée envers la partie adverse, en lui notifiant la voulenté et commandement du Roy, lequel contenoit que pas ne venist devers le Roy, jusques à ce qu'il seroit par lui mandé. Et quant lesdiz seigneurs lui donnèrent le conseil qu'il obéist au commandement du Roy, à grant peine porent ilz obtenir qu'il ne venist au Roy avec grant puissance de gens d'Artois, et très envis se déporta de soy atarger encore quinze jours de y venir. Véez messeigneurs, quelle obéissance, et quelz maulz se pèvent ensuir de ce. Après ledit conseil finé à Amiens, il fist une grande congrégacion de gens d'armes, et à moult grant puissance vint à Paris, ainsi que se il voulsist conquerre ce royaume. Et est vérité que le Roy et les seigneurs de son sang, sentans sa venue, s'assemblèrent ensemble pour sur ce pourveoir de remède. Et après le Roy lui manda par certains messages qu'il ne venist point devers lui à plus de trois cens hommes d'armes. Mais toutesfoiz, ce non obstant, ladicte partie adverse vint accompaignée de six cens hommes d'armes et de plus, en alant au contraire de la voulenté du Roy. Et après ce qu'il fut venu à Paris, il lui sembloit que pour sa puissance on devoit toutes choses faire à sa voulenté. Dont pour certain, le Roy, la Royne et les autres princes ne lui osèrent aucune chose refuser, mais à lui parloient agréablement, en le appaisant de son mal fait. O dominacion de France! se tu veulx ainsi souffrir, en brief temps tu décherras de ta joye! Après, ladicte partie adverse fist détruire les défenses et municions faictes entour la maison du Roy pour cause de eschever la voie de fait qui jà avoit esté commencée par ladicte partie adverse. C'estoit certainement une maistrise[1] qui monstroit signe de subject tendant à male fin contre le Roy. Car il deust estre venu pour soy humilier, et il vint l'espée traicte avec grant nombre de gens d'armes, desquelz les plusieurs estoient estrangers. De rechef, il a, en Paris, esmeu les simples gens en proposant et sonnant par tout le royaume libelle diffamatoire et promectant faulses promesses. Et eulx, croyans qu'il deust faire merveilles et estre le gouverneur de tout le royaume, ont par lui esté deçeuz, en lui démonstrant grant honneur et à ses escrips, et mesmement par cris et clameurs de voix. Pour lesquelles choses et autres semblables, il s'est eslevé en orgueil et cruaulté à soustenir son iniquité. Hélas! sire Roy, n'est ce mie grande présumpcion après ce maléfice, chevaucher par la cité de Paris, ses armeures descouvertes, et estre venu en ton paisible conseil, à tous haches et glaives. Ne tu ne

---

[1] Une manière d'agir en maître.

devoies mie souffrir venir plus fort que toy à ton conseil, à fin que par aventure le dyable, qui mist en son courage qu'il feist ce mal, n'esmeust cellui en continuant sa mauvaistié, pour ce que les princes du conseil n'appreunent pas son péchié très mauvais. Ne tu ne devroies point souffrir homme coulpable et indigne, alant par voye de fait, estre avecques toy plus fort. Car il est possible, icellui actraire avecques lui ceulx du peuple, par les moiens dessusdiz, à la destruction de ta dominacion et de tout ce royaume. Il te plaise donques humilier partie adverse, et toy démonstrer juge droicturier sans paour, à fin que de toy puist estre dit ce qui est escript ou tiers livre des Roys, ou viii<sup>e</sup> chapitre : *Judicabat servos suos, justificans quod justum est, et tribuens eis secundum justiciam.* C'est à dire, il jugera ses serviteurs et leur fera selon sa justice. Et ce est tant qu'à la tierce raison, par laquelle, et autres précédentes, il appert clèrement comment tu es tenu faire justice à madame d'Orléans.

En la seconde partie, comme j'ay dit, sera déclairé le crime et délict de partie adverse, et comment il perpétra mal irréparable et inexcusable, et y adjousteray six raisons loyaument approuvans la faulseté et malice de la mort de monseigneur d'Orléans, prenant le theume et parole du proposant pour partie adverse, c'estassavoir : *Radix omnium malorum est cupiditas.* C'est à dire, convoitise est la racine de tous maulx. Il me semble que la convoitise a esté cause de cest homicide, non mie tant seulement convoitise de richesses, mais avec ce convoitise de honneur et d'ambicion. Convoitise doncques a esté cause de ce mauvais péchié, comme il appert plus à plain en la sixiesme raison de ceste présente partie. Néantmoins je viendray à démonstrer la grandeur et abhominacion du péchié de partie adverse, lequel, quant à présent, j'ay à démonstrer et déclairer par six raisons. La première raison est fondée en ce que partie adverse n'avoit nulle auctorité ou puissance de juge sur ledit défunct. La seconde raison est fondée en ce que, jà soit ce que partie adverse eust auctorité sur ledit defunct, néantmoins il procéda par voye de fait contraire à toute justice et à toute voie de droit. La tierce raison est, ès aliances fondées, qui estoient entre monseigneur d'Orléans et partie adverse. La quarte raison est fondée en ce que icellui homicide est dampnable, ne onques ne peut estre bien traictié. La quinte raison est fondée en ce que partie adverse fist occire monseigneur d'Orléans à mauvaise fin et intencion. La sixiesme raison est fondée en ce qu'il ne souffist pas à partie adverse priver de vie monseigneur d'Orléans, mais avec ce s'est efforcé de deshonnorer sa renommée par libelle diffamatoire, en occiant icellui par seconde mort.

Tant qu'est à la première raison, il appert clèrement que le maléfice de partie adverse est irréparable, actendu qu'il n'avoit nulle auctorité de juge ou judiciable, autrement chascun pourroit autrui occire selon son raisonnable et sans chef, et que chascun successivement seroit fait roy. Et est très véritable chose que partie adverse n'avoit nulle autorité sur monseigneur d'Orléans, ainçois estoit tenu de lui faire honneur en tout siège et parole, car les privilèges des enfans et filz des roys ce requièrent. Appert donques la privacion de l'auctorité de la partie adverse, et de son maléfice estre perpétrée injustement et malicieusement.

Que auctorité soit nécessaire pour faire aultrui occire ?
appert clèrement en plusieurs escriptures. Et de fait,
saint Augustin, exposant le dit de Nostre Seigneur, ou
chapitre de l'Evangile saint Mathieu, *Omnis qui gladium acceperit gladio peribit*, c'est à dire, qui a prins
le glaive, il périra par glaive, là dit, ledit docteur
saint Augustin, cellui prent le glaive qui sans auctorité
et légitime puissance apparent, est armé et enhardi de
autrui faire mourir. En après, il ne loist point occire
malfaicteur sans auctorité, tesmoing ledit saint Augustin, ou premier livre de la Cité de Dieu. *Qui, inquit,
sine publica administracione maleficum occiderit, homicida judicabitur.* C'est à dire, qui aura occis malfaicteur sans publique administracion de justice, il sera
jugié comme le homicide. Dont dit la loy des jugemens :
*Vigor, inquit, publici tutela in medio constituta est, ne
quis de aliquo, quamquam de sceleribus implicato, sumere* [*vindictam*] *valeat.* C'est à dire, la vigueur publique
est ainsi comme défense constituée ou milieu, afin que
nul ne pregne vengeance d'aucun, jà soit ce qu'il soit
envelopé en grans péchez. Et est vérité que le proposant pour partie adverse respond aux lois, disant que
les lois ne doivent point secourir à ceulx qui contredient aux lois, et de fait, dist que le tirant va droictement contre les lois universelles, pour quoy il afferme
que cestui homicide par nulle manière n'est contre
les lois. Hélas ! dont congnoist le proposant de partie
adverse que monseigneur d'Orléans estoit tirant ?
Certainement il convient icelle fallace estre condampnée, laquelle est commencement de décepcion, pressupposant Monseigneur avoir esté tirant. Et pour ce
que le proposant de partie adverse fonde la plus grant

partie de son fait en ce que monseigneur d'Orléans estoit tirant selon raison, et que pour ce estoit licite à icellui occire. Voiant donques les condicions de tirannie, et lesquelz doivent estre appelez tirans, le philozophe dit ou quart chapitre des Moralitez. *Tirannus est, inquit, cum aliquis princeps, vi et violencia potestatis, sine titulo terram usurpat alienam et de facto occupat aliquam civitatem, vel patriam, vel qui incorrigibilis est et nulli obediens.* C'est à dire, tirannie est quant aucun prince, par force et violente puissance, sans tiltre, usurpe et injustement occupe estrange terre, ou aucune cité et pays, et qu'il est incorrigible et à nullui obéissant. Maintenant donques, considérons se monseigneur d'Orléans a eu telles condicions. Certainement nennil. Car onques voluntairement il ne occupa la terre d'aucun, et qui a sceu le contraire, si le die. Ne partie adverse ne devoit point appeler monseigneur d'Orléans, tirant, car onques ne tint dominacions, fors celles qui lui furent données par le Roy héréditablement, et les terres que justement il a acquis. Mais le duc de Bourgongne, sans juste tiltre, tient et ocupe trois chasteaulx et chastellenies qui sont de l'éritage et du domaine du Roy, c'estassavoir Lisle, Douay et Orchies, non obstant les seremens fais sur le corps Nostre Seigneur Jhésu-Crist, par lesquelz il a juré rendre et restituer lesdiz trois chasteaulx, par cas et condicion qui est advenu. Après, mondit seigneur d'Orléans ne fut onques incorrigible, car je croy certainement que onques si grant prince ne honnoura plus justice de lui[1]. Le proposant de partie adverse die

---

1. *De lui* (sic), lis. *que lui*, comme dans le ms *Supp. fr.* 93 et dans Vérard.

quelles rebellions et inobédience monseigneur d'Orléans a fait contre justice en son temps. Plusieurs notables personnes encore vivans, sçèvent bien que nul seigneur ou monde ne soustint et conforta autant la justice du Roy capitale comme il a fait. Considérons aussi les condicions de tirant selon les philozophes. Le tirant met toute son estude à occire et destruire les preudeshommes et sages de sa terre, il quiert la ruine et destruction des églises et des estudes, et pour ses maléfices est tousjours doubteux, en estudiant de garder son corps et sa personne par très forte garde. Ces condicions de tyrannie n'eut point monseigneur d'Orléans, car il ot vertu et toutes condicions contraires. Premièrement, il ne fit onques sage ne fol occire, et souverainement il aimoit les sages hommes, et moult voulentiers les véoit et ooit. Quant aux églises, il ne les destruisit point, mais les a soustenues et réparées et donné à icelles plusieurs biens. Et qui plus est, plusieurs nouvelles églises il fonda, et aussi plusieurs chappelles auxquelles il donna de grans biens et revenues, comme il appert clèrement[1]. Tant qu'est à la garde de lui mesmes, pour ce qu'il se sentoit pur et innocent envers tous, il ne cuidoit point que aultrui lui voulsist mal faire, et ne se doubtoit de nullui, ne il ne gardoit point son corps, comme il a esté veu. Et en vérité s'il se feust doubté d'aucun, il n'eust point esté ainsi traitreusement occis. Moult est donques à esmerveiller comment partie adverse a cause d'appeler mondit seigneur d'Orléans tirant, en excusant son horrible fait sur tel fondement, actendu que mondit seigneur

1. Principalement aux Célestins.

d'Orléans a eu vertu du tout en tout contraire aux condicions des tirans. Et ce respond assez à la dampnable proposicion de partie adverse.

Conséquemment, le proposant de partie adverse disoit, que jà soit ce que son maistre ait fait contre les lois tant qu'à la lectre, toutefois il n'a point fait contre le faiseur de la loy, ne contre la fin des lois, mais pour l'amour de Dieu a révélé l'intencion du faiseur de la loy à faire mourir homme sans auctorité et sans déclaracion du maléfice de cellui qui est occis. Par celle manière, il pourra faire mourir les autres princes et dire qu'ilz sont tirans. Et chascun pourra semblablement interpréter et exposer les lois, laquelle chose est inconvénient moult grant, selon ce qui est escript : *Cujus est leges condere, ejus est interpretari*. C'est à dire, que à cellui qui a fait les lois, appartient à interpréter et exposer icelles. Il est tout cler que partie adverse ne povoit establir lois, ne obligacions à mondit seigneur d'Orléans, comme il ne feust à lui aucunement subject. Ne à lui conséquemment ne compétoit l'interprétacion des lois au regard de monseigneur d'Orléans. Et jà soit ce que le proposant de partie adverse die son seigneur estre doien des Pers, pour ce ne s'ensuit il point qu'il eust auctorité sur ledit defunct. Car, se ainsi estoit, il se ensuivroit qu'il auroit auctorité sur tout le royaume et qu'il seroit pareil au Roy. Qui n'est pas à dire. Ne de fait, pour tant s'il est per, il n'a point l'auctorité, fors tant seulement en ses terres. Et tant qu'il actribue à lui la puissance d'autrui sur le royaume, il entreprent et actribue à lui la dominacion du Roy.

Vérité est que le proposant de la partie adverse allégua douze raisons à prouver que son seigneur pouvoit licitement faire mourir monseigneur le duc d'Orléans sans commandement de nulles personnes quelzconques. Desquelles les trois premières sont fondées en trois docteurs de la Saincte Escripture de theologie. Les autres trois, en trois philozophes moraulx, c'est à dire traictans de meurs. Les autres trois, en trois lois civiles, et les trois dernières en trois exemples de Saincte Escripture. Quant à la première raison, elle est alléguée en la derrenière distinction du derrenier livre de Sentences, disant : *Quando, inquit, aliquis aliquod dominium per violenciam sibi suscipit nolentibus civibus vel consensu coactus et non est recursus ad superiorem, etc.* C'est à dire, quant, dit saint Thomas d'Aquin, aucun reçoit par violence aucune dominacion sans la voulenté des subjects, et par consentement de contrainte et on ne peut avoir retour ou recours à souverain par lequel puist estre fait jugement de tel agresseur. Adonc, cellui qui occit tel tirant pour la délivrance du pays, est à loer, et prend et reçoit grand guerredon. A ce je respons que ce ne fait riens à propos. Car monseigneur d'Orléans n'envaïst onques aucune dominacion par violence. Qu'il ait voulu envayr et usurper la dominacion du Roy, je dy qu'onques ne le pensa, comme il apperra par la troisiesme partie. Je dy conséquemment que saint Thomas parle de cellui qui peut estre trouvé tirant, et monseigneur d'Orléans ne l'estoit point, comme il est assez déclairé. A ce propos saint Augustin demande et fait question ou livre De franche voulenté, s'il loist au pélerin occire le larron faisant aguet en la voye, et finablement il n'appert point par les paroles dudit sainct Augustin, que aucun puist licitement occire autrui, comme démonstre maistre Henry de Gand. En oultre je dy, que jà soit ce que monseigneur d'Orléans feust tel que partie adverse le veult dire, icelle partie avoit refuge souffisant au Roy quant il estoit sain et hectié[1], et à la Royne et aux autres seigneurs du sang royal. Comme il ne soit nul d'iceulx qui n'eust mis et exposé corps et biens à punir monseigneur d'Orléans, ou cas qu'il leur eust esté déclaré icellui vouloir usurper et envayr la dominacion du Roy, ou aucunement empescher. Et certainement mondit seigneur estoit assez sage pour considérer qu'il ne povoit pervenir à la dominacion royale, actendu que tous eussent esté à lui contredisans, et que le Roy a filz, à lui successeurs.

La seconde raison dudit proposant est fondée en l'auctorité de saint Pierre, disant ainsi : *Subditi, inquit, estote regi tanquam precellenti, sive ducibus tanquam ab eo missis ad vindictam malefactorum, laudem vero bonorum, quia hec est voluntas Dei.* Soiez, ce dit monseigneur saint Pierre, subjectz au Roy comme le souverain ou excellent, et aux ducs, comme envoiez de par lui à la vengence des malfaicteurs et à la louenge des bons, car c'est la voulenté de Dieu. Ces paroles dessusdictes sont escriptes en la première Epistre de saint Pierre, ou second chapitre. Ceste auctorité ne fait riens au propos, pour ce ne semble il point que ledit apostre vueille dire, ne que son entencion soit, que ung duc ait la dominacion ou seigneu-

---

1. « Quant il estoit sains et haities » (ms. *Suppl. fr.* 93), *haictié* (Vérard), actif, apte, habile.

rie sur tout un royaume, mais tant seulement sur son pays. Autrement il s'ensuivroit qu'en Bretaigne, en Berry et ès autres duchez du royaume on ne deust obéir fors au duc de Bourgongne. Ainsi donques appert comment ledit proposant abuse de la Saincte Escripture, en tant qu'il s'efforce par manière d'argument icelle amener à son propos.

La tierce raison si est fondée en ce que dit Sabellion en son tiers livre, ou xl° chapitre, *Tyranno, inquit, licet adulari, quem licet occidere.* C'est à dire, il loist flater au tirant par décepcion, lequel occire est licite chose. A ce je dy que Sabellion parle de tirant manifeste, apparent et approuvé.

La quarte raison est fondée ou dit de Aristote, en sa Politique, c'est à dire en son livre parlant du gouvernement des citez, disant qu'il est licite et digne chose de loenge, occire ung tirant. A ce je dy que Aristote parle de tirant publique, et tel n'estoit pas monseigneur d'Orléans, comme il est veu paravant.

La quinte raison est fondée en ce que Tulles, en son livre des Offices, loe ceulx qui occirent Jules César. A ce je respons, que jà soit ce que Tulles feust homme de grande souffisance, touteffois il parle comme malveillant à Jules César, car tousjours soustint, Tulles, la partie de Pompée, le grant adversaire dudit Julius César. Et aussi ledit César perpétra moult de choses qu'onques monseigneur d'Orléans ne pensa.

La sixiesme raison est fondée en Juvénal, qui dit en son grant livre second Des cas des nobles hommes, ou vi° chapitre : *Quod res est valde meritoria occidere tirannum*, c'est à dire, que occire ung tirant est chose moult méritoire. A ce je respons comme dessus. Car, ou cas qu'il eust esté trouvé tel, et remède n'y eust peu estre trouvé, encore le maintien et la manière de faire de partie adverse est mauvais et illicite, et ne se peult saulver.

La septiesme raison, avec deux autres ensuivans, est fondée ès lois civiles, qui disent estre trois manières de hommes lesquelz occire est chose licite, c'estassavoir, ceulx qui délaissent chevalerie, les agaitans des chemins, et les larrons de nuit trouvez ès maisons. A ce, je dy que monseigneur d'Orléans ne fut onques de telles condicions. Je dy que les lois ne commandent point telz gens à occire, fors tant seulement en cas de péril inévitable, et sont icelles choses loing de noz termes, comme mondit seigneur d'Orléans ne feust point agaiteur de chemins, la mercy Dieu! ne larron de nuit. Et n'est loy au monde par laquelle, partie adverse peust estre excusé.

La dixiesme raison est fondée en l'exemple de Moyse, qui sans auctorité occist l'égipcien. A ce je dy, que selon l'opinion de saint Augustin et de plusieurs autres docteurs, Moyse pécha en occiant l'égipcien. Et comme on dit de Moyse et de saint Pierre, l'un et l'autre trespassa les reigles de justice. Ces deux cas ne sont mie semblables. Car Moyse, qui estoit hébrieu, voiant l'omme incrédule esmouvant contre son frère, le occist afin qu'il ne tuast sondit frère.

La onziesme raison est fondée en l'exemple de Phinées, qui sans commandement occist le duc Zambri et toutesfois de ce en demoura impugny et en ot grande rémunéracion. A ce respond saint Thomas, disant que Phinées fist ce comme maistre de la loy, car il estoit filz du souverain prestre, et pour ce avoit il puissance et auctorité publique. Et aussi ce présent cas n'est point pareil à cestui, comme il appert en l'istoire regardant.

La douziesme raison est fondée en ce que saint Michel l'arcange occist Lucifer sans commandement divin, et pour ce fut il rémunéré de plusieurs richesses et honneurs, comme dit le proposant de partie adverse. A ce je respons qu'il n'occist pas Lucifer, aincois ce dire est grand derrision, car l'occision de Lucifer n'est autre chose que privacion de grace divine et de la souveraine gloire de Paradis, de laquelle il fut déjecté de Dieu pour cause de son orgueil. O messeigneurs! en quel livre a trouvé le proposant icelle théologie escripte? Certainement je suis esbahy où il l'a trouvé, car il n'est livre au monde où ce soit contenu comme il l'a proposé. Mais qui plus est, nous avons en l'Epistre saint Jude, que saint Michel n'osa faire injure à Lucifer, jà soit ce qu'il eust puissance sur lui, ne de lui commander aucune chose, mais tant seulement lui dist : « Monseigneur te commande. » Et ainsi appert que les raisons dudit exposant, lesquelles il a alléguées, ne font riens à l'approbacion de son faulx et desléal propos. Je dy de rechef que telles occisions alléguées par partie adverse ne sont mie à prendre en exemple, ou conséquence. Car en l'Ancien Testament moult de choses estoient souffertes qui maintenant sont défendues, comme il appert en la seconde cause et première question. Daniel, combien qu'il feust homme d'église, il fist mourir le roi Amalech, et maintenant il ne loist point à homme d'église soy entremectre de cas de crime. En oultre fut donné à Moyse le libelle de répudiacion ou refus de mariage, laquelle maintenant est défendue. Donque la doctrine est bien mauvaise, par laquelle les occisions anciennes sont prinses et admenées en exemple pour cause de soustenir icelle cruelle mort. Et tantost que renommée feust ou seroit d'ancien mal contre aucun prince, chascun prendroit de ce punicion, se ceste mort sans auctorité perpétrée estoit approuvée.

O vous princes! considérez que se telles doctrines estoient soustenues, chascun pourroit dire : aussi bien puis-je occire comme fist tel. Il vous plaise donques condemner ceste faulse et desloiale doctrine comme périlleuse, sédicieuse et abhominable. Et puis *dira*[1] partie adverse et tous à lui portans faveur en ceste partie, le dict de Jhérémie, ou xx° chapitre : *Confundentur vehementer qui non intellexerunt obprobrium sempiternum quod nunquam delebitur.* C'est à dire, ceulx seront confondus grandement qui n'auront point entendu l'obprobre perdurable qui jamais ne sera osté, ne pardonné. Et c'est tant que ma première raison de ma seconde.

La seconde raison est fondée en ce que l'occision cruelle de monseigneur le duc d'Orléans ne fut point exécutée par voie de justice. Posé que partie adverse eust en auctorité de ce faire, néantmoins, estoit il tenu de traiter ledit mort par voie de justice, ce est, par informacion précédente, par bons tesmoings non reprouchables, approuvez souffisamment. Mais icelle voie nullement il ne tint. Car, premièrement il fit occire monseigneur d'Orléans, et après il enquist les voies par lesquelles il peust estre excusé. O Dieu,

---

1. *Et puis dira partie adverse. Sic* dans le ms. *Suppl. fr.* 93 et dans Vérard. C'est un contre-sens. Il faut lire : « Et puis dire à partie adverse et à tous, etc. »

quel procès et quel juge ! O justice ! fais ce que tu dois, défens ta propre cause à l'encontre de cellui qui s'esforce de te ramener à néant. En vérité tous les drois enseignent : congnoistre premièrement les causes, et après prononcer les sentences, et en la fin mectre icelles à exécucion. A ce propos, comme raconte et récite Saluste, en son Cathilinaire, de Jules César, quant les juges avoient commencié à occire les hommes sans ce qu'ilz feussent condempnez en jugement, moult de maulx s'en povoient ensuyr, ne aucuns ne pourroient seurement vivre. Et met exemple des Lacédémoniens, qui, pour la victoire eue contre ceulx d'Athènes, constituèrent trente hommes à gouverner la chose publique, lesquels trente hommes firent mourir plusieurs hommes sans procès, dont s'en ensuivirent et advinrent moult grans maulx. Semblablement moult de maulx et sans nombre nous advenront, se ces choses estoient souffertes. A ce propos est ce que dit Saluste de Cathiline et Favonius[1], lesquelz comme ilz voul-

---

1. Le ms. 8345 porte : *de Kathiline et de favourables*. Le ms. *Suppl. fr.* 93 et Vérard donnent : *de Cathelin et ses favorables*, de Catilina et de ses partisans. Ce qui fait un sens très-acceptable. Toutefois la version de notre manuscrit ne nous semble pas être à rejeter. Elle a même cela de remarquable qu'elle décèle jusqu'à un certain point dans le rédacteur une érudition qu'on n'aurait pas attendue de lui. En effet, il est question d'un *Favonius*, non pas il est vrai dans la conjuration de Catilina, mais dans l'un des deux discours *de Republica ordinanda*, qu'on a attribués à Salluste. Le passage est trop curieux pour que nous ne le donnions pas en passant au lecteur. Il s'agit de deux inutilités politiques du temps. *L. Posthumius et M. Favonius mihi videntur quasi magnæ navis supervacua onera esse; ubi salvi pervenere, usui sunt : si quid adversi coortum est, de illis potissumum jactura fit, quia pretii minumi sunt.* (Salluste, édit. d'Hackius de 1677, p. 563.)

sistent ardoir la très puissant cité de Romme et occire tous les sénateurs et conseillers d'icelle, Tulles, qui adonc estoit sénateur, jà soit ce qu'il sceust toutes ces choses, toutesfois il ne fist nulle accusacion contre ces malfaicteurs jusques à ce qu'il peust approuver leur vie. Donques, messeigneurs, actendu que ce maléfice a esté fait et perpétré obstinément contre l'ordre de tout droit et justice, sachez qu'il ne demourra point impugni, selon la parole de Nostre Seigneur parlant par Ysaye, ou XLVII<sup>e</sup> chapitre dudit Ysaye : *Videbitur obprobrium tuum, ulcionem capiam et non resistet mihi homo.* C'est à dire, ton obprobre sera veu, je prendray vengence et homme ne me pourra résister. Et c'est tant qu'à la seconde raison.

La tierce raison est fondée en ce que partie adverse avoit fait aliances avec monseigneur d'Orléans, la plus forte et la plus certaine qui povoit estre faicte ou traictée en manière ou forme de promesse ou d'aliance, présens à ce aucuns seigneurs desdiz pays d'Orléans et de Bourgongne, nobles, prélas, clers et conseillers d'une partie et d'autre. Et après jurèrent sur le canon et sur le crucifix, en atouchant les sainctes Evangiles de Dieu, et promirent par le salut de leurs âmes et par la foy et serement de leurs corps, que doresenavant ilz seroient bons, loyaulx et compaignons d'armes. De rechef promirent que se l'un sentoit aucun mal ou dommage avenir à l'autre, il lui réveleroit ou manderoit. En après furent d'accord qu'ilz porteroient l'ordre l'un de l'autre, comme ils firent. De rechef, en après, furent lesdictes aliances confermées en la derrenière feste qui fut à Compiengne. Et à plus grant conservacion des choses dessusdictes, monseigneur d'Orléans et partie adverse firent jurer plusieurs chevaliers et serviteurs d'une partie et d'autre, que bien et loyaument ilz aideroient à maintenir et nourrir les promesses dessusdictes et l'amour desdictes deux parties, et feroient sçavoir l'un à l'autre se aucun mal lui devoit advenir, comme dit est. En oultre monseigneur d'Orléans et partie adverse firent entre eulx aliances et confédéracions particulières, en promectant et jurant sur la vraie croix eulx garder l'onneur et prouffit l'un de l'autre, et qu'ilz résisteroient à l'encontre de tous ceulx qui vouldroient aucune chose faire contre l'onneur et prouffit d'un chascun d'eulx. Les choses dessusdictes assez apparent par les aliances signées de leurs mains et sur ce escriptes et seellées de leurs propres seaulx. O tu! partie adverse, que peuz tu dire à ces choses? Où est ta foy? qui est ce qui se fiera en toy, comme tu ne puisses nyer ces aliances que tu as faictes devant tesmoings qui sont encores vivans? Tu as de tous esté veu porter l'ordre de monseigneur le duc d'Orléans. Quelle chose fist il après? Certainement il ne fist riens contre lui. Car du temps après ensuivant, entre lui et partie adverse ne furent aucunes paroles lédengeuses sur lesquelles on peust fonder aucun mal. Il appert doncq que mauvaisement il fist occire cellui qui se fioit en lui. O partie adverse! que peuz tu cy respondre? Se tu dis que tu l'as fait occire pour raison des maléfices qui par ton commandement sont proposées contre lui, dy donques pour quoy tu as fait et promis aliances avec lui, que tu tenoies si mauvais, si faulx et si traistre, comme tu as fait proposer. Tu as congnoissance que jamais loial homme ne feroit aliances avecques cellui qu'il sçavoit estre traistre.

Tu dis que monseigneur d'Orléans estoit au Roy traistre. Donques tu te faisoies traistre en faict, promectans lesdictes aliances. Tu as accusé mondit seigneur d'Orléans des aliances lui avoir eues avec Henry de Lancastre. Que diroies tu donques des aliances que après cellui temps tu a faictes avecques monseigneur d'Orléans? Se les choses par lesquelles tu as accusé mondit seigneur d'Orléans, feussent advenues après les aliances que tu as faictes avec lui, tu eussent (*sic*) autrement eu couleur de rompre et enfraindre lesdictes aliances, jà soit ce que celle couleur ne souffiroit point. Tu sces bien toutesfoiz ton libelle diffamatoire, tu ne allègues riens estre fait après lesdictes aliances. O trahison abhominable, qui te pourra excuser? O tu chevalerie, qui loyauté as par ta fondacion, jà Dieu ne veuille que tu seuffres et vueilles approuver telle trahison! O partie adverse! tu as visité plusieurs fois monseigneur d'Orléans. Item, tu as mengé et beu avecques lui ensemble espices en ung mesme plat en signe d'amitié, et en la parfin, le mardi, dont il fut occis lendemain, il te pria amoureusement que tu disnasses aveques lui le dimanche prouchain ensuivant, laquelle chose tu lui promeis en la présence du duc de Berry, qui cy est présent. Certainement pourroit dire monseigneur d'Orléans la parole de Jhésu Crist, laquelle il dit de Judas. *Qui mittit manum mecum in parapside, hic me tradet.* C'est à dire, cellui qui met la main avecques moy ou plat, me trahira. O messeigneurs, considérez ceste grande trahison et y mectez remède. Considérez de rechef que chevalerie soit gardée en foy et loyaulté, dont dit Végèce, ou livre de Discipline de chevalerie: *Milites, inquit, jurata sua omnes custodiant.* C'est à dire, que tous les chevaliers gardent bien leur serement. Et à ce, dessus tous les autres sont tenuz et obligez tous princes. Cellui qui rompt et enfraint sa loyaulté et son serement, n'est point digne d'estre nommé chevalier. Et ce suffise quant à la tierce raison.

La quarte raison est fondée en ce que la manière de la mort de monseigneur le duc d'Orléans fut dampnable et desloiale, et cellui qui soubstendroit le contraire ne seroit pas bon chrestien. Véons donques que la justice séculière donne aux malfaicteurs espace de pénitence. Et tu, partie adverse, feiz ledit seigneur mourir si soudainement que en toy ne demoura pas qu'il ne trespassast sans pénitence. Pour quoy il semble que tu as mis et exposé toutes tes forces de procurer la dampnacion perdurable de l'âme avec l'occision du corps. Certainement à grant peine pourras tu faire satisfaction à Dieu, car, en tant que tu le cuidoies plus grant pécheur, de tant lui estoit besoing de plus longue pénitence, comme tu devoies supposer. S'ensuit donques, puis que tu l'as privé de temps et d'espace de pénitence selon ton povoir, que ton péchié en est plus grief et plus inexcusable, actendu que mondit seigneur n'avoit nulle doubte de sa mort et que lui aussi ramembrable de sa mort fut occis soudainement et cruellement. Nostre Seigneur lui octroie par sa pitié qu'il soit trespassé en estat de grace, comme je croy que ainsi fut, car ung peu de temps devant il s'estoit très dévotement confessé.

Je dys en oultre que oeuvre de très mauvais chrestien est de occire ainsi homme. Et qui vouldroit soustenir la manière de ceste mort, ou vouldroit dire que ce seroit chose méritoire, je dy qu'il parle mauvaisement, et croy que ce seroit erreur selon les théologiens. Oyez messeigneurs et considérez la manière que tint partie adverse après la mort de monseigneur d'Orléans, et comment, lui vestu de noirs habits, compaigna le corps depuis l'église des Blans-Manteaulx jusques aux Célestins, démonstrant signe de pleur et de douleur. Considérez, messeigneurs, quelle trahison et quelle faulse simulacion. O sire Dieu! quelz pleurs et quelz gémissemens! O tu, terre, comment peuz tu soustenir ce péchié? Oeuvre la bouche à transgloutir tous ceulx qui font semblables choses. Considère comment le venredi ensuivant, en la maison et hostel de monseigneur de Berry, et en la présence du roy de Cécile et dudit duc de Berry, et aussi de partie adverse, vindrent et approuchèrent devers eulx les gens de mondit seigneur d'Orléans, supplians afin qu'ilz enqueissent diligemment qui estoit faiseur de cest homicide, et qu'ilz eussent madame d'Orléans et ses enfans pour recommandez. Adonques eulx trois ensemble, parlans par la bouche de monseigneur de Berry, veu que ceste supplicacion estoit raisonnable, respondirent qu'ilz y feroient le mieulx qu'ilz pourroient. O partie adverse! tu promeis à faire le mieulx que tu pourroies, et tu feiz le pis que tu peuz, et ne te souffist point ladicte occision, mais avec ce tu te es esforcé de destruire la renommée dudit défunct. Tu as promis faire et adjouster diligence de savoir qui estoit le malfaicteur, comme toy mesmes le feusses et estoies. En oultre, considérez messeigneurs comment, après que ladicte supplicacion fut octroiée, partie adverse, c'est assavoir le duc de Bourgongne congnut son péché,

disant que lui mesmes estoit cellui qui avoit fait occire
le duc d'Orléans, et en ce disant, estant à genolz,
requist au roy Loys et à monseigneur de Berry conseil
et aide, affermant qu'il avoit fait faire ce maléfice par
l'ennortement du dyable. Et certainement il disoit
vérité, car ce tant seulement fist il par esmouvement
d'envie et de convoitise. O messeigneurs, considérez
quelle fut celle confession, et comment icelle partie
adverse contredist à lui mesmes. Car, en la première
confession il dist tant seulement lui avoir fait par l'esmouvement du dyable, et après il fist dire qu'il avoit
bien fait et à bon droit. Au moins, s'il n'a point de
honte de son maléfice, au moins doit il avoir honte
de ce qui est contraire à lui mesme. Considérez de
rechef comment partie adverse voult céler son péchié.
Et Dieu scet que se son fait eust esté tellement méritoire et valable comme il l'a fait proposer, il ne l'eust
mie célé, mais de ce se feust glorifié. Actendez et
voiez pour quoy il recongnut son péché. Certainement
pour ce qu'il ne le povoit plus céler. Et ce bien apparut, que quant il vit son maléfice descouvert, il s'en
fouy de la cité de Paris comme désespéré. Adonc il
povoit dire avec Judas, le traistre : *Peccavi tradens*
*sanguinem justum*, c'est à dire, j'ay péchié en trahis-
sant le sang juste. O Phelippe, duc de Bourgongne !
se tu vivoies maintenant que diroies tu ? tu n'approu-
veroies pas partie adverse, et diroies que ton filz a
forligné, car tu estoies appellé Hardi, et cellui fut
paoureux, doubteux et traistre. Tu vraiement lui pourroies dire ce qui est escript ou v<sup>e</sup> chapitre des Fais des
apostres : *Cur temptavit sathanas cor tuum, mentiri*
*Spiritui Sancto, non es mentitus hominibus sed Deo.*

Pour quoy a tempté sathan ton cuer, et as menti au Saint Esperit, tu n'as pas menti aux hommes, mais à Dieu.

La quinte raison est fondée en ce que la vérité du cas est que partie adverse ne fist point mourir mondit seigneur d'Orléans à bonne fin ou intencion, mais pour les occasions lesquelles il a fait publier, c'estassavoir pour la convoitise de dominer et d'avoir puissance et auctorité plus grande que devant, et afin qu'il eust plus largement des pécunes de ce royaume, à ce que plus richement il peust exaulcer ses serviteurs. Et ce appert évidemment ès maintiens que tint partie adverse devant et après la mort de monseigneur d'Orléans. Et est vérité que ung peu avant la mort de monseigneur de Bourgongne, son père, il s'esforça de toutes ses forces d'avoir en ce royaume semblable auctorité, telle pension et pareil estat comme avoit eu sondit père en son temps. Et pour ce qu'on ne lui accorda point, pour ce que sondit père estoit oncle de roy et filz de roy, et homme de grant prudence, lesquelles choses n'ont point leur lieu en partie adverse, adonc commença il à machiner comment il pourroit venir à son intencion. Et pour ce, devant la mort de monseigneur d'Orléans, fist il semer par le royaume qu'il avoit grande affection au bien commun, cuidant que par ce il deust gouverner tout le royaume. Quant donques il vid que non obstant ses fictions, monseigneur d'Orléans avoit tousjours l'auctorité, ce que raison donnoit pour ce qu'il estoit filz de roy, et avec ce estoit plus sage pour avoir auctorité de gouverner que ledit duc de Bourgongne, pour ce, partie adverse voiant de toutes pars ses intencions estre frustrées et de nul effect, conspira contre mondit seigneur d'Orléans comment il le pourroit faire occire, cuidant et espérant que après sa mort nul n'osast à lui contredire qu'il n'eust tout le gouvernement de ce royaume. Et c'est la principale cause de ladicte conspiracion et de la mort de mondit seigneur d'Orléans, non obstant les choses qui pour lui sont proposées à excuser son maléfice, et qu'il estoit venu à la congnoissance de tous. Et qu'il soit ainsi, c'estassavoir que pour les causes dessusdictes il feist mourir monseigneur d'Orléans, appert évidemment par le maintieng qu'il tint après son cruel fait. Car, tantost après qu'il fut retourné à Paris premièrement après la mort de mondit seigneur d'Orléans, il commença à promovoir et exaulcer ceulx qui tenoient de lui, et de faire déposer et oster plusieurs bons et vaillans officiers du Roy, sans cause, tant de ceulx qui avoient eu leur office par le moien de mondit seigneur d'Orléans, comme d'autres, et donner lesdiz offices à ceulx qu'il lui plaisoit, afin que par iceulx il eust plus grande auctorité et puissance. En oultre, par sa grant puissance s'est esforcé de tenir en subjection tous ceulx de l'ostel et conseil du Roy et tous ses officiers, et par espécial ceulx qui ont eu le gouvernement sur les trésors et pécunes du Roy, afin que nul ne lui osast riens refuser. Et encores, dit-on, qu'il s'esforça de tout son povoir, qu'il eust tous les trésors du Roy, c'estassavoir la somme de deux cent mille frans, et de fait il en eut grant partie, tant en assignacions comme autrement. Et avecques ce, il fist donner à ses hommes plusieurs pécunes du trésor du Roy, comme bien scevent ceulx qui ont le manyement desdiz trésors. Et c'est la fin principale à quoy il tendoit à venir par la mort de mondit seigneur d'Orléans, c'estassavoir concupiscence, et pour dominer, et enrichir les siens. Appert donques que la racine et fondement de son fait est orgueil et convoitise. Mais, au plaisir de Dieu, ce ne lui proufitera pas, et de fait sera vérifié le dit de Job, ou viii° chapitre : *Cum habuerit quod cupierit, possidere non poterit.* C'est à dire, quant il aura eu ce qu'il aura convoitié, il n'en pourra possider. Et ce est tant qu'à la cinquiesme raison.

La sixiesme raison et finale, est fondée en ce qu'il ne suffist pas à partie adverse priver de vie corporelle et espérituelle, selon son povoir, monseigneur d'Orléans, mais avecques ce il voult, lui et les siens, priver de tout honneur et renommée en proposant libelle diffamatoire plein de mençonges et faulsetez, en allégant mauvaises accusacions sans approbacion, et en imposant audit défunct crime de lèse-majesté divine et humaine, duquel il estoit innocent, comme il apperra en la tierce partie de ceste proposicion. Et peust estre dit que la justificacion de cest homicide est plus grant péchié que ledit homicide, car c'est persévérance en péché par obstinacion. Car maintenant péché est chose humaine, mais persévérance en péché est chose publique. En telle manière est justifier cest homicide et défendre son propre péché. Donq, qui défend son propre péchié, il résiste à Dieu en approuvant ce que Dieu het. Et ne fait mie ce que dit le prophète David. *Non declines cor meum in verba malicie, ad excusandas excusaciones in peccatis.* C'est à dire, Sire, tu ne déclines pas mon cuer en paroles de malice, à quérir excusacions en péchié.

De ce propos je viengs à la tierce partie, en laquelle il me fault respondre aux accusacions contenues ou libelle diffamatoire qui fut proposé contre l'onneur de monseigneur d'Orléans. Et est ceste partie divisée en six poins selon six faulses accusacions proposées par partie adverse, à la reprouche desquelles je prends la parole du prophète, laquelle on peut raisonnablement proposer et dire de la partie monseigneur d'Orléans, c'estassavoir : *Judica me Domine secundum justiciam meam, et secundum innocenciam meam super me.* C'est à dire, Sire, juge moy selon ma justice et selon mon innocence sur moy. Telle requeste fait le prophète à Dieu, et icelle requeste fait à toy, Sire, madame d'Orléans, laquelle ne quiert fors jugement et justice. Il te plaise à oyr les responses de madicte dame d'Orléans, par lesquelles tu pourras veoir que mondit seigneur d'Orléans est faulsement accusé et injustement, de partie adverse, qui proposa contre lui six accusacions.

La première accusacion est telle : C'estassavoir que monseigneur d'Orléans, encores vivant, commist crime de lèse-majesté divine ou premier degré, en commectant et faisant sorceries et ydolatries qui sont contre la foy crestienne et l'onneur de Dieu. Et est vérité que quant à ceste accusacion, ledit proposant s'arresta moult peu, disant que le jugement de ceste accusacion appartient à Dieu qui est roy souverain, ainsi comme s'il voulsist dire que ce n'appartient mie à jugement humain. En laquelle accusacion parla d'un religieux apostat et d'autres sorceries ausquelles monseigneur d'Orléans donna et adjousta foy et consentement, comme allègue ledit proposant. Mais pour ce, je respons à ce en la tierce accusacion en laquelle il allègue ledit religieux, pour ce que à ceste première accusacion il ne allègue riens, mais le renvoye au jugement de Dieu. Il me souffist prouver que monseigneur d'Orléans ayt esté bon et loyal chrestien, et qu'il ne commist ne fist onques tel fait, ne approbacion, obstant la dévocion qu'il eut à Dieu dès sa jeunesse. Car, non obstant les jeux et esbatemens, toutesfoiz son secours et son retour estoient à Dieu, en soy confessant très souvent. Car le samedi prouchain devant sa mort, très dévotement il s'estoit confessé et démonstra à plusieurs, grans signes de contricion, et disoit qu'il lairroit les jeux et oeuvres de jeunesse, et que du tout il se occuperoit à servir Dieu, et au bien du royaume. Et afin qu'on ne cuide point que ce soit chose controuvée, encores vivent les religieux qui le tesmoigneront et plusieurs autres paroles semblables. Et sur ce soit oy son oncle le duc de Bourbon, qui bien scet les promesses qu'il fist à Dieu et à lui. Car ung peu avant son trespas, il lui promist faire tant que Dieu et les hommes seroient contens de lui, et que tous ceulx de ce royaume seroient tenus de prier Dieu pour lui. Je ne sçay se partie adverse avoit oy les nouvelles de ce très bon propos, et se de ce il se doubtoit, car c'estoit contre la fin à quoy il contendoit, c'estassavoir au gouvernement de ce royaume. Et bien savoit partie adverse que se monseigneur d'Orléans se feust gouverné comme il avoit disposé, il eust eue petite auctorité en ce royaume. Il est donques à pressupposer que pour ceste cause il procura si hastivement la mort d'icellui. O sire Dieu! tu scez la bonne voulenté qu'il a eue à toy quant il fut occis, et en ce j'ay grant confidence de son salut. Car, comme dit l'Escripture : *Justus si morte preoccupatus fuerit, in refrigerio erit.* C'est à dire, se le juste a esté avancé de la mort, il sera en refroidement et en repos. Toutesfois partie adverse fist ce qu'il peut afin qu'il dampnast l'âme de lui, comme cy après sera dit. Et après, il est notoire à tous, que diligemment et notoirement il oioit messes en mectant toutes choses arrière et paioit tous les jours ses heures canoniaulx sans délaisser. O partie adverse! pour quoy as tu proposé que ces choses n'estoient autre chose que ypocrisie et fiction? Qui a révélé à toy les secrez des cuers? Qui te fait juger des pensées? Tu ensuis les pharisiens appellans Jhésu-Crist déceveur et démoniacle. Tu scez que les anges ne scèvent pas les secrès de noz cuers, et d'iceulx tu veulx juger. Oy que dit le prophète : *Tu es solus scrutans corda et renes.* C'est à dire, ô Dieu ! tu es cellui, et nul autre, congnoissant les intencions et les cuers. Il est tout notoire comment il fonda messes et chapelles religieuses et fist moult de biens aux églises. Soit veu son dévot testament, et par ce, et autres choses bien consultées, chascun pourra juger icellui avoir esté de bonne intencion, et non ydolatre ou sorcier. Or est vérité que le proposant de partie adverse renvoie le jugement de ce à Dieu en tant que touche le crime de lèse-majesté divine, disant que de ce présent cas il ne veult faire espécial article contre monseigneur d'Orléans. Maintenant donques, je demande pour quoy ledit proposant a ce fait. La cause si est pour ce que la principale intencion est mauvaisement fondée et pleine de mençonges en plusieurs lieux. Certainement les juges humains pevent punir les sorciers et ydolatres selon leur povoir, et est vérité que plusieurs pour telle cause ont esté condamnez à mort et en chartre, pour ce que telz gens sont mauvais chrestiens, et par telles continuacions s'ensuivent hérésies, et les erreurs dont il est escript ou quart Livre des Roys, ou xiii° chapitre que Jonatas extirpa et occist tous les divins et sorciers. Et est escript ou x° chapitre de Zacharie : *Divini viderunt mendacium, sompniatores loquti sunt frustra.* C'est à dire, les devins sont mençongers et n'ont veu autre chose que menterie, et les songeurs ont parlé en vain. Et pour ce est il escript ou xix° chapitre de Lévitique : *Ne declinetis ad magos, nec ab ariolis aliquid sciscitemini.* C'est à dire, ne va point aux enchanteurs, et ne demande ne enquiers quelque chose aux devins. La cause pour quoy il passa si briefment ceste accusacion est, car il ne sçavoit riens de monseigneur d'Orléans qui ne feust bon chrestien et ferme en la foy, sans erreur. O sire Roy ! madame d'Orléans te supplie que la parole escripte ou xxii° chapitre de Job soit vérifiée : *Salvabitur innocens in mundicia manuum suarum.* C'est à dire, que l'innocent sera saulvé en la purté de ses œuvres. Et c'est tant qu'à la partie de la première accusacion.

La seconde accusacion de partie adverse[1], est comme dit le proposant de partie adverse, que monseigneur d'Orléans estoit favorable à scisme, et par conséquent il avoit commis crime de lèse-majesté divine ou second

1. Les premiers mots de cet alinéa, omis dans notre texte, comme aussi dans le ms. 8345, rendaient la phrase inintelligible. Nous les suppléons, comme ils se trouvent dans *Suppl. fr.* 93 et dans Vérard.

degré, en démonstrant et donnant faveur à Pierre de
La Lune, jadis appellé pape Bénédic. Tant qu'est à
ceste accusacion, je dy que monseigneur d'Orléans
ne donna onques faveur à icellui, fors à bonne fin et
à conclurre la paix de l'Eglise, plus à l'onneur d'icelle
et espécialement de la partie tenant icellui pour ung
pape [1]. Et est tout notoire que plus grant honneur eust
esté à nostre obédience, se Pierre de La Lune eust fait
son devoir par voie de cession pour l'union de l'Eglise,
que par voye de substraction. Et ce considéré, se
monseigneur dist : il seroit meilleur d'un peu actendre
afin que ledit Pierre voulsist faire cession de sa voulenté, qu'en trop hastant empirer sa cause, en ce,
on ne peut nul mal entendre. Et est vérité que sur
toutes choses il désiroit l'union de l'Eglise, et créoit
fermement que Pierre de La Lune [2] feust appareillé de
faire cession toutes les foiz que l'autre Rommain vouldroit et seroit prest. Et de fait, plusieurs sont encores
vivans qui icellui duc oyrent jurer, que se il sçavoit
que Pierre de La Lune ne voulsist faire cession, ou
cas que l'autre pape se consentiroit à ce, il lui seroit
plus contraire que aucun du monde. Et ce plusieurs
approuveroient, se besoing estoit. Item, considérons
quelle chose lui povoit prouffiter la division de l'Eglise.
Il estoit assez sage pour considérer que tous maulx
viennent de ce. Ne il n'estoit point si ignorant de
mectre son espérance en homme si ancien comme est
Pierre de La Lune. De rechef il sçavoit bien que par
l'union de l'Eglise plusieurs biens, tant espirituelz

1. « Pour vray pape » (Ms. *Suppl. fr.* 93 et Vérard.)
2. Notre texte passe les mots *que Pierre de La Lune*, qui se
trouvent dans le ms. *Suppl. fr.* et dans Vérard.

comme temporelz, povoient à lui, ne à nulz siens venir et aux autres, plus sans comparoison que par la division d'icelle. Et afin que je monstre évidemment l'affection de monseigneur d'Orléans avoir esté sur toutes choses à l'union de l'Eglise, je vueil raconter une chose par lui offerte à l'Université de Paris, trois sepmaines avant son trespas. C'estassavoir comment monseigneur d'Orléans, que icellui rommain ne vouloit point venir à Gennes, ne à Venise, et ne vouloit point recevoir pour hostages ceulx qu'ilz lui avoient présenté par le mareschal Bouciquault, et que autre chose n'empeschoit l'union de l'Eglise, comme Pierre de La Lune feust prest d'aler ausdiz lieux, adonc dist les paroles qui s'ensuivent : « O Recteur, et vous tous mes amis, véez que bien briefment, par la grace de Dieu, nous aurons l'union de l'Eglise. Mais que nous puissions asseurer icellui rommain afin qu'il viengne ou territoire de Gennes, j'ay proposé de lui offrir ung de mes filz pour hostage, lequel qu'il vouldra eslire, et suis prest de l'envoier à mes despens à Venise, ou ailleurs. Et sur ce faictes lectres telles qu'il vous plaira, et je les signeray. Dictes ce à l'Université en apportant à moy leur opinion. » Adonc les seigneurs de l'Université le regracièrent de ce, en disant que plus ne povoit offrir. Et en ce il démonstroit sa bonne affection. Et vivent encores ceulx qu'il avoit adonc ordonnez à ceste besongne pour aler démonstrer aux Rommains et Véniciens icelle présentacion. O vous messeigneurs ! povoit il plus faire que mectre pour hostage sa char et son sang, et ceulx qui sont prestz à le tesmoigner ne sont point fenis ou mors, et ne sont point tesmoings ignorans, mais docteurs et maistres. O

partie adverse, cy peuz tu veoir comment ta parole
est contraire à vérité. De ce, te devoies tu bien taire,
comme toy mesmes as acquis faveur vers Pierre de La
Lune, autant ou plus que aucuns autres. Car en cellui
temps que Pierre de La Lune estoit le plus accusé, tu
escripvis et envoias à lui afin que tu eusses éveschez et
autres bénéfices pour tes serviteurs. Auquel tu n'envoias point ton varlet ou ton page, mais la garde de
ton âme, c'estassavoir ton confesseur, qui parleroit plus
seurement. Disoit on aussi que monseigneur d'Orléans
s'estoit consenti à la perverse excommunicacion envoiée par Pierre de La Lune pour induire le Roy à son
obéissance. Maintenant il est tout clerc que icelle mauvaise excommunicacion ne porte nul effect contre
Pierre de La Lune, fors ou cas que le Roy cesseroit
de à lui obéir, comme il appert par sa bulle. Comment donques pourroit estre que monseigneur d'Orléans eust induit le Roy à obéir à lui, et qu'il eust
baillé consentement à ladicte excommunicacion, laquelle, selon l'intencion dudit Pierre de La Lune
n'avoit nul effect, fors en cas de substraction ou inobédience. Et est tout certain que Pierre de La Lune est
d'une voulenté assez obstinée à ce faire, et que point
ne se conseilloit, fors à luy mesmes. Et appert assez
bien que monseigneur d'Orléans ne fut point favorable à ladicte excommunicacion, car elle ne fut point
menée à effect, jusques à tant que monditseigneur
d'Orléans fut mort. Considérez donc, messeigneurs,
la grant faulte de partie adverse et l'innocence de
monseigneur d'Orléans, lequel peut dire la parole du
prophète : *Os peccatoris et os dolosi super me aper-
tum est loquti sunt adversum me lingua dolosa et ser-*

*monibus odii circumdederunt me.* C'est à dire, la bouche du pécheur et pleine de fraude est ouverte sur moy, et ont parlé contre moy par leurs faulx langaiges, et par paroles de hayne me ont environné. Et ce suffit quant à la seconde accusacion.

La troisiesme accusacion de partie adverse est que mondit seigneur d'Orléans s'esforça par moult de manières de machiner la mort de son prince et seigneur le roy de France, et comme dit ledit proposant, par trois manières. Premièrement, comme il dit, par sorceries, maléfices et suggestions. Secondement, par poisons et venins. Tiercement, par occisions; voulant occire ou faire occire nostresire le Roy, et ce par armes, par feu, par eaues ou autres violentes injections. Et par ce veult conclurre que mondit seigneur d'Orléans a commis crime de lèze-majesté humaine en la personne de nostresire le Roy. Quant à la première manière, où il parle de sorceries faictes par ung moyne, en une espée, en une dague, en annel et en verge, et pour ce faire mondit seigneur d'Orléans fist venir ledit moyne, ung chevalier, ung escuyer et ung varlet; auxquelz il donna grand pécunes, comme dit partie adverse, c'est chose faulse et contre vérité. Car mondit seigneur d'Orléans onques ne se consenti à sorceries, ne à autres ars défendus. Et se ainsi eust esté que ledit moyne eust commis sorceries, et que ce eust esté par l'exortacion de monseigneur d'Orléans, ce eust peu estre sceu de léger. Car, contre ledit moyne et ses complices fut moult grant procès, en la présence des conseillers du Roy, auxquelz on en peut savoir la vérité. De rechef fut trouvé par la propre confession dudit moyne, disant que mondit seigneur d'Orléans lui avoit défendu que là il ne ouvrast point de art magique et que riens il ne feist qui peust tourner ou préjudice du Roy. Et comme Dieu scet se de ce eust esté aucune vérité, il n'eust point esté célé jusques à maintenant. Par ce appert évidentement la faulseté de celle accusacion. Et jà soit ce que mondit seigneur d'Orléans eust aucunes foiz parlé avec ledit moyne, on considère que mondit seigneur estoit jeune de l'aage de XVIII ans, et que telz jeunes princes sont souvent déceuz par telz bourdeurs pour cause d'avoir pécune d'iceulx. Tant que de la pouldre des os baillée à monseigneur d'Orléans enveloppé dans ung petit drapelet, lequel il porta par aucun temps entre sa char et sa chemise, comme dit partie adverse, jusques à ce que ung chevalier lui osta, et pour ce, le eust en grant hayne, et tant qu'il destruisit ledit chevalier de ses biens et procura son bannissement du royaume, certainement ces choses ne sont point véritables. Mais cellui chevalier fut banni du royaume pour cause assez notoire, par procès et arrest de parlement. Et onques de ceste lède chose ne fut mencion, fors par icellui chevalier, selon le dict de partie adverse. Ledit chevalier estoit souspeçonneux de hayne, et par conséquent personne inhabile de faire serement et porter tesmoignage contre le défunct. Considérez, Messeigneurs, comment la proposicion de partie adverse ne contient que faulsetez et mençonges, et que les lisans son libelle pourroient de léger cheoir en erreur, dont sur ce devroient mectre remède les révérens maistres de la faculté de théologie le plus tost que faire se pourroit; car, comme ilz scèvent bien, telles choses ne devroient point estre escriptes, ne divulguées. Mais plus merveilleuse chose est que par la bouche d'un théologien il a esté proféré que lesdiz maléfices ont sorti leur effect en la personne du Roy. Nous sommes maintenant en telle comparoison, laquelle fist l'aigle des théologiens, monseigneur saint Augustin, du médecin et d'un astrologien rendans la cause de deux enfans nez d'un mesme ventre, que nous disons jumeaux. L'un estoit moult maigre, et l'autre très gras, l'astrologien avoit recours à divers accidens, et le médecin, à ce que le gras eut premier l'âme ou corps, et pour ce qu'il estoit plus fort, il disoit qu'il succoit à peu près toute la nourreture des deux. Auquel est-il plus à croire? Certainement au médecin, comme respond saint Augustin. Semblablement nous povons dire que plus grant foy doit estre adjoustée à la faculté de médecine, de ceste matière, qu'au dict d'un maistre en théologie prononcé sotement. O très-doulx Dieu ! metz remède en ce. Car je vois théologiens affermer que sorceries sortissent leur effect, certainement c'est erreur comme la saincte Escripture die que sorcerie ne sont fors mençonges, et ne sortissent quelque effect. Dont le sage Salomon, auquel telles choses furent imposées, dit ou xxiii° chapitre de Ecclésiastique : *Quod dominacio erroris et auguria mendacia et sompnia maleficium vanitas est.* C'est-à-dire, divinement d'erreur, sortilèges et mençonges, c'est tout ung, et les songes de maléfice ne sont que vanité. Et ceste auctorité allègue saint Thomas d'Aquin à prouver que telles sorceries ne sortissent nul effect. O toi Université de Paris! plaise-toy ce corriger. Car telles sciences abusives ne sont pas tant seulement défendues pour ce qu'elles sont contre l'onneur de Dieu, mais avecques ce elles ne contiennent riens de vérité ou d'effect, et ce est conféré et discuté par les acteurs qui ont ouvré d'art magique. Ovide dit au livre de Remède d'amours : *Fallitur hermonie si quis mala pabula terre et magicas artes posse juvare putat*[1]. C'est à dire, cellui est deçeu qui cuide que les mauvaises herbes et les ars magiques puissent aider. Et aussi, maistre Jehan de Bar, moult expert en ce mauldit art, lequel fut ars avec tous ses livres, dist en sa derrenière confession que le dyable n'apparut onques à lui, et que ses invocacions ou sorceries ne sortirent onques effect, jà soit ce que à plusieurs il eust paravant dit le contraire, et espécialement aux grans seigneurs pour avoir leur argent. Et pour certain, c'est moult merveilleuse chose de vouloir donner charge à monseigneur d'Orléans de telles sorceries vaines et faulses, veu que onques homme ne les hay tant comme il faisoit, en persécutant ceulx qui usoient desdiz ars. Et scet bien chascun que mondit seigneur fut la cause principale du procès et exécucion faiz contre ledit maistre Jehan de Barre, et aussi de deux augustins, qui pour leurs démérites furent exécutez, les gens d'église à ce appelez du conseil du Roy. Quant est à ce dont le proposant de partie adverse a fait mencion, en disant que monseigneur de Milan, défunct, donna sa fille à monseigneur d'Orléans sur espoir qu'elle feust royne de France, et pour ce, quant elle print congié de lui, il lui dist : « Adieu, belle fille, je ne quiers jamais à te voir jusqu'à tant

---

[1]. Voici les deux vers d'Ovide :

Viderit, Hæmoniæ si quis mala pabula terræ
Et magicas artes posse juvare putat.

que tu seras royne de France. » Pour vérité c'est faulse chose, car monseigneur le duc de Milan avoit traictié avec le duc de Gueldres, frère du roy des Rommains, qu'il prendroit à femme madame d'Orléans sa fille, et encores estoient lesdiz messagers faisans leur chemin à parfaire ledit mariage, quant Bertran Gast, pour lors gouverneur du conté de Vertus, fut envoié du Roy et des ducs de Berry et de Bourgongne, dont Dieux ait l'âme, à monseigneur de Milan, pour traictier le mariage de sa fille et de monseigneur d'Orléans. Lequel duc de Milan, pour l'onneur du Roy et des seigneurs de la maison de France, se consenti à donner sa fille à mondit seigneur d'Orléans, et cessa à traicter avec ledit duc de Gueldres, révocant lesdiz messagers par lui envoiés à icellui. Tant qu'est des paroles qu'il dist à sa fille, comme il dist, c'est faulse chose. Car monseigneur de Milan estoit yssu de Pavie sans parler à sadicte fille, et ce fist-il pour ce qu'il n'eust peu prendre congié à elle sans pleurer. Tant qu'est de la parole que devoit avoir dicte monseigneur de Milan à ung chevalier de France par grande admiracion : « Tu dis que le roy de France est en bon estat? comment peut ce estre? », certainement c'est faulse chose; car monseigneur de Milan estoit assez secret pour soy taire de telles choses, mesmement devant les François, pour la relacion[1]. Plusieurs sont qui bien sçèvent que monseigneur le duc de Milan aymoit le roy de France sur tous les princes du monde, et l'onneur de tout son sang et de la maison

---

1. C'est-à-dire de peur qu'elles ne fussent redites, et surtout devant des Français.

de France, dont tous les ambaxadeurs du Roy et autres nobles de France trespassans par son pays, il honnouroit par grant largesse de dons, et ce pour l'amour et honneur du Roy tant seulement, et de tous ceulx du sang royal. Tant qu'à l'istoire de l'omme de grant proesse, messire Phelippe de Maisières, lequel a honteusement diffamé ledit proposant, il est vérité que quant ledit Phelippe vint de Chipre, le roy Charles, que Dieu pardoint, le retint et en fist son chambellan. Lequel après le trespas du Roy print humble habit en l'église des Célestins, ouquel lieu il persévéra dévotement jusques en la fin [1]. Et pour ce que monseigneur de Bourgongne trespassé aymoit monseigneur de Milan, voiant ledit Phelippe estre de grant science et proesse, et aiant propos d'aler en aide de la Saincte Terre, icellui envoia à monseigneur de Milan qui le receut honnorablement et très-voulentiers le veoit et oioit parler. Et est vérité que devant ce temps ledit Phelippe onques n'avoit demouré avecques monseigneur de Milan, qui le receut, ne avec messire Barnabbé son oncle. Item ledit Phelippe s'estoit parti dudit duc de Milan longtemps devant ce qu'il feust mencion du mariage de monseigneur d'Orléans, ne de sa femme. Et ainsi appert que ledit proposant de partie adverse n'est point véritable. En oultre, quant à ceste accusacion regardant la personne du Roy que monseigneur d'Orléans, non obtenue la mort du Roy par sorceries, appliqua autre manière de faire mourir le Roy pour parvenir à la couronne de France, et pour ce promist à ung homme quatre mille frans et à

---

1. Il mourut en 1405, comme nous l'avons déjà dit.

ung autre cinquante mille pour confire ladicte poison et les bailler, mais aucuns loiaulx lui refusèrent et aucuns lui accordèrent? Certainement c'est mençonge. Car ceulx qui eussent esté si loiaulx et qui eussent refusé la voulenté de mondit seigneur d'Orléans et les pécunes, en vérité par eulx eust esté révélé ledit péché, pour en ce mectre remède. Et pour ce qu'ilz n'en firent riens, s'ensuit bien que c'est faulse chose. En après, partie adverse allègue qu'en l'ostel de la royne Blanche, mondit seigneur d'Orléans gecta pouldre envenimée sur le plat du Roy. Que ce soit faulse chose, peut estre prouvé. Car en cellui disner nulle mencion ne fu faicte de ce fait. Aussi c'est chose clère que se ladicte Royne eust ce apperçeu en sa maison, elle l'eust révélé à ses parens et serviteurs du Roy, autrement elle n'eust point esté loyale. Tant qu'est de l'aumosnier de ladicte Royne qui, selon ce que dict partie adverse, se chey à terre comme mort, perdant ses ongles et cheveux, et de fait mouru, laquelle chose est faulse, car il vesqui depuis cinq ou six ans. Dont je puis dire vraiement audit proposant de partie adverse ce qui est escript ou vii$^e$ chapitre de Jérémie : *Ecce vos confiditis in sermonibus mendacii, sed non proderunt vobis.* C'est à dire, vous vous fiez en paroles de mençonges, mais elles ne vous proufiteront pas. De rechef ledit proposant dist et proposa que monseigneur d'Orléans véant que point ne povoit pervenir à la mort du Roy par sorceries, ne par poisons, il trouva une autre manière de destruire le Roy par embrasement ou autrement. Et fist donques monseigneur d'Orléans certains jeux, esbatemens et personnages de hommes sauvages, vestus de toiles emplies d'estoupes, de poix et autres choses, toutes embrasans; du nombre desquelz estoit le Roy. Et dit en oultre que monseigneur d'Orléans feignit que son habit estoit trop estroit afin qu'il feust excusé dudit esbatement. Et dit que ung serviteur advisa le Roy estre en péril par ledit jeu, et pour ce monseigneur d'Orléans lui dist moult de paroles injurieuses et laidengeuses, comme dit partie adverse. Et dit finablement que mondit seigneur d'Orléans bouta le feu en la cotte de l'un d'iceulx, dont le Roy fut en péril de mort, se Dieu et certaines dames n'y eussent remédié. Quant à ce, c'est très véritable chose que monseigneur d'Orléans ne trouva point lesdiz habitz, ne ces périlleux esbatemens, car adonc il estoit moult jeune, ne il n'eust lors sçeu trouver telles choses. Aussi monseigneur de Bourgongne trespassé et monseigneur de Berry, ont bien sceu, qui trouvèrent lesdiz jeux, et que ce ne fut point mondit seigneur d'Orléans. Car s'il l'eust fait faire, actendu la commocion faicte adonc, il n'eust point eschapé de mort ou de grant esclande, car pour lors il avoit petite puissance. Et combien que partie adverse die monseigneur d'Orléans non avoir esté vestu desdiz habitz, feignant que son habit estoit trop estroit, ce n'a aucune apparence de vérité, parce que monseigneur d'Orléans estoit le plus gresle de la compaignie. Et est vérité que monseigneur d'Orléans et sire Phelippe de Bar, devant le commencement dudit jeu, yssirent pour veoir la dame de Clermont, laquelle n'avoit point esté à Saint-Pol aux espousailles et nopces pour les quelles lesdiz jeux avoient esté trouvez. Lesquelz, quant ilz furent retournez, trouvèrent tous les habiz vestus, et ce fut la propre cause pour quoy monseigneur d'Orléans ne se vesti point desdiz vestemens. A ce qu'on dit que mondit seigneur d'Orléans volt embraser le Roy nostre sire, c'est mençonge. Car mondit seigneur d'Orléans et Phelippe de Bar, cuidans vestir lesdiz habiz, et à nul mal pensans, dirent ensemble à Pierre de Navarre que on boutast le feu sur iceulx vestus desdiz habiz afin que iceulx ainsi embrasez courussent entre les dames pour icelles espoventer. Et encores est vivant Pierre de Navarre, qui bien de ce diroit au Roy la vérité. Toutesfoiz, supposé qu'en ce fait de jeunesse monseigneur d'Orléans eust mis le feu sur l'un des habiz d'iceulx, actendu qu'il avoit ordonné que le feu feust mis aussi bien sur l'un que sur l'autre, il n'est point à croire qu'il le feist à male intencion. Appert donques le dict de partie adverse estre mençonge. Mais je me conforte en ce que dit le prophète : *Perdes omnes qui loquuntur mendacium.* C'est à dire, tu Dieu, perdras tous ceulx qui parlent mençonges. Et ou xx° chapitre des Proverbes est escript : *Qui profert mendacia peribit.* C'est à dire, que cellui qui profère mençonges périra.

Quant à ce que partie adverse veult dire que monseigneur d'Orléans ait fait aliances avec Henry de Lancastre, maintenant soy disant roy d'Angleterre, ou préjudice du Roy et de tout le royaume, et couloure son dict en ce que Richard, jadis roy d'Angleterre, dist au roy de France que les dessusdiz seigneurs de Milan et d'Orléans estoient toute la cause de sa maladie, ledit proposant a dit mauvaisement et contre vérité. Car, quant Henry de Lancastre vint en France, il fut reçeu honnorablement de nosdiz seigneurs comme leur parent, et fréquentoit avecques monseigneur d'Orléans et les autres du sang royal moult familièrement. Auquel, comme amy du Roy, il fist aliances avec monseigneur d'Orléans. Laquelle convenance ou aliance feut leue et publiée en la présence du Roy et de plusieurs seigneurs du sang royal et de son conseil. Et sembla la chose estre bonne, licite et honneste pour le bien du Roy et du royaume. Pour quoy il appert assez que monseigneur d'Orléans ne fist aucunes aliances contre le roy Richard entre eulx, comme avoient fait ledit roy Richard et le roy de France. En après monseigneur d'Orléans fut à Calais au roy Richard, duquel il fut receu bien honnorablement comme son très cher frère. De rechef après la mort dudit roy Richard, monseigneur d'Orléans eut et démonstra grant dueil et tristesse de sa mort, et pour ce se rendit ennemi de Henry de Lancastre par lectres de défiances[1] par lesquelles il arguoit icellui de crime de lèse-majesté perpétrée contre son seigneur le roy Richard, en offrant lui seul combatre contre ledit Henry, ou certain nombre, tant contre tant, ou puissance contre puissance, pour venger la mort dudit roy Richard. Et ces choses démonstrent assez que mondit seigneur d'Orléans aymoit fort le roy Richard, pour ce qu'il estoit alié au roy de France par le dessusdit mariage, et que nul amour il n'avoit vers ledit Henry de Lancastre pour ce qu'il avoit estendu sa main contre ledit roy Richard. Quant à ce que ledit proposant de partie adverse dit, que mondit seigneur d'Orléans estant avecques Pierre de La Lune, s'esforça d'obtenir bulles

---

1. On les a vues plus haut, p. 43.

audit Pierre de La Lune, ce n'est point vérité. Car adonc monseigneur d'Orléans procura et obtint certaines aliances entre ledit Pierre, adonc nommé Bénédict, et le roy de France, molt espéciales et notables, par lesquelles icellui Bénédict promectoit au Roy de lui donner aide et garder l'estat de lui et de sa liguée, comme il appert par les bulles sur ce faictes. Il est donques moult à esmerveiller comment ung sage homme ose proposer ce qui tant évidemment est contraire à vérité. Quant à ce que partie adverse dit qu'il soustint ledit Pierre de La Lune, à ce j'ay respondu cy-dessus. Et avec ce, mondit seigneur d'Orléans trouva lui mesmes que lesdiz contendans de la papalité ne vouloient convenir prestement par procureurs à faire cession, et ce despleut plus à Pierre de La Lune. Appert donques évidemment que monseigneur d'Orléans est innocent au regard des cas proposez contre lui. O sire Roy! il te plaise donques conserver par justice son innocence, selon ce qui est escript ou XIII<sup>e</sup> chapitre de Job : *Justicia custodit innocentis viam.* C'est à dire, justice garde la voie de l'innocent. Et est quant à la tierce accusacion de partie adverse.

La quarte accusacion de partie adverse si est, que par l'espace de trois ans, mondit seigneur, par aucunes inductions frauduleutes, et par espoentemens qu'il fist à la Royne d'aucunes choses, il cuida, elle et ses enfans, mectre hors de ce royaume et mener à Luxembourg, afin qu'il peust ce royaume mieulx gouverner à sa voulenté. Quant à ceste accusacion faulse et perverse, monseigneur d'Orléans, en toutes choses, servit et honnoura la Royne, donnant aide à garder et soustenir l'estat du Roy et de ladicte Royne. Et de ce ne convient-il plus parler. Car, par la grâce de Dieu, elle estant présente, scet bien la vérité, laquelle, quant il lui plaira le pourra dire plus pleinement. Toutesfoiz je ne sçay se de ce elle s'est complainte à partie adverse, ou aucun autre. Je croy que le contraire du propos de partie adverse sera trouvé véritable, et que telles choses sont trouvées pour la diffamation du défunct.

La quinte accusacion dudit proposant de partie adverse est que monseigneur d'Orléans commist crime de lèse-majesté ou tiers degré. C'estassavoir en la personne de monseigneur le Daulphin, que Dieux absoille! et dit que monseigneur d'Orléans machina que il mengast la pomme envenimée, laquelle il envoya par ung enfant, à qui le toly la nourrice d'un des enfans de monseigneur d'Orléans et la donna audit filz de mondit seigneur d'Orléans, qui la menga et de ce mourut, selon le dict dudit proposant. Laquelle chose est faulse et controuvée. Mais est vérité que l'un des filz de monseigneur d'Orléans mourut jà pièca, du cours de ventre dont plusieurs mouroient à ce temps. Et sur ce, soient oys les phisiciens, c'estassavoir maistre Guillaume le Boucher et maistre Jehan de Beaumont, qui visitèrent icellui filz, et ilz en dirent la vérité, c'estassavoir que point il ne mourut par intoxication. Et considérez, messeigneurs, que ce n'est point chose créable. Car jamais aucune nourrice des filz monseigneur d'Orléans n'eust osé donner à l'enfant pomme ou poire, sans le commandement de madame d'Orléans. Et aussi, quant ladicte nourrice aloit par les jardins, à tout l'enfant, elle n'estoit point seulement acompaignée de trois ou de quatre notables femmes, lesquelles n'eussent point souffert icelle donner à l'enfant pomme, ne autre chose semblable. O très noble et très amé duc d'Aquitaine! tandis que tu es jeune, aprens à aymer justice, comme fist Salomon. Advise les maulx qui pevent advenir se justice n'est gardée. Car se tu ne le fais, par ce n'auras aymé tes frères. Ilz seront en péril de mort, se ainsi estoit fait comme partie adverse a commencé. Soit considéré le dict du prophète, qui dit : *Justicie Domini recte, letificantes corda.* C'est à dire, les justices de Nostre Seigneur sont droicturières, esjouissans les cuers.

La sixiesme accusacion et finale, comme dit le proposant de partie adverse, est que monseigneur d'Orléans commist le crime de lèse-majesté ou quart degré en destruisant le Roy de ses pécunes, et le peuple, en tenant gens d'armes sur les champs et sur le pays, et en faisant tailles intolérables. Messeigneurs, c'est bien merveilles comment partie adverse a ce imposé à mondit seigneur d'Orléans. Car il est notoire à chascun que pour les choses advenir en ce royaume aucunes tailles furent faictes, mais ce ne fut point au prouffit de monseigneur d'Orléans, comme elles aient esté exposées par grande délibéracion du Roy et de tous les seigneurs de son sang et du conseil royal, mais pour le fait de partie adverse ou royaume de Hongrie[1], et pour sa raençon furent faictes grandes tailles par tout le royaume et grant somme d'argent cueillie et transportée en Turquie et en autres lieux hors dudit

---

1. Il s'agit de la bataille de Nicopoli, donnée le 28 septembre 1396, où Jean sans Peur, qui n'était alors que comte de Nevers se vit prisonnier de Bajazet, et mis à une rançon énorme.

royaume. Laquelle chose fu grant dommage irréparable.

Et quant est à ce que partie adverse veult dire que monseigneur d'Orléans print en la tour du Palais quatre mille frans, je dy que c'est faulse chose. Car, se aucunes pécunes estoient en la tour du Palais, elles furent distribuées et exposées selon l'ordonnance du Roy, et ce peut estre sçeu par la garde d'icelle tour et par les comptes des receveurs à ce ordonnez.

Partie adverse argue aussi et dit que mondit seigneur print encores ou chastel de Meleun la somme de cent mille frans. Et pour à ce respondre, il est notoire comment la Royne et monseigneur d'Orléans alèrent à Meleun pour eulx esbatre et comment partie adverse vint à Paris irraisonnablement, à tout grant compaignie de hommes d'armes, et par sa puissance fist retourner monseigneur d'Acquitaine alant après la Royne, sa mère[1]. Conséquemment il se fortifia de hommes d'armes soubz intencion d'aler à Meleun contre la Royne et monseigneur d'Orléans. Adonc fut-il nécessaire à la Royne de mander gens de guerre pour la seureté et garde d'elle. Et fut advisé qu'il seroit bon de prendre ledit trésor pour paier lesdictes gens d'armes; ne monseigneur d'Orléans n'en appliqua onques riens à son prouffit. Et quant le Roy eut de ce congnoissance, il fut bien content. Et ainsi il appert que lesdictes pécunes furent despendues tant seulement à l'occasion du fait dampnable de partie adverse, et non d'autruy.

1. Voy. plus haut, p. 108.

Tant qu'aux hommes d'armes qu'on dit monseigneur d'Orléans avoir tenus sur le pays, il est vérité que aucuns hommes d'armes estans sur le pays disoient eulx estre à monseigneur d'Orléans afin que aucun ne leur osast nul mal faire, et si n'avoient ne lectres, ne mandement de lui, mais lui desplaisoit des maulx qu'ilz faisoient aucunes fois. Dont de ce, quant il en fut parlé au conseil du Roy, lui mesme procura lectres du Roy envoiées à tous baillis et officiers du royaume, qu'ils appellassent tous les nobles et gens du pays pour contraindre lesdiz malfaicteurs de yssir du royaume, en punissant iceulx de leurs mauvaises œuvres. Et par ce il appert que sans cause on a donné charge à mondit seigneur d'Orléans desdictes gens d'armes.

O tu! partie adverse, considère les dommages très grans et irréparables qui ont esté en plusieurs lieux en ce royaume par les hommes d'armes lesquelz tu as tenus et fait venir, entre lesquelz estoient estrangers, sans estre paiez, gastans et destruisant tous lieux en ce royaume où ils passoient. Et chascun doit avoir compassion des cas advenus, si piteux que nul n'en porroit assez pleurer.

O tu roy de France! prince très excellent, pleure donques ton seul frère germain que tu as perdu, l'une des précieusez pierres de la couronne, duquel toy mesmes devroies faire ou procurer la justice. O toy! Royne très noble, pleure le prince qui tant te honnouroit, lequel tu vois mourir si piteusement. O tu, mon très redoubté seigneur, monseigneur d'Acquitaine, pleure! qui as perdu le plus beau membre de tout ton sang, de conseil et de seigneurie, pour quoy tu escheu de paix en très grande tribulacion. O toy, duc de Berry, pleure ! qui as veu le frère du Roy, ton nepveu, finer sa vie par grief martire pour ce qu'il estoit filz et frère de Roy et non pour autre chose. O tu, duc de Bretaigne ! pleure l'oncle de ton espouse, qui grandement t'amoit. O tu, duc de Bourbon, pleure ! car ton amour est enfouye en terre. Et vous tous autres, nobles princes, pleurez, car le chemin est ouvert pour vous faire mourir traitreusement et sans défier. Pleurez, hommes et femmes, povres et riches, jeunes et vieulx, car la doulceur de paix et de tranquilité vous est ostée estant, que le chemin vous est monstré d'occire et mectre guerre entre les princes, par lequel vous estes en guerre et en misère et en voie de toute destruction. O vous ! hommes d'église et sages, pleurez le prince qui très grandement vous aymoit et honnouroit. Et pour l'amour de Dieu, vous clercs, et nobles hommes de tous et divers estats, considérez comment en ces choses doresenavant vous ferez. Car jà soit ce que partie adverse vous ait déceuz par sa faulse induction et pour ce avez esté à lui favorables, néantmoins puisque vous congnoissez cel homicide, lequel partie adverse a perpétré, les faultes et mençonges en son libelle diffamatoire proposées, et conséquemment l'innocence de monseigneur d'Orléans, et doresenavant vous lui baillez faveur en quelque manière, sachez ce estre contre le Roy, et par ce vous encherrez en péril de perdre corps et biens, comme autre foiz on a veu en cas semblable. Entendez donques, princes et hommes de quelque estat que vous soiez, à soustenir justice contre ledit de Bourgongne, qui par l'omicide par lui commis a usurpé la dominacion et auctorité du Roy et de ses filz, et a soustrait grant aide et consolacion, car il a mis le bien commun en grande tribulacion, en confundant les bons status sans vergongne, en soustenant son péché contre noblesse, parenté, serement, aliances et asseurances, contre Dieu et la court de tous ses sains. C'est inconvénient ne peut estre réparé ou apaisé fors par le bien de justice. Et c'est la cause pour quoy madame d'Orléans et ses filles vinrent à toy, sire Roy, et à vous tous du sang et conseil royal, à vous supplians que vous vueillez considérer l'injure faicte à iceulx, icelle réparer par la manière qui tantost vous sera requise par son conseil, et par toutes autres manières qu'il pourra estre fait, afin que par tout le monde soit divulgué que monseigneur d'Orléans fut occis cruelement et injustement, et diffamé faulsement. Et en ce faisant, vous ferez vostre devoir comme vous y estes tenus, et dont vous pourrez acquérir la vie éternelle, selon ce qui est escript ou xxi° chapitre du livre des Proverbes : *Qui sequitur justiciam inveniet vitam et gloriam.* C'est à dire, qui ensuivra justice, il trouvera vie et gloire. Laquelle nous octroit, cellui Dieu qui vit et règne sans fin par tous les siècles des siècles. Amen.

## CHAPITRE XLV.

Comment les conclusions se prindrent contre le duc de Bourgongne à cause de la complainte faicte par la duchesse d'Orléans et ses enfans. Et la response qui leur fut faicte par le chancelier de France.

S'ensuivent les conclusions de ladicte proposicion, laquelle prestement [fut] faicte par ledit maistre Guillaume Cousinot, leur advocat et conseiller, auquel fut adjoinct le chancelier de France, de par le Roy, afin qu'il feist telles conclusions qu'il plairoit à ladicte dame et audit seigneur d'Orléans son filz. Lequel advocat, après plusieurs excusacions, afin qu'il venist ausdictes conclusions et monstrast le cas estre piteux et favorable, print le theume qui s'ensuit : *Hec vidua erat, quam cum vidisset Dominus, misericordia motus est super eam.* Ces paroles sont escriptes en l'évangile du dimanche ensuivant, ou vii<sup>e</sup> chapitre de saint Luc. Et est à dire : qu'il estoit une vesve, et quant Nostre Seigneur la vyt, il fut meu de miséricorde sur icelle. Très noble prince[1], quant Nostre Seigneur entra en une cité nommée Naym, voiant le corps d'un jeune homme porté en sépulture, et quant il ot regardé la mère dudit jeune homme, qui vesve estoit, il fut meu de pitié sur icelle pour ce qu'elle estoit vesve, et lui restitua son filz.

Très véritablement je puis dire de ma dame d'Orléans les paroles dessusdictes, c'estassavoir qu'elle estoit vesve, laquelle plaint et gémit la mort de son seigneur et mary, de laquelle et de son fait doit après ensuivir. Et Nostre Seigneur fut meu sur icelle. C'est le Roy, qui est nostre sire, tant qu'à la dominacion terrienne. Et non mie tant seulement icellui, mais aussi le seigneur d'Acquitaine et autres princes et seigneurs terriens de tout le monde et gens quelzconques, voians madame d'Orléans ainsi desconfortée doivent estre meuz à compassion, en lui donnant confort et aide et lui faire bonne justice de la cruelle mort de

---

1. C'est la leçon du ms. *Suppl. fr.* 93. Le nôtre et celui qui porte le n° 8345, mettent : *princesse*.

son mary. Et jà soit ce que en tous cas et en tous temps justice doye estre observée à ung chascun, pour tant que c'est bonne œuvre et méritoire, selon ce qu'il est escript ou c et v° pseaume : *Beati qui custodiunt judicium et faciunt justiciam in omni tempore;* c'est à dire, bien eureux sont ceulx qui gardent jugement et font justice en tous temps; toutesfoiz, au regard des vesves qui ont perdu leurs maris et des orphenins qui sont privez de leur père, justice doit veiller plus diligemment et plus habundamment que ès autres cas. Et selon tous les drois divins, canoniques et civilz, justice doit secourir aux vesves et enfans orphenins, sur tous autres. Nous avons ce, premièrement en la saincte Escripture, ou XXII° chapitre de Jhérémie : *Facite judicium et justiciam et liberate vi oppressum de manu calumpniatoris pupillum et viduam.* C'est à dire, faictes jugement et justice, et délivrez celui qui est opprimé par force, de la main de l'imposant faulsement par péchié d'aultrui, et délivrez l'orphenin et la vesve. Tant qu'au droit canon, les décrets dient que c'est propre chose aux roys faire jugement et justice, et délivrer de la main des oppressans les orphenins et les vesves, qui plus légièrement sont opprimez des puissans. Tant qu'est au droit civil, il est tout cler que l'orphenin et la vesve sont espécialement privilegiez en plusieurs cas, comme il est escript en plusieurs lieux. Maintenant, madame d'Orléans a perdu son mary, ses filz ont perdu leur père. Certainement, s'il feust trespassé de mort naturelle, le cas ne feust point si piteux. Mais il leur est osté malicieusement en la fleur de sa jeunesse. Et en vérité ce présent cas est si piteux que toutes lois, usages et stiles doivent estre interpretés et exposez en la faveur d'iceulx contre partie adverse. Et premièrement, tant qu'est au Roy, nostre souverain seigneur, il y est tenu et obligié espécialement du commandement de Dieu, auquel il ne peut, ne doit estre inobédient sur peine de péché mortel et mectre sa dominacion en voye de perdicion, comme il est escript en Jhérémie, ou chapitre dessusdit : *In memetipso juravi, dicit Dominus, quia in solitudine erit domus vestra.* C'est à dire, j'ay juré par moy mesmes, dist Nostre Seigneur, que, si vous ne faictes justice, vostre maison sera en désert. Et ce se concorde assez à la response que fist saint Remy au roy Clovis quant il le baptisa. Ledit Roy demanda à saint Remy com longuement durroit le royaume de France, et saint Remy lui respondi qu'il durroit ainsi longuement que justice en icellui régneroit. Donques, au sens contraire, quant justice cessera, la dominacion finera. Dont, du Roy peut estre dit ce qui est escript ou droit canon : *Quod justicia est illud quod confirmat imperium.* C'est à dire, que justice est la chose qui conferme tout empire ou royaume. Et toy, duc d'Acquitaine, tu es cellui qui est tenu, après le Roy, à faire bonne justice, selon ce qui est escript en la pseaulme : *Deus, judicium tuum regi da, et justiciam tuam filio regis.* C'est à dire, ô tu, Dieu, donne au Roy ton jugement, et au filz du Roy ta justice. Tu es l'ainsné filz du Roy, auquel, par la grace de Dieu tu es à succéder et à estre nostre roy et seigneur. Entens à ce, pour l'amour de Dieu, car à toy espécialement appartient. Se tu n'y mets la main, quant tu vendras à ta dominacion, par aventure tu trouveras icelle destruicte et désolée, car chascun prendra sa part, chascun à son tour vouldra estre maistre, se ce cas par ta défaulte demouroit impuny. Vous aussi, seigneurs, ducs et contes de ceste maison de France, parens du défunct, et les autres nobles, qui aymez l'onneur et la seigneurie du Roy, vous devez poursuir ceste querelle, car vous estes obligez au Roy garder son honneur contre tous, ainsi que par la grace de Dieu vous avez fait ou temps passé, dont ce royaume est loé et exaulcié sur tous les royaumes des chrestiens, en tant, que les Anglois, Alemans et autres estrangers, sont jadis venus querre justice en ce présent royaume. Messeigneurs, pour l'amour de Dieu acquitez voz loyautez et seremens envers madame d'Orléans, selon sa parfaicte confidence, car, après Dieu et le Roy, vous estes son souverain refuge. Ne on ne doit point doubter à faire justice pour paour de l'esclande ou de persécucion. Car, comme il est escript en la reigle de droit : *Utilius est quod scandalum nasci permictatur, quam veritas relinquatur*. C'est plus prouffitable chose qu'on laisse venir esclande, que vérité soit laissée. Et jà soit ce qu'il feust certain que par ceste exécucion de justice grans maulx et griesves persécucions deussent ensuir, pourtant celle justice ne doit estre laissée; mais ainçois seroit vice reprouchable, se pour la crainte du péchant on n'osoit faire justice. Car en nulle adversité de temps justice ne doit point estre délaissée. Pour ce, messeigneurs, faictes ce que dit le prophète : *Viriliter agite et confortatur cor vestrum, et sustinete Dominum*. C'est à dire, faictes vigoreusement et soit vostre cuer conforté, et soustenez Notre Seigneur. Car, en vérité je dy hardiement que contre un inconvénient qui pourra advenir par exécucion de justice,

cent en advenront se on procède par aultre voye, par
défaulte de justice : *Judicate pupillo et humili, ut non
apponat magnificare se homo super terram.* C'est à
dire, jugez à l'orphelin et à l'umble afin que l'omme
ne se ose plus enorgueillir sur terre. C'est que la punicion de ce cas soit si grande et si notoire, que doresenavant nul n'ose commectre sur terre si grant et si
horrible péchié, et que ce soit mémoire perdurable.
C'est la fin à laquelle tendent madame d'Orléans et
ses filz. Et est assavoir qu'il convient que ce maléfice
soit tellement réparé et si grandement qu'il peut estre
en ce monde. Pour laquelle réparacion estre faicte,
madame et ses enfans prendroient voulentiers conclusion criminelle tendant à la punicion du corps, s'il
povoit estre fait par bonne manière. Mais pour ce que
lesdictes conclusions appartiennent au procureur du
Roy seulement, selon la coustume de France, elle
descend à la manière qui s'ensuit : c'est assavoir que
par le jugement, et de vous, il soit ordonné que à
certain jour, quant il plaira au Roy et à vous, ladicte
partie adverse, c'estassavoir le duc de Bourgongne,
soit admené dans ce chastel du Louvre, ou ailleurs, là
où il plaira au Roy et à vous ordonner, et en la présence du Roy ou de monseigneur d'Acquitaine et de
tous ceulx du sang de la maison de France et du conseil du Roy et de tout le peuple, ledit duc de Bourgongne, sans ceinture et sans chaperon, estant à
genoulz devant madame et ses enfans, accompaignée
d'autant et de telles personnes qu'il leur plaira, con-
fesse publiquement et à haulte voix que malicieusement et par agait il a fait occire monseigneur d'Orléans,
par hayne, envie et convoitise, et non pour autre

chose, nonobstant lesdictes choses qui par lui ont esté proposées et divulguées au contraire après ledit cas advenu. Et que à justifier et couvrir son péché, il a fait proposer contre vérité les choses contenues en sa proposicion. Et die que de toutes ces offenses et chascune d'icelles il se repent et lui desplaist, et demande pardon à madame d'Orléans et mon seigneur d'Orléans son filz, en suppliant humblement à iceulx qu'ilz lui vueillent pardonner ses offenses. En proposant en oultre, lui riens savoir contre le bien et honneur de monseigneur d'Orléans défunct, et qu'il rappelle toutes choses qu'il a dictes. Lesquelles choses ainsi parfaictes en l'estat dessusdit, soit mené en la court du Palais, et après à Saint-Pol, en l'ostel du Roy. Esquelz lieux, sur haulx estaiges pour ce appoinctez, il die publiquement les paroles dessusdictes, en la présence de ceulx que à ce vouldront commectre et ordonner madame d'Orléans et son filz. Et semblablement soit mené ou lieu où le cas fu commis. Ouquel lieu, lui estant à genoilz, soit, jusques à tant que certains prestres qui à ce seront ordonnez, auront dictes les sept pseaulmes et la letanie avec toutes les choses appartenans, pour l'âme dudit défunct. Et que après ce, il baise la terre en demandant pardon à Dieu, à madame d'Orléans et à ses filz, des offenses contre eulx commises. Et que de la forme des paroles que là et ès autres lieux dessusnommez, et aussi de la manière de l'amende, soient faictes lectres royales, tant et en tel nombre qu'ilz en seront contens, qui soient envoiées par toutes les bonnes villes de ce royaume en enjoingnant aux juges qu'elles soient publiées au son de la trompète, afin que de ce soit faicte mencion par tout le royaume et dehors. En oultre pour les réparacions des dessusdictes offenses et afin que de ce soit mémoire pardurable, les maisons appartenans audit duc de Bourgongne dedens Paris soient desmolies et destruictes et demeurent en pardurable ruine, sans réparacion ou édificacion ou temps avenir. Et que ès lieux de chascune maison soit faicte une haulte et notable croix de pierre gravée et en chascune d'icelle soit fait ung grant et fort tableau [1] ouquel soit escripte la cause de ladicte destruction. Et que, ou lieu où monseigneur d'Orléans fut occis, soit faicte une croix semblable aux autres dessusdictes, en laquelle soit mis ung tableau ou sera escript ce que dit est. Et que la maison dont yssirent les homicides, en laquelle ilz furent mussez pour certain temps, soit destruicte. Lequel lieu, et des maisons voisines, ledit duc de Bourgongne soit contraint de acheter, et à ses depens y soit édifié ung notable chapitre de chanoines de six vicaires et de six chappellains, duquel la collacion appartiengne à madame d'Orléans et à ses successeurs. Ouquel collége soient dictes chascun jour six messes pour l'âme dudit défunct, et la plus grande messe sera du Temps avecques toutes les heures canoniaulx. Lequel collége sera fondé de mil livres parisis de rente amortie. De rechef soit garny de vestemens, livres, aournemens et autres choses neccessaires, et tout aux despens dudit duc de Bourgongne. Et soit escripte sur l'entrée dudit lieu en grosse lectre la cause de la fondacion d'icellui. En oultre, ledit duc de Bourgongne pour le salut de l'âme dudit défunct, soit condempné à fonder un collége de

---

1. Il faut entendre par là un bas-relief en pierre.

douze chanoines, de douze vicaires et de douze clercs de la ville d'Orléans, de laquelle prenoit son nom ledit défunct, duquel colliege les bénéfices appartiengnent à la collacion de madame d'Orléans et de ses successeurs les ducs d'Orléans. Lequel collége soit notablement édifié et assigné en tel lieu où il sera bon, de deux mille livres parisis de rente, et soit garny de livres, vestemens, calices, croix et aournemens, avec autres choses utiles et neccessaires à tel collége, sur la porte duquel soit escripte la cause de la fondacion d'icellui. Et afin que de ce soit mémoire aux estrangers de nacion, ledit duc de Bourgongne soit condemné à faire édifier deux chapelles, l'une à Jhérusasalem, au saint Sépulchre, et l'autre à Romme, et assigner icelles de rente ou valeur de cent livres parisis selon la monnoie du pays, et des choses neccessaires et propres à telles chapelles. Et en chascune d'icelles soit dit perpétuellement chascun jour une messe pour l'âme du défunct, et à l'entrée d'icelles soit escripte la cause de la fondacion, comme ès colléges dessusdiz. En après ledit duc de Bourgongne, de fait soit contraint à paier la somme d'un million d'or, non mie au proufit de madame d'Orléans, ne de ses filz, mais à faire hospitaux, colléges de religieux, chapelles, aumosnes et autres œuvres de pitié pour le salut et remède de l'âme dudit défunct. Et que pour acomplir les choses dessusdictes toutes les terres et seigneuries que ledit duc de Bourgongne a en ce royaume, de fait soient mises en la main du Roy, afin qu'elles soient vendues pour l'acomplissement des choses dessusdictes. Après ce, que ledit duc de Bourgongne soit condemné à tenir prison fermée tout par-

tout et en quelconque lieu qu'il plaira au Roy, jusques
à ce que les choses dessusdictes soient souffisamment
acomplies. Et après toutes ces choses faictes, ledit duc
de Bourgongne soit envoié oultre mer en exil pardurable, ou au moins y demeure l'espace de vingt ans,
à pleurer et gémir son péchié, ou jusques à tant que
bon semblera estre fait. Et après ce qu'il sera retourné,
il lui soit enjoint sur les peines qui pevent estre dictes
qu'il n'aprouche jamais la Royne, ne les filz de monseigneur d'Orléans trespassé, à cent lieues près, en
quelque lieu qu'ilz soient, ou il soit condemné faire
telles réparacions ou si grandes amendes honnorables,
fondacions et voyages, pour le cas par lui commis,
selon la quantité et énormité dudit cas, et tellement
que de ce soit mémoire pardurable. Et aussi soit condempné ès dommages et despens que ont porté, portent et porteront madame d'Orléans et ses filz, pour
l'occasion des choses dessusdictes. Et dient aussi que
selon raison, maintenant il leur doit estre fait et ad-
jugié, sans procès ou dilacion, actendu que le cas est
si notoire, tant de fait comme de droit. Car il est
certain que le cas advint, et que ledit de Bourgongne
a confessé icellui publiquement, tant en jugement
comme dehors. Premièrement, il confessa purement
et nuement icellui cas en la présence du roy de Cécile
et monseigneur de Berry, assignant nulle cause, fors
qu'il avoit ce fait par l'ennort du dyable. Ce mesme
fait a confessé en plusieurs lieux devant plusieurs notables personnes. Et ainsi par icelle confession appert
que selon raison doit valoir en son préjudice qu'il doit
estre tenu pour convaincu dudit cas, et sans procès
seulement doit estre condempné; ne il ne doit point

estre reçeu selon raison à dire l'opposite, ne à coulourer ou couvrir aucunement sadicte confession, et sy ne doit point estre oy autrement qu'il l'a fait premièrement, veu qu'en icelle confession il s'est arresté et que icelle plusieurs foiz il l'a récité. Ce approuve Innocent, ou premier chapitre de Election, et Guillaume de Montelau, ou chapitre des Constitutions, et ce avons nous en la trente-uniesme cause et seconde question, ouquel lieu, le pape Nicolas tint le roy Lotaire pour convaincu en son préjudice d'un certain cas duquel il avoit escript audit pape, comme il appert oudit chapitre. Et toutefois icelle confession avoit esté faicte tant seulement en une lectre envoiée hors jugement. Doncques par plus forte raison ledit de Bourgongne doit estre convaincu dudit cas par la confession de sa propre bouche, faicte et récitée en plusieurs lieux, sans neccessité d'autre inquisicion ou procès. Toutesfoiz il convient parler de confession faicte en jugement. Il est vérité qu'il a confessé le cas dessusdit en jugement. Car, en la présence de toy, sire d'Acquitaine, quant tu séois en justice, représentant la personne du Roy, et devant les seigneurs du sang royal et devant tous ceulx du conseil du Roy, et devant grant multitude de peuple assemblé à la requeste dudit duc de Bourgongne, il a confessé ledit cas. Et ainsi ne peut-il point dire qu'il n'ait confessé icellui cas en jugement et devant juges compétens. S'ensuit donques qu'il ne convient faire autre procès ou extimacion de cause, ne pronunciacion de sentence, selon aucun. Car la confession, en droit doit estre pour adjugée selon les lois en plusieurs lieux, et espécialement en la première loy pourquoy n'est point requise pronunciacion de sentence contre cellui qui a confessé son péchié en jugement. Car cellui qui l'a confessé aucunement est condempné par sa sentence, selon la dessusdicte loy. It m, dit la loy : *In confitentem sunt nulle partes judicantis.* C'est à dire, nulles parties sont du jugement contre le confessant. Et supposé que suivant aucuns, la prononciacion de la sentence soit requise, actendu que ce présent cas est moult notoire. Ainsi autrefois a esté déterminé par la sentence et jugement des roys du temps passé contre aucuns grans seigneurs du temps de adonc, c'estassavoir, puis que les fais estoient notoires, autre procès ne inquisicion n'estoit point requise. Et ainsi sera fait de ce présent cas, car raison le requiert. Toutesfois il est trouvé qu'en ceste présente matière il convenist faire inquisicion ou procès, qu'il ne convient pas, comme il est dit cy-dessus, en ce cas madame d'Orléans est appareillée de prouver s'il estoit besoing, toutes les choses de par elle proposées, tellement que selon raison il devra suffire. Et par ce que dit est, ma dicte dame ne peut eu ceste matière faire fors tant seulement conclusions civiles, et que les conclusions criminelles, lesquelles voulentiers feroit se elle povoit, appartiennent au procureur du Roy tant seulement, selon la coustume de France. Pour ce, madame supplie et requiert que le procureur du Roy se vueille adjoindre avecques elle, et qu'elle face conclusions criminelles par le conseil des seigneurs selon que le cas le requiert. Et ainsi, comme elle dit, il lui doit estre fait selon raison. »

Jusques cy a esté récité le transcript des conclusions de la duchesse d'Orléans et de ses filz.

Après lesquelles conclusions, par le conseil des seigneurs du sang royal et d'autres du conseil du Roy qui là estoient présens, le duc d'Acquitaine fist respondre par le chancelier à madame d'Orléans que lui, comme lieutenant du Roy en ceste partie et représentant sa personne et les personnes du sang royal et du conseil du Roy, estoient bien contens d'elle pour le fait de son seigneur et mary, jadis duc d'Orléans, et que icellui tenoient pour bien excusé et deschargé, et que des choses dessusdictes par elle requises, on lui feroit bonne et briesve expédicion de justice, tant que de ce par raison elle devroit estre contente.

Et bien peu après, cellui mesmes jeune duc d'Orléans, Charles, fist hommage au Roy de la duché d'Orléans et de ses contez et autres terres. Puis, prenant congié à la Royne, au Dauphin son filz et aux princes du sang royal estans adonc à Paris, se party avec ses gens d'armes, retournans à Blois, dont il estoit venu. Et la duchesse douairière, mère dudit duc d'Orléans, et sa femme, demourèrent pour lors la cité de Paris.

## CHAPITRE XLVI.

### Comment l'arcevesque de Reims appella des constitucions faictes à Paris par l'Université.

En ce temps mesmes, Guy de Roye, arcevesque de Reims, qui très espécialement avoit esté mandé à Paris de par le Roy pour estre au conseil des prélas qui là se tenoit pour l'union de l'universelle Eglise, n'y ala, ne envoya. Et avecques ce ne volt point bailler son consentement audit conseil, mais par ung sien chappellain et procureur par lui envoyé, à tout ses lectres seellées de son seel et signées de son seing manuel et corroborées par ung publique notaire, appella d'icellui conseil et de toutes les ordonnances et estatus d'icellui fais et à faire, tant pour lui et sa diocèse, comme pour sa province et subjectz. De laquelle appellacion, le Roy et tout le clergié furent très mal contens, et pour tant, prestement, à l'instance et requeste de l'Université de Paris, ledit procureur fut prins et mené prisonnier en une cruelle chartre où il fut moult longuement. Ouquel temps, le cardinal de Bordeaulx, natif d'Angleterre[1], vint à Paris, en partie pour ladicte union de l'Eglise. Et adonc retournoient audit lieu de Paris, maistre Pierre Paoul et le patriarche d'Alixandre nommé maistre Simon Cramault, lesquelz deux avoient esté envoyez en Ytalie comme ambaxadeurs du roy de France et de l'Université de Paris aux deux contendans à la papalité, desquelz les prélats assemblez au conseil dessusdit désiroient grandement la venue afin qu'ilz feussent advertis par iceulx de aucunes besongnes qu'ilz avoient à faire. Lequel maistre Pierre Paoul, docteur en théologie, chevauchoit moult souvent en habit de docteur avecques ledit cardinal, tout d'un lez comme chevauchent les nobles femmes. Devant lesquelz cardinal et docteur, l'abbé de Cauldebecque, de l'ordre de Cisteaulx, proposa de par l'Université pour l'union de l'Eglise. Et après, icellui

---

1. « Ce cardinal estoit natif d'Urbin en Italie et non d'Angleterre. En 1409 il prenoit encore qualité de cardinal de Bourdeaux. C'est pourquoy je crois qu'il faut rayer le mot *natif*. » (*Notes de Durange.*)

cardinal, lui partant de Paris, par Boulongne sur mer s'en ala à Calais, et puis en Angleterre au concile qui dedens brief temps y devoit estre assemblé. Et lors l'abbé de Saint-Denis et ung docteur en théologie, qui estoient en prison au Louvre par le commandement du Roy, furent mis dehors à la requeste du cardinal de Bar, et furent du tout délivrez contre la voulenté de l'Université de Paris. Et pareillement, maistre Pierre d'Ailly, excellent docteur en théologie, évesque de Cambray, lequel estoit arresté à l'instance de ladicte Université pour tant qu'il n'estoit point à elle favorable, fut aussi délivré par le pourchas du conte Waleran de Saint-Pol et du grant conseil du Roy.

Si estoient lors par toutes les parties de chrestienté grans divisions entre les gens d'église par le moien des deux contendans à la papalité, lesquelz on ne povoit concorder, ne faire renoncer à l'Église universelle.

## CHAPITRE XLVII.

###### Comment le duc Jehan de Bourgongne vint en aide de Jehan de Bavière, évesque de Liège, son beau-frère, où il se combati contre les Liégois, lesquelz il vainqui en bataille.

Or est ainsi qu'en ce temps le duc Jehan de Bourgongne dessusnommé, estoit moult ententif et curieux d'assembler gens de guerre pour secourir et aider son beau-frère l'évesque de Liège[1], lequel, comme dit est ailleurs, les Liégois avoient débouté de son pays et

---

1. Il se nommait Jean de Bavière, et le duc Jean sans Peur avait épousé sa sœur, Marguerite de Bavière.

icellui asségié en la ville de Trect[1]. Et pour tant, pour lui faire secours manda de tous ses pays le plus de gens qu'il pot finer, et aussi en autres lieux voisins ses amis et aliez, c'estassavoir ceulx de la duché et conté de Bourgongne, de Flandres, d'Artois et des marches de Picardie, lesquelz y vindrent en très grant nombre et noble appareil. Vindrent aussi plusieurs Savoyens; et avecques ce, manda le conte de Mareuse[2], escoçois, lequel estoit à Bruges, à tout environ quatre vingts combatans, prest pour retourner en Escoce, lequel y vint. Et s'assemblèrent tous environ le Tournésis. Auquel lieu ledit duc vint devers eulx, et ot aucun parlement avecques ses plus féables capitaines en la ville de Tournay. Et de là, le onziesme jour du moys de septembre[3] se tira, à tous ses gens d'armes, en grant nombre de charroy chargez de vivres et d'artillerie vers Engien[4], ouquel lieu il fut receu par le seigneur dudit lieu très joieusement. Et lendemain ala à Nivelle en Brabant, à une lieue près de Pierrelves, appartenant héréditablement au seigneur de Pierrelves dessusnommé, gouverneur du pays de Liège. Et de là se tira en la ville de Florines[5]. Auquel lieu vindrent devers lui, envoiez de par le roy de France comme ambaxadeurs, messire Guichard Daulphin et siré Guillaume de Tignonville, naguères prévost de Paris, avecques lesquelz estoient messire Guillaume Bourra-

---

1. Maestricht.
2. Ducange propose de lire Mara ou Murray, deux comtés d'Écosse.
3. En 1408 le 11 septembre tombait un mardi.
4. Enghien.
5. Florennes.

tier, secrétaire dudit roy. Lesquelz, après qu'ilz eurent audience de parler audit duc, lui remonstrèrent comment ilz estoient là envoiez de par le Roy et son grant conseil pour deux choses : la première, afin que les Liégois dessusdiz et leur évesque se voulsissent submectre du discord qu'ilz avoient l'un contre l'autre sur le Roy et sur son grant conseil; secondement, le Roy signifioit au duc de Bourgongne par ses lectres royaulx, la poursuite que la duchesse d'Orléans douagère et ses enfans faisoient contre lui pour la mort du duc d'Orléans défunct, et les responses que faisoient iceulx ses adversaires contre les accusacions que autrefois il avoit faictes à l'encontre d'icellui duc d'Orléans, et comment elle requéroit très instamment justice et ses conclusions lui estre adjugées contre ledit duc de Bourgongne, en disant que le droit lui devoit estre fait, et par nulles raisons le Roy ne se devoit ne povoit excuser qu'il n'en feist justice. A quoy fut respondu en brief par ledit duc de Bourgongne, quant à la première requeste, qu'il vouloit, pour tant qu'il lui touchoit, obéir au Roy et à ses commandemens, mais son beau-frère, Jehan de Bavière, duquel il avoit la seur espousée[1], lui avoit requis à grant instance qu'il lui feist et donnast secours à l'encontre des communes et subjectz du pays de Liège, qui contre lui s'estoient rebellez, et de fait l'avoient asségé. Et en avoit eu pareillement requeste du duc Guillaume, conte de Haynau, son beau-frère, et aussi frère à Jehan de Bavière. Pour quoy, quant à ce ne povoit dissimuler, ne rompre son armée, pour ce que entretant

---

1. Voy. la note de la page 350.

que ambaxadeurs yroient d'un costé et d'autre, iceulx communes pourroient mectre ledit Jehan de Bavière, leur évesque, en trop grant danger et neccessité, qui en conclusion pourroit estre exemple à telles manières de gens que sont communaultez, commencement de rebellion universelle; et que avecques ce, le Roy et les seigneurs de son grant conseil, légèrement et sans préjudice se povoit (*sic*) bien déporter de telles et pareilles requestes, actendu que nulles des parties dessusdictes n'estoient subjectes au royaume de France.

Et quant au second point, icellui duc Jehan de Bourgongne fist sa response, que lui retourné de ce voiage et entreprinse il yroit devers le Roy, et feroit envers lui et tous autres tout ce qu'à bon subject et si prouchain parent du Roy comme il estoit, appartenroit.

Après lesquelles responses, iceulx ambaxadeurs voians qu'ilz ne povoient pour lors avoir autre provision sur le contenu de leur dessusdicte ambaxade, furent assez contens, et, enfin, se conclurent, les deux chevaliers dessusdiz, d'estre à la journée que actendoit le dessusdit duc de Bourgongne d'avoir à l'encontre d'iceulx Liégois. Durant lequel temps, vint devers ledit duc de Bourgongne, du pays de Haynau, ledit Guillaume, son sérourge[1], acompaigné des contes de Conversen, de Namur et de Salmes en Ardenne, avec plusieurs notables seigneurs, tant chevaliers comme escuiers, de ses pays de Haynau, Hollande, Zélande, Ostrevant et autres lieux, jusques au nombre de douze cens bacinès ou environ, et deux mille pié-

1. Son beau-frère, *sororius*.

tons bien habillez avecques lui, et de cinq à six cens chariots et charètes chargées de vivres et habillemens de guerre. Et après que audit lieu de Florines et en la marche d'environ, ilz eurent eu plusieurs consaulx l'un avec l'autre pour savoir comment ilz se auroient à gouverner et conduire en cel exercite, se conclurent en fin qu'ilz se tireroient, chascun à tout sa puissance, par deux divers chemins en approuchant leurs ennemis, et que à certain jour se trouveroient tous ensemble pour iceulx combatre, se ilz les vouloient actendre. Et fut ordonné que ledit duc Guillaume yroit pardevers Huy, en dégastant le pays par feu et par espée. Et le duc de Bourgongne, avec lui le conte de Mareuse et toute leur puissance, chevaucheroient par aucuns jours tout le chemin de la chaucée Brunehault, laquelle mène tout droit à Tongre et à Trect[1]. Ouquel lieu de Trect, le seigneur de Pierrelves et les Liégois avoient, comme dit est, asségé leur évesque et seigneur, Jehan de Bavière. Et ainsi les deux ducs dessusdiz, chevauchans par divers chemins, en dégastant le pays, le mardi, mercredi, jeudi et vendredi, vindrent le samedi au vespre, loger en ville de Montenay[2], assise sur ladicte chaucée, et en icelle et à l'environ se logèrent tous ensemble, faisans un seul et singulier ost, pour lequel conduire et loger estoient ordonnez deux mareschaulx, c'estassavoir, par le duc de Bourgongne, le seigneur de Vergy, et de par le duc Guillaume, le seigneur de Jumont. En laquelle

1. A Tongres et à Maëstricht.
2. Peut-être Montenaken sur les limites du Brabant et du pays de Liége. Par une date donnée plus bas, on voit que ce samedi, jour où ils y arrivèrent, était le 22 septembre 1408.

compaignie estoient bien cinq mille bacinets, sept cens arbalestriers et quinze cens archers, toute gent de bonne estoffe, avecques bien seize cens, tant chariotz que charectes, chargez d'armeures et vivres, artilleries et plusieurs autres choses neccessaires à guerre, comme dessus est dit. Ouquel jour de samedi, le dessusdit seigneur de Pierrelves, et son filz qui estoit évesque de Liège, par l'accord de iceulx du pays tenans leur siège devant la ville de Trect, oyrent certaines nouvelles par leurs espies et autres gens qu'ilz avoient à ce commis, que les deux ducs dessusdiz, très puissamment acompaignez, les approuchoient en destruisant leur pays. Et pour ce, tantost et hastivement se départirent de leurdit siège et s'en retournèrent, bien quarante mille hommes, en la cité de Liège, et là se logèrent. Laquelle cité est à cinq lieues ou environ, de celle ville de Trect. Et eulx là venus tindrent moult grant parlement avecques les autres Liégois qui point n'avoient esté audit siège. Après lequel parlement, fut crié publiquement en plusieurs lieux de la ville de par ledit seigneur de Pierrelves, leur maieur et gouverneur, et de par son filz, leur évesque, que tout homme qui pourroit armes porter, lendemain bien matin, au son de la cloche, feussent prestz et appareillez pour yssir d'icelle ville avecques les dessusdiz, et aler où ilz les vouldroient mener et conduire. Laquelle chose fut ainsi faicte. Car lendemain, xxiii° jour du moys de septembre, mil quatre cens et huit[1], yssirent de ladicte cité, comme on povoit estimer à la veue du monde, bien cinquante mille hommes ou

---

1. C'était un dimanche.

environ, entre lesquelz estoient de cinq à six cens hommes de cheval bien armez selon la coustume des François. Et si avoit de cent à six vingts archers d'Angleterre qui là estoient venus servir en soldées, et avec ce grant multitude de chars et de charètes, ribaudequins et coulevrines[1] chargez et troussez de plusieurs et divers habillemens à eulx duisibles et neccessaires. Et ainsi comme il leur avoit esté mandé au son de la cloche, s'en yssirent dès le point du jour, tous ensemble, en belle ordonnance, aians grant désir de eulx assembler à bataille contre leurs adversaires, et en ensuivant leur maieur, et évesque, dessusdit, lesquelz pour vray y alèrent très enuis et en partie comme contrains. Et leur avoit, le damoisel de Pierrelves, en plusieurs de leurs consaulx remonstré moult bien que ce leur povoit estre grant péril de eulx assembler en bataille contre leurs adversaires, pour ce que c'estoient en la plus grant partie tous nobles hommes, usagez et esprouvez en fait de guerre, et d'une seule mesme voulenté et concorde sans diverses opinions les ungs avecques les autres, ce que point n'estoient lesdiz Liégois, comme il leur disoit; et leur valoit mieulx demourer en leurs villes et fortresses, gardans icelles, et traveiller leursdiz adversaires par diverses manières en les rencontrant à leur avantage, et iceulx par longue continuacion débouter de leur pays. Lesquelles remonstrances ne furent point agréables ausdictes communes, et leur sembloit que, veu le grant nombre qu'ilz estoient,

1. Petites pièces de campagne, qui se portaient à dos de cheval. Voy. l'ouvrage intitulé *Etudes sur le passé et l'avenir de l'artillerie*. (Paris, 1846, in-4.) Et plus particulièrement le t. Ier, p. 46, où il est parlé de cette affaire. Voy. aussi, plus bas, p. 359.

leurs ennemis ne pourroient résister contre eulx, et
ne prenoient point en gré icelles remonstrances. Et
pour tant, icellui leur maieur, voiant iceulx Liégois
par signes et par paroles ardamment désirer ladicte
bataille, les mena en pleins champs, et les mist tous
en bonne ordonnance, en les exortant et les admon-
nestant moult souvent et amiablement, qu'à ce jour ilz
voulsissent estre d'une mesme voulenté à eulx bien
entretenir tous ensemble pour vivre et mourir tous
ensemble delez l'un l'autre en défendant leur vie et
leurs pays contre leurs adversaires, qui les venoient
assaillir. Et en ce faisant et remonstrant, furent menez
et conduiz jusques assez près de Tongres, à cinq lieues
de ladicte cité de Liège. Auprès de laquelle ville de
Tongres estoient arrivez et venus le samedi au soir [1]
les deux ducs dessusnommez avec leur puissance, qui
desja estoient advertis que lesdiz Liégois avoient levé
leur siège pour les venir rencontrer et combatre. Et
pour ce, après qu'ilz eurent euz plusieurs consaulx
avecques leurs capitaines et autres des plus expers de
leur compaignie, envoièrent le dimanche, très matin,
environt deux cens chevaucheurs, que conduisoit Robert le Roux et autres gentilz hommes de la marche
d'environ, pour enquerre la vérité, de leurs adversaires. Lesquelz, assez tost après retournans, rapor-
tèrent pour vray à iceulx deux princes qu'ilz avoient
veuz lesdiz Liégois en très grant nombre, venans en
ordonnance de bataille. Lesquelz oyans ces nouvelles,
firent hastivement et diligemment préparer toutes
leurs gens et les mectre en belle et bonne ordonnance

---

1. 22 septembre.

pour aler contre iceulx et les rencontrer. Et quant ilz eurent chevauché environ demie lieue ilz les apperceurent tout à plain, et aussi les povoient veoir lesdiz Liégois estans assez près de Tongres. Et adonc s'approuchèrent assez près les ungs des autres, et se mirent les deux ducs et toutes leurs gens, à pié, en une place assez avantageuse, pensans que lesdiz Liégois venroient à eulx pour les envayr, et ne firent que une seule bataille afin de mieulx soustenir le fès de leurs adversaires, laissans derrière eulx leurs chevaulx, chariotz et charètes, et mirent par manière de eles¹ grant partie d'archers et d'arbalestriers. Lesquelz archers conduisi ce jour très sagement, de par le duc de Bourgongne, le sire de Miraumont. Lequel duc de Bourgongne estoit à destre de la bataille, et le duc Guilleume à senestre, chascun d'iceulx ducs acompaigné de ses gens. Et là, après qu'ilz eurent fait leurs ordonnances et mis leurs gens en conduite selon l'opinion des plus expers de la compaignie, furent fais de ceste partie grant quantité de nouveaulx chevaliers. Et assez tost après les dessusdiz Liégois, enflez et remplis d'orgueil, réputans lesdiz ducs et leurs gens peu de chose, s'approuchèrent assez près d'iceulx, et eulx traians, sur le droit lez, vers une place haulte nommée communément le Champ du Comble de Hasebain, et là s'arrestèrent en moult belle ordonnance, aians avecques eulx l'estandart Saint-Lambert et plusieurs bannières de leurs mestiers. Et la cause pour quoy là s'arrestèrent, si fut pour ce que les plus anciens de leurs gens disoient qu'en ce mesme lieu leurs ancestres avoient

---

1. C'est-à-dire sur les ailes de leur corps de bataille.

autre foiz eu victoire, et pour tant présentement creoient l'avoir de rechef. Et là incontinent commencèrent à eulx mectre en très belle ordonnance de bataille, et gectèrent plusieurs canons contre leurs adversaires[1], desquelz grandement les travaillèrent. Et est assavoir que entre ces deux batailles y avoit une petite valée, et ou fons et milieu d'icelle avoit ung pe͠t ͠ossé par lequel couroient les eaues en temps de pluye. Et quant lesdiz ducs et leurs gens eurent ung petit actendu, voians que lesdiz Liégois ne se partoient du lieu et place pour les approucher, prindrent brief conseil avec aucuns de leurs chevaliers, expers et sachans en armes, pensans que plus hardis sont en bataille les envaïssans que ne sont les actendans, se conclurent et délibérèrent tous d'un commun accord que prestement ilz yroient assaillir lesdiz Liégois tous ensemble en bonne ordonnance, par pauses et reposemens pour le fès de leurs armeures, et iceulx combatroient en leur dicte place avant qu'ilz se fortifiassent, ne acreussent plus par nombre de combatans. Toutes fois en ceste mesme heure ordonnèrent pour rompre l'ost desdiz Liégois et iceulx envaïr par derrière, cinq cens hommes d'armes à cheval, ou environ, avecques mil combatans. Desquelz furent conducteurs et capitaines de par le duc de Bourgongne les seigneurs de Crouy, de Heilly de Neufville et de Rasse, chevaliers, et avecques eulx Enguerran de Bournonville, escuier. Et de par le duc Guillaume furent commis et ordonnez, avecques les dessusdiz, les seigneurs de Le Hameide et de Ligne, chevaliers, avecques eulx Robert

---

1. Tirèrent plusieurs volées de canon.

le Roux, escuier, qui tous ensemble se tirèrent aux plains champs, ainsi comme il leur avoit esté ordonné. Et adonques, iceulx Liégois véans la dessusdicte compaignie départir de l'ost des deux ducs et aler au loing, comme dit est, cuidèrent pour vray qu'ilz s'enfuissent pour doubte de ce qu'ilz les véoient en si grant nombre. Si commencèrent de toutes pars à crier à haulte voix en leur langaige : *Fuio! fuio!* en répétant par plusieurs foiz ladicte parole. Mais incontinent ledit seigneur de Prerelves, comme sage et bien enseigné en fait de guerre, les retrahit bénignement et doulcement de leur cry, noise et violence, disant : « Mes très chers amis, telle compaignie à cheval que vous véez devant vous ne s'enfuit point comme vous cuidez, mais quant la compaignie à pié, moult plus grande comme vous povez veoir, sera ententive à vous envayr et encombrer, prestement ceulx que vous véez à cheval survendront de travers par bataille instruite et ordonnée, et s'esforceront de vous ouvrir et séparer par derrière tandis que les autres vous assauldront par devant. Et pour tant, très chers amis, nous avons la bataille devant noz yeulx, que je vous avoie tous jours desconseillé, laquelle de tout vostre cuer vous désirez à avoir comme se desjà feussiez seurs de la victoire. Néantmoins, comme autre foiz vous ay dit, pour ce que je ne suis pas si bien exercité en armes, ne ne sommes pas ainsi armez comme sont noz ennemis, lesques à peu près sont tous fais et aprins de la guerre, vous avoie conseillé et dit, que tarder la bataille vous estoit prouffitable, et que vous eussiez gardé vostre pays, vos villes et fortresses, et iceulx voz ennemis envays et diminuez petit à petit. Peut estre qu'ilz se feussent tannez et retraiz en leurs marches, ou au moins on eust peu trouver aucun bon appoinctement, toutesfoiz le jour est venu que avez tant désiré, si vueillez tous d'une mesme voulenté mectre toute vostre espérance en Dieu, et envayr hardiement et courageusement vos adversaires pour défendre vostre pays et garder vos franchises. »

Après lesquelles paroles par lui dictes et remonstrées, il voult mectre une compaignie à cheval de ses meilleurs hommes pour aler contre les autres dessusnommez. Mais à vérité dire, lesdictes communes ne le vouldrent point laisser monter à cheval, ains lui dirent moult de lédenges et reprouches, icellui réputans pour traistre. Lequel, souffrant paciemment leur forte et rigoreuse rudesse, ordonna briefment son ost en quarrure, et par devant estoit en triangle, c'est à dire à trois costez. Après ordonna au dos, au destre et senestre costé de l'ost, ses chariotz et charètes très bien establies et par belle ordonnance ; et estoient les chevaulx sur le derrière par ung des costez. Et par dedens estoient leurs archers et leur arbalestriers, desquelz le traict estoit de petite valeur, exceptez les archers d'Angleterre, qui bien furent mis et ordonnez ès lieux plus convenables et neccessaires. Et ledit seigneur de Pierrelves, acompaigné de son filz, évesque, et d'aucuns de sa compaignie les plus excellens en armes, en manière de bon meneur, se mist ou front devant contre ses adversaires. Durant lequel temps, en ce mesmes dimanche[1], environ une heure après midi, les deux ducs dessusnommez, semblablement en mar-

---

1. 23 septembre.

chant avant pour aler à l'encontre de leursdiz adversaires, exortèrent leurs gens chascun endroit soy moult amiablement, disans qu'ilz envaïssent vigoreusement et hardiement iceulx, et qu'ilz se combatissent de courage ferme et estable contre ceste sote gent, qui estoient rebelles à leur seigneur et moult rudes, en eulx confians en leur grant nombre et multitude, disans que se ainsi le faisoient ilz auroient la victoire, et emporteroient sans faillir honneur perdurable. Après lesquelles choses et autres semblables dictes et remonstrées par lesdiz ducs, chascun à sa gent, ilz se retrahirent chascun en leurs lieux auprès de leurs bannières. Et tantost, par reposées, comme dit est, s'approuchèrent moult fort de leurs ennemis, lesquelz commencèrent moult fort à gecter et à traire de canons. Si portoit, la bannière du duc de Bourgongne, ung gentil chevalier nommé messire Jaques de Courtramblé, lequel à l'aprocher chey à genolz, dont aucuns eurent grant desplaisance, doubtans que ce ne feust signe d'aucun mal à venir. Mais il fu tost relevé à l'aide de ceulx qui estoient emprès lui pour la garde, et se porta et maintint ce jour très prudentement. Et estoit ledit chevalier natif du pays dudit duc de Bourgongne. Et la bannière du duc Guillaume fut portée en ceste besongne par ung gentil chevalier nommé Othe d'Escaussure, qui bien la maintint.

En après, les deux osts joignans l'un contre l'autre, y eust très aspre, horrible et espoventable bataille commencée d'une partie et d'autre, laquelle dura par l'espace d'une heure ou environ, en frapant et doublant cops merveilleusement et souvent, les ungs sur les autres. Et ce pendant, la compaignie à cheval dessusdicte, si comme il leur avoit esté commandé et enjoinct, prestement que lesdictes batailles furent assemblées, vindrent et assaillirent au dos lesdiz Liégois, lesquelz par l'empeschement des chariotz et charètes, a très grant peine entrèrent en eulx. Mais en la fin, par leur force et vaillance firent tant qu'ilz eurent entrée, et par moult grant entente les commencèrent à séparer, diviser et ouvrir, abatre et occire. Et ainsi qu'ilz estoient de ce faire très ententifz, les aucuns d'iceulx eslevans leurs yeux, virent bien six mille Liégois partans de leur ost et bataille, lesquelz, à tout leurs enseignes et bannières de mestiers, s'en alèrent, moult légèrement fuians vers une ville champestre estant à demie lieue, ou environ, de ladicte bataille. Après lesquelz ladicte compaignie à cheval, voians iceulx ainsi fuir, délaissèrent ce qu'ilz avoient encommencé et chacèrent iceulx et les envayrent très asprement, non mie tant seulement une foiz, mais plusieurs, iceulx abatans et occians très terriblement, sans en avoir mercy. Et furent là adonc faictes si grans douleurs, gémissemens et complaintes d'iceulx ainsi prosternez et abatus, que ce seroit longue chose à dire. Et finablement furent mis en si grant desroy et desconfiture, que pour crainte de la mort aucuns s'en fuioient ès bois, et les autres en autres lieux où ilz se povoient musser et saulver. Ainsi donques, icelle compaignie du tout desconfite, occis, navrez, prins et despouillez par ceulx de cheval, comme dit est, s'en retournèrent lesdiz de cheval, de rechef, en la grosse bataille, pour secourir leurs gens qui se combatoient par merveilleuse vertu et puissance contre leurs ennemis qui se défendoient et les assailloient très puissamment. Et pour vérité ceste bataille fut moult doubteuse. Car, par espace de demie heure on ne povoit point cognoistre ne parcevoir, laquelle compaignie estoit la plus puissante en combatant. Si estoit lors grant cruaulté de oyr le grant bruit que faisoient là les deux parties l'une contre l'autre; et crioient à haulx cris les Bourguignons et Hennuiers, chascun dessoubz sa bannière, Nostre Dame Bourgongne ! et Nostre Dame Haynau ! Et les dessusdiz crioient : Saint Lambert, Pierelves ! Et peust estre que iceulx Liégois eussent eu la victoire, se celle compaignie de cheval, retournée de l'occision des dessusdiz fuians, ne feust seurvenue au dos desdiz Liégois. Laquelle compaignie se porta si vaillamment en ceste besongne, que leurs adversaires furent incontinent par eulx trespercez, jà soit ce qu'à leur povoir ilz résistassent contre eulx. Et adonc, en assez brief terme fu faicte de eulx grant occision, sans prendre nullui à raençon. Et là, pour vray, par la force et vigueur des dessusdiz de cheval commencèrent à cheoir gens sans nombre l'un sur l'autre, car, avec ce, le fès de la bataille des gens de pié tourna sur eulx. Pour quoy ilz furent, en assez brief terme, du tout tournez à desconfiture, et cheurent par millers, mors et navrez, en grant confusion et désolacion, l'un sur l'autre, en telle manière qu'ilz gisoient là par grans monceaulx. Et de ce on ne doit point avoir grant merveille. Car assemblées de communes, petitement armez et pleines de leurs voulentés irraisonnables, non obstant qu'ilz soient grant nombre, à peine pevent ils résister contre multitude de nobles hommes, acoustumez et esprouvez en armes, mesmement quant Dieu le souffre ainsi estre fait. Et en icelle heure, assez près de la bannière du duc de Bourgongne, où estoit le plus grant fès de ladicte bataille, cheirent le seigneur de Pierelves et ses deux filz, c'estassavoir cellui qui estoit esleu évesque, et ung autre, lesquelz prestement furent mis à mort. Et là furent mors le damoisel de Salmes, qui portoit l'estandart Saint-Lambert, c'estassavoir le filz ainsné du conte de Salmes dessusdit, qui se combatoit aux deux ducs, sire Jehan Collet et plusieurs autres chevaliers et escuiers jusques au nombre de cinq cens, et les archers Anglais, et bien vingt huit mille desdictes communes ou au dessus. Messire Bauldouyn de Montjardin [1], pour saulver sa vie se rendit au duc de Bourgongne et fut mené et conduit hors de la bataille, et depuis fut donné par ledit duc à messire Guichard de Boves [2].

Tant qu'est à parler de la constance et hardiesse d'icellui duc de Bourgongne et comment en sadicte bataille, au commencement d'icelle, en décourant de lieu à autre sur ung petit cheval, exortant, et baillant à ses gens couraige, et comment il se maintint jusques en la fin, nul besoing d'en faire longue déclaracion. Car, pour vray il le feist lors si grandement, qu'il en fut lors prisié et honnoré de tout chevaliers et autres de ses gens. Et onques de son corps sang ne fut traict pour ce jour, combien qu'il feust plusieurs foiz traveillée et actaint de traict et d'autres dars. Toutesfoiz quant il lui fut demandé après la desconfiture se on cesseroit de plus tuer iceulx Liégois, il respondi qu'ilz mourroient tous ensemble, et que point ne vouloit qu'on les preist à raençon, ne meist à finance. Pareil-

1. Messire Bauldin de Montgardin, chevalier (*Suppl. fr.* 93).
2. Messire Wicart de Bours (*Suppl. fr.* 93).

lement le duc Guillaume et tous les autres princes avecques toute la chevalerie et noblesse d'icelles deux parties, soy portèrent très vaillamment. Et y furent mors de leurs gens en celle journée, environ de cinq à six cens hommes, entre lesquelz furent mors, Jehan de La Chapelle, chevalier, conseiller du duc, messire Florimont de Brimeu, Jehan de La Trimoulle, qui ce jour avoit esté fait chevalier, Hugotin de Nanton, Jehan de Thouenne, viconte Brunequel[1], natif d'Acquitaine, Daniel de Lampoule[2], natif de Haynnau, Roland de La Mote et aucuns autres jusques au nombre de cent à six vingts hommes, et le surplus varlets. Et adonc que les dessusdiz ducs furent demourez victorieus, yssirent de la ville de Tongres environ deux mille hommes, pour cuider aider leurs gens. Mais quant ilz les virent de loing ainsi desconfis, ilz se commencèrent à retraire vers leur ville, mais ilz furent poursuivis de la compaignie de cheval, dont est faicte mencion, et de rechef en occirent grant quantité, et puis retournèrent devers lesdiz ducs. Lesquelz, après qu'ilz virent tout à plain qu'ilz estoient demourez victorieus sur la place et que leurs ennemis estoient du tout desconfis, s'assemblèrent ensemble, et là, en regraciant humblement leur Créateur de leur glorieuse fortune, firent grant joye les uns avecques les autres. Et tantost se logèrent en leurs tentes auprès du lieu où ladicte bataille avoit esté, et là demourèrent quatre jours et trois nuis[3]. Duquel lieu les ambaxadeurs du

1. Jehan de Theuenne, viscoute de Brunequet (*Suppl. fr.* 93), lis. *Bruniquel*.

2. Daniel de La Poulle (*ibid.*).

3. La chronique, *Cord.* 16, donne sur cette bataille quelques

Roy dessusnommez, se départirent dudit duc de Bourgongne, et, par Tournay et autres lieux, s'en retournèrent à Paris devers le Roy et son grant conseil. Mais paravant leur venue, ledit duc de Bourgongne avoit envoié ung sien chevaucheur portant ses lectres et la nouvelle de sa victoire devers le dessusdit Roy et autres ses bons amis. Pour lesquelles nouvelles plusieurs grans seigneurs et autres ses adversaires, qui estoient à Paris, en entencion de faire poursuite devers le Roy contre ledit duc pour la mort du duc d'Orléans défunct, ne furent point de ce grandement resjouys, mais en eurent grant desplaisir en cuer, et par le contraire, ceulx tenans son party en eurent grant joye.

Or est ainsi que le lundi, lendemain de ladicte bataille, ainsi qu'à XII heures, Jehan de Bavière, évesque de Liège, et avecques luy le damoiseau de Hainseberge[1] et plusieurs autres, nobles et non nobles,

---

détails intéressants que nous reproduisons ici. « Et fu celle ordonnance et bataille le XXIII° jour du mois de septembre. Ledit jour, à heure de tierce (neuf heures du matin) se mirent ensemble les deux parties dessusdictes, et à l'assambler commenchèrent Liégois à traire leurs canons et leurs trébus, mais ilz les avoient si hault assis que ilz passèrent par dessus la bataille de leurs anemis et ne firent gaires de maulx. Et après le trait desdiz canons, assamblèrent les deux batailles l'une contre l'autre et commenchèrent à combattre main à main. Là y eubt grant estequis et grande occision, et se frappèrent Bourguignons, Flamens, Piccars et Hennuyers ès Liégois moult raddement. Et ilz se deffendirent au mieulx que ilz porrent de leurs planchons à longues pointes. Et ainsi que la bataille estoit en ce point, frappèrent ceulx de cheval ès Liégois, par derière, par tel manière que ilz furent incontinent desconffis. » (Bibl. imp., *Cord.* 16, fol. 334 v°). Cette chronique porte la perte des Liégeois à vingt-huit mille hommes.

1. Le damoisiau de Hinsberch (*Suppl. fr.* 93).

jusques au nombre de six cens bacinets ou environ, vindrent de la ville de Trect[1], où ilz avoient esté asségez, en l'ost des deux ducs dessusnommez, lesquelz il remercia très humblement du secours qu'ilz lui avoient fait, et fut d'iceulx et de leur chevalerie receu à très grant joye. Si lui fut à sa venue fait présent de la teste du damoisel de Pierelves[2], lequel avoit esté trouvé mort avecques ses deux filz dessusdis. Et fut ladicte teste mise au bout d'une lance pour icelle monstrer à tous ceulx qui la vouldroient veoir. Et le mardi ensuivant, le jour de Saint Fremin martir[3], la cité de Liège, Huy, Dinant et Tongres, avecques toutes les autres bonnes villes de la terre et de l'évesché de Liège, excepté le chastel de Buillon[4], voians et oyans la grande destruction de leurs gens et la puissance de leurs ennemis, actains de paour, non voians espérance de quelque secours, se rendirent en l'obéissance desdiz ducs de Bourgongne et de Hollande, par le rapport de leurs ambaxadeurs, lesquelz à ce faire ilz envoièrent à iceulx, en suppliant aussi très humblement audit Jehan de Bavière, leur seigneur et évesque, qu'il les voulsist recevoir à mercy et miséricorde, requérans très humblement sa grace. Laquelle chose ledit évesque leur octroya par le moien des deux ducs dessusdiz, pourveu toutesfoiz que tous les coulpables de la sédicion mauvaise et perverse, desquelz plusieurs estoient encores vivans, qu'on leur dénommeroit, ilz les rendroient et délivreroient en la main desdiz ducs, pour

---

1. Maëstricht.
2. Dudit sire de Pierwez (*Supp. fr.* 93).
3. Le mardi 25 septembre 1408, jour de la Saint-Firmin.
4. Bouillon, en Luxembourg.

en faire ce que par eulx en seroit appoincté par justice. Et pour ce, chascune d'icelles bonnes villes bailla bons hostaiges et bonne seurté telle qu'ilz voldrent avoir. Et lors les deux ducs, avec eulx l'évesque, et tout leur ost, partans dudit lieu, alèrent vers Liège. Et se loga ledit duc en une ville nommée Flavie[1] sur la rivière de Meuse, à une lieue près de ladicte cité de Liège. Et le duc Guillaume et l'évesque son frère se logèrent assez près, ès montaignes. Le dimenche ensuivant, iceulx ducs et l'évesque, avec tous les conseillers desdictes parties, se mirent ensemble, et y eut plusieurs propos mis avant, et furent en conseil sur les besongnes dessusdictes jusques au mardi ensuivant. Auquel jour l'évesque dessusnommé ala en la cité de Liège, et fut reçeu du remenant des habitans en grande humilité. Et desjà estoient prins en icelle et dans toutes les autres villes, et mis en prison, les plus coulpables de ladicte conspiracion. Si ala premièrement à l'église cathédrale de Saint-Lambert faire son oraison, et icelle réconsilier, et après ala au palais, où il fut très humblement requis de tout son peuple généralement, qu'il eust de eulx miséricorde, laquelle requeste il accorda, et tost après retourna aux champs devers les ducs. Lendemain, environ deux heures après midi, s'assemblèrent iceulx ducs et l'évesque en ung lieu assez hault qui estoit auprès de leur ost, avecques eulx plusieurs nobles de leur compaignie. Et là, par messire Jehan de Jumont[2], mareschal du duc Guillaume, comme dessus est dit, et selon l'or

---

1. Flavye (*Suppl. fr.* 93).
2. Jehan de Jeumont (*ibid.*)

1

donnance desdiz ducs et évesque, fist amener de ladicte cité le damoiseau de Rochefort, noble homme[1], et Jehan de Saraine[2], chevalier, et autres jusques à quinze bourgois, lesquelz par le bourrel, les ungs après les autres, eurent les cols coppez. Et pareillement, plusieurs hommes d'église, et aussi aucunes femmes, à cause de ceste conspiracion, furent mortes et noiées en la rivière de Meuse[3]. Et lendemain lesdiz, et aussi l'évesque, à tout leur ost, tous ensemble se tournèrent vers Huy et se logèrent à trois lieues près en une ville nommé Beaucloquier. Ouquel lieu ilz eurent plusieurs parlemens ensemble sur les afaires du pays, et là vint le conte de Nevers, qui venoit au secours de son frère le duc de Bourgongne, à tout quatre cens combatans. Ouquel lieu pareillement furent amenez par ledit seigneur de Jeumont, dix-neuf bourgois de ladicte ville de Huy, qui, comme les autres et pour pareil cas furent décapitez, et comme devant furent noiez plusieurs gens d'église et aucunes femmes. Vint aussi au lieu dessusdit devers icellui duc de Bourgongne, Amé de Viri, Savoisien, noble homme, et très expert en armes, pour le servir, acompaigné de trois cens bacinès du pays de Savoye. En après

---

1. Noble homme et riche (*Suppl. fr.* 93.)
2. Jehan de Sarrainye (*ibid.*)
3. La chronique, *Cord.* 16, (fol. 335) confirme ces détails. « Après ces choses ainsi faictes, fu commis messire Jehan de Jeumont de aller en la ville de Liège, et autres avoec luy, et de faire faire justice de tous ceulx qui seroient trouvez couppables de laj traison et rebellion dessusdicte. La furent pluiseurs hatriaux coppés (cols couppés) et pluiseurs gens noyez, tant hommes comme femmes. Et entre les aultres y fu le demoisel de Rochefort décolez ».

lesdiz ducs, l'évesque et leurs conseillers, eurent plusieurs parlemens et par plusieurs journées sur les afaires du pays de Liège. Et en fin conclurent tous ensemble, avecques Jehan de Bavière, lequel fut lors appellé Jehan sans-Pitié, qu'ilz s'assembleroient tous ensemble en la cité de Tournay, le jour Saint-Luc[1] ensuivant, pour là conclurre et délibérer sur toutes les besongnes qu'ilz avoient à faire touchans ceste matière. Et après qu'ilz eurent fait faire, ou pays, plusieurs justices de très grant nombre de gens à cause des conspiracions dessusdictes, et aussi qu'ilz y eurent fait abatre et démolir les fortifications de la ville de Huy, Dinant et d'aucunes autres places, se départirent iceulx ducs du pays pour retourner en leurs lieux, et amenèrent avec eulx très grant nombre de Liégois, lesquelz estoient baillez en hostage de par les bonnes villes du pays de Liège, afin de entretenir entièrement les traictiez qui leur seroient appoinctez à faire. Desquelz hostages une partie furent envoiez à Mons en Haynau et à Valenciennes, de par le duc Guillaume. Et l'autre partie fut menée à Lisle, à Arras et ès autres places du duc de Bourgongne. Lequel duc s'en ala en son pays de Flandres, et le duc Guillaume, en Haynnau, après ce qu'ilz eurent donné congé à leurs gens d'armes, dont la plus grant partie retournèrent ès lieux dont ilz estoient venus, remplis et enrichis très habondamment des biens desdiz Liégois. Lesquelz Liégois généralement demourèrent en leur pays très dolens et amatis de la meschance qui leur estoit advenue.

1. Le 18 octobre.

Si furent en cest exercite[1] avecques le duc de Bourgongne plusieurs grans seigneurs de ses pays. C'est assavoir, des pays de Bourgongne : messire Jehan de Châlon, messire Gautier de Hurpes[2], le seigneur de Vergi, mareschal de Bourgongne, le seigneur de Saint-George, Jehan de La Balme, messire Guillaume de Champdivers, messire Jacques de Courtramblé, le seigneur de Montagu et plusieurs autres. Et des marches de Picardie, les seigneurs de Croy, de Heilly, de Fosseux, de Waurain[3], sire Boort Quieret et ses frères, le seigneur d'Ancy[4], le seigneur de Rasse[5], le seigneur de Bremeu[6], messire Renauld de Créqui, seigneur de Conches[7], Enguerran de Bournonville, le seigneur de Ront, messire Raoul de Flandres, le seigneur de Poix, messire Guichard de Bours[8], le seigneur de Mailli, le seigneur de Chièvres et le seigneur d'Azincourt. Et du pays de Flandres, messire Jehan et messire Loys de Guistelle, le seigneur de Hames, messire Jehan de Bailloel[9] et messire Colars de Fosseux. Et en général toute la plus grant partie de tous les nobles des dessusdictes marches de Picardie. Et pareillement y avoit, icellui duc Guillaume, assemblé tous les nobles et seigneurs de ses pays avecques plusieurs autres ses aliez. Si y fut aussi Jehan de Béthune, frère au vicomte de

---

1. En cette expédition. (V. le Rel. de S. Denis, IV, 152 et 153.)
2. Gaultier de Rulpes (*Suppl. fr.* 93.)
3. De Waurin (*ibid.*)
4. Le seigneur d'Inchi (*ibid.*)
5. Le seigneur de Raisse (*ibid.*)
6. Le seigneur de Brimeu (*ibid.*)
7. Seigneur de Contes (*ibid.*)
8. Le seigneur d'Auxi (*ibid.*)
9. Jehan de Bailleul (*ibid.*)

Meaulx. A laquelle assemblée ne se vouldrent point trouver, comme il fut commune renommée, Anthoine de Brabant, frère au duc Jehan de Bourgongne, ne Waleran de Luxembourg, conte de Saint-Pol, pour ce qu'ilz scavoient aucunement les paroles et convenances qui avoient esté entre ledit Jehan de Bavière d'une part, et le seigneur de Pierrelves et son filz d'autre part, pour la résignacion de ladicte éveschié, comme en autre lieu est plus à plain déclairé, jà soit ce qu'ilz y meissent autres excusacions.

En après les dessusdiz ducs et toutes leurs gens partis et retournez hors du pays de Liège, environ le jour qu'ilz se devoient assembler en la cité de Tournay, avec eulx Jehan de Bavière, pour rendre leur sentence à l'encontre des communaultez, bonnes villes et pays de Liège, leur furent envoiez ambaxadeurs notables et solemnelz d'icelle cité, lesquelz leur requirent instamment qu'il leur pleust à eulx assembler et convenir en aucune autre bonne ville, disant et en eulx excusant que telle et si grande assemblée leur pourroit porter grant préjudice pour la petite provision des vivres et autres choses nécessaires qu'ils avoient de présent. Laquelle requeste leur fut desdiz seigneurs accordée assez bénignement, et en lieu d'icelle, s'assemblèrent en la ville de Lisle, au jour qui estoit prins par eulx, comme dessus est dit. Et là furent amenez en la présence des dessusditz ducs tous les Liégeois, ou au moins la plus grant partie, qui avoient estés baillez en ostaige, et aussi plusieurs autres, lesquels estoient commis à y estre pour oyr ladite sentence que devoient déterminer les dessusdiz. Laquelle fut telle que cy-endroit sera déclairée.

S'ensuit la sentence dicte et prononcée par escript aux dessusdiz hostagers et commis dudit pays de Liège, selon l'ordonnance des ducs de Bourgongne et de Holande, laquelle ilz veulent que selon la déclairation d'icelle, elle soit de tout fermée et accomplie sans quelque faulte ou interdict, quant à présent, et le surplus retiennent à eulz à déclairer et faire déterminacion entière, toutes et quantes foiz qu'il leur plaira.

Premièrement. Ils mectront en leurs mains toutes les franchises, coustumes et privilèges que avoient et ont les habitants de la cité de Liège et des villes et pays de l'évesché situées en icelui pays de Liège, de la conté de Los, du pays de Hasebain, de Saintron, la terre de Buillon [1], et des appartenances, aians lois, privilèges, franchises et coustumes. Et ordonnent de présent que les bourgeois de la cité de Liège et les autres dessusnommez apportent en la ville de Mons en Haynnau, lendemain de la Saint-Martin prochain venant, au monastère des escoliers de ladicte ville, toutes leurs lectres, privileges, lois, libertez et franchises qu'ils ont, et icelles bailleront ès mains d'aucunes personnes qui audit jour et lieu seront commises et députées de par lesdiz seigneurs à icelle recevoir. Et ceulx qui apporteront lesdictes lectres seront tenus de jurer sur leurs âmes et sur les âmes de ceulx qui les envoieront, qu'ils n'ont point laissé aucunes lectres de leursdiz privileges, lois, libertez et franchises frauduleusement. Et ordonnent lesdiz seigneurs, que se aucune desdictes lectres de priviléges, lois, fran-

---

1. Saint-Tron, au pays de Liége. Bouillon, en Luxembourg.

chises et libertez estoient délaissées à apporter devant les dessusdis commis, deslors ceulx des dessusdictes citez, villes, terres et pays de Liège et des appartenances, qui ne les auroient envoiés, en sont privez pardurablement.

*Item.* Ordonnent et establissent lesdiz seigneurs, que ès mains de leursdiz commis, au jour et lieu dessusdit, toutes aliances ou convenances pour eulx touchans icelles villes, citez et pays, soient apportées et baillées ausdiz commis, sur peine et seremens semblables, comme dessus est dit en deux autres articles touchans iceulx priviléges et aliances.

*Item.* Veulent que après la visitacion desdictes lectres de priviléges, de là en suivant celles dont sera appoincté et ordonné, ne puissent donner nouvel privilége l'évesque de Liège et son chapitre aux habitans desdictes cités, villes et pays, ne à aucune d'icelles, que ce ne soit par le consentement et conseil de iceulx ducs dessusnommez ou de leurs successeurs.

*Item.* Ordonnent que doresenavant en la cité, villes et pays dessusdiz ne seront fais aucuns officiaulx[1], nommez maistres, jurez, gouverneurs et ducteurs des arts et mestiers, ou autres officiers quelzconques, créez ou constituez par la communaulté. Mais doresnavant seront telles offices adnullées, et les exercices d'icelles.

*Item.* Ordonnent et establissent, qu'en ladicte cité et ès autres villes des pays dessusdiz, les baillis, prévostz, maieurs et autres noms d'offices seront créez et instituez par leur évesque, et conte de Los et des

1. Aucuns de ces officiers que l'on nomme maîtres, jurés, etc.

apartenances. Et aussi les eschevins seront renouvelez chascun an en chascune ville où il est coutume de avoir eschevins, jusques à certain nombre, selon l'exigence et grandeur des villes. Auquel eschevinage estant en ville notable et fermée, ne seront point mis ensemble le père et le fils, deux frères, deux serourges, deux cousins germains, l'oncle et le nepveu, ou celluy qui auroit espousé la mère de l'un d'iceulz, afin d'eschever les faveurs des ordonnances qui y pourroient estre. Et seront tenus les officiers, et chascun d'iceulx, de jurer à leur créacion et constitution solemnellement, à maintenir et acomplir, chascun selon lui, tous les articles et poins contenus ès ordonnances faictes par iceulx devant déclairez.

*Item.* Veulent et ordonnent que ledit évesque ou seigneur de Liège, chascun an, en la fin de chascun eschevinage pourra créer et establir telz eschevins qu'il lui plaira, ou ceulx qui auront esté eschevins en l'an précédent, ou autres, selon son bon plaisir, pourveu qu'ils ne soient de lignage ou affinité, comme dit est devant. Par lesquels eschevins seront jugées les causes, et déterminées, appartenans audit eschevinage, et les biens communs appartenans aux villes où ils seront instituez. Et que les eschevins de ladicte cité seront tenus rendre compte en la fin de chascun an de leur administracion devant leur seigneur et évesque de Liège et ses commis ou députez, et devant ung commis et député par chapitre et ung de par les autres églises. Et ceux des autres villes seront tenus de rendre compte devant leur seigneur de Liège tant seulement, ou devant ses députez ou commis à ce.

*Item*. Ordonnent et establissent que toutes les confraries des mestiers estans en la cité et villes dessusdictes cesseront doresnavant, icelles ramenant à néant. Et si ordonnent que les bannières d'icelles confraries et mestiers, c'estassavoir celles de la cité, seront apportées par les habitans d'icelle ou palais du seigneur de Liège et baillées à ses commis à tel jour qu'ils leur feront savoir. Et les bannières des mestiers des autres villes seront apportées par les habitans d'icelles à certain jour et lieu que ordonneront à ce les commis, pour ordonner desdictes bannières par iceulx comme il leur semblera bon et expédient.

*Item*. Ordonnent que en ladicte cité et aucunes autres villes de ce mesme pays de Liège et des appartenances aucun ne sera réputé bourgois s'il ne demeure sans fraude en ladicte cité ou ès villes desquelles il vouldra avoir la bourgoisie. Et se aucun a bourgoisie pour le présent en ladicte cité ou ès autres dictes villes, ilz adnullent icelles. Et toutefois, posé qu'ilz feussent bourgois des villes où ils seront demeurans, ils ne se pourront aider par ladicte bourgoisie de cas nouvaulx pour raison des héritages de eulx et autres, tant de personnes et actions personnelles, comme des héritages, que la cognoissance n'appartiengne aux seigneurs soubz lesquelz icelles personnes seront demourans et lesdiz héritages situez.

*Item*. Ordonnent que maintenant et au temps avenir ladicte cité de Liège et les villes de Huy et de Dinant et autres villes du pays de Liège, de la conté de Los, du pays de Hazebain et autres, appartenans à la cité de Liège, ne soient, ne facent assemblées, ne consaulx ensemble, ne quelque ville avec autre ne face aucunes congrégacions ne assemblées, et ainsi les habitans de ladicte cité les aucuns avec les autres, et pareillement de chacune des autres villes, que ce ne soit de l'auctorité ou consentement de leurdit évesque, ou du chapitre de Liège quant le siège de l'évesque sera vacant.

*Item*. Ordonnent et établissent que ledit évesque de Liège ou autres du pays de Liège, de la conté de Loz, du pays de Hazebain, aians administracion dudit éveschié, ceulx du chapitre de Saint-Lambert de Liège, ceulx de ladicte cité ou autres d'iceulx pays, dès maintenant et à toujours mais, ne seront, ne se porteront en armes contre le roy ou roys de France, contre eulx ou l'un d'iceulx, contre les ducs ou contes dessusnommez, ne aussi contre le conte de Namur qui pour lors sera, ne contre le pays, fors pour l'empereur en sa compaignie, et que icellui mesme empereur y soit en propre personne. Se n'estoit que le roy de France, ou les dessusnommez ou l'un d'iceulx, envayssent comme ennemis ledit pays de Liège.

*Item*. Ordonnent et establissent pardurablement en mémoire pardurable de ladicte victoire et en signe de conqueste desdiz pays faicte par lesdiz seigneurs, que quant iceulx ducs ou seigneurs vouldront passer la rivière de Meuse par aucune partie dudit pays de Liège et la conté de Los, l'alée ou retour leur sera ouverte soit par quelzconques villes fermées ou autres lieux et passages telz qu'il leur plaira ou à l'un d'iceulx, soit qu'ils viengnent pour passer, à tout gens d'armes ou autrement, pourveu toutefois qu'ils ne souffreront aux gens desdictes villes et passages faire aucun grief, et que vivres leur seront administrez pour leur argent sans ce qu'on leur vende plus cher qu'on a acoustumé pour cause de ce.

*Item*. Ordonnent et establissent que leurs monnoies et de l'un d'iceulx ou de leurs successeurs ducs ou contes dessusdiz, duchez ou contez, ès diz pays et seigneuries, auront leurs cours et seront aloués comme en leur pays, ou de leurs successeurs ou de l'un d'iceulx.

*Item*. Ordonnent et establissent que ou lieu et en la place où ilz obtindrent victoire soit fondée et édifiée une église, en laquelle seront quatre chapelains et deux clercs, et sera garnie de chasubles, calices, et autres aournements à dire et célébrer messes, et autres telz services divins qui sera ilec fait perdurablement pour le salut de ceulx qui moururent en ladicte bataille. Desquels chappellains la collacion appartendra à ceulx, successivement par ordonnance et ainsi qu'il sera advisé. Et feront faire à leurs dépens la collacion de ladicte église, et icelle pourvoir tant seulement pour une fois de chasuble, calice et autres aournements à ce appartenans. Et l'évesque de Liège ordonne sur les constitucions[1] à lui revenans, deux cens escus d'or de rente annuelle pour lesdiz chappellains et clercs, c'estassavoir pour chascun chappellain quarante escus et pour chascun clerc dix escus et pour retenir ladicte église, vingt escus.

*Item*. Feront nosdiz seigneurs, que le xxiii{{e}} jour de septembre, ouquel jour fu faicte ladicte bataille, qu'à tel jour chascun an pardurablement une messe de la Vierge Marie sera solemnellement célébrée et chantée

---

1. « Confiscacions » (Ms. *Suppl. fr.* 93).

par le prévost ou doien de l'église Saint-Lambert de Liège ou cueur et au grant autel de ladicte église, et en ce mesme jour après vespres seront dictes et chantées vigiles de mors, et lendemain sera dicte une messe de Requiem solemnellement oudit cuer et oudit grant autel, pour les âmes des trespassez en ladicte bataille et de tous autres. Et requerront nosdiz seigneurs de ce faire ausdictes églises collégiales et monastères de ladicte ville et cité et à tous autres colléges et abbayes, tant de hommes comme de femmes, dudit pays, de la conté de Los et des appartenances.

*Item.* Requerront nosdiz seigneurs à l'évesque de Liège et à sondit chapitre, que sur eulx et sur toutes autres églises ilz enjoingnent, commandent et ordonnent par estatus lesdiz services estre célébrez en chascune desdictes églises collégiales et monastères, comme dessus est dit, pour pardurable mémoire, et que pour celle victoire toute personne d'église des pays dessusnommez furent et sont remis en leurs lieux paisiblement.

*Item.* Ordonnent et establissent nosdiz seigneurs que doresenavant l'évesque de Liège qui maintenant est, et ses successeurs évesques de Liège, ou aians l'administracion dudit éveschié quant le siège sera vacant, ceulx du chapitre de Saint-Lambert de Liège, institueront et mectront tel chastellain et cappitaine, de telle nacion qu'il leur plaira, ou chastel de Huy, ouquel aussi mectront telle garnison de gens d'armes et provision de vivres comme il leur semblera bon et expédient et comme seigneur franc peut et doit faire. Et auront franchement entrée et yssue vers la ville de Huy, ne ceulx dudit pays ne pourront, ne devront mectre aucun empeschement qu'ilz ne ayent leur entrée et yssue vers les champs. Pareillement et semblablement ordonnent estre fait du chastel d'Estoquillon [1] et de Buillon, quant à la constitucion desdiz chastellains et garnisons.

*Item.* Ordonnent nosdiz seigneurs, que ou cas que aucuns quelz qu'ilz soient, s'esforceroient ou venroient par voie de fait ou de molestacion, ou travail irraisonnable, aucunement contre les dons d'église ou autres dons d'offices qui ont acoustumez estre donnez à vie par ledit évesque de Liège, seront tenus à résister et défendre de tout leur povoir, sans fraude aucune.

*Item.* Et pour ce que encores sont vivans des mauvais et pervers conspirateurs, et fuitifz hors desdiz pays de Liège et des contez de Los, et se sont retraiz et receuz ès pays voisins ilz ordonneront et commecteront certaines personnes à ce habiles et ydoines, par lesquelles diligemment on enquerra où telles personnes seront et les noms d'iceulx, et soubz quelz seigneurs ilz se sont transportez. Et quant ce sera sçeu, les seigneurs des lieux dessoubz qui lesdiz conspirateurs se seront retrais, seront requis à fin qu'ilz les prengnent ou facent prendre pour bailler à la justice dudit évesque de Liège afin qu'ilz soient punis comme il sera de raison, ou au moins que iceulx seigneurs chaçent lesdiz fuitifz hors de leur pays, ou facent chacer et contraignent à yssir telz conspirateurs. Et se on povoit obtenir vers iceulx seigneurs que desdiz conspirateurs ilz voulsissent faire justice, tant vauldroit mieulx; et que tous telz conspirateurs comme con-

---

1. « Du chastel d'Estocquihen » (Ms. *Suppl. fr.* 93).

traires et rebelles à leur seigneur et esmouveurs de peuple, soient bannis hors du pays de Liège, de la conté de Los et des apartenances. Et en oultre, sera crié par tous les pays de Liège et de la conté de Los, que aucuns ne reçoivent lesdiz conspirateurs ou aucuns d'iceulx, mais, s'il est aucun qui sache qu'ilz soient èsdiz pays, il sera tenu de iceulx prendre et amener à la plus prouchaine justice du seigneur, le plus tost qu'il pourra, sur peine d'estre puni de semblable punicion en corps et en biens comme seroient ou devroient estre telz conspirateurs punis. Et en cas que en faisant ou voulant faire leur devoir mort s'en ensuivroit, pour ceste cause riens ne leur en sera demandé du tout en tout.

*Item*. Ordonnent que les murs du chastel de Renin[1], les portes et les tours, seront abatues et destruictes, tant en la valée comme en la montaigne, et les fossez remplis. Et ne sera icelle ville, plus réparée ne restorée ou temps avenir, de murs, de tours, ne de fossez.

*Item*. Pareillement sera fait de la ville, chastel et fortresse de Commun[2]? tous les murs, tours et portes seront abatues et destruictes; et ainsi tous les murs des autres garnisons et défenses estans sur la rivière de Sambre. Tous les fossez seront remplis, et plus ne seront, ne villes, ne chasteaulx, ne autres défenses ou retrais, aux habitans desdictes villes ne autres quelzconques par quelque manière, ou au temps avenir ne seront plus fortresses, ne les fossez plus refaiz.

1. Lis. Thuin, comme dans *Suppl. fr.* 93. Thuin est situé sur la Sambre à quelques lieues en amont de Charleroy.
2. Sic dans *Suppl. fr.* 93.

*Item.* Que les portes de Dinant, les murs et toutes les tours, soient destruictes et abatues tout oultre le fleuve de Meuse et dedens ladicte ville, et qui par les habitans de ladicte ville, ou par autres quelzconques, ne pourront pardurablement estre réédifiez par quelque manière.

*Item.* Que ceulx de ladicte ville de Culvin[1], de Fossez[2], Commun et Dynant, ne autres quelzconques des autres villes, cité et pays, dès maintenant et pardurablement ne pourront estre réédifiez par eulx, ne par autre les faire refaire, ne réédifier les villes fermées, défenses et garnisons, en montant de Namur en Haynnau, entre les deux fleuves de Meuse et de Sambre.

*Item.* Sera abatue et destruicte une des portes de la ville de Tongres, c'estassavoir celle qui regarde la ville de Trect[3], avec quarante piez du mur de chascun costé de ladicte porte, sans ce que jamais puist estre réédifiée. Et avecques ce, ceulx de ladicte ville de Tongre seront tenus de remplir, ou faire remplir à leurs despens les fossez par eulx fais devant ladicte ville, en laquelle ils asségèrent leurdit seigneur.

*Item.* Pour ce que, à moult grans despens, coustez, mises et fraiz, ilz ont subjugué et mis en leur obéissance le pays de Liège dessusdit, et avecques ce ont eu en leurs pays grans pertes pour cause de faire ladicte subjection, comme il est assez notoire, ilz veulent et ordonnent que sur les héritages de ladicte cité, villes et pays dessusnommez, sera imposé, ceuilli et levé

---

1. Couvin, entre Rocroy et Marienbourg.
2. Fosse, à l'Est de Charleroy.
3. Maestricht.

une aide de deux cens et vingt mille escus d'or[1], à icelle lever le plus tost que faire se pourra, eue premièrement considéracion sur la faculté et richesse de chascun desdiz habitans.

*Item.* Pour ce que plusieurs hostages sont baillez en leurs mains à tenir leurs ordonnances, faictes et à faire, ilz ordonnent que si aucuns desdiz hostages trespassoient avant que les choses dessusdictes feussent acomplies, ceulx de la ville ou villes, de laquelle ou desquelles estoient les dessusdiz hostages mors, ilz seroient tenus de renvoier et remetre personnes en tel nombre et en telle suffisance que cellui ou ceulx qui seroient mors, avoient esté.

*Item.* Ordonnent que quant les lectres seront faictes contenans les promesses et obligacions à tenir toutes les choses par eulx ordonnées, l'évesque de Liège, son chapitre, et tous les habitans qui se sont submis, venront et consentiront, prometront et octroieront pour eulx et pour les autres desdiz pays, que ou cas que les choses ordonnées pour le temps avenir ou aucunes d'icelles ne seront gardées sans violer ne trespasser, et que le dessusdit évesque de Liège, ses successeurs évesques ou esleus de Liège, le chapitre dessusnommé, ou ceulx desdictes villes, cité et pays,

---

[1] « Deux cens mille escus sans partie — paieront pour leur mesfaiture. » Est-il dit dans la pièce intitulée : *La bataille du Liège*, (Voy. La Barre, *Mém. pour servir à l'hist. de France et de Bourgogne*, p. 378.) Par suite d'une erreur de chiffre qui se trouvait dans le manuscrit, cette pièce porte la date de 1468. Mais elle se rapporte si bien à la bataille de Tongres, qu'on y lit la date précise du jour, qui est le 23 septembre. De plus on y trouve les noms de Jean de Bavière et de la plupart des seigneurs mentionnés par Monstrelet.

yroient ou feroient autant de foiz qu'ilz encherroient, et pour chascune foiz. Ce que feroient en la peine de deux cens mil escuz d'or du coing forgé et enseigné [1] du roy de France, ou d'autres florins d'or de France, à la valeur desdiz escuz. C'estassavoir, cinquante mil escuz à l'Empereur ou Roy Rommain qui sera pour le temps; cinquante mil escuz au roy de France; et à chascun desdiz ducs ou à leurs successeurs ès duchez et contez dessusnommées, cinquante mil; à prendre et lever ladicte somme sur iceulx Liégois, par l'appréhension de leurs biens et de leurs corps, en quelque lieu qu'ilz pourront estre trouvez. Et avec ce, se consentiront et octroieront ceulx dudit pays de Liège, que s'il advenoit qu'on alast au contraire desdictes ordonnances ou d'aucunes d'icelles, comme dessus est dit, que dès maintenant et lors, l'évesque ou esleu de Liège et l'arcevesque de Coulongne, qui sont pour le présent ou qui seront lors et chascun d'iceulx, puissent mectre interdict généralement èsdictes cité, villes et pays de Liège et des appartenances. Et en oultre, aussi tost que en la saincte Eglise de Dieu ung seul et vray, non doubteux, pape sera, que semblablement par icellui puissent estre interditz. Lequel ne devra estre osté, ne relasché, que aincois ne soit réparé ce qui aura esté fait au contraire desdictes ordonnances, et que lesdictes peines pécuniaires ne soient aincois paiées, comme dit est dessus. Et s'il advenoit que aucune partie des dessusnommez, aucunes villes ou aucun particulier d'iceulx pays, feissent au contraire

---

1. On disait aussi *seigné*, qui porte le signe, la marque ; marqué au coin du roi de France.

desdictes ordonnances ou d'aucunes d'icelles, et après, que par iceulx ducs ou par l'un d'iceulx ou par leurs successeurs, l'évesque du Liège ou esleu, ou son vicaire en son lieu, ceulx du chapitre, et les bourgois de ladicte cité, pour eulx et pour tous les autres habitans desdiz pays, auront esté requis et sommez de faire contraindre lesdiz empescheurs et alans au contraire desdictes ordonnances ou d'aucunes d'icelles, à réparer ce qu'ilz auront forfait dedens ung mois prouchain ensuivant, et que icellui ou ceulx ne se désistoient ne réparoient le forfait ledit mois ainsi passé après ladicte sommacion, le dessusnommé encourroit ès peines des amendes et des interditz cy-dessus déclairez. Et néantmoins seront réparez et remis au premier estat et deu ce qu'ilz auront fait au contraire après l'intencion de nosdiz seigneurs. Et aussi ilz ordonnent et establissent que doresenavant leurs sentences et ordonnances seront faictes et tenues entièrement et mises en escript, et en seront lectres faictes et séellées de leurs seaulx, et baillées, au seigneur évesque de Liège et à son chapitre unes, à la cité de Liège unes, et pareillement à chascune des villes, unes. Lesquelz seigneurs, l'évesque et son chapitre, ceulx de ladicte cité et des villes, bailleront lectres, chascune d'icelles ainsi qu'il appartendra, ausdiz ducs, c'estassavoir, ledit évesque et le chapitre soubz leurs grans seaulx, d'avoir eu et receu agréablement lesdictes ordonnances. Et ceulx de ladicte cité et des villes, pareillement bailleront leurs lectres séellées des grans seaulx de ladicte cité et de chascune desdictes villes, en eulx obligant à iceulx ducs ès peines contenues èsdictes ordonnances.

*Item.* Pour ce que plusieurs, tant ecclésiastiques comme séculiers, personnes nobles et non nobles, ont baillé plusieurs requestes et supplicacions contenant, que pour l'occasion desdictes rebellions lesquelles sont advenues oudit pays, ilz ont eu plusieurs dommages déclairez en leursdictes supplicacions, et pour ce que nosdiz seigneurs n'y ont peu encores entendre à présent, ilz adviseront ou feront adviser sur les choses contenues en leursdictes supplicacions, le plus tost qu'ils pourront.

Toutes les choses dessusdictes mises par escript, furent prononcées par le commandement desdiz ducs et en leur présence, en la ville de Lisle, en la grant sale, le xxiiiie jour du mois d'octobre, l'an de grace mil quatre cens et huit.

## CHAPITRE XLVIII.

Comment grande assemblée fut faicte pour procéder contre le duc de Bourgongne, et comment tout fut délaissé pour les nouvelles de la victoire qu'il avoit eue contre les Liégois.

Or est ainsi que durant le voiage que fist le duc de Bourgongne ou pays de Liège, comme dessus est dit, s'assemblèrent à Paris au mandement du Roy très grant nombre de seigneurs, c'estassavoir le roy de Cécile, Charles, roy de Navarre, le duc de Bretaigne, le duc de Bourbon, avec plusieurs autres, lesquelz, pour la plus grant partie, estoient aidans et favorables à la duchesse d'Orléans doagère[1] et ses enfans pour la mort du feu Loys, duc d'Orléans. Et furent tenus plu-

---

1. Valentine de Milan.

sieurs consaulx sur cette matière pour savoir comment le Roy se auroit à gouverner à l'encontre du duc Jehan de Bourgongne, qui estoit principal facteur de cest homicide, comme en autre lieu est plus à plain déclairé. Esquelz consaulx finablement fut conclud qu'on procéderoit contre lui en toute rigueur selon les termes de justice, et que, se il ne vouloit obéir, le Roy, tous ses vassaulx et subgetz, se mectroient sus, à tout la plus grant puissance qu'ilz pourroient finer, et yroit contre lui pour le subjuguer et tous ses aidans. Et mesmement, en ces propres jours, au pourchas de ladicte duchesse d'Orléans et ses enfans, en la présence de la Royne, du duc d'Acquitaine et de tous les princes là estans avecques le conseil royal, le Roy révoqua et adnulla du tout les lectres de pardon qu'il avoit autre foiz données et octroiées à icellui duc de Bourgongne pour la mort dudit défunct, et icelles juga estre de nulle valeur. De laquelle révocacion, ladicte duchesse, pour elle et sesdiz enfans, demanda lectres, lesquelles elle obtint. Et tantost après, se parti de Paris, avec elle sa belle fille, femme au jeune duc d'Orléans [1], et retourna à Blois. Et tost après vindrent certaines nouvelles devers le Roy et tous les seigneurs estans à Paris, comment le duc de Bourgongne avoit victorieusement desconfit les Liégois. Et retournèrent devers le dessusdit roy de France les ambaxadeurs qu'il avoit envoiez devers lui, c'estassavoir messire Guichard Daulphin, et messire Guillaume de Tignonville, dont dessus est faicte mencion, lesquelz, comme dit est, avoient esté en ceste besongne. Et racontèrent

---

1. Isabelle, veuve de Richard II.

de point en point toute la manière et conduicte qui avoit esté faicte. Pour lesquelles nouvelles, plusieurs qui paravant avoient esté fort enclins et volentifz de eulx monstrer en rigueur au dessusdit duc de Bourgongne, commencèrent à baisser les testes et estre d'opinion contraire que paravant avoient esté, doubtans la constance, hardiesse et puissance que avoit lors icellui duc, lequel, comme on leur disoit, estoit reconforté, à tous périlz, fortunes et aventures qui lui pourroient advenir, de résister contre tous ceulx généralment qui se vouldroient trouver ses adversaires. Et à la vérité, tantost après, toutes les conclusions qui paravant avoient esté prinses contre lui furent mises à néant et dérompues, sans icelles poursuir ne mectre à effect. Et fut ordonné que toutes gens de guerre s'en retourneroient ès pays dont ilz estoient venus.

Et adonc les ambaxadeurs de Henry de Lenclastre, roy d'Angleterre [1], qui estoient venus à Paris devers le roy de France pour impétrer trêves durant ung an entier, lesquelles ilz obtinrent, s'en retournèrent dudit lieu de Paris, par Amiens, à Boulongne sur la mer et delà à Calais. Ouquel chemin, de rechef oyrent nouvelles de la victoire que ledit duc de Bourgongne avoit eue en Liège, comme dessus est dit, dont ilz se donnèrent grant merveille, et le nommèrent Jean Sans-Paour.

Lequel duc de Bourgongne, en ce temps, estoit moult curieux et ententif de actraire de son parti plusieurs nobles hommes et gens de guerre de tous ses pays, à fin de se fortifier contre ses adversaires, des-

---

1. Henri IV.

quelz il pensoit avoir plusieurs. Et avec ce, tint plusieurs consaulx avecques ses deux frères et ses deux sérourges, c'estassavoir le duc Guillaume et Jehan de Bavière, et plusieurs autres ses féaulx amis et conseillers, pour avoir advis et délibéracion comment il se auroit à conduire et gouverner sur les grans afaires qu'il avoit touchans ceste matière. Esquelz consaulx fut finablement conclud de résister, à toute puissance, contre tous ceulx qui nuire lui vouloient, réservé le Roy en sa personne, et le duc d'Acquitaine. Et aussi lui promirent ses deux frères et ses deux sérourges dessusdiz, de lui faire toute l'aide et assistence qu'ilz pourroient, tant de leurs personnes comme de leurs subgetz, en réservant tant seulement le Roy et ses enfans.

## CHAPITRE XLIX.

*Comment le roy Charles se parti de Paris et ala à Tours en Touraine. De la paix qui se fist des enfans d'Orléans et du duc de Bourgongne en la ville de Chartres. Et de la mort de la vesve du duc d'Orléans.*

Or est vérité qu'en ce temps, Charles, roy de France, partant de Paris acompaigné des roys de Cécile et de Navarre, de la Royne, sa femme, du duc d'Acquitaine, des ducs de Berry et de Bourbon, ses oncles, et plusieurs autres seigneurs du sang royal, avec grant nombre de gens d'armes, fut conduit et mené en la cité de Tours en Touraine, pour là faire sa demeure et sa résidence. Laquelle départie despleut moult aux bourgois et habitans de Paris et en furent fort troublez et esmeuz, et tant qu'ilz tendirent leurs chaynes. Et avec ce, envoièrent hastivement devers le duc de Bourgongne, qui lors se tenoit à Lisle, lui noncier comment le Roy dessusdit s'estoit départi, et qu'ilz entendoient que la plus grant partie des seigneurs qui l'emmenoient ne l'avoient point bien pour agréable[1]. Lesquelles nouvelles oyes d'icellui duc, ne lui furent point plaisans, et doubta qu'on eslongnast le Roy de la ville de Paris pour lui faire contraire, pour ce que les seigneurs qui le gouvernoient sentoient assez que les Parisiens aymoient très fort icellui duc de Bourgongne, et ne désiroient que autre eust le gouvernement du royaume ne du Roy, sinon lui, parce qu'ilz entendoient et leur avoit-on donné à entendre, que ou cas qu'il auroit ledit gouvernement, il mectroit jus par tout le royaume toutes gabelles, imposicions, quatriesmes et autres subsides, qui couroient au préjudice du menu peuple. Lequel duc eut premièrement conseil avecques les ducs de Holande et de Brabant et autres ses féaulx, et remanda ses gens d'armes, de Bourgongne, qui jà estoient en Laonnois pour retourner en leurs pays, et, avec plusieurs autres qu'il avoit fait assembler de tous ses pays, se tira en Vermendois, où il fist passer ses monstres[2]. Et après, à tout iceulx, chevauchant vers Paris, se loga le xxiii° jour de novembre en la ville de Saint-Denis en France, et ses gens ou plat pays et là environ. Et lendemain, en chevauchant vers ladicte ville de Paris, toutes ses gens d'armes, en belle ordonnance de bataille, yssirent de celle ville et vindrent au devant de lui bien deux mille combatans ou environ, lesquelz le conduirent et

1. Lui, le duc de Bourgogne.
2. Où il passa ses troupes en revue.

acompaignèrent très honnourablement jusques à son hostel d'Artois en Paris [1]. Si crièrent plusieurs Parisiens à sa venue, par plusieurs quarrefours, à haulte voix Noël. Toutesfoiz en aucuns lieux il leur fut défendu qu'ilz ne criassent plus ainsi, pour cause de l'envie des seigneurs du sang royal. Et furent aucuns serviteurs du Roy qui dirent à aucuns d'iceulx crians Noël, vous lui povez démonstrer et faire bonne chère et lie, mais pour lui, ne à sa venue, vous ne devez point ainsi crier. Mais ce non obstant, de tous notables hommes et gens d'auctorité lui fut faicte aussi grant honneur et réception comme ilz eussent fait au Roy leur souverain seigneur. Et aucuns briefz jours ensuivans, le duc Guillaume, conte de Haynnau, qui estoit venu audit lieu de Paris bien acompaigné, sans demeure, à la requeste et instance dudit duc de Bourgongne, ala audit lieu de Tours, bien acompaigné des seigneurs de Saint-George, de Croy, de La Vielzville et de Dolhain, avec aucuns du conseil dudit duc de Bourgongne, sur intencion de traicter sa paix envers le Roy et les seigneurs là estans. Lequel conte de Haynnau, venu audit lieu de Tours, fut par le Roy, la Royne et autres grans seigneurs, très honnorablement receu et festié. Car déjà le mariage estoit fait de Jehan, duc de Touraine, second filz du Roy, et de la fille dudit duc, et aussi il estoit prouchain parent à ladicte Royne. Tantost après laquelle récepcion, icellui conte de Haynnau, et avecques lui ceulx qu'il avoit amenez, ouvrirent la matière en plein conseil pour laquelle ilz estoient venus, c'estassavoir pour faire la paix du duc

---

1. Rue Mauconseil.

de Bourgongne, comme dit est dessus. Et après que plusieurs offres et traictiez eurent esté mis avant devers le grant conseil du Roy, finablement fut ordonné que le Roy envoieroit certains ambaxadeurs à Paris, instruis de sa voulenté, pour parler à icellui duc de Bourgongne et lui dire la fin par laquelle il povoit retourner en la grace du Roy. Et furent à ce commis, le duc Loys en Bavière, frère de la Royne, Montagu, grant maistre d'ostel dudit Roy et aucuns autres expers conseillers. Lesquelz, avec le duc Guillaume, conte de Haynnau, et les autres qui estoient venus avecques lui, retournèrent en la cité de Paris, et furent iceulx traictiez monstrez et déclairez au duc de Bourgongne. Et pour ce que du tout ne lui furent point agréables, et qu'il avoit en suspicion ledit Montagu, ne fu point content de les passer, n'e accorder, par la manière qu'ilz lui avoient esté envoiez. Et lui mesmement, de sa personne dist plusieurs injures et reprouches à la personne dudit Montagu, lequel les receut assez paciemment, en soy excusant. Et depuis fut icellui traictié aucunement corrigé, et reporté audit lieu de Tours devers le Roy, et en la fin fut accordé en la manière que cy-après sera déclairé. Car, devant le temps que lesdiz traictiez se pourparloient et qu'ilz feussent paraccordez, la duchesse d'Orléans doagère, femme du duc Loys d'Orléans défunct, et fille Galéas, duc de Milan, trespassa en la ville de Blois[1], comme on disoit, de courroux et de déplaisance de ce qu'elle ne povoit avoir droit ne justice de la mort de son feu mary, envers le Roy et son conseil, contre le duc

---

1. Le 4 décembre 1408.

Jehan de Bourgongne. Pour laquelle mort, icellui duc
fut assez joyeulx, pour ce que icelle duchesse conti-
nuoit moult asprement et diligemment à l'encontre de
lui. Et fut son cuer enterré à Paris avec ledit duc d'Orléans son mari, et son corps à Blois. Après la mort
de laquelle, Charles, son premier filz, demoura franchement duc d'Orléans et de Valois, conte de Blois et
de Beaumont, seigneur de Coucy et d'Ast, avec plusieurs autres seigneuries, et Phelippe, le second filz,
fut conte de Vertus, et Jehan, qui estoit mainsné, fut
appellé conte d'Angoulesme. Lesquelz trois frères dessusdiz, avec une seur qu'ilz avoient, demourèrent
moult jeunes, orphelins de père et de mère[1]. Toutesfoiz ilz avoient esté jusques à ce temps moult notablement conduis et endoctrinez, mais à la vérité dire,
tant pour la mort du dessusdit duc d'Orléans leur
père, et de la duchesse leur mère, ilz assemblèrent
gens de conseil et d'aide, et par espécial y furent plusieurs seigneurs, tant du sang royal comme du grant
conseil du Roy, lesquelz ne furent point si obstinez ne
enclins à poursuir contre le duc de Bourgongne qu'ilz
estoient paravant. Et ce apparut clèrement ès jours
ensuivans, tant par les traictiez qui se firent entre
iceulx enfans d'Orléans et ledit duc, comme autrement. Car, non obstant que iceulx traictiez ne feussent
point du tout à la plaisance dudit duc de Bourgongne,
comme dit est devant, toutesfoiz furent-ilz corrigez
par telle manière que icelles parties vindrent à con-

1. Charles, duc d'Orléans, était né en 1391, Philippe, comte
de Vertus, en 1396, Jean, comte d'Angoulême, en 1404, et Marguerite d'Orléans, en 1406. Elle épousa Richard de Bretagne,
comte d'Étampes.

clusion, selon la teneur et les poins cy-après déclairez.

Premièrement, fut ordonné de par le Roi et son grand conseil que ledit duc de Bourgongne se partiroit de Paris, à tous ses gens d'armes, et retourneroit en son pays jusques à certain jour, c'estassavoir le premier merquedi de février [1], qu'il retournerait devers le Roy en la ville de Chartres, accompaigné tant seulement de cent gentils hommes armez, et les enfans d'Orléans en auroient cinquante. Auquel jour fut ordonné que le duc Guillaume, conte de Haynnau, auroit quatre cens hommes d'armes de par le Roi pour la seureté du lieu. En oultre fut ordonné que icellui duc de Bourgogne, quant il viendra devant le Roi, aura un homme de son conseil qui dira les paroles que devroit dire ledit duc, et pour icelles conformer ledit duc respondra : « Nous le voulons et accordons ainsi. » En après, selon la teneur dudit traictié, le Roy dira audit duc de Bourgogne : « Nous voulons que le conte de Vertus, notre nepveu, ait l'une de vos filles en mariage. » Et par ce traictié ledit duc de Bourgogne lui doit assigner trois mille livres parisis de rente, et pour une fois, doit payer cent et cinquante mille francs d'or.

Après icellui traicté accordé, le duc Guillaume se parti de Paris et ala en Haynau, et bien peu après ledit duc de Bourgongne donna congié à tous gens d'armes, et se parti de Paris pour aler en la ville de Lisle, auquel lieu il manda le duc de Brabant, son frère, le duc Guillaume, et l'évesque de Liège, ses

1. Répondant au 1er février 1409 (N. S.)

sérourges, avec plusieurs autres grans seigneurs. Et estoit pour lors grant discord entre le duc de Brabant et le duc Guillaume, pour tant que le père d'icellui duc Guillaume avoit emprunté au temps passé à la duchesse de Brabant défuncte, cent cinquante mille florins pour mener guerre à aucuns qui lui avoient esté rebelles ou pays de Holande. Laquelle somme ledit duc de Brabant disoit à lui appartenir, et pour ceste cause, par l'ennortement de ses Brebançons, avoit prins ung chastel nommé Houdain, séant entre Brabant et Holande. Lequel discord, ledit duc de Bourgongne appaisa entre les princes dessusdiz, et mist grant peine à ce faire, afin que d'eulx se peust mieulx aider ès afaires, qu'il avoit moult grans.

Après lesquels traictiez finez, et qu'ils se furent partis l'un de l'autre, ledit duc Guillaume assembla en Haynau, selon l'ordonnance du Roy nostresire, quatre cens bacinets et autant d'archers, entre lesquels estoient principaulx les contes de Namur, de Conversen et de Salme¹. Le duc de Bourgongne pareillement, le comte de Penthièvre, son beau filz en sa compaignie, se party de Lisle, et lendemain du jour des Cendres² vindrent au giste à Bapaumes et de là à Paris, ensemble le duc Guillaume et autres dessusnommez, le conte de Saint-Pol, le conte de Vaudémont et plusieurs autres grans seigneurs. Après ce, le samedi

---

1. Salm.
2. Le lendemain du jour des Cendres, correspondant au 7 mars 1409 (N. S.) ; mais il y a ici une erreur de date, ainsi qu'on va le voir par les deux suivantes, lesquelles sont exactes, et qui pourtant se rapportent à des faits annoncés comme postérieurs à celui-ci.

second jour de mars¹, vindrent tous ensemble en la ville de Galardon, séant à quatre lieues près de Chartres. Le mercredi ensuivant², Guillaume, duc de Holande, ala, à tout ses quatre cens bacinets, par devers le Roy, qui lors estoit en ladicte ville de Chartres. Le samedi ensuivant³, ledit duc de Bourgongne se parti de Galardon pour aler devers le Roy, accompaigné de six cens hommes d'armes, et quant il vint assez près de Chartres, il envoia toutes ses gens d'armes en ladicte ville, fors cent chevaucheurs qu'il retint en sa compaignie selon le traictié fait paravant, et entra à Chartres environ dix heures avant midi, chevauchant jusques à l'église, devers le cloistre des chanoines, auquel lieu il se loga.

Or est ainsi que le duc d'Orléans et le conte de Vertus, son frère, acompaignez tant seulement de cinquante chevaucheurs selon le contenu du traictié dessusdit, entrèrent en l'église de Nostre-Dame de Chartres avec le Roy, leur oncle, la Reyne, le duc d'Acquitaine, leur filz, et plusieurs autres princes. En laquelle église, pour icelles besongnes acomplir, fut fait et charpenté un hault plancher d'aiz, et là estoit le Roy assis près d'un crucifix, et entour lui estoient assistans, la Royne, le Daulphin et sa femme, fille au duc de Bourgongne, les roys de Cécile et de Navarre, les ducs de Berry et de Bourbon, le cardinal de Bar, le marquis du Pont, son frère, l'arcevesque de Sens, et l'évesque dudit lieu de Chartres. Et aucuns autres contes et prélats estoient derrière le Roy avec lesdits

1. Date exacte. En 1409 (N. S.) le samedi tombait le 2 mars.
2. Le 6 mars 1409 (N. S.)
3. Le 9 mars 1409 (N. S.)

enfans d'Orléans. Et à l'entrée de l'église estoient ordonnez de par le Roy plusieurs hommes d'armes estans comme en une bataille. Et fut fait ledit solier afin que le peuple là venant, ne traveillast point lesdiz seigneurs, et afin que on peust veoir apertement ce qu'on devoit là besongner. Tantost après, ledit duc de Bourgongne venant devers le Roy, prestement tous se levèrent à l'encontre de lui les seigneurs devant diz, réservé le Roy, la Royne et le Daulphin. Et incontinent ledit duc et le seigneur de Lohaing[1], son advocat, approuchans le Roy, s'agenouillèrent. Et là par ledit de Lohaing furent dictes au Roy les paroles qui s'ensuivent : « Sire veez cy le duc de Bourgongne, vostre serviteur et cousin, venu pardevers vous pour ce qu'on lui a dit que vous êtes indigné sur lui pour le fait qu'il a commis et fait faire en la personne de monseigneur d'Orléans, vostre frère, pour le bien de vostre personne et de vostre royaume, comme il est prest de vous dire et de vous faire véritablement sçavoir quant il vous plaira. Et pour tant, vous prie, mondit seigneur, tant et si humblement comme il peut, qu'il vous plaise à oster vostre yre et indignacion de vostre cuer, et le tenir en vostre bonne grace. »

Après ces paroles dictes par ledit seigneur de Lohaing, icellui duc de Bourgongne dist de sa bouche au Roi : « Sire ! de ce je vous prie. » Et prestement après ces paroles, le duc de Berry dist au duc de Bour-

---

1. Dans l'état de la maison de Jean, duc de Bourgogne, donné par La Barre, on ne trouve de nom se rapprochant de Lohaing, que celui-ci : « Messire Jean de Loyn, chevalier, conseiller, chambellan. » (*Mém. pour servir à l'hist. de France et de Bourgogne*, t. II, p. 109.)

gongne, avant que le Roy respondist onques, qu'il se
tirast ung peu arrière. Et ainsi le fist. De rechef, le
duc de Berry s'agenouilla devant la Royne et lui dit
en brief aucunes paroles en bas, et tantost après son
filz, le Daulphin, les deux roys de Cécile et de Navarre
et le duc de Berry s'agenoillèrent devant le Roy, en
disant : « Sire ! nous vous prions qu'il vous plaise à
passer la prière et requeste de vostre cousin de Bourgongne ». Ausquelz le Roy respondit : « Nous le voulons
et accordons pour l'amour de vous. » Adonc le duc de
Bourgongne approucha le Roy, lequel lui dist : « Beau
cousin, nous vous accordons vostre requeste et vous
pardonnons tout. » Après ce, ledit duc de Bourgongne
et ledit de Lohaing vindrent devers les deux enfans
d'Orléans dessusnommez, estans derrière le Roy,
moult fort pleurans, ausquelz dist le seigneur de Lohaing : « Messeigneurs, vecy le duc de Bourgongne
qui vous prie qu'il vous plaise à oster de vostre cuer
se vous avez aucune vengence ou hayne pour le fait
qui fut perpétré en la personne de monseigneur d'Orléans vostre père, et que dores en avant vous demourez et soiez bons amis ensemble ». Après lesquelles
parolles dictes ledit de Bourgongne parla de sa bouche
disant : « Et de ce je vous en prie. » Et lesdiz enfans
riens ne respondirent. Dont leur commanda le Roy
qu'ilz accordassent la requeste de leur beau cousin de
Bourgongne. Et ilz respondirent : « Sire ! puisqu'il
vous plaist ce nous commander, nous lui accorderons
sa requeste et lui pardonnons toute la malévolence
que nous avons encontre lui. Car en riens ne voulons
désobeir à chose qui soit à vostre plaisir. » Et là tantost, par le commandement du Roy, le cardinal de

Bar apporta ung messel ouvert sur lequel jurèrent les deux parties. C'estassavoir, les deux enfans d'Orléans d'une part, et le duc de Bourgongne d'autre part, sur les sainctes évangiles, en les atouchant, promirent tenir perdurablement et garder ferme paix et entière l'un avecques l'autre, sans en riens aler au contraire, en appert ne en couvert. Et là fut dit par la bouche du Roy ausdictes parties : « Nous voulons que dores mais en avant vous demourez et soiez bons amis ensemble, et vous défendons estroictement par nostre auctorité royale que vous ne faciez, ne pourchaciez grief, ne dommage l'un à l'autre, ne à quelconque autre personne qui à vous deux ont esté favorables, porté ou donné conseil ou aide, et n'aiez à eulx, ne monstrez quelconque hayne, sur quanque vous pourriez mesprendre et forfaire envers nous, excepté les facteurs de l'omicide devant dis, qui à tous jours sont et seront bannis de nostre royaume. » Après les paroles du Roy dictes en la forme que vous oez, iceulx princes promirent et jurèrent féablement et véritablement entretenir ledit traictié. Et lors le duc de Bourgongne ala baiser sa fille, femme du duc d'Acquitaine, Daulphin [1]. Et environ une heure après que les besongnes orent esté traictées ainsi que dit est, icellui duc de Bourgongne print congié au Roy et à la Royne, et à tous les seigneurs là estans, très joieux d'icelle paix ainsi faicte, et se partit de la ville de Chartres, et s'en ala disner à Galardon. Et les aucuns desdiz seigneurs furent d'icelle paix moult desplaisans et fort

[1]. Marguerite de Bourgogne, accordée le 5 mai 1403 et mariée le 31 août 1404, à Louis de France, duc de Guienne, dauphin de Viennois.

murmurans en secret, disans que doresenavant on auroit bon marché de murdrir les seigneurs puisqu'on en estoit quicte sans faire autre réparacion.

En oultre les deux enfans d'Orléans dessusdiz et toutes leurs gens, après qu'ilz eurent prins congié au Roy, à la Royne, au Daulphin et aux autres seigneurs, s'en retournèrent à Blois, dont ilz estoient venus, et n'estoient bien contens, ne ceulx de leur conseil aussi, de celle paix. Le marquis du Pont, filz au duc de Bar, cousin audit duc de Bourgongne, qui paravant ce jour n'estoit point aymé pour la cause du duc d'Orléans avant trespassé, vint après lui audit lieu de Galardon, et là disnèrent ensemble en grande concorde et union comme on peut veoir. Et environ deux heures après midi, le duc Guillaume, le conte de Saint-Pol et plusieurs autres grans seigneurs, vindrent devers ledit duc de Bourgongne à son logis de Galardon, et puis tous ensemble retournèrent à Paris. Et après, le Roy, la Royne et leur filz le Daulphin, les roys, princes et cardinal dessusnommez vindrent audit lieu de Paris, au jour de la my-quaresme. A l'encontre desquelz vindrent hors de ladicte ville les ducs de Bourgongne et de Zélande, le cardinal de Bordeaulx, qui pour ce temps estoit à Paris pour aler au concile à Pise. Et pareillement ceulx de Paris, jusques au nombre de deux cent mille, tant hommes comme femmes, vindrent à l'encontre de leur Roy, crians à l'entrée de la porte à haulte voix : Noël! et menans très grant joie pour le retour du Roy à Paris, et avecques ce, pour paix faicte, comme dit est devant, de la mort du duc d'Orléans, et leur sembloit que Dieu y avoit estendu grandement sa grace et sa miséricorde d'avoir consenti que une si grande besongne et apparence de guerre estoit si tost estainte et appaisée. Mais ilz n'avoient point regard ne consideracion à ce que depuis il en advint. Toutefoiz la plus grant partie des Parisiens estoient obstinez et du tout affectez avec ledit duc de Bourgongne. Car ilz espéroient que par ses moiens toutes tailles et subsides seroient mises jus. Mais ilz ne veoient pas clèrement tous les meschefz et adversitez qui depuis en advinrent ou royaume et à eulx mesme, pour les besongnes dessusdictes. Car bien tost après la guerre se resmut entre lesdictes parties, très cruelle, comme cy-après sera remonstré.

## CHAPITRE L.

#### Comment la royne d'Espaigne mourut, et du mariage du roi de Dace et de Norvège.

En cest an mouru la royne d'Espaigne, seur de Henry, roi d'Angleterre, mère du jeune roy d'Espaigne et de la royne de Portugal. Après la mort de laquelle, les Espaignolz donnèrent congié à tous les Anglois, hommes et femmes, serviteurs de ladicte royne; lesquelz retournèrent en Angleterre tristes et envieux de cuer.

Et d'autres part, en ceste mesmes saison, très grant nombre de prélas, arcevesques, évesques et abbés se partirent de plusieurs et divers lieux de chrestienté pour aler au concile de Pise[1], sur intencion de mectre

1. Il s'ouvrit le 25 mars 1409 (N. S.) Le 5 juin suivant, on y prononça la sentence définitive contre les deux contendans à la papauté, Grégoire XII et Benoît XIII, et le 26 du même mois, on

paix et union universelle en l'Église, laquelle par moult longtemps avoit esté en grande perplexité, dont les princes de plusieurs royaumes, et aussi les prélas et les autres gens d'auctorité estoient très desplaisans.

En après, en ce mesme temps, Henry, roy de Dace[1] et de Norvège et d'Esclavonnie, print à femme la fille du roy Henry d'Angleterre. Lesquelz royaumes avoient esté mis en la main dudit roy de Dace par la royne d'iceulx pays, laquelle se démist de sa propre voulenté, du tout, de l'onneur et prouffit d'iceulx royaumes en en revestant ledit roy Henry.

---

y élut pape Pierre de Candie, qui prit le nom d'Alexandre V. (Voy. Raynaldi, t. VIII, p. 283 et suiv.)

1. C'est Eric IX, roi de Danemark, lequel épousa Philippine, fille de Henri IV, roi d'Angleterre. Mais Monstrelet se trompe de beaucoup sur la date de ce mariage. Il est du 7 décembre 1405. Voy. Rym., t. IV, p. 92.

FIN DU TOME PREMIER.

# APPENDICE.

## LETTRES DE RÉMISSION

ACCORDÉES PAR HENRI VI, ROI D'ANGLETERRE,

A ENGUERRAN DE MONSTRELET.

### 1424.

Henry, par la grace de Dieu, roy de France et d'Angleterre. Savoir faisons à tous présents et avenir, Nous avoir esté humblement exposé de la partie de Enguerran de Monstrelet, cappitaine du chastel de Frevench[1] pour nostre tréscher et très amé cousin le conte de Saint-Pol : comme environ le mois de février, l'an mil IIII<sup>c</sup> XXII, ouquel temps les villes de Crotoy, Noielle, Rue et Maisons lez Ponthieu, tenoient parti contraire à nous, desquelles villes issoient souvent plusieurs gens d'armes Armignaz, pour aller à Guise et ès mectes d'environ, et passoient parmy les pais obéissans à nous, un nommé Jehan le sergent, parent dudit Enguerran, feust venu audit chastel de Frevench pour le veoir, et arriva avec lui, Jehan de Molliens, qui long temps a suy les guerres de Nous et de nostre très cher et très amé cousin le duc de Bourgogne. Et jeurent la nuitié audit chastel de Frevench. Et landemain, au matin, ledit Jehan de Molliens dist audit Enguerran : « Enguerran, se vous voulez

---

[1]. Aujourd'hui Frévent.

estre prest, vous III°, quant vous manderay, je vous feray gangnier bon bustin et de bonne prise, car j'ay aucuns qui sont mes féables, qui m'ont promis de moy livrer Armignaz portant grans finances d'or et d'argent. » Et ledit Enguerran lui respondit qu'il seroit tout prest et qu'il lui fist savoir le jour. Et environ six ou huit jours après, revint ledit Molliens parler audit Enguerran, et lui dist qu'il avoit parlé à son homme, nommé Colinet de Grandchamp dit L'eschopier, et qu'il serait heure de partir au bout de deux jours. Et dist ledit Molliens qu'il orroit certaines nouvelles à Lisle. Et sur ce, parti ledit Enguerran, Guilbin de Croix, son frère, et Jacob de Croisectes, son varlet, et ledit Molliens, lui II°, et alèrent droit à Lisle. Et là vint ledit Colinet de Grandchamp et dist ausdiz Molliens et Enguerran, que ceulx qui quéroient passeroient à venir, de Guise à Tournay, et de Tournay au Pont à Vendin, et de là au Crotoy ou ès places ennemies d'entour. Et fut par lesdiz Molliens, Enguerran et Colinet, conclud que le dit Colinet les yroit garder, et il les actendroit au Pont à Vendin. Et au second jour ou environ, vindrent passer ceulx mesmes et ledit Colinet avec, qu'il fist les signes tels que diz estoient. Et tantost eulx passez, ledit Molliens et ledit Enguerran et leurs gens, vindrent montez à cheval, et à demie lieue dudit pont les vindrent ataindre, et destrousser de IIII à V° escuz d'or, et avec ce leur ostèrent plusieurs bouges esquelles il avait pluseurs menues besoingnes, et leur décoppèrent leurs sangles et brides. Et lors ceste chose ainsi faicte, vindrent chevauchier lesdiz Enguerran et Molliens, vers Saint Pol, et, environ de IIII à six lieues, partirent leur bustin, et s'en ala chascun ou bon lui sembla. Et quant est dudit Enguerran il tira au chastel de Frevench, dont il estoit capitaine. Et au bout de huit jours après, vint Colart Janglet, qui avoit espousé la seur dudit Colinet Eschoppier, audit chasteau de Frevench, devers ledit Enguerran, et lui dist comment ledit Colinet avoit fait destrouçer Jehan le Vaasseur, son beau-frère, et III ou IIII marchans d'Abbeville, et dist audit Enguerran qu'il estoit renommé de y avoir esté. Et lors ledit Enguerran lui dist la vérité, et comment ledit Molliens et ledit Colinet, son beau frère, lui avoient donné à entendre que ceuls estoient des places ennemis à nous, et nonobstant, se ledit Molliens et ledit Colinet lui avoient donné bourdes à entendre, et que se ilz n'estoient de bonne prise, il estoit prest, se il l'avoit mauvaisement pris, de bien rendre, et que ceulx qui avoient fait ceste perte ne se soussiassent de ce que ledit Enguerran, son frère, et varlet, en avoient eu, et que ils ne perdroient riens. Et après ce, feust Hue le Sergent, parent dudit Enguerran, et Colart Jouglet, alez à Ligny sur Canche, et ledit Enguerran avecques eulx, et là lui distrent qu'ils estoient mauvaisement trahis, et que ceulx que on avoit destroussé estoient de la ville d'Abbeville. Et lors ledit Enguerran fut de ce grandement courroucé, et dist qu'il courrouceroit ledit Molliens et ledit Colinet qui ce lui avoient donné à entendre. Et depuis ce, feust mandé Jehan le Vaasseur, Jehan Brunet, et ceulx qui ceste perte avoient faicte, par ledit Hue le Sergent, et vindrent à Arras, et là fut ledit Enguerran parler à eulx, et conclud icellui Enguerran de eulx récompenser de ce que lui, son frère, et varlet, en avoient eu. Dont ledit Jehan le Vaasseur et ledit Brunet dirent, présent ledit Hue le Sergent : « Enguerran! nous sommes bien acertenez que vous avez esté trahi, et ce vous a fait ledit Jehan de Molliens, et faictes bien pour vostre descharge, de prendre ledit Molliens et le nous livrer. » Et adont ledit Enguerran dist aux dessusdiz qu'il le prendroit de bon cœur, et mectroit grant peine de à eulx le livrer. Et depuis fut ledit Enguerran, bien accompaigné, en la maison dudit Molliens pour le prendre et livrer audit Vaasseur et Brunet. Mais il sailli par une petite fenestre et s'en fouy, et ne l'a depuis ledit Enguerran peu prendre, combien qu'il s'en est mis en grant peine.

Et depuis toutes ces choses ainsi faictes, fut traictié par Jehan de Maillefeu, parent dudit Enguerran, à Abbeville, ausdiz Jehan le Vaasseur, Jehan Brunet et autres, que pour tout ce que ledit Enguerran, Guillebin son frère, et Jacob son varlet, avoient eu, furent lesdiz marchans récompensez tout plainement. Et passa ledit Jehan le Vaasseur lettres obligatoires royaulx, lui faisant fort de tous ceux qui perte avoient eu à ceste besoingne, et qui en quicta ledit Enguerran, sondit frère, et varlet, promectant de eulx en jamais poursuir, en disant qu'il estoit d'eulx bien récompensé. Mais non obstant toutes les choses ainsi faictes, a esté faicte informacion par nos officiers, des choses dessusdictes. Pour laquelle chose ledit Enguerran doubte que nostre procureur ou autres le veulent de ce poursuir, qui seroit en son grand préjudice. En nous humblement suppliant, que actendu que ledit Enguerran cuidoit certainement que les choses dessusdictes ainsi prises feussent à noz ennemis, et ainsi lui avoit esté donné à entendre, et que quant la vérité est venue à sa congnoissance il a restitué ce que lui, sesdiz frères et varlet, en avoient eu, et se sont lesdiz marchans tenuz pour contens, comme dit est, Nous, sur ce vueillons audit Enguerran nostre grace et miséricorde impartir. Pourquoy, Nous ces choses considérées, et actendu les bons et aggréables services faiz à Nous et à nostre dit cousin de Bourgogne par ledit Enguerran, en nos guerres et autrement, et espérons que face ou temps à venir, audit Enguerran de Monstrelet, ou cas dessus dit, avons remis, quicté et pardonné, remectons, quictons et pardonnons, de nostre grace espécial, plaine puissance et auctorité royal, le fait et cas dessusdit, avec toute peine, amende et offense corporelle, criminelle et civile, en quoy il puet estre encouru envers nous et justice pour occasion des choses dessusdictes, et le remectons et restituons à sa bonne fame et renommée, au pais et à ses biens non confisqués, satisfaction faicte à partie, civilement tant seulement, se faicte n'est, et aucune en y a qui se plaigne. Et sur ce imposons silence perpétuel à nostre procureur. Si donnons en mandement par ces présentes, aux bailli d'Amiens et sénéchal de Pontieu et à tous nos autres justiciers et officiers ou à leurs lieuxtenans présens et avenir et ad chacun d'eulx si comme à lui appartiendra, que de nostre présente grace et rémission, facent, seuffrent et laissent ledit Enguerran joir et user paisiblement, sans le molestier, travaillier ou empeschier, ne souffrir estre molesté, travaillié ou empeschié, en corps ne en biens, en aucune manière. Mon (*lis.* mais) son corps et ses biens non confisqués, se aucuns en sont pour ce prins, saisiz, levez ou arrestez, lui mectent ou facent mectre sans délay à plaine délivrance. Et afin que ce soit chose ferme et estable à toujours, nous avons fait mectre nostre séel à ces présentes, sauf en autres choses nostre droit, et l'autrui en toutes. Donné à Paris, ou mois de novembre, l'an de grace mil cccc xxiiii, et de nostre regne le tiers. Ainsi signé : Par le Roy, à la relacion du Conseil.

G. FERREBOUC.

(Arch. imp. *Trés. des ch.*, reg. J, 173, n° 13.)

# TABLE.

Préface............................................................ Pages  I
Tableau chronologique des faits compris dans ce volume.... XXV
Prologue.......................................................... 1

### CHAPITRE I.

1400. — Comment le roy Charles le Bien-Aymé régna en France, après qu'il eust esté sacré à Reims, l'an mil trois cens quatre-vingts ; et des grans inconvéniens qui lui survindrent.......... 6

### CHAPITRE II.

Comment un escuier d'Arragon, nommé Michel d'Oris, envoia en Angleterre lectres pour faire armes, et la response qu'il eut d'un chevalier dudit pays d'Angleterre......................... 11

### CHAPITRE III.

Comment les grans pardons furent à Romme................. 31

### CHAPITRE IV.

1401. — Comment Jehan de Montfort, duc de Bretaigne, mourut; et du partement de l'empereur de Constantinoble de Paris; et le retour de la royne d'Angleterre............................. 32

### CHAPITRE V.

Comment le duc Phelippe de Bourgongne, oncle du roy de France, ala en Bretaigne, et le duc d'Orléans, frère du Roy, à Luxembourg; et du discord qu'ilz eurent ensemble.................. 34

### CHAPITRE VI.

Comment Clément, duc en Bavière, fut par les électeurs d'Alemaigne esleu à estre Empereur, et comment il fut à grant puissance mené à Franquefort................................... 36

### CHAPITRE VII.

Comment le roy Henry d'Angleterre combati ceulx de Persiaque et de Gales, qui estoient entrez en son pays................ 38

## CHAPITRE VIII.

1402. — Comment Jehan de Verchin, séneschal de Haynnau, envoya ses lectres en divers pays pour faire armes....... Pages 39

## CHAPITRE IX.

Comment Loys, duc d'Orléans, frère du roy de France, envoya lectres au roy Henry d'Angleterre pour faire armes, et de la response qu'il eut................................................ 43

## CHAPITRE X.

Comment le conte Walegan de Saint-Pol envoia lectres de défiance au roy Henry d'Angleterre, et la teneur d'icelles............. 67

## CHAPITRE XI.

Comment messire Jaques de Bourbon, conte de La Marche, il et ses frères, furent envoiez de par le roy de France en l'aide des Galois................................................................ 69

## CHAPITRE XII.

1403. — Comment l'admiral de Bretaigne et autres seigneurs combatirent les Anglois sur mer ; et de Gilbert de Fretin qui fist guerre au roy Henry d'Angleterre........................... 71

## CHAPITRE XIII.

Comment l'Université de Paris eut grant discord entre messire Charles de Savoisy, et pareillement contre le prévost de Paris qui lors estoit.................................................... 73

## CHAPITRE XIV.

Comment le séneschal de Haynau, lui quatriesme, fist armes, présent le roy d'Arragon ; et du voyage que l'admiral de Bretaigne fist en Angleterre.................................................. 76

## CHAPITRE XV.

Comment le mareschal de France et le maistre des arbalestriers alèrent en Angleterre en l'aide du prince de Gales....... Pages 81

## CHAPITRE XVI.

Comment ung puissant Sarrasin, nommé le grant Tamburlan, entra à puissance en la terre du roy Basach .................. 84

### CHAPITRE XVII.

Comment Charles, roy de Navarre, traicta avec le roy de France et eut la duchié de Nemoux.................................... Pages 86

### CHAPITRE XVIII.

1404. — Comment le duc Phelippe de Bourgongne, oncle du roy Charles, VI<sup>e</sup> de ce nom, trespassa en la ville de Haulz en Haynnau. 87

### CHAPITRE XIX.

Comment Waleran, conte de Saint-Pol, à tout grant compaignie de gens d'armes, ala par mer en l'isle de Wisque, pour faire guerre au roy Henry d'Angleterre............................. 91

### CHAPITRE XX.

Comment le duc Loys d'Orléans ala de par le Roy à Marseille devers le pape; le duc de Bourbon, en Languedoc; et le connestable, en la duchié d'Aquitaine............................ 93

### CHAPITRE XXI.

Comment le duc Aubert, conte de Haynnau, trespassa, et pareillement la duchesse Marguerite de Bourgongne, vesve du duc Phelippe, jadis fille du conte Loys de Flandres............... 95

### CHAPITRE XXII.

1405. — Comment le duc Jehan de Bourgongne, après le décès de la duchesse, sa mère, fut receu ès bonnes villes de la Conté de Flandres comme seigneur.................................. 97

### CHAPITRE XXIII.

Comment le duc Guillaume, conte de Haynnau, tint en cel an un champ mortel en la ville du Quesnoy....................... 99

### CHAPITRE XXIV.

Comment le conte Waleran de Saint-Pol mena son armée devant le chastel de Merck où il fut desconfit des Anglois............ 100

### CHAPITRE XXV.

Comment le duc Jehan de Bourgongne ala à Paris et fist retourner la Royne et le Daulphin que le duc d'Orléans emmenoit....... 108

## CHAPITRE XXVI.

1406. — Comment le duc Jehan de Bourgongne eut le gouvernement du pays de Picardie. — De l'ambaxade d'Angleterre, et de l'estat Clugnet de Brabant.......................... Pages 125

## CHAPITRE XXVII.

Comment la guerre se meut de rechef entre les ducs de Bar et de Lorraine, et des mariages faiz à Compiengne, et des aliances entre les ducs d'Orléans et de Bourgongne................... 128

## CHAPITRE XXVIII.

Comment le duc d'Orléans ala à puissance de par le Roy en la duchié d'Aquitaine........................................ 132

## CHAPITRE XXIX.

Comment le duc Jehan de Bourgongne eut licence du Roy et de son grant conseil d'assembler gens de guerre pour aler mectre le siège devant la ville de Calais.............................. 135

## CHAPITRE XXX.

Comment les prélats et gens d'église du royaume de France furent mandez à Paris pour l'union de saincte Eglise................ 139

## CHAPITRE XXXI.

Comment les Liégois déboutèrent Jehan de Bavière leur évesque, pour ce qu'il ne vouloit estre ordonné pour consacrer et faire l'office de l'Eglise........................................ 141

## CHAPITRE XXXII.

Comment Anthoine, duc de Lembourc, eut la possession de la duchié de Brabant et depuis de la ville de Trect, à la desplaisance des Liégois........................................ 144

## CHAPITRE XXXIII.

Comment les ambaxadeurs du pape Grégoire vindrent à Paris devers le Roy et l'Université, portans bulles d'icellui pape ; et la teneur d'icelles............................................. 146

## CHAPITRE XXXIV.

1407. — Comment le duc Loys d'Orléans eut la duchié d'Acquitaine. Des trêves entre les deux royaumes de France et d'Angleterre............................................................ Pages 151

## CHAPITRE XXXV.

Comment le prince de Gales, ainsné filz du roy d'Angleterre, ala
en Ecosse pour faire guerre.................................... 153

## CHAPITRE XXXVI.

Comment le duc Loys d'Orléans, frère du roy Charles, fut mis à
mort piteusement dedens la cité de Paris...................... 154

## CHAPITRE XXXVII.

Comment la duchesse d'Orléans et son filz moins-né vindrent à
Paris devers le Roy pour faire plainte de la piteuse mort de son
feu seigneur et mary........................................... 167

## CHAPITRE XXXVIII.

Comment le duc Jehan de Bourgongne fist grant assemblée de ses
nobles en la ville de Lisle lez Flandres pour avoir conseil sur la
mort du duc d'Orléans, et autres matières suivans............ 171

## CHAPITRE XXXIX.

Comment le duc Jehan de Bourgongne fist proposer devant le Roy
et son grant conseil ses excusacions sur la mort du dessusdit duc
d'Orléans..................................................... 177

## CHAPITRE XL.

Comment le Roy envoia ses ambaxadeurs devers le pape Bénédic,
lequel envoya audit Roy lectres d'excommunication........... 244

## CHAPITRE XLI.

1408. — Comment l'Université de Paris fist proposer devant le Roy
contre le pape de La Lune. Et du partement du roy Loys de Secile. Et du voiage du Borgne de La Heuze.................... 255

## CHAPITRE XLII.

Comment le duc de Bourgongne se parti de Paris pour le fait du
Liège. Du roy d'Espaigne, et du roy de Hongrie qui escripvy à
l'Université de Paris........................................... 259

## CHAPITRE XLIII.

Comment les prélas et gens d'église de toutes les parties de France furent mandez à Paris. Et de la venue de la Royne et de la duchesse d'Orléans............................................ Pages 263

## CHAPITRE XLIV.

Comment la duchesse d'Orléans et son filz firent proposer à l'encontre du duc Jehan de Bourgongne pour la mort du duc d'Orléans deffunct............................................. 268

## CHAPITRE XLV.

Comment les conclusions se prindrent contre le duc de Bourgongne à cause de la complainte faicte par la duchesse d'Orléans et ses enfans. Et la response qui leur fut faicte par le chancelier de France............................................. 336

## CHAPITRE XLVI.

Comment l'arcevesque de Reims appella des constitucions faictes à Paris par l'Université........................................... 348

## CHAPITRE XLVII.

Comment le duc Jehan de Bourgongne vint en aide de Jehan de Bavière, évesque de Liège, son beau-frère, où il se combati contre les Liégois, lesquelz il vainqui en bataille.................. 350

## CHAPITRE XLVIII.

Comment grande assemblée fut faicte pour procéder contre le duc de Bourgongne, et comment tout fut délaissé pour les nouvelles de la victoire qu'il avoit eue contre les Liégois............... 387

## CHAPITRE XLIX.

Comment le roy Charles se parti de Paris et ala à Tours en Touraine. De la paix qui se fist des enfans d'Orléans et du duc de Bourgongne en la cité de Chartres. Et de la mort de la vesve du duc d'Orléans............................................ 390

## CHAPITRE L.

Comment la royne d'Espaigne mourut. Et du mariage du roy de Dace et de Norvège......................................... 402

APPENDICE ................................................ 405

FIN DE LA TABLE.

www.ingramcontent.com/pod-product-compliance
Lightning Source LLC
Chambersburg PA
CBHW051826230426
43671CB00008B/853